王蒙——著

王蒙自传 第三部

WANGMENG AUTOBIOGRAPHY

THIRD
PART

北京联合出版公司
Beijing United Publishing Co.,Ltd.

目 录

1

1. 十字架上

《九命七羊》应该怎么样开头呢？原有的许多种设计都不理想。

冥冥中如有天助，生活提供灵感。在我反复思考这个难题的时候，我说的是二〇〇七年八月二十五日，这是一个黄道吉日。我请斯洛伐克的资深汉学家高利克教授吃午餐，他说起我的小说《十字架上》，他认为那是我写得最好的小说之一，他惊异于我对《圣经》和基督教的理解，他认为我的解读是精彩的。用他不无溢美的话说，我的解读超过了欧洲人。

这篇小说发表于一九八八年六月，这个时间标示令我想了很多。

高利克的话是第二次令我心动。此前，这篇小说发表后不久，我收到香港基督教一个机构的来信，要求授权翻译此篇作品。

当然，我不是这个宗教的信徒，我没有以修道院的神学观点来写耶稣之死乃至他的一生，我是以文学的、人学的观点，以人的观点，非宗教的观点，尊重宗教也不无质疑的观点乃至社会政治的观点，来写这个核心的基督教故事的。

所以小说的开头，我就引用了《圣经》上的话：

> 假如有人来，另传一个耶稣，不是我们所传过的；或者你们另受一个灵，不是你们所受过的；或者另得一个福音，不是你们所得过的，你们容让他也就罢了……
>
> ——《新约·哥多林后书·第十一章》

这段话说得何等宽厚。来自中国香港的与斯洛伐克的反映说明他们确实做到了容忍"另得一个福音"。然而这里包含着信仰上的悖论，你信仰

A就不能同时信B信C信D、E、F、G。信仰是美好的，信仰又极可能是排他的，排他的结果会带来偏见、冲突、敌对、仇恨直到互相杀戮的战争。世界历史与现实中，有多少战争冲突与不同的宗教乃至同一宗教的不同流派间的争拗有关！为了追求和捍卫美好而排他，带来的会是非美好，是丑恶和纷争。应了老子的那句话，"世人皆知美之为美，斯恶矣"。

不仅是信仰，在这篇小说里，我探讨、我担忧的是使命、真理、人众，还有人类的包括本国的分裂和危机。

……唱赞美诗的黑衣合唱队站在离信徒远、离屋顶近的高处，半月形的站台式的位置上，使他们的歌声从天上降落飘落洒落……当数百个锃亮的大小悬殊的铜管（指管风琴），在教士操作的鼓风机的感召之下，从四面八方震响起来的时候，庄严慈爱博大的情感使我想哭想死，就是说想白羊。人类创造力的最生动的记录就在于他们创造出令他们自惭形秽的物品，就是说，创造物使创造者羞愧得无地自容……这是伟大的契机吗……长着翅膀的安琪儿向纯洁无瑕的玛利亚传递信息，她已经通过圣灵而受孕……正是她，向人类……贡献了耶稣基督。

人类的创造会使人类愧煞，人会成为自身的创造的俘虏，这既伟大又悲哀。

这里所说的耶稣基督，是一个象征，是一个含义广泛的代名词。在这个意义上，人人（尤其是自命精英的人）都可能有圣母的情怀，都愿意、都梦想以纯洁的胸怀贡献一个弥赛亚，一个先知，一个救世主，一个真理，一个光明。例如雨果、托尔斯泰、巴金与张承志（但似乎不完全包含冷峻的鲁迅，虽然用"灵台无计逃神矢"来描写弥赛亚情结是再贴切不过的了）。在许多可能的弥赛亚失去了或正在失去着光环以后，还有敬仰与伟大在，例如——切·格瓦拉。

人总会信仰什么、追求什么：各种宗教的人格神或物神（拜物教），还有神性概念——真理，信念，（大）道，苍天，爱，历史，规律，祖国，民族，人类，自然，价值，使命，光明，文明，全在内。尤其是使命，没有使命感与使命就没有人类的历史，使命使人人可以成为大大小小的弥赛亚。而使命感与使命又带来了多少危险与冲突！

> ……基督大概是最痛苦的神……他的神情充满了神圣的忧伤，还有怜悯。他好像在说：不可救药的人的种子啊……

在一篇散文中我讲过，西柏林新教堂的靛蓝的耶稣塑像给我的印象是，"已经对人类绝望""已经无法再爱世人"。高利克欣赏我的这个说法。

使命的承担者与承担者心目中使命的受惠者之间，永远有一种难以沟通的痛苦，有一种无奈，有一种对立。使命与使命感，常常会受到质疑。而使命的受惠者往往会怀疑自身受到欺骗，感到迷惑。

越是没有使命感的人，越是有权对使命质疑。

小说是这样写的，如所谓"元小说"，少量篇幅写小说的写作缘起，写我在欧洲旅行的时候所受到基督教文化的冲击。而大量篇幅用第一人称写耶稣。竟然是第一人称！

> 耶稣在我心中，圣灵在我心中，我就是神圣。
> ……从小，从一记事一懂人言，我学会的最初的词不是妈妈……而是救世主——基督。我娘对我说，我爹对我说，我的伯叔姨姑兄弟姐妹乡里邻舍伙伴朋友都这样对我说。四岁的时候我曾提出质疑：我为何是基督呢……我娘闻之垂泪多多。她道：苦……哇！

一个人之子，却要使命神圣。一个神之子，却要经历人间。一大批人之子，却要膜拜神圣。一组神圣（耶和华、弥赛亚、玛利亚、耶稣、十二个门徒……）却要接受、眷顾、救援、帮助、满足愚众凡人百千万亿。

你也许可以说，这里暗含着是说一个写家却要当什么领导，面对着并不那么好伺候的领导和更不好伺候的同行——人众。

最初的动机不无此种心理暗示，然而，当真写起来，早把这一类小小动机超越千倍。

我希望探究的是人与神的关系，千倍万倍于文人与官儿们的事。

此孕乃是圣灵赐，

万民欢呼谢上苍，

巨星闪闪灵气动，

分娩之时放红光，

…………

众人盼你如大旱之盼云霓。

历史是人民创造的，而人民需要神圣，需要旗帜，需要先知，需要钉在十字架上的悲情英雄，需要亲手至少是亲眼看到将弥赛亚钉到十字架上。

有了"长太息以掩涕兮，哀民生之多艰"，就必然有"若大旱之望云霓兮，期救星之出现"。

人民——尤其是一个前现代的、农民成为主体的国家的人民——需要弥赛亚。宗教需要弥赛亚，历史与政治尤其是军事，科学与艺术都需要弥赛亚。弥赛亚——英语 messiah，原文为希伯来文 mashiakh，是早年犹太教中的一个重要观念，到了公元三世纪，这甚至变成了一个政治观念：期待救世主的到来。就是说早也盼晚也盼，望穿双眼，终于盼来了救苦救难的大救星，天翻地覆。历史从此才刚刚开始。

在中国的传统文化中，类似弥赛亚的范畴则往往被称为圣人，中国式的说法是，"天不生仲尼，万古如长夜"，语出朱熹，但朱熹声称他是引用的佚名诗作。类似的说法至今存在，如说没有毛泽东，革命至今还在黑暗中摸索。

与西方说法完全一致：弥赛亚出现以前，不算历史。弥赛亚的心态是自我作古的心态。

事出有因，伟人们的德行、功业、教诲与奉献确实照亮了人类的历史。这样的照耀达到了极致，便是弥赛亚。而越是乱世与弱者，便越是苦苦期待着圣人——弥赛亚的出现。并且时刻准备着跟随弥赛亚闹一个天翻地覆。

六岁时，因为与同伴克依利利抢夺一枚杠果而动手相打……克依利利哭喊道："他不是神！他不是弥赛亚！他抢我的杠果！"

我大惊失色……我严肃、悲哀、恐惧、怜悯地把杠果还给了他。他大为惊奇，看着看着我，给我跪下了。

当晚，克依利利睡前在河边洗脸时失足落入河中，死了。

……奇迹从此不断。一个瞎子找我来治病……我便摸了他的前额和眼睛，他立即宣布他已复明，看见了蔚蓝色的天空。一个跛子找我来治病，我便踩了他的跛足，他宣布，他可以立即丢掉拐杖，跑步回家。一个贫穷欲死的乞丐挡住我的路，说是只要能再喝一次酒他死而无憾，我便指了他的饮水用葫芦瓢，他告诉我，一瓢大河之水果然立即变为葡萄美酒……

人是可以变成神的，信仰不需要论证。奇迹完全可能出现，在你需要它的时候和地点。历史会呈现新的一页。文学会出现新的杰作。宗教的创立是人类文明初期的事，时间相隔越久，越会淡化它的形而下的奇闻异状，而余下的是形而上的激情、神秘、玄思、精神的需要、灵魂的升华。弥赛亚主义是激动人心感人至深的，是高耸入云，叫作冲云天，能胜天，入九天的。人当然需要虔诚和期待。需要弥赛亚。时至今日，你再想创立新宗教，或者用什么特异功能的名义，则极易变成邪教。那是因为科学，因为文明，因为数学和逻辑尤其是实证主义。理性正在检验信仰，理性正在取代迷信。

这也可能是现代性的罪过之一，所以，时尚同样需要批评科学，至少是批评科学主义。

……我是生活在一个何等罪恶深重，令耶和华震怒的国度啊！埃及人、非利士人、波斯人、亚述人、巴比伦人、罗马人纷纷占领我们的国土，屠杀和奴役我们的人民，强迫我们接受他们的异教，奸淫烧杀劫掠……本国以色列人和犹太人的纷争、部落纷争、兄弟纷争、父子纷争、夫妻纷争，谎言多于真话，诚实比狡猾还要令人猜疑不解，微笑后面隐藏着匕首，文才发挥在写诬陷信上，陷阱比道路还多，毒药比饴糖还要普遍，交友的目的似乎在于关键时刻予以出卖，祈祷的内容离不开诅咒自己嫉妒的人早日得艾滋病，最不怕赔本的买卖是捕风捉影入人于罪，最时兴的行当是拉几个人制造流言蜚语，双手沾满鲜血的人在那里行善，不学无术的人作威作福……上帝准备奖励他的忠实信徒，条件是给信徒的邻人以双倍的礼物。信徒深思熟虑以后祷告道：万能的主啊，请把我的一只眼睛弄瞎了吧！

由王某代拟的耶稣的话，带上了愤青儿的味道。耶稣看到太多的罪恶，他才下决心为拯救人之罪而上十字架。他预感到了危险，非常危险。他能怎么办呢？

问题是耶稣上了十字架以后，人类的罪恶减少了几许？还是增加了许多？谁能回答这个刺心的问题？

……他们博爱众生，宽恕罪恶，打了左脸还要伸去右脸，爱朋友也爱敌人，经受旷野里魔鬼的试探，坚信"人活着不是单靠食物，乃是靠神口里说出的一切话"，拒绝权柄与荣华富贵……拒绝挑逗挑衅，坚信"不可试探主宰你的神"，不但爱众羊，而且不放弃任何一只迷途的羔羊，除了假冒伪善的法利赛人！

当仇恨和欺骗使人们变得凶恶狡猾的时候，你可以想想，我的使命有多么艰难，多么沉重！

这最后两行话，干脆是王某在一九八八年夏天的心声。

……众多的十字架，众多的流淌着血的胸口一起向我涌来。

我还有诗为证：

……你被崇拜又被出卖
不得复仇也不得感戴

你流血你疼痛你怜悯你死去
没有一声表白

你被绘画被雕刻被解释被误会

全部承认全部接受下来……

这就是使命的悲哀与忧心忡忡。这就是弥赛亚主义的窘境与挑战。这就是不仅王某一个人而是一些人的二十世纪八十年代后期。现在的知识分子时兴回味八十年代，似乎那个年代是浪漫的、光荣的、激动人心的、呼啸与歌唱的。这些回忆是又一拨人，大体是"老三届"前后的人的"青春万岁"。三四十年代的青年有"青春之歌""一二·九"与边区延安。五十年代的有"青春万岁"、中华人民共和国。六十年代的有青春无悔，上山下乡，还有不大好出口的红卫兵狂飙，同样也是"阳光灿烂的日子"。八十年代有"蜜月期"的改革开放，现在则干脆是回忆八十年代。半是怀旧，半是呼唤。

然而王某的感受与您不同。他的感受是八十年代对于弥赛亚主义的不安和困惑，他感到——对不起，这太夸张，然而沾点边——他和一些人，被架到了十字架上。

连年战乱和饥荒之后，人们是怎样地恐慌万状、无着无落……教士向人们应允天堂和灵魂得救，当人们刚刚皈依，却又被告知他们的道袍下露出了尾巴。每个人对其他人不满，却无法不让别人对自己不满。每个人都感到别人的欺诈卑劣，却没有能力不对别人欺诈卑劣。每个人都感到别人在堕落，却无法停止自己的堕落。古老传统的清教徒式的洁净规则，愈来愈显得像是讽刺。传说和故事中对于古朴民风的描述，更使人们慨叹世风的日下。唱的调子愈高，人们就愈不相信。空话讲得愈多，人们就愈卑劣。最后连那最起码的真诚与道德似乎也失去了信用，只有赤裸裸的野兽一样的自私……

这是我阅读《圣经》与《圣经故事》得出的印象，处死耶稣的时候，当时的社会情况就是这样。现在的社会情况也不见得摆脱得了这样的勾勒。这种"悲惨世界"的描写不无文人的夸张与神经质。但是我早就如此写过了，批判过了，比此后的人文精神失落论者写得早得多厉害得多，这是事实。《圣经》上写过的世风日下人心不古，至今仍然像硬通货、像黄金一样地全球通用，千年保值。这说明，使命的承担者对于使命的受惠者既有着爱与忍让又有着正义的怒火，越正义越有火，拒绝宽容，声称有一种怯懦叫作宽容，他们要的是疾恶如仇。这还说明，靠咒骂扭转不了社会风气与历史劫难。

> 人们普遍认为……弥赛亚会到来，通过上帝的干预，人们将获得伟大的拯救……他的公正的意志将在人们的心中和生活中获得至高无上的地位……罪人是不被接纳的。弥赛亚到来之后，将进行伟大的无所不包的全面审查与清理，像在麦场上扬麦打麦一样，成色十足的黄金的麦粒将会留下……这些罪人秕糠将被天火烧毁……叫作永世不得翻身。最大的恐惧在于，谁都希望自己是黄金的麦粒，谁都没有把握自己不是罪恶的秕糠……

弥赛亚——先知——救世主情结是世界性现象。有人想扮演弥赛亚，更多的人盼望着天上降下弥赛亚。而那个关于麦粒与秕糠的模式，那个关于清理与审查的说法，是一种"金色恐怖"。我们可以对照这一代人对于清理与审查的经验。那么多人，期待着、惧怕着、兴奋着这大变革、这天翻地覆、这大清洗大更新的大火熊熊的一天的到来。

> 只有我，只有我一反那些苛刻的、恶狠狠的、充满繁文缛节的教士的威慑之道、恐吓之道、讹诈之道，提倡仁爱、提倡谦卑、提倡虔敬、提倡宽恕。当人们恶狠狠地相互斗红了眼的时候，当他们把压倒对方看得比维护自己的生命还重要的时候，我伸出了和解的手。我说：我们都是有罪的。所以我们不能责备旁人的罪……赦免那有重罪之人，比赦免那只有轻微错误的人还有恩德。当你的兄弟说了你不爱听的话的时候，你再去说他，不是永无和解之日了吗？即使你能得到一时的上风，一时能够是永远吗？即使你一时退让了，退让能够是永远吗……你们互相宽恕了，我便宽恕了你们。你们的一切罪恶，我愿意独自承担。为了让你们生活得好一些，我宁愿被钉在十字架上。

很遗憾，十九年后（2007年）作者自己读到这一段落的时候也感到了耶稣的无力。仁爱、谦卑、虔敬、宽恕，当真能够拯救一个罪恶的世界吗？仁爱常常败给凶恶，谦卑常常被骄横压倒，虔敬变成了上当的代名词，而宽恕的结果是自己不可能被宽恕。

知其不可而为之。因为，如果你反过来，只相信力量，只相信斗争，只相信压倒，只相信计谋与损人利己，只相信押宝投机，那么，你只能以恶易恶，以暴易暴，以大言欺世易刁言恶语。

但是，为了拯救人众，为什么自己就一定要钉上十字架呢？我并不明晰。我需要继续思考。

> 人们相信了我……众口一声地说："他是基督，他要为了我们上十字架！"你为什么还没有上十字架呢？如果不上十字架，如果和众人一样地饮水、穿衣、吃未发酵的面饼和羊羔肉……那还有什么区别，有什么神圣，有什么发言权和感召力？
>
> ……复活的前提是死，是钉在十字架上。不死也就没有复活，不死也就没有神圣……一切的信仰，归根结底是对于死的信仰。不论通过谁的手，不论通过叛卖还是举荐……要上十字架！

使命的结局是上十字架，这使我忧虑而且惊悚。顺便说一下，"未发酵的面饼"就是指新疆式的馕。尖锐对立的犹太人与阿拉伯人，饮食习惯上有很大的一致的方面。只有先靠得近才会那样势不两立。我写道：

> 那是一场盛大的典礼。
>
> ……赞歌，观众人山人海，高呼：我——们——得——救——了！然后是有节奏的鼓掌。白发苍苍的老人为我默哀，向我行跪拜礼。老妇人用她们深沉诚挚的歌声为成千上万的妇女的号啕大哭伴唱：
>
> …………
>
> 这一刻无比辉煌。我的脸上呈现着神秘而骄傲超凡的微笑……大义凛然。我确实看到了，天使在广场上飞翔。
>
> 罗马总督彼拉多向众人说道："今天是逾越节的第二天，按照惯例，我们可以释放一个因犯……"
>
> 我的耳边轰的一响。莫非要释放我……那么，我自幼的茹苦含

辛，圣母圣父的教导，我的一切德行，一切禁欲主义，一切奇迹，一切对于道的领悟和宣讲，我所奋斗终生的使命，我的仁慈与我的形象，我头顶上的圆光……特别是我对于那些无知无识、诚惶诚恐、易喜易怒、多疑多惧、自利自私、攀风攀势、摇来摇去的人们的同情、怜悯与宽宏的饶恕，又将怎样表现出来……我的上十字架岂不成了一场沽名钓誉的骗局……如何能再相信我的仁爱我的苦心我的关于宽恕的教导？教育别人宽恕的人是最难得到宽恕的。因为要别人宽恕，就把自己摆到了高于一切的地位，摆到了圣人的地位，摆到了再无还手还口之力的不设防的地位……宽恕是困难的，让斗红了眼的人宽恕比要他们的命还难，他们不愿意宽恕不能宽恕，他们就更要睁大眼睛看你能不能宽恕，你能不能容忍。简单地说，如果罗马总督彼拉多将我释放，不出十天，我的忠诚信徒们就会把我凌迟处死活埋。

使命的矛盾，使命的悲剧。以惠众始，以不被理解终，甚至是以被无知与专横加害终。以爱始，以被仇恨终。

宗教书籍上的说法则是：

弥赛亚说："无故恨我的，比我头发还多；无理与我为仇，要把我剪除的甚为强盛。"基督由出生开始，就被人无故地仇恨。首先是被希律王恨恶，然后又遭到撒旦、鬼魔、宗教领袖们的恨恶，而实际上所有外邦人和犹太民族都恨恶他。那些领袖，尤其是那些宗教领袖，曾经多次企图杀害他……

谁让你是基督。

下面的引文仍然来自我的小说：

有的喊着我的名字，喊着把我释放。有的喊着我的名字，喊着我应该牺牲。又有的喊着我的名字，说："他是个骗子！别让他钻了空子！"又说："他太精明了……他要左右逢源……"还有人喊着我的名字，说："他是为了我们！我们这些瞎眼瞎心的臭驴子！"于是开始了骚乱和武斗，人们大喊着："白刀子进，红刀子出，杀死一个够本儿，捅死两个赚一个！"

于是彼拉多总督威严地宣布：根据大家的意见……严惩自称基督、自称犹太王的耶稣！

…………

明明是血肉之体，
偏偏自为神圣，
你是悲剧中的英雄！
你是闹剧中的大虫！

使命至少有神圣感，有使命意识，弥赛亚主义可以带来英雄主义。而闹哄者做的是：把比自身高的人统统掀翻到阴沟里；或者先把人家捧成万能菩萨，再失望……反目成仇，将菩萨打碎以寻找新的崇奉——喊叫——打碎的目标。

就是说，古今中外，我们常常看到这样的轨迹，先把一个人神化，事隔多年后发现他非神，那么最后就把他妖魔化。或者先造一个神，再以此神的标准要求旁人，然后是一片咒骂与责难。每个人都责备旁人不是神，责备旁人没有上十字架的事迹与勇气，也没有创造奇迹。每个人都埋怨旁人，叫作怨天尤人，同时没有人反省自己。怨过了，骂过了，盼过了，也呻吟号叫过了，然后一切照旧，如果不是更糟的话。

在第一个钉子钉进我的左掌的时候……不是想感动众人吗？不是要为众人牺牲吗？不是要看到和解与仁慈的光辉照遍寰宇吗？我又怎能像俗人一样地哭喊呼叫呢？

……一位貌美的女子不顾行刑者的鞭打与推搡扑到了我的脚下。

一个美女由于被负心者抛弃而求耶稣，耶稣能如何？
信仰你是由于以为你中用，美女就是如此。
不用大事的考验，一件具体而微的小事，就使弥赛亚感到了自己的无力。

又有一个胡须花白的老者向我走来，他神色严肃……两眼带着杀机……"听着，耶稣！我才是真正的正牌信徒！我不但是信徒而且是卫士……你本来应该降福给我，只要你长眼的话！谁想到你有眼无珠却降福给我的邻居！我的邻居比我小十几二十岁，不提你的名字也不祷告你的言语，遇到不相信不郑重的人他也不去跟踪不去报告不去重炮猛轰，而且，他还爱喝酒爱打扮还写过一首无人能读懂的爱情顺口溜！我造了二层楼房，他居然后来居上造了三层楼……而你好糊涂！你竟叫我的五层楼塌掉了……如果他的房倒塌不了你就发动一次地震吧……陪上一百人也要砸死他！"

恶人自命忠实的信徒与卫士，恶人要求钉到了十字架上的耶稣为了他而发作地震。而如果耶稣做不到，他就反目成仇，成为基督的死敌。这是使命的又一层悖论，你爱众人，包括恶人吗？你怎么样对待恶人，你为人众服务，包括恶人吗？你怎么样为恶人，为恶服务？

……他竟唯恐民主和谐的气氛会继续保持下去……这样的恶人竟自命为我的信徒，竟打着我的旗号！用那些虚假的繁文缛节，用那些虚假的不厌其烦不知羞耻的重复来证明只有他最忠于我，只有他得到了我的真传，似乎我真的给了他什么祖传衣钵专利许可证！

……然而我没有喊出一声来……请记住，上了十字架的就别想再下来……

我为使命而悲伤，我为人众而忧虑。我早就祝愿了民主与和谐。我为恶人而愤慨，我为善良者的无助而歉疚。我为大轰大嗡的举动而痛心疾首。我不相信大轰大嗡，我认定大轰大嗡凶多吉少。我闻到了大轰大嗡的群体中有不祥的气味。

不知道过了多少天，反正我醒过来了。我的形象已经完成。我的头颅下垂，又忧伤又优美。我的完全张开的手臂好像等待着准备着拥抱世人……我永远完不成对世人的拥抱……我的依稀可见的肋骨充满了一道道一重重人类的痛苦……我们为什么要生出这样丑陋而又痛苦的肋骨……我的腿即使瘦削和被钉死，它们仍然是颀长的、有力量的、有韧性的！它们走过了多少艰难的路……向着天国，向着仁爱，向着宽恕，向着团结和欢乐……

然而我又醒过来了。周围……只有尘土，只有风沙，只有忽大忽小、忽冷忽热、忽香忽臭的空气流动，只有此起彼伏的声音喧闹，只有一片一片陌生而又熟悉的面孔，忽而联结成块，忽而又各自分散。

我听到了赞美诗……赞美诗使我热泪盈眶而又无比酸楚。孩子们！天真而又利己的人们，其实，你们的罪恶并不会因呼我的名而自动淡化，你们需要的想要的祈求的一切也不会因呼我的名而自动得到！我该怎么样帮助你们？我该怎么样告诫你们！

与赞美诗的神圣音律声调一起，我听到了各式各样的祈祷：

给我金钱！给我富裕！给我幸福！

给我健康！给我长寿！

让病者痊愈！让亲人康复！

让我成功！让我升迁！让我得到！

…………

我要爱，我不要恨！

我恨别人，我不爱别人！

判定我的冤屈，判定我的无辜！

判定他的罪恶！判定他的灭亡！

……若不是一声凄厉的叫喊，我还会昏睡下去。

"他是骗子！他是坏蛋！"多么尖厉的令人不寒而栗的叫喊！这声音甚至使我的痛苦的火烧火燎似乎冷却了那么一两摄氏度，我不但感到燃烧灼烤，而且感到了冷冻！

原来是那个美女，她披头散发，两眼"离疾"，她指着我大喊："他是一个无用的废物……我本来以为他应允一切帮助一切做到一切……结果，根本不灵！他只是个尸位素餐的偶像……"

这就是使命的命运。应允得多了，便令更多的人失望。境界太高了，难以相信，更无法接受。你说你爱他，却没有给被爱者带来实惠。于是，你成为骗子，成为伪君子，成为泄愤对象。而且随之发生了混战：

"这究竟是怎么回事？"一位皓首银须的学者模样的人用低沉有力的声音说道："按照东方哲人的说法，叫作不可尽信也不可不信……"

"胡说！诡辩！废话！两面派！老狐狸！折中主义！放屁！"

人们喊了起来……

"这是鸦片！这是毒品！它麻痹我们的意志，污染我们的心灵，用虚伪的关于天国、关于永恒、关于灵魂得救与彼岸的幸福的空谈来掩盖今世的种种弊端，取消此岸的艰苦奋斗，打倒它！揭穿它！批臭它！"

"这是人类心灵的向往、创造和依托……"

"这是一个沽名钓誉的人的成功之路……"

…………

"誓死捍卫！不准玷污！亵渎神明者千刀万剐！"

"根除邪教！还我正宗！正宗大统，异端绝不容！"

"你说他是假的，你上来试试！谁敢上十字架！谁敢接受四个致命的铁钉！"

……一个彪形大汉，面如重枣，声如铜钟……他用十五种语言宣布："看啊，听啊，我们在求他！我们在告他！我们在跪他！我们在等他！我们望眼欲穿！我们左等右盼！可是他呢？他看也不看我们一眼！理也不理我们一声！动也不动一下！他拒绝接见我们！他冲着我们摆架子！他居然摆十字架子！他敢情好了，他成了功了，他上了架子，他他妈的神气了！可他给我们谋的福利呢？"

对不起，写此篇小说的时候距现今（2007年）已经十九年。我还有太多的火气。我挖苦信徒，却同情和理解先知、使命、牺牲。我质疑弥赛亚主义，又为耶稣的命运而悲伤。但我仍然不认为他在死前就脱离了人的苦海。所以这个故事疼痛并从而感人。神则是没有痛感的，那么，我们还说什么耶稣为了我们钉到了十字架上呢？我认为他同时是人。人可以追求与崇拜神，神存在于人的思想和精神里，存在于对于无限、终极、永恒、真理与完美的体悟里。然而过高的自诩不但会给自家也会给广大信众带来苦难。《圣经》的伟大与深刻就在于它表现了人之子与神之子的矛盾与统一。

时至今日，我仍然坚持认为，造成耶稣命运的力量中不但有希律王、罗马总督彼拉多、各宗教领袖、以色列人和外邦人，还有耶稣的弟子与信徒，有广大的弥赛亚主义、弥赛亚情结的信众。

……请离开我。请保持平静。请让我一个人静静地完成神圣祭坛上的盛典。

我只想说，你们的每一句话都是一枚钉子。我将死于你们的钉子下。

我知道神圣精神与大众的结合会创造出怎样的奇迹。同时我知道，大众化会引起通俗化，通俗化会帮助与改善理念，但同时不无可能阉割神圣精神，钝化高深智慧，简化甚至歪曲改变关于真理关于使命的理念，制造悲剧乃至闹剧。

所以耶稣想：

……复活以后怎么办？能不怕流言吗？能不被认为是假复活真骗术吗？能应允一切人的相互矛盾相互冲突的祈求吗？会不会逃到深山里去……而那样的落荒者，又怎么能成为耶稣复活的证明呢？

我有时候冥思默想，现实中不存在的弥赛亚是从哪里来的？

它首先来自语言。这是我最近常常在讲演中提到的一个话题：语言的功能与陷阱。一切关于美善光明真理拯救牺牲贡献的词语，按照语言构词的规律，可以递进与加强，以至于顶极。而一切关于具体有限瑕疵局部的词语，也都可以找到自己的反义词，即无限与终极。弥赛亚就是美与善的终极与无限。它是鼓舞也是超越，是理想也是乌托邦，是信仰也是愿望，是热情也是期待，是督促但也可能是误导。

现实中不存在的弥赛亚是一种语言现象，精神现象，精神力量与精神火焰。

有这样的语言与精神，是人不同于其他动物的伟大与悲哀。

小说的最后部分，我模仿《新约》的《启示录》写了四头大牛：

　　……于是出现了四头牛，威威武武，高高大大……

　　四头牛这样自吹完了又互相吹，甲吹乙复吹丙捧丁，乙捧甲复吹丙吹丁，丙吹乙捧甲吹丁，丁吹丙吹乙捧甲。请计算一下有多少种排列组合。排列组合地吹完后又互相顶斗起来，互相揭露儿时丑行并认为对方应该先挨一刀。在出路问题上都推荐对方红烧，大体认为红烧要放酱油放番茄酱放葱姜蒜花椒八角咖喱焖在高压锅里。这将给对方带来更大的痛苦，给自己带来莫大的喜悦。

　　它们愈顶愈厉害……使所有的兽一见、一闻、一接触便发疯发狂，便又吵又闹又吹又打直吵闹吹打斗得天昏地暗日月无光，飞沙走石山崩地裂，它们便都欢呼自己的胜利。

　　对不起，这是我在一九八八年的预见，预言，预写。而且，已经写到了对于民主和谐的挑战，写到了邪教，写到了分化与牛皮，写到了恼羞成怒与恩将仇报，写到了陷阱与灾难。

　　我写得尖刻到位而且淋漓尽致。其中关于四头疯牛吹牛的描写接近于当今的"恶搞"，无怪现在还有小青年说网上写作是王某始作俑，虽然写《十字架上》时还没有互联网。

　　请看我写的第二头牛的自我标榜：

　　第二头牛说：除了我，谁能拯救罗马，谁能拯救巴比伦，谁能拯救雅典和马达加斯加？我能够预报地震，我能够预防火灾，早在重庆飞机失事以前我已经指出，航空管理处存在着问题！早在波斯湾出现紧张局势以前，我已经揭露了海湾国家间的矛盾的危险性！我可以防止星球大战，我能教会正当的正确的最佳的做爱方式并从而从根本上消除艾滋病！我能使所有的穷人搬进五星级酒店使所有的乞丐当总统！我能叫所有的母牛不但提供牛奶而且直接从她们的乳房中挤出法式干酪与丹麦式白脱！我能令所有的公牛尿出啤酒，使所有的小牛拉出金银首饰！我能拉长男子的身高缩减女子的肥胖！我能令北极温暖如春令赤道凉爽如秋！我能令猫与老鼠拥抱接吻而不传染肝炎！但是要听我的，必须听我的，不听我的便是愚蠢横蛮智力退化别有用心！

第二头牛已经呼之欲出。

写到大言我特别上火。这一辈子，我吃够了排他的大言狂言火言发烧昏言梦呓胡言的亏。包括"左"的和"右"的，暗的和明的，土的和西洋的，神经兮兮的和野蛮满不论（lìn）的。积我七十余年的经验，我一次又一次地不厌其烦地说：凡把复杂的问题说得小葱拌豆腐一清二白者皆不可信，凡许诺万应灵丹者皆不可信，凡认为可以毕其功于一役者，皆不可信。耶稣毕竟已经离开我们近两千年，我们不可相信当今的救世神仙。

顺便说一句，我不明白为什么相声艺术家埋怨讽刺不好搞，却不好好说一说牛皮大话题材，有多少好材料呀。

当然这只是小说，只是一个侧面。而且，现在早已经不是一九八八年而是二〇〇七年了。

需要一个过程，从弥赛亚主义到科学发展，到小康与和谐。需要为之付出代价，付出史无前例的努力和勇气。

我认为十一届三中全会以来，实现着非弥赛亚主义的痛苦的进程，更正常，更麻烦，更富裕也更"失落"（在某些猛人眼里甚至是堕落），更健康也更"危险"。

我国用基督教题材写作的人不是很多。海子写的长诗《弥赛亚》是值得吟读的。诗的前言说：

> 在隐隐约约的远方，有我们的源头，大鹏鸟和腥日白光。
>
> 西方和南方的风上一只只明亮的眼睛瞩望着我们。回忆和遗忘都是久远的。对着这块千百年来始终沉默的天空，我们不回答，只生活……磨难中句子变得简洁而短促。那些平静淡泊的山林在绢纸上闪烁出灯火与古道……为你们的生存做证，是他的义务，是诗的良心……
>
> ……走出心灵要比走进心灵更难……心灵娇柔夸张的翅膀已蜕去，只剩下肩胛骨上的结疤和一双大脚。走向他，走向地层和实体，还是一项艰难的任务，就像通常所说的那样——就从这里开始吧。

海子此诗没有完成，他自杀于一九八九年三月。他是不是也受了弥赛亚主义的影响？他走到了地层和实体了吗？始终没有。同时，如果他真的达到了地层与实体，还有诗人海子与他的诗吗？这真是一个令人闹心的问题。

再有就是亨德尔的清唱剧《弥赛亚》，当唱到"哈里路亚"的时候，由英王乔治二世带头，全体起立。这个规则一直保持到今天。

我在美国买过音乐剧《超级巨星》的磁带，它是描写耶稣诞生的。其中最气势磅礴的合唱也是：

　　　哈里路亚……
　　　哈里路亚！

2. 艰　险

　　我早就有过一个噩梦，这个噩梦来自二十世纪五十年代后期。斯大林的故事令我沉重。那几年东欧的事情，波兰和匈牙利的青年的抗议活动尤其叫人喘不过气来。我从来以为革命的正义性是革命胜利的保证，而革命的正义性应该决定了它的群众性。"群众=革命=真理=胜利"，少年的我知道的是这样的全等式。我的青少年时代，人民、大众、群众、青年这些概念对于我来说不但有政治学与社会学的含义，而且有伦理学与信仰主义的权威性与至上性的含义。我以为革命永远与工人大罢工、市民大游行、抬棺示威、人山人海、山呼海啸的大合唱、团结起来到明天联系在一起。人海战术，当年国民党给共产党戴的这个帽子真好，人海，就是革命，就是无敌，就是国际悲歌，就是兄弟们向太阳、向自由，起来，饥寒交迫的奴隶！

　　而东欧的事情却告诉我，在一个社会主义国家，人海的运动可能走上了相反的方向。多么沉重，多么苦恼，多么焦心，多么为难！

　　居然在一九七六年的清明，重新提出了当年匈牙利的事件，并且把"纳吉"的帽子扣到邓小平头上！居然表现出了撕裂的可能，撕裂的痛苦：革命与人海，理想与现实，头脑与热血，周恩来与同样担任着高级职务的几个人，还有人民与毛泽东！

　　为什么我们那么容易激动、急躁、排他、热血沸腾、刻不容缓……动辄要刺刀见红，舍得一身剐，把冠冕堂皇的崇高目标与"时日曷丧，予及汝皆亡"的舍命心态乃至是玉石俱焚的仇恨心态结合起来？"文革"的煽情与大言，还没有给我们足够的教训吗？我们的国家与人民，还不够激烈，还需要无尽的生猛搏斗吗？

早在一九八九年春天，我已经在一些主流媒体上看到近代史专家的文章，说是二十世纪开始的时候，中国与日本的发展情况与改革决心差不多，欧洲普遍更看好中国，但是中国的变革中起主导作用的是激进主义，最后在实现现代化上反而落到日本后面。

我并不认为是理论、是意识形态决定了中国的选择与命运，多半倒是中国的国情、遭遇、处境、历史与现实决定了人们对于意识形态的选择。

我部（指文化部，1986年—1989年，王蒙先生任文化部部长）研究室的工作人员赵士林博士，一九八九年春提出：当时对于中国文化与改革的讨论，存在着"重情轻理，重破轻立，重用轻体"等缺陷。我觉得他讲得非常好。

这些观点，并不能发挥多大作用。

而另一方面，各种的威评猛论，各种高分贝的与气势决绝的论说主张像潮水一样、海啸一样、野火一样涌来。例如批评龙的图腾，说是龙太张牙舞爪。还真有一个北欧学者向我建议将中国的象征符号改成熊猫。几十年后又有人在极正式的场合大讲我们是龙的传人、龙的子孙，这乃是全世界华人的共识，或建议正式开展对于龙文化的研究。批龙与颂龙其实都属于过度解释，吃饱了撑的。请看《辞源》，对于龙的讲法，一是传说中的一种动物，一是古生物中的一种巨大爬虫，一是皇帝象征，一是堪舆家对于山势的说法，一是姓氏。内中绝无中华民族、象征民族、祖先民族起源于龙之说。而且最早见之于汉书的"龙庭"一词，恰恰是指匈奴各部落集合祭天的地点。至于"传人"一词，来自台湾，据台湾学人告知，此词参考了英语 transfer 一词的发音。读过一点中国书的人都知道，侯德健先生的《龙的传人》在中国大陆上唱开以前，压根儿就没有一个什么"龙的传人"之说。明确地说，龙的传人云云，是侯先生的杜撰，是侯先生通俗爱国歌曲传播的结果。大众传媒时代，人们的知识与伪知识多半来自传媒，这是一个既方便又靠不住的进展。当然这杜撰事出有因，谁让中国人例如叶公压根儿就好龙嘛。龙的子孙说就更荒唐，我国古代有女娲捏泥人说，有炎黄祖先说，有盘古开天地说，绝无龙为华夏祖先之说。龙应是卵生，古往今来，没有谁认定自己的祖宗是破龙蛋之壳而生的。对"龙的传人"一语的解读，如果超出了唱歌的范围，如果太认真，即属荒谬，反过来批判龙图腾云云，也属无事生非，自找别扭。

其实龙的形象无碍也差不多无助改革开放。别说，龙的形象商业化一下也许有利于民众旅游，可能给"老外"弄出一头雾水与新鲜感。

有的批龙批到了长城和四合院上去了。说是长城像龙，说是长城与四合院都是文化封闭的象征。

甚至一直批到黄河、长江，一位诗人说长江像一条裹尸布。

此外像内河文化与海洋文化、蓝色文明与黄色文明之说，莫非廉价的随心即兴之论。

却又十分激进，十分动情，一副自我作古，历史从我开始的自恋感。

一心为改革开放唱颂歌，一心把改革开放悲情化、深沉化、诗朗诵化与一厢情愿化，一心搞一套由独出心裁的新鲜思想组成的豪华套餐，典型的情大于理、破大于立、用大于体的作品出现了，在高层中引起了不同意见——我在中央全会上目睹了有关争论——这是一个不祥的先兆。

我知道《河殇》立论基础的不牢固与简单片面。《河殇》中也弥漫着某种弥赛亚情结。它的对于改革开放的高歌猛叹，它的书生论政的豪情，它的实际上的爱国主义、速成主义、根本扭转主义、从此康庄大道上阔步前进主义，令我觉着它玄、悬、炫，带几分野路子。

当然激进主义我也并非笼统反对，没有激进主义就没有革命，而革命的成功与惯性大大张扬了激进主义，过分张扬的激进主义反过来又会危害与歪曲革命事业，例如"文革"。

此后已经有过数量不少的对于那个时期的西方影响——例如"全盘西化"论、例如"引进总理"说、例如"请来殖民以救中华"说——与自由主义的批评，还有各种防范与猛烈反弹。然而，如果说彼时仅仅是自由化，不可能那么激烈与风起云涌，成不了那么大气候。这里同样有的是几个方面的激进主义包括极"左"与极右。请想想最初一些孩子的口号：谁谁的干部两袖清风，谁谁的干部无影无踪，谁谁的干部百万富翁。其中当然包含着反对腐败、提醒注意贫富差距与干群关系中问题的合理内容，但也流露了单向地、绝对化地怀念井冈山与延安的含意，宣扬空想或农业社会主义、军事共产主义的含意，是极"左"的含意而不单单是自由化的含意。是我们新中国自己的战斗豪情战斗胸怀战斗方法在起着潜移默化的作用。一切街头抗议的方法完全没有超出我国出版发行传播的党史、革命史、革命小说、革命影片、戏剧、图画、木刻的范围。

新中国成立以来，我们进行了多少"砸烂旧世界"的教育，如何颠覆反动政权斗争的教育：罢工罢课，绝食静坐，游行示威，建立根据地，打游击，农村包围城市，造反有理，星星之火可以燎原，监狱里的绝唱，刑场上的婚礼，偌大华北容不下一张平静的书桌……所有这些都是我们的长项，是我们自己教出来的。年轻人学了这些会到台湾去斗争吗？会到日本还是美国？他们就地消化，就地实验，就地与衮衮诸公干上了。

我们又有几部电影、几部小说是说青年人要钻研学问，要发明创造，要进行建设，要一点一滴，要发展经济，要追求和谐的？我们有没有一部影片可以与美国人拍的《居里夫人》相比？而中国需要的是更多的居里夫人还是街头抗议的斗士呢？

甚至后来放映一系列革命历史题材影片的时候我也杞人忧天：看看那些影片吧，都是教导青年人斗争斗争斗争、兴风掀浪……的。

记住还是忘却？这似乎是一个很大的问题，又似乎完全不是问题。我们伟大的艰难行进的祖国，多灾多难，曲折迂回，奋斗牺牲，屡败屡进，千锤百炼，经人之所未经，历人之所未历，忍人之所不能忍，克人之所不能克，行人之所不能行，终于初步改变了贫穷落后愚昧无知分裂混乱的老面貌。当然要团结起来向前看，要忘却一切个人的恩怨，要大处着眼，要绝不纠缠，要知道时不我待，我们只能够与时俱进，苟日新日日新又日新。

战术上，该忘就得忘，不能纠缠，不能较死理，不能哪壶不开提哪壶。有一些权宜的措施，在必要的时候是要实行的，没有什么奥妙。

同时还有长远，长远是不能规避的，所以不能忘却，忘却就是把回忆权记录权诠释权概括权总结权评价权学步权直到感叹权叙述权传递权话语权……拱手让给他人、不那么对咱们感冒的人。如果我们选择的是不要历史，那么历史就会成为他者异者对立者的政治与精神资源，政治与精神武器，就会成为我们自身的一个病灶，一个定时炸弹，一个颠覆的因子，一个震源了。

那怎么行？

所以说，战略上，一定不能忘。最近我得知台湾出版了一本译自美国的名作：《失败万岁》，书评者说："作者描述了一般人本能地以为是美国梦黑暗面的东西，但是这个东西实际上却只是现实另一面稍微极致的表现，而这个东西也是平凡人（诸如你、我）所不能不面对与搏斗的。"

失败也万岁，很好。我们能否引入这个观念？

我在电影频道里看了德国方面拍摄的影片《决战斯大林格勒》，过去只看过苏联——俄罗斯这边的影视作品。德国此片可以说写尽了斯时斯地德军的惨状、凶恶、动摇、疯狂、残忍、绝望……为什么德国人能够自己猛提自己不开的那壶水？他们的精神力量来自何处？

中国的革命者没有害怕过清廷，没有害怕过蒋的八百万军队，没有害怕过日本皇军与所谓联合国军，却会怕自己的特定时间段的几个跟跟跄跄的脚印吗？

我早就写过，正视历史要如正视现实，能战栗，能不战栗。历史不是大美人也不是妖魔鬼怪。历史是脚印，是财富，是沉重也是豪迈，是痛哭失声也是仰天长啸，更是眉头一皱与深沉的微笑。历史带来的是智慧也是成熟，是沉着也是跨越，拒绝历史就是拒绝智慧和成熟、拒绝沉着与跨越、拒绝实事求是。

一九八九年春天我曾经与我的一个孩子长谈了七个小时，那一年她处于激动状态，她正上大学。我用汽车送她到了学校，我离开校门口二百米等候于路边的草地旁，怕停在校门口令人生疑。一个多小时后，她出来了，她已经说服了全班，第二天不参与任何过分的不适宜的街头活动。

我于是想，北京有那么多干部、党员，那么多高级干部，到了关键时刻，干什么去了？能不能规定，每一个部级干部必须劝阻五十至一百人，每个局级干部必须劝阻十至二十人，每个处级干部五至十人，科级干部二至四人，其他一般党员干部每人拉回来一个人或者三个人拉回来乃至抬回来一个人，第一线搞生产的工人农民党员每五人负责一人，拉回自家单位或自己家里，先讨论国家大事也行，先包饺子喝啤酒也行，先哭哭笑笑一番也行，反正先踏实冷静下来再说。而凡是不能完成以上任务的，一律开除党籍，开除公职。

我的想法是不是太天真了？

事实证明，我确实不是政治家。我太天真，我太幼稚，我太温情与软弱，何以证明呢？

第一，我不知道珍惜权力重视权力维护权力，运用权力与争取直到争夺权力。我甚至有时视权力与官职为累赘。对于某些人，这是酸腐、装蒜、活该，对于另一些人，这是清高，是境界。一位高层领导同志曾经当面称赞我的境界，并说要向我学习。可惜的是，酸腐或者务实，我都没有做彻底。而正如列宁所讲、毛泽东多次引用的，革命的基本问题是政权（即权力，王注）问题。不讲权力的政治，就与不讲做爱的爱情，或者不讲成本与利润、只能奉送不能流通与批量生产的新产品一样，好听，柏拉图化，可以写成长诗，但不现实，不顶用，难以为继，自找倒霉。例如戈尔巴乔夫就是这样的，我确实了解到，他在俄罗斯已经名誉扫地。而讲权力就不能太讲个人与个性。权力的运用、转移、有效指挥与保卫争取，都不是个人现象而是群体的活动，政党、国家、民族、阶级、部门或者地域，都是群体概念而不是个人概念。献身政治献身权力的伟大运动，就是献身群体而自然应该把个人减少到最小限度。而一个沉迷于文学艺术的人，他很难放下独特的感觉、感受、欣赏、流连、幻梦、想象、咀嚼、创意、机智、热烈与清凉、寂寞与冲动。所谓桥梁，恰恰是处在二者之间，你不能不接受这样的张力，这样的撕心裂肺。

第二，我们的政治是现实的，是看重实力的。政治属于强者，绝对不是弱者。我恰恰不是强者，在强与弱当中我也许更适合选择弱，选择上善若水。我更愿用此种型号的"武器"：温和、善意、理性、智慧、超越……而最最令人顿足的是，偏偏我们的传统是权力胜于生命，为权力的争夺不惜血流成河，尸横遍野。我曾经告诉一位青年，你想夺取权力吗？拿人头来！（这当然太不现代，要改变这种定势，需要再作几代人的努力。）

第三，我害怕人多，人海，煽情，语言的泡沫，语言的动听，语言的五彩缤纷。我害怕面对知识界的同行。面对感情丰富，语言瑰丽，美梦如霞，妙笔生花，两眼含泪，好饮酒也好写诗与善于引章摘句的同行们，我束手无策。

第四，我从一开始就依恋着相信着想念着纠缠着文学、文学、还是文学，作家、作家、还是作家。到那时为止，我从感觉上，仍然相信，作家、文人这个圈子，比其他，例如官员这个圈子清高、聪明、亲切与可爱一些。我过去、此后都愿意为文学付出高昂的代价。可惜后来的经验使我这个文学乌托邦也受到了动摇。

所以我忧心忡忡，焦虑沉重，寝食难安。我珍惜党的十一届三中全会以来拨乱反正与改革开放的空前成果，我不希望我们的多灾多难的伟大祖国发生改革受挫的严重事态，不希望我国发生从改革开放的道路上走回头路的情况；更害怕十余亿贫困愤怒委屈而又急躁激动直到少知少识的被激进主义所点燃的国人的无政府状态。我顿足捶胸，为什么谁要是所谓"民主"一点和善一点宽容一点客气一点，就一定要首先把这样的人闹到死无葬身之地，不把对你客气一点的人搞光搞绝绝不罢休，这算什么惯性？什么传统？什么国民性？什么抛物线？什么规律？

这实在是某种食而不化的改革与"进步"的悲哀。民主允许和提倡批评、异议、表达。这样的民主本来是一种政治文明，是长治久安和不断前进的保证。但是如果将之变成挑起纷争的火种，星星之火可以燎原，于是昨天的顺民一个晚上变成了造反派。所谓"要民主的跟着我走，不要民主的滚他妈的蛋"，就是这种"民主"的典型："文革"式语言，"文革"式风格。无怪乎时至二十一世纪，仍然有人认为"文革"是中国开启民主的一个尝试，真是意味深长，够咱们大家喝一壶的。于是使社会发生混乱，使国家陷入危机，使生灵涂炭百姓遭殃，使热衷于亮相"民主"者成为祸国殃民的历史罪人，使十几亿人陷入混乱与恐慌，其结果就必然是：反过来呼唤铁腕统治与强硬路线，反过来欢呼伟大领袖、伟大英雄、伟大胜利者的横空出世。

我不是不知道这种危险。巴基斯坦在军人叶海亚·汗的独裁时期并没有怎么样，换成文雅一点的布托，则权与头俱失，家破而人亡。伊朗的巴列维王室，一心搞现代化大国化学西方，食洋不化，再加贪污腐败，搞得也是王朝覆灭，惶惶如丧家之犬。智利最讲民主的左翼政治家领导人是诗人阿连德，他落了一个被皮诺切特军人集团枪杀的下场。当然他算烈士而皮诺切特被许多人唾骂。智利大使曾经告诉我，他无意为皮诺切特的专横辩护，但是可爱的阿连德时期，每天都是示威游行，民不聊生……"与中国的'文革'一样"，这是一九八八年智利驻华大使的原话。西班牙驻华大使也曾经与我闲谈佛朗哥。我早在社会主义阵营当中就读过无数将佛朗哥说得臭不可闻的材料。他说是他晚年搞了点发展经济与扩大民主，他并且说，他知道事态发展将会否定掉他自己，但是历史要求他这样做。

民主当然是好东西，是普世价值，但是如果操作脱离了国情、脱离了发展阶段，如果民主意味着权力的放松与削弱，如果民主引起了哪怕是最最原初的无政府主义，那么，这时可能出现的混乱与失控，挑战与动荡，毛泽东喜欢讲的叫作亡党亡国亡头的局面，就恰恰成为极"左"（或国际上的右翼如佛朗哥、皮诺切特之属）专制主义的扭紧螺丝钉主张的最好根据；在我国则成为回到原教旨主义、红卫兵主义，回到"反右"与"文革"路线，回到阶级斗争为纲、无产阶级专政下继续革命与清洗"走资派"方针的最好的理由。

……一九八九年五月，在一个特别的背景下，我访问了法国、埃及、约旦，并在归途于曼谷作短暂停留。有些经历我已在《大块文章》中写过，这里略作补充。

法国文化部长雅克·朗是一个举止潇洒，着装时尚，色彩鲜明，有意突出自己的个性与自由主义知识分子派头的人，他主持了午宴，有曾经访问中国的歌唱家玛休——在北京的马克西姆法国餐馆，她曾邀我共唱《茉莉花》，还有诺贝尔文学奖得主西蒙……

我参加了是届戛纳电影节的开幕式。我住在尼斯，蓝海如玉，横陈窗前。附近是法境内的小王国摩纳哥，说是全国只有很少的警察。它的王后是原好莱坞明星，前不久因车祸遇难。摩纳哥以赌场闻名，进赌场前先要正装打扮一番。它的地形极佳。我国山东的威海市，差可与之比拟。

电影节开幕式当然是灯火似星，佳丽如云，名流似海。我在这里碰到了中国的老朋友、荷兰最著名的纪录片导演伊文思，并代表中国政府向他问候与赠礼。他一直与新中国保持着最最友好的关系，是老一辈革命家特别是周总理的友人。我与他的这次见面，是中国政府最后一次对他的友好接触与善意谢意的表达了。此后他与我国的关系上发生了一些龃龉，不久，他去世了。我相信这样的友人永远是值得纪念的，愿他的在天之灵安息，并接受一个有幸与他在戛纳会面的中国文化人的怀念。

对法访问有一个深切的印象是主人对于吃饭的重视，每一顿饭都有一个说法。例如一到巴黎，先上埃菲尔铁塔第七层吃饭，餐馆名"儒勒·凡尔纳"，这是为纪念同名法国著名科学幻想小说作家而命名的。他的《海底两万里》《格兰特船长的儿女》等作品脍炙人口。它的甜食，也为法国人所称道。到达巴黎那天我非常疲劳，我多么想先稍稍休息一下啊，但是为了这里的正规的一丝不苟的法餐，我用了三个小时。我觉得相当苦，我还是太土了。

在闹市的商业繁华区，有一个色彩鲜艳的酒馆兼餐厅，更是一大批法国作家艺术家喜欢来的地方。主人强调，许多法国艺术家作家有自己喜欢去的餐馆，他们在那里与同行交谈，获得灵感，听取建议，许多伟大作品都是这样出来的。

巴黎的先贤祠令人赞叹。卢梭、伏尔泰、笛卡尔、左拉、雨果、柏辽兹、居里夫人、马尔罗……这样的阵容不能不让人脱帽致敬，向法兰西民族、文化与历史致敬，也向它的今天致敬。像居里夫人、马尔罗都是现代人。我不知道我们要不要考虑一下我们自身，我们的历史与我们的现今。既然我们都称颂中国文化的博大精深，源远流长，我们总应该有自己的代表人物，特别是近代与当代的代表人物。我想到的是许多年来我们树立的学习榜样和先进人物，我在设想将他们的姓名与事迹陈列到未来中国的先贤祠以后的可能的效果与观感。历史是伟大的也是公正的，是无情的也是多思的，历史不相信情面与煽情，历史将会淘汰许多"固一世之雄也"的人物，冲刷掉许多泡沫，清洁掉许多尘灰。同时历史会记住一些人、一些事、一些书、一些发明创造，会保留一些智慧、一些宏伟、一些高尚、一些心胸。对于历史，任何自吹自擂，任何强权暴力，任何排场欢呼，都无济于事。

是重视我们自己的文化，自己的文化人的时候了。不然，何以对未来？何以对子孙？何以对历史？

面对文化上极其自豪的法兰西，我为能与之对话而骄傲。而一想到国家面临的困局，一想到所有的革命的、改革开放的、勇敢的与智慧的举措成果，不是没有一朝付诸东流的危险，我忧心如焚，我一筹莫展。

我在访法期间，应邀参加了意大利的都灵书市。我住在都灵郊区野花灿烂的山林之中，时间紧迫，心不在焉，我竟然将一身西装丢在了美丽的山林旅馆里，后来侥幸被本国使馆的朋友带了回来。

中途访意，本来有一个节目是接受意方一个著名电视节目主持人的采访，因为此次书市上，将会展出我的小说《活动变人形》的意大利语译本。但是由于情况的发展，该主持人最想采访的话题已经不是王某人的小说，而是中国的政治局势，我只好取消这次采访，我不想轻谈妄论。

在参观埃及古城卢克索的时候，由于气候极热，吃了太多冷食，搞得我腹泻不止……我永远忘掉不了这种生理的与心理的狼狈，太可悲了。

祖国，你什么时候能够稍稍安宁一点，让你的儿女少一点心惊肉跳，少一点坐卧不宁，少一点你死我活，少一点莫衷一是？

所以要和谐。我们都有责任，我们也都有美好的愿望。我们都不能吝惜为实现和谐社会而付出代价。

一九八九年的风波使我痛感到，历史总是这样的：不论有了什么样的进展，不论是胜利，是解放，是革命，是建设，是拨乱反正，是你本人当了作家当了领导成了人五人六—— somebody ……一切轻信、天真烂漫、诗情与伤感、书生意气、自以为是，与现实三撞两碰，忽然会变得那样地令人沮丧、令人失望、令人产生消极的思想情绪。我想起了一个朋友爱举的例子，清代最早接受西方文化的影响并介绍给中国的严复，他用如此华美古雅的文言文翻译了《天演论》，取得了极大的影响与成功，然而他的晚年却只剩下了吸食鸦片。这是怎样的痛心疾首，天怒人怨！

与那一代人相比，我们已经够幸运的了。

是的，这一年我意识到，改革开放的初期，浪漫期、蜜月期、呼唤期、理想期、幻想期、一厢情愿、一步登天与想入非非美美期正在结束。王蒙的活跃从容、通达周到的风头岁月正在结束。一个标榜健康的温和态度，举起善意和宽容大度的旗帜，以潇洒和游刃有余的聪敏，倚仗着对于同行同样对于各级领导干部的理解与亲近作基础，自诩的构建党的领导与知识分子，特别是与作家之间的桥梁的使命已经破绽百出，已经摇摇欲坠，已经难以有声有色地继续。

就是说，仅仅靠桥梁呀好话呀胸怀呀理性呀……已经无法解决其时已经变得相当尖锐化了的社会体制选择与发展模式选择上的矛盾了，就是说已经无法解决政权政体之争了。

可能此时需要的是扭转乾坤，是杀伐决断，是疾言厉色，是雷霆万钧，是横扫千军。我从理论上完全懂，政治当然重视民心民气，重视民主文明，秩序谦恭，彬彬有礼，行事漂亮，无懈可击，爱惜羽毛……同时政治绝对不拒绝力量；不拒绝整乾坤以巨掌；不拒绝一夫当关，寸步不让，泰山压顶，威重天下；不拒绝力排众议，独挽狂澜；不拒绝逆风前进，中流砥柱；不拒绝奋力一搏，天翻地覆。政权都丢了，形象好又有什么用？

一位大人物的名言，一句不算精致也不算深邃的话竟是这样振聋发聩！却原来大实话有泰山之威，雷霆之力！而这些恰恰不是什么人都能够胜任愉快的。这不是王蒙的强项，甚至不是王蒙该时该地所敢于尝试的。王蒙最恐惧的、怯于充当的恰恰是这样的角色。

其后一些年，山西有名曰谢泳的一位评论者、被领导正式任命的某文学杂志的负责人，断言王蒙的特点是内心恐惧。他讲得多么轻飘！像一根无色透明的羽毛忽悠于空阔。王蒙至少还当过地下的共产党员，写过曾经引起巨大反响的作品。而且王蒙懂得中国的传统：知耻而后勇。王蒙承认，自己是无用的，他只有无用之用，无能之能，无勇之勇，无光之光。他必然造就自己的无咎之咎。

王蒙的一套曾经活跃过、灵光过、被称赞过与接受过，然而，好景不长。他的看家本领：所谓宽容、善意、温和、理性、明理、幽默、乐观、渐进、耐心、谈笑风生、超拔见地、识高一筹、拓展包容（扩大精神空间）、维护安定与团结……特别是本人的写作势头与实绩，不但解决不了选择的危局，影响不了前进的方向，而且必将开始受到不止一个方面的人的质疑，还有责难、嫉恨、妒火中烧、视为危险与寇仇。截然不同的人物都期待着王蒙成为他所希冀的那个样子，最后自然是对王的失望与怨怼。更何况还有些人对于王某抱着一种酸溜溜的隐痛，王的角色不灵光啦，王的好运快结束啦。山雨未必来，小风满旧楼，王某的新考验、新试炼、新课题开始了。

一九九〇年春天，我去医院看病，碰到王任重同志的夫人萧慧纳，她一见我，便说："要经得住考验……"老共产党员同志啊！

忧心忡忡一度使我很想吸一支香烟，这使芳相当痛苦……最后并没有吸。这是一个证明：时代不同了，规律不同了，前景不同了。王某借助尼古丁的年代已经一去不复返了。

我们经历了再经历了艰难，我们经历了再经历了曲折，我们经历了再经历了那么多那么多好的与不那么好的、光辉的与不那么光辉的事，然后，我们前进了。

谁也不能不正视，谁也不能否认，近二十来年中国发展的成果特别巨大。是刘某某先生在外国听到中国经济发展的情况，叫道："那怎么可能？！"

曾经与我和张洁等人共进午餐的前美国驻华大使芮效俭（J.Stapleton Roy）讲过，中国正处于历史上最好的发展时期。若干年后，一些头脑简单而且不通的人，听到"最好时期"之类的话就大发歇斯底里，唉！芮大使还介绍说，有一种理论认为，一个人民拥有电脑的国家，不可能是极权主义国家。我曾在一些非国内场合引用他的话。

当然，同样毫无疑问疑义，目前积累了也隐藏了不少严肃的问题。需要与时俱进地去解决，去继续将改革开放推向前去，而不是一味陶醉于已有的成就。

我想起了一九八六年我写的诗《琴弦与手指的对话》：

请给我以声音
给我以你的蕴藏
给我以从不知道自己
所有的，没有的
……惊涛骇浪

还有我们的相互限制
我们各自的影子
带来的误解
我们的不和与嫌弃
相对沉默
许多年月日
终于开始了
演奏

演奏重新开始了，又开始了，九命七羊嘛。但并非从此顺水顺风。还有惊涛骇浪，还有限制与误解，还有沉默。唉，阴郁的日子终会过去，相信吧，那愉快的日子即将来临。普希金的诗是永远的。

一九八九年夏，我到烟台养病。芳也因急性阑尾炎在烟台住院手术，夏季最最炎热的一个晚上，我在医院陪床，同时接到北京的电话。其间，我也写了一点诗：

> ……无雨时刻揣度
> 我是一条大鱼
>
> 在你怀里敞开
> 是幸福的青春的漂浮的
> 永远透明如水母
> 空洞的眼睛和胃
> 驶向多梦的天
>
> 用不了奢华才气
> 响起沉闷的雷
> …………
> 便是提心吊胆了
> ……也许
> 已经流连太久
> ……也许你已古老
> ……你的季节
> 我的季节过去
> ……陌生的你
> 陌生的我平静了
> 因陌生而端庄蔚蓝

我还写了《雨天》，我说：

> ……游远了海就大了无边
> 大雨落在大海海面　满满
> 然后缓缓游回瓶里

而在《蓬莱》中，我写道：

> 给我一个葫芦
> 或将漫游于沧海
>
> ……天风磅礴
> 海市甚是可遇

至于事后写的《埃及游》，我说：

> 怎样与你对话呢？
> 相隔两百多万个昨天……
>
> ……人类的洋洋大观
> 使人类黯然失色
>
> ……有了你，地球变得沉重

我问：

> 我们都学会运算了吗？
> 谁弄得清加减乘除？

我还专门写了尼罗河：

> ……但见团团蓝雾
> 太多的历史风云
> 怎来得及消化？
> ……心事如烟，你
> 流向何方？

是的，我有些茫然。同时我知道，我必须沉着，必须实事求是，一位高级领导同志让他的前秘书给我带话："实事求是。"我永远感谢这四个字和向我带话的领导。

实事求是，实事求是，实事求是，令人震惊的挫折，并不能挫败力求实事求是办好事情的中国人包括王某。只要实事求是，就总会有希望。再说，如果"实事求是"云云使你感觉不大过瘾，难道能够把希望寄托在不实事求是上吗？

3.震荡与从容

　　"激浪排空海未惊，沧桑一粲意从容。"这是我二〇〇五年写的感遇诗中的两句。

　　经过了一九八九年的春夏，九月初我从烟台养病归来，正好赶上参加周扬的葬礼。并在葬礼上碰到外籍华人作家韩素音女士。韩素音赶紧先拉上我照相，因为她来前受到英国友好人士的嘱托，须要带回证明王某无恙的材料。说是英国有友好人士怀疑，王某是否已经身亡。如果不是我回到北京，她本来要到烟台去看我。同时新华社报道，李鹏总理在人大常委会上提出，为了尊重本人早已提出的专心从事文学创作与文艺评论（这是我一九八八年给中央的信件的原文，我所以一个说文学，一个说文艺，因为我的评论涉及的领域会比创作更广）的意愿，免去王蒙的文化部长职务。

　　从一九八六年四月初，到一九八九年九月初，我担任文化部主要领导三年零五个月。我得到了领导的关心与部里工作人员的支持。我深蒙厚爱、错爱，我力所能及地做了一些工作，努力起一些健康的作用。其中我十分高兴的有：国家图书馆新址的完工与投入使用，歌唱家帕瓦罗蒂与多明戈的访华演出，营业性歌舞厅的合法化，中国艺术节的开始举办，元宵节晚会的开始举办，一批文物保护措施的开始实施，文化市场工作的纳入工作议程与文化部市场司的建立。有一些工作虽然开了头，但争议仍然不少，经验远未成熟，例如一些剧团的改革。我深感愧疚的还有对于文艺家的国家奖励制度与荣誉称号系统的设立，只处在研究阶段，远未完成。还有一些小事，虽然不大，也还起了一点保护作用与助人为乐的作用。如某西藏作家回原籍东北某城市的工作职位，如某风格独特的女作家的被主流文学所基本接纳，某音乐家的党籍处分一事，包括一些作家、歌唱家的出国深造或定居，等等。

问题是我对部长的工作缺少足够的投入与献身精神，缺少对部长的工作以死相许、以命相托的责任感，我自以为是在服役，反正我要回到写字台前，写我的作品。这对于信赖和支持我的上下左右同志同事，都是一种辜负，是一种靠不住。当然我的情况我的方式也有好处，我的经历证明，在我们的国家、我们的党内，一个人的工作也是能上能下能进能退的。或者是步步高升，或者是粉身碎骨，这样的极端模式或被称为专制体制下的模式早已经过时了。当然这更要归功于十一届三中全会以来对于废除终身制的提倡。我赶上了这股政治文明的大潮流。

在这一段时间，有一位同志先是担任了国家建设部部长，等到党的十三大与七届人代会后，他又改任了副部长，这也同样有极富教益的正面意义。

此后一位澳大利亚的议员，该国工党的一位学过汉学的领导人，与我交谈中特别提出，这一类的事在中国政治史上是应该记一笔的。

话虽如此，媒体的报道也都是很客气很文明的，但在中国还是有点怪气，包括外国对此事都有其他的报道和某些说法。西方一家广播里有澳大利亚汉学家、曾在中国工作多年的白杰明的评论，白先生说，别人当然也可以，但是他们没有王蒙能玩得转。或许白先生只能从技巧或手腕上说事。苏联（那时候还是苏联）莫斯科电台的华语广播则提到，王蒙道路坎坷。"坎坷"二字从俄国人嘴里说出来，我突然为之鼻酸。拉丁美洲的一个学者寄给我一个小人偶，说是按照印第安人的习惯，这个小人偶可以与人交流，为人分忧，我不妨向它吐露衷肠。上海的李子云，特别提出，你从部长位子上下岗，一定要准备好三条，一是要有自己的业务钻研，二是自己的知心朋友，三是自己的爱好娱乐。有许多作家同行、艺术家、文化行政干部、新疆的老朋友，包括身份不一般的柯岩同志到我家来看望我。江苏文化厅长马鋆伯专门带着该省最著名的京剧演员黄孝慈女士（她也曾在一九五七年落马）前来我家看望。他们编排的一出扬剧《皮五辣子》在演出后受到好评，马厅长说我在仪征看戏后提的意见对于他们改好此戏颇有助益。后来马同志到了北京工作，大约经过路线交底，成了专门批判我的大将之一。后来此兄由于将他所理解的"路线斗争"往上傻挂愣挂瞎联，反而自找了不素净。可叹。

我还要提到，来访的日中文化交流协会代表团郑重要求与我见面，我与团伊久磨等是在作协（当时还是沙滩的一个防震棚）会议室见了面。其时他们刚刚结束了在文化部子民堂与英若诚的会见，英说："我与王蒙虽是一届，但不是一派。"这话使日本友人有点犯嘀咕。文化部的外事工作人员则解释说："英部长是开玩笑。"我与团先生与佐藤淳子等则交谈得很好。

带领演出团体来访的朝鲜文化艺术部一位副部长，提出与我见面，并带来了张彻部长特致的问候。

在观看朝鲜艺术团演出时我与许多领导见了面。习仲勋同志特别说："你是如愿以偿了！"……毕竟不同了，虽然仍然有许多意图、许多情绪、许多怀疑。有掘地三尺的寻找，有厚可等身的材料，有背对背的会议与动员，有如此这般的舆论，有明明暗暗的言辞。有一提起部原党组来的不打一处来的相当天真烂漫的、压也压不下去的火气儿，这增加了人们的新鲜经验。

说到气，似乎许多人都有自己最最听不得见不得的人物，不管你多么伟大，多么胜利。例如毛主席一提王明就带气儿，我在录音中听他老人家讲"（王明）说自己是百分之百的马克思主义者，百分之九十九就不行？"我听出了那口气和内容，这在别的情况下并不多见。甚至《敦促杜聿明投降书》与批评梁漱溟的讲话中也没有这种调子，后两者更多的是居高临下的戏弄与压力。

我也知道我部一位很有资历与影响的正气凛然的可敬的老同志，提起另一个被他轻视却偏偏提拔为正部级干部的老人，那种气不打一处来酸不打一处来的情景，令人莞尔。不难理解，我们都有弱点，我们都有不忿儿、不服、不快等负面的情绪。所以您一提（文化部的）"前党组"就带气儿。如果您对我情绪很大，我完全理解，我作为后生而有时甚至"抢"到您前头，我也着实不安，我非常抱歉，惭愧至极。问题只在于能不能适可而止，能不能不要失控，能不能不要太小气，能不能多考虑一点大局？

找材料找到了上海曾经与我小有不快的记者朋友。记者说，什么事就是什么事，目前这个时候，我们绝对不会给王某栽陷。找到了某个早年批判过我的评论家，称道这个评论家的文艺观点，但是认为他的缺点是对王某的揭发不力，评论家也是讲实事求是的，他说他确实没有看出来，没有发现王某有什么原则性的问题，因此只能甘居落后。我说的是李希凡，当然。找到与我一起出国的翻译……翻译断然肯定王某在国外的一切表现。找到共事过的同僚，同僚白天对他应付，晚上再与我交流。

尽管有一些不可避免与应属正常的清查清理，有一些奥妙的人际关系、人际情绪，有一些个别的期待、招呼、造势和工作，有整个气氛的在所必然，还有完全应有的警惕与防范，然而，仍然是情况良好。有的副部长白天必须作点姿态，在吾兄要求下说点翻脸不认人的话，但每晚给我电话，以便有所沟通。有的副部长不得不说点什么，毕竟是吞吞吐吐，证明自己无多少话可说。有的副部长比较积极响应，东拉西扯了一回，例如将拙作小说也挖苦几句，看来他极有该抛则抛、该洗则洗的经验与决心。一月后他又找机会与我一起喝了一瓶茅台，并解释说原以为王某从此如何如何了，最后才明白，其实没有如何如何。这也是一种人生风景，能添经验，能长智慧，能让人少来点幻想。王济夫同志在年龄到了、确定退下来以后，还特别电话告诉我，于公于私，他与我的做人都是光明正大，问心无愧，经得住考验的。后来他因意外跌伤客死台湾，祝他的在天之灵安息。

而且很凑巧，在关键的时刻，气不打一处来的兄长，另外往上点的火烧起来了：八面出击，十个手指抓跳蚤，兵法所忌，力不从心。他自己惹的纠葛搅和了进来，王某的日子反而好过了些。

有人反对，有人嫉恨，有人挖地三尺找材料未必是坏事，人心自有公道，真金不怕火烧，而确属自己的不足、自己的天真幼稚，自当汲取教训，提高认识，活到老，学到老，一日三省吾身到老。很好很好很好。

岂止是某个时候的部门同僚同事同人同志，尔后什么《中流》杂志，什么《文艺理论与批评》，什么王某宣扬文学本质的多元论是违背了马克思主义，什么斗士林贤治，什么学者朱学勤，什么新概念作文大赛（我任评委会主任）的获奖原中学生，什么老年间的第二次握手者，还有一些如张承志所说的鱼鱼虾虾（张的原话是臭鱼烂虾，我认为用"臭"与"烂"二字不妥，为之改掉，修改之责应由我承担），其中包括原来在新疆专门写"文革"中的大批判文章，后来到了内地又屡屡生事的老手，都在那儿批王蒙，都起着清醒我、警惕我、吹拂我、论证我、发挥我、求全我的作用。用杨绛老师的语言，都在帮助我洗澡沐浴搓脚按摩足疗，我确实应该感谢他们的关爱。尤其是那种针锋相对地从两个极端或三个立场出发的批评，有点意思。如一个是批评我搞了自由化，另一个则说王某已经"改造"得太好了，有机会他也肯定会发动一次"反右"运动。

我们可以设想请《中流》《文艺理论与批评》两本杂志的有关化名作者、赶上车的评论家严昭柱同志，与林贤治、朱学勤、"握手者"一起来批评王蒙，一部分人痛骂地认定他不该做了的，正是另一部分人认为他没有做够做够所以也要痛骂的。一个人批评说，他居然怀抱着一块玉石炸弹，他是多么危险！另一个人批评说，他怀里边一块像样的玉、哪怕是石头都没有，他是多么令人失望！这样谈起来将会是怎样的精彩！叫作有很强的互补性，可以互相映衬，互相疏导，互相抵消，互相平衡，又互相启发，互相证明或证伪。

并非每一个人都会得到这样的幸运，得到这样全面的帮助。

一九九〇年初冬，上海文艺出版社在淀山湖召集长篇小说创作座谈会，在那种情势下率先抓文学的"生产"，其功不可没。我们也游了青浦、周庄与仿《红楼梦》大观园。我看到了鲁彦周、竹林、王安忆、冯苓植、温小钰、汪浙成等，我与陆文夫同住一室。高高兴兴地当我的作家，感觉好极了！此次会议上，我已经开始构思，写一部一个人的个人的中华人民共和国编年史。陆文夫早就对我说过，他底下要写的内容就是"六十年"与"一个人"。这，就是此后"季节系列"的由来，也是自传三部曲的由来。

我的上海之行特别受欢迎还有一个原因，上海人将大闸蟹视若神明，吃东西一有大将军（大闸蟹的尊称）就全身来劲。我则以智商不够为辞，每次都把大闸蟹让给别人。是时恰有权延赤等人的著作，说到毛主席爱吃红烧肉补脑，并因之受到江青的嘲笑。我还读到一位医生的文字，论述"肥肉补脑"论并非没有道理，盖脑髓的主要成分是脂肪。我很可惜毛主席生前未能读到他的文章，否则他至少能连升三级。

在上海，我声明，我也是毛派，宁可吃红烧肉，而吃蟹往往会落到扎破了手却没有吃到什么的结果。一些美丽可爱的女士，得知王某不吃大闸蟹后，每逢宴请纷纷抢着与王某坐在一起。其乐何如？

他倒轻松了！一位一提我就生气的老哥这样说，其实咱们俩是难兄难弟，被年轻同行戏称之为最佳拍档或拍拖（香港的流行说法，语出英语

partner，伙伴、合伙之意）。本是同根生，相"煎"何太急？何见容之难也！既生瑜，必生亮，既生亮，必生瑜，这才是天道天理，这才是辩证法，这才是"有无相生，难易相成，长短相形，高下相盈，音声相和，前后相随，恒也"。恒也，就是说，学毛主席的口气：一万年也是这样。您白费了那么多时间与力气，想只要瑜不要亮，或只要亮干掉瑜，压根儿就干不成的……多划不来！

何况你这位同根生又"煎"不到哪里去，不容忍也得容。中国这么大，不搞点五湖四海，哪怕是做"五湖四海"状，只认几个"自己人"，怎么行？而且，正如中纪委一位领导对我说的："你没欠什么账。"

龙应台有一篇很有名的文章：《中国人，你为什么不生气？》，我的经验是，万不可轻易生气，已经生了气了也不能自认生气，一定还要往不气上引导疏散，这才是真正的有益身心的"气功"。越是形势严峻，越是要轻松，轻松，再轻松，这是基本功。谁奉陪得起历史这个倔老寿星，谁就胜利！你必须以逸待劳，你必须心怀久远，你必须从容不迫，你必须举重若轻，治大国如烹小鲜。你不该声嘶力竭，你不该天天告急，你不该动辄给高层写信告状，你不能见不喜欢的人就必欲除之而后快，你不能老给全党全国添乱添堵添烦恼。

千百年来，复杂的与艰难的中国历程，使爱生气的中国人品种已经基本上淘汰了、死光了，或者正在淘汰着、死亡着。这不是一个抽象的价值问题也不是一个情绪与意气问题。易怒的遗传基因难以存活。任何时候绝对不可通过生气的捷径把自己送入肿瘤医院。鲁迅讲得对，中国需要的是韧性的战斗，所以需要吃鱼肝油与维生素丸，我也极相信蜂王精与西洋参。毛泽东时代提倡愚公移山精神，叫作一代一代移下去。我们还要认清国情，照顾落后，分辨真伪，耐心等待。要缴学费，再缴学费。中国十几亿人，中国的事决定于这十几亿人，尤其是其中的核心力量——大人物们的合力，包括妥协和包容，谁都不可能太舒服。轻举妄动，意气用事，高调虚火，声嘶力竭，手舞足蹈，呼天抢地，唯我独革，只能害人害己，一事无成，丑态百出。即使有些事确实令人义愤，不能不生气，也要擅自处分，作出不气的表现：却道天凉好个秋，我欲因之梦吴越，把酒问青天，笑而不答心自闲，桃花依旧笑春风。我们要用理性和智慧，用心胸，用文明和道德，用好心和善意，用永远的建设性积累性态度去求其逐渐地解决。

二十世纪九十年代初，《光明日报》发表了那位有志赶车的同志的文章，指出王蒙的《文学三元》（我说到了文学是一种社会现象、文化现象、生命现象）一文表现了对于马克思主义的背离与动摇。帽子还要多要重，够呛，写多了让人累得慌。

被说成"赶上了车"的这篇文章发表后不久，中央在元宵节召开文艺工作座谈会，包括夏衍、张光年、刘白羽、管桦与我等应邀参加并作了有准备的发言。各种传媒报道了此事。参加座谈的诗人有汪国真，汪被说成是自由化的泛滥中止后新出现的诗人，所以要邀请他。汪参加了会，告诉旁人，这回，他知道谁跟谁是一头儿的了。把汪国真这类的一度公众偶像式诗人、通俗歌词式诗人的出现，与谁谁掌了权什么什么形势路线联系起来，有点活见鬼。如果一定要讲形势背景，我宁愿说汪的出现与阶级斗争的降调，与市场经济的萌生，与"小资""白领"读者群的出现，与港台文学如席慕蓉、三毛、琼瑶……的影响关系更大。与您老哥掌权没什么关系。

倒是应该感谢赶上了车的那位同志，他的文章提醒领导须要开这么个会，中央永远是正确的，中央认为，文艺界仍然要团结，要大圈子而不是小圈子，要繁荣兴旺而不是一片肃杀。以至一位以另外的思路来与会的大学老师，一再声明自己需要调整发言。

时代已经得到了长足的进步，王某并未因被个别人进行了上纲上线的批判而打入另册。中央强调得更多的是与人为善，是重在建设，是扩大团结，是繁荣文艺，是实事求是。时代不同了，文明不同了。如毛主席早在延安所说的，装腔作势、借以吓人的办法，已经不行了。

可笑的是恰逢美国的索尔兹伯里前来访问。"索老"正在写一部反映中国工农红军长征的书，他对好几个国家领导人、领导干部进行了采访。他是两次访华的美国作家代表团的团长。他提出，邀请王蒙与那位赶上了车的严同志共同访美。天津话：有眼儿。

然后是为《坚硬的稀粥》而掀起的风波，也是由同根生的兄弟掌握，由赶上车的朋友机密操办发起的。人称"一碗稀粥掀巨浪，数茎咸菜变阶梯"。赶上车的朋友效益奇好，可喜可贺。最后上面指示，停止公开争论。这也是英明正确的处理。

有一位小说家同行、朋友、老哥，不知道为什么传出来是他发难最早在某个绝密场合提出了"稀粥"的事。他专门来找我解释，指天画地，保证绝无此事。我还应他的请求给他的儿媳妇写了推荐信，为了国外的奖学金，从此我们相处甚欢。在这一类的事情上我从来都是"无罪推定"，在没有足够的证据说明一个人对你抱有恶意与力图置你于死地的时候，你应该相信他是你的朋友而非对手，你应当照旧以兄长事之。即使已经证明他对你确实抱有恶意，有一次小的恶意并非不可能将来转化成善意，可以忽略不计的就忽略不计。对他人的小恶忽略不计，这就是对自己最好的保护与滋养，这就叫自我优待、自我舒心。一个气呼呼一辈子的人是多么痛苦！一个蝎蝎蛰蛰的人是多么背兴！而在你终于发现他确实对你屡下毒手的时候，你也不应该放弃与他终有一天化解矛盾，理顺情绪的可能。他本人已经在嫉妒、愤懑、怒火与阴谋中生活得够苦、够惨的啦。

我相信幼小时候读武侠小说时学会的一句话："冤家宜解不宜结"，只要你们俩都还活着，只要你们俩其实并没有你死我活的客观必然性，何况你们还是同行，还是干部，还是抬头不见低头见的拍档，你应该有团结的愿望，你应该在仁至义尽的时刻再更多一点仁至义尽。仁至义尽无止境。

喜对天下，处处可喜。悲对天下，无事不悲。善对天下，多有善意。仇对天下，天下皆仇。笑对天下，这事怎么到头来都成了"乐儿"啦。

这也就是我所喜欢说的人应该多有几个世界了。对于我来说，多几个世界也包含着多几条命的意思，你不可摧毁我，我的大哥！我可以入世三丈三，经世致用，承上启下，统筹兼顾，务求周到。我可以宰相肚里撑船，消化铁钉钢刀苦水假药。我可以偶然露一露牙齿，如我在自嘲打油诗里所写："人间最妙爬格子，世上无双耍狗熊。"我可以面壁读书，自思自叹，咬文嚼字，浮想联翩。我可以边疆大漠，胡语胡歌，痛饮三巡，仰天长啸。我可以登堂入室，进言献策，忧国忧民，唯微唯精。我可以小说诗歌，写实变形，望梅止渴，画饼充饥。我可以越洋过海，豪杜有杜（how do you do，你好），派对拍拖，习明纳尔（seminar，讲课并讨论）。我也可以简单朴素，百分麻将，家长里短，油盐酱醋。我可以古典文言，离骚汉赋，老庄孔孟，女娲盘古。我可以英格力士，突厥波斯，天方夜谭，莱茵塞纳。人生五味，世态千般，上层庄严，下层实在，文人酸雅，武人诚朴，农村传统，城市现代，上升翩翩，下降乒乓，浮沉皆趣，宠辱常事，进亦忧，退亦忧，进亦乐，退亦乐，先天下之忧而忧，后天下之忧亦忧，先天下之乐而乐，后天下之乐尤乐。道可道，常道，非常道，非非常道。名可名，常名，非常名，非非常名。蒙可蒙，常蒙，非常蒙，非非常蒙。九条命，各有各的精彩，各有各的难处，各有各的机遇与风险。天地有多宽大，你要去争取，去努力开阔，自己也要那么宽大。窄人永远理解不了宽人，小溪永远理解不了海洋，针尖永远理解不了地质钻头。坐井观天，夏虫逢冰，他会活活气坏，他会认定宽只能是假，只能是计谋——只有像他一样的狗肚鸡肠才是真实可信。

九条命也好，多几个世界也好，仍然是一颗心，一个愿望，一个一以贯之的辛苦与快乐。我尊重历史也期待着对于历史的逐步超越与拓展。我尊重革命，也期待着革命当真学会如何建立一个新世界。我写作，因为我期待记忆、情感、思想、趣味……人的精神能力的扩展，人的精神空间的拓宽，人的精神面貌的明朗与亲和，而不是自以为是，刚愎自用，鼠目寸光，抱残守缺，装腔作势，念念有词。我期待着人的精神与胸怀成为海洋，成为天空，成为阳光，成为大风，成为森林，成为大地，成为山岭，成为明月，而不是成为阴损黑暗的病灶，成为叽叽咕咕的瓶罐，成为老是憋着吃人的饿狼。如《大块文章》里所说的，我已经或者会要成为一个界标，比一般界标大一厘米的界标，往左大一厘米，往右也厚一厘米，往前多一厘米，往后也增加一厘米。多一点胸怀。多一点选择。多一点包容。多一点自信与信任。多一点融合吸收。多一点跨越和提升……

这是一个麻烦，是的：宽广难以与狭窄交流，海阔天空难以与锱铢必较沟通，大海怎样与小溪对话，通畅如何与钻牛角相容？仁爱被阴谋家视为废物，谦逊被钻营者视为无能，文明礼貌被流氓无赖视为虚伪，尤其是智慧会遭到愚蠢的怎样的切齿痛恨！

不要以为九命的方式是一个左右逢源、无往而不利的方式，不，九命后边还有一心，有一心冒出去并且不停地冒下去的傻气、豪气、热气、莽撞之气，北京俗话叫"冷锅里冒热气"。为此，我从少年时期就付出了代价，后来又不断地付出了代价，至今仍然在付出代价，今后会继续付出代价。

这里可能有点自吹自擂，但并不涉价值与褒贬。海再大代替不了一掬清水，通达潇洒又未必赶得上执着献身。大而无当无法与精雕细刻比武，牛角春秋也许胜过了太空扫描。夏虫不可以语冰，井蛙说不清天宇。冰同样无缘与夏虫交往，说不清楚夏虫的开头与特质。而天地不仁，难以体会井蛙的悲欢。倒霉的遗老遗少容易得到读者的欣赏。一帆风顺的人总是脱不掉几分俗态。窄者小者呆者细者永远理解不了阔大，他们只能望而兴叹。阔大永远体贴不了窄小细呆，他们只能匆匆略过。不理解也易起火，钢铁会攻击海的柔弱，河可能攻击海的无"道"，渴者要咒骂海的咸苦，饥者要抱怨海的缺少营养，毒药认为海未免媚俗，鲜花认为海失修边幅，洗涤脸盆认为海太过膨胀，帆船游艇嫌恶海的风向无定，而你这个评论家呢，你肯定认定海无定性，海无顶真，海道匪直，海披上了千种假面具。直到有一天批评家在大海中灭了顶，他才知道海是真实而有时仍然是莽撞而且激越的。

我做好了过老百姓生活的准备，享受着老百姓的快乐。有一段，天天早晨坐公共汽车去景山，晨练。遇到部里在首都剧场给老干部放电影我都去看。我也到朋友家中搓麻，但是我在牌桌前的定力有限，最多打上两圈已经哈欠连连，鼻涕眼泪涌现，我的只打两圈的习惯与对输赢毫不在乎的不以为意的劲儿（一般我一面打牌一面唱老歌，我特别爱唱的是"咳，我们，我们胜利的旗帜迎风飘扬……"与"大柳树，开了花……"）引起了牌友的公愤。很快，我就被牌友们所抵制，被赶出牌局，想打牌也找不上伴儿了。

我至今仍然是牌局外人物。但是我学了一个麻将"嘴子"，一抓牌先"扣八张"，这可真锻炼智力，朋友们不妨一试。庄家抓上牌来扣八张，再不许看了。其他三家在抓起一张牌后再扣，以示公正。然后凭记忆组织与选择去留，包括吃吃碰碰。这里的关键是计算好你能有多少副、你已经有多少副，不要贪吃贪碰，不要超出了一副牌的容纳与承受能力。也看运气，更看你能不能记住自己的本钱，一定要心中有数。

老子早就讲过"宠辱不惊"，孔子早就讲过"宁武子，邦有道则知，邦无道则愚；其知可及也，其愚不可及也"。至于后来人们所理解的"愚不可及"的熟语与"文革"中对于孔子的愚不可及说的批判，则恰恰与原义相反。以讹传讹，大家上当，这是一切论断与受众难以避免的命运。宽广就是力量，远见就是力量，乐观就是力量。而鲁迅说，鹰可以与鸡飞得一样低，但是鸡却不可能飞得鹰一样高。于是鸡恨将起鹰来……请便吧，你永远没法体会鹰的高飞低飞向日头飞冒着风暴飞的快乐。而鹰呢，同样属于鸟类，属于地球，属于这个世界，它飞得再高，还要落到树上、山上、地面上，它不能太扬扬自得，不能变成断了线的风筝，一味凌空蹈虚，空中楼阁，自恋自悲自爆。

4. 评红谈李译契佛

苍天有眼。

一个小孩子一定要革命，谈何容易？

红旗飘扬，从此富强，哪有这么顺利？

苦大仇深，多灾多难，愣头愣脑，鸡猫子喊叫，然后来几年改革开放，面貌一新，民主文明，现代化，谈何容易？

振兴中华，哪有直路通天？

尘封二十年，刚出世，委以重任，哪有那么顺当？

……从即将离开文化部工作的那一天起，我就认定，到了我谈《红楼梦》的时候了。

我从小小年纪就为《红楼梦》的某些篇章激动不已，共鸣不已，体会遐想不已，也为某些断言——如考察明末清初我国的资本主义萌芽，认为这才是曹雪芹创作的关键背景或者来源——伤脑筋不已。

《红楼梦》是一部家喻户晓的书，是畅销书、流行书、大众书，就像后来我极有兴趣地谈论过的李商隐的《锦瑟》一诗一样。一部杰出的作品，能够被那么多人包括上层下层那么多奇人伟人下里巴人所接受所喜爱，同时又能够被那么多专家学者往高深里研究考证，能把它的有关学问探索得深不见底，能使闲人望而却步、免开尊口，这种现象实在有趣，却也颇无厘头。我则只能作为一个读者来读来谈，作为千百万个普通读者之一来参与。我无意也无能往高深艰难里增设高深与艰难的因素。我也绝对不蹲下来把名著往庸俗通俗流俗里推演。我还不想剑走偏锋将通过《红楼梦》讨论阴阳八卦、天体发生、明史清史、庭园工艺视为主要重点。第一我相信，绝少有读者，是为了研究学问而读红楼、读李义山。有点学问当然好，但是求学问而攻红楼可能是认错了门牌号数。第二我相信，绝少有读者，是为了某本书写得和茶馆酒肆、街头巷尾、手机短信、牌桌躺椅上的忽悠一样水准，而爱读此书——换一个说法，就是说认为读者不愿意通过阅读来提升自己：精神、趣味、情感、心界……

我毕竟有自己的创作实践、人生经验、感情体验与在世事与人间"翻过筋斗"（语出《红楼梦》）的实历亲历与阅历。我要做的不是研究考证《红楼梦》的学问，我缺乏这方面的学问，一般读者也不是为了学问而读"红"。我要做的是一种与书本的互相发现互相证明互相补充互相延伸与解析。就是说我要从生活中、人生中发现红楼气象、红楼悲剧、红楼悖论红楼命运红楼慨叹红楼深情。同时我要发现红楼中的人生意味人生艰难人生百色人生遗憾人生超越人生的无常与有定。我要用我的与许多亲友伙伴的人生体味来证明红楼的真实、深刻、生动、丰赡、难解难分、难忘难舍、难明难觅。我要用红楼的情节与描写来证明人生的酸甜苦辣人生的短暂空无，却又是真实痛切、感人至深、永远珍惜、永远爱恋、回味无穷。我还要通过红楼和自己的通融来追求一种永恒与普遍，欣欣向荣与生老病死，大千宇宙与拳拳此心。

例如红楼一开始对于受到挫折后的贾雨村的描写：

> 这日，偶至郭外，意欲赏鉴那村野风光。忽信步至一山环水旋，茂林深竹之处，隐隐的有座庙宇，门巷倾颓，墙垣朽败，门前有额，题着"智通寺"三字，门旁又有一副旧破的对联，曰：
> 身后有余忘缩手，眼前无路想回头。
> 雨村看了，因想到：这两句话，文虽浅近，其意则深。我也曾游过些名山大刹，倒不曾见过这话头，其中想必有个翻过筋斗来的亦未可知。

贾雨村是个坏人，当然无意与之比附，但是这一段仍然写得有趣。我也算是"翻过几个筋斗"的了。而且，我做到了：身后有余早缩手，眼前多路自遨游。

不，其实说实话我未必做到了这一点。我有过忧心忡忡，我有过心惊肉跳，我有过灰心丧气，我有过嗟叹不已。然而，我必须做到的是打碎了牙齿咽到肚里，哭红了眼睛戴上墨镜，丢掉了钱包少花几块，愁着愁着一见来人立马显出微笑。因为我是个男人，我是从小的地下党员，我是作家，我是已经有几十年工龄的干部，而且，我是个人五人六。

我不评红谁评红？此时不评何时评？

我的对于元妃省亲时与贾政会面一节的分析，甚至得到了上海友人学兄王元化的注意，他在电话里说我分析得有启发。

> 贾妃垂帘行参等事。又隔帘含泪谓其父曰："田舍之家，虽斋盐布帛，终能聚天伦之乐，今虽富贵已极，骨肉各方，然终无意趣！"贾政亦含泪启道："臣，草莽寒门，鸠群鸦属之中，岂意得征凤鸾之瑞。今贵人上赐天恩，下昭祖德，此皆山川日月之精奇，祖宗之远德钟于一人，幸及政夫妇。且今上启天地生物之大德，垂古今未有之旷恩，虽肝脑涂地，臣子岂能得报于万一！惟朝乾夕惕，忠于厥职外，愿我君万寿千秋，乃天下苍生之同幸也。贵妃切勿以政夫妇残年为念，蠲愤金怀，更祈自加珍爱。惟业业兢兢，勤慎恭肃以侍上，庶不负上体眷爱如此之隆恩也。"

每每读到这一段落，我就为贾政的忠心而感动，几度泪下。虽然这里充满着封建。中国封建社会的对于"忠"的宣扬、实践与记录，不是骂一句封建就可以彻底了事的。毕竟在中国，"忠"曾经成为一种道德、一种价值、一种信仰，一种维系社会政治的统一与稳定的原则。尤其是贾政所说"切勿以政夫妇残年为念"，越说勿以为念，越是充满了父母老迈的悲哀。可惜近年的学者由于事先给贾政定了性，属于反动的维护封建分子，才没有人说到这一点。为此元化兄颇有感慨。

我提出，曹雪芹写起鲜花着锦、烈火烹油的往事仍然得意扬扬，得意与悲凉共存。我提出，宝钗与黛玉的性格分化令作者困惑，而且说到底这两个人物仍然是同一个作者的观念与构思的产物，可以从这个意义上讨论"钗黛合一"问题。这里不但钗黛可以合一，万象也可以归一。我提出，本体大于方法，《红楼梦》的文本表达了宇宙本体、人生本体的若干特质，所以"红"具有一种耐方法论性，你几乎可以用种种文艺批评方法来解析之。我提出《红楼梦》对封建主义的批判极其沉痛深刻，同时，作者也好，宝玉黛玉也好，都谈不上有什么反封建的思想与行动。宝玉的扬女抑男也与现代的女性主义、女权主义不相干。我提出人物的两个阵营的划分是简单化的。例如晴雯，有口快任性的一面，也有（比旁的丫头更严格地）维护秩序的一面，例如对待小红、坠儿的态度。我提出，由于生活水平的悬殊与思想的控制，贾府的奴才并不争取自由而是生怕被剥夺在贾府为奴的机会，达到了"不奴隶，毋宁死"的程度。我提出《红楼梦》的写作特点是生活化逼真化千头万绪化，唯有二尤的故事比较戏剧化，可见二尤故事不是来自作者亲见亲历。我提出，袭人嫁蒋玉菡，全无被诟病的道理，而鸳鸯的"殉主"也没有任何值得称颂的地方，正是贾母占有了鸳鸯的青春和生命，很难说贾母就占之有理有荣有光而贾赦占有才是罪大恶极。我还说，《红楼梦》后四十回的失落有必然性，前八十回写到那样地步，使后四十回简直难以结束。我说，虎头蛇尾是万事万物的共同规律。我说请看《圣经》，上帝创造世界的时候是何等有章法，而造出世界之后，不好办了。我说，理论上说续书根本不可能，续书而被广泛接受更是奇迹，是全世界古往今来的唯一。我说"白茫茫大地真干净"如果绝对化凡是化（对于"脂批"搞凡是化），即写成全部嗝儿屁着凉，反而无悲。兰桂齐芳的结局比死光了要悲凉酸楚十倍。我说《红楼梦》中有三重时间，女娲纪元、石头纪元与贾府纪元，这种时间的多重处理远在《百年孤独》之前。我还讨论了贾宝玉甄宝玉二元处理，与芳官的男装女装、不同名字包括法文姓名与少数民族姓名的哲学意义与认同危机、身份危机。对于新老索隐派，我也并不一笔抹杀，我认为符号的重组是一种很难抗拒的智力游戏，何况"红"本身提供了这种契机，有些时候智力游戏也能达到歪打正着的效果……如此这般，这些都是别人没有太讲过的。

在我投入《红楼梦》的同时，一九九〇年搞共产党员的重新登记，身边有些动静和说法，略略令人不安，当然也可以从积极方面去考虑，这是对于实事求是的一次学习和彰显，是对国情政情人情的一次宝贵的领会消化。但无论如何我不大可能在此期间继续写书。我又不想完全停止业务，停止"练活"，叫作暂停文学。暂停下来干什么呢？再说我不觉得我有许多事要在重新登记中做，有许多话要在重新登记中说。我相信人也相信自己，相信时代也相信历史，相信国家也相信党，我相信脚底下这九百六十万平方公里的土地与十几亿同胞，我与这土地这人民在一起。除了相信与乐观，坚持与稳住没有别的选择，别的选择是死路一条条。是福不是祸，是祸躲不过。基本相信，就不必轻举妄动，不必喋喋不休，不必喊冤叫屈，不必跳与闹，吵与叫。一个伟大的国家，一个伟大的党，一个伟大的机遇，一个民族复兴的进程……八国联军的入侵并没有使我们亡国灭种，日本皇军的占领并没有使我们完蛋，"文革"并没有彻底搞垮我们，这回就过不去了吗？

但是没有业务工作是不行的。没有业务工作的生活是不健康的生活，没有业务关切的心态是不理性的心态，没有业务钻研作主心骨的我辈，有变成空头人五人六、变成聋子的耳朵——摆设的危险。

那么，我做点什么呢？

我想到的可行的事务是翻译。翻译虽然艰巨，毕竟是比较纯粹的"练"：不需要那么集中精神、集中情绪，保持注意力的连续性。我与宗璞在电话中谈到翻译的事，她说很好，翻译好比织毛活，可以织织停停，断了再接上。宗璞曾经在社会科学院外国文学研究所供职，她内行，并且介绍我认识了《世界文学》的主力编辑之一申慧辉，申等待着我的译稿。

我翻译了我喜爱的美国作家约翰·契佛的两篇小说，《自我矫治》与《恋歌》。

一股带霉味的冷风从通风孔吹下来，吹到我的身上。这冷风就像我早晨听到声音的火车，是从芝加哥和遥远的西部开过来的。电影院前厅空空荡荡，好像我来到了一座宫殿或者要人府第。我登上一个狭窄的楼梯，踏上急转弯，脱离开明亮的地面。楼道肮脏，墙壁裸露，楼梯一直把我引到了楼上大厅。我坐在黝黯的楼厅中，想着自己的无助，没有穿新鞋的漂亮女孩如期前来。

这是《自我矫治》（*Cure*）中的一段。带霉味儿的冷风，我有这个生活经验，文化部的人见过的剧场还是多。有一种夏天的空调提供的冷空气不是靠压缩降温，而是从地下室抽上来的。火车的比喻对于中国读者具有陌生化的效果。我的翻译差不多比我自己的写作还简练，也符合契佛的文体。"如期前来"的译语令我踌躇意满。there is not a girl...coming on time.

这最后的一句话令我推敲再三。on time，一般作准时、及时解，这里说的是小说主人公在与妻子吵架分手后的狼狈不堪。我把 on time 译成如期，太好了，如期既是准时之意，又有期待之意。

搞完党员登记之后，我们与评论家何镇邦等众文友一起去了伊克昭盟首府东胜（现为鄂尔多斯市）。又由东胜陶瓷厂的朋友陪同去了神木、陕北的榆林等地。在黄河边的一处道教白云观，我们掣了签。有说是毛主席解放战争中过黄河即离开陕北进入河北，迎接全国胜利之时曾在此观小憩，并从道士口中得到了8341的番号。求签的结果蒋子龙是上上，"飞龙在天"，我乃开玩笑说，在封建王朝，你抽到了这样的签，应该立即问斩，免生不测。他则警告我不要乱讲话。

回到伊盟首府东胜，天已很晚了，约凌晨二时，我突然大流鼻血，为过去所罕见。第二天仍延续了近一个白天才好了。众人皆笑我妄言成灾，并举出许多这样的例子。我唯唯。

回京不久，我又收到新疆方面的邀请，走了一趟新疆。到了伊犁二中，到了住过的新华东路，伊犁电视台拍摄了我的回伊犁专题节目，全片用的背景音乐是伊犁的代表歌曲《羊羔一样的黑眼睛》，纠缠延伸，呕心沥血，呼天喊地，唯情唯真。我自己看得落泪不已。

走了一趟南疆，文化厅的刘家琪处长全程陪同。吐鲁番地委书记罗远富同志路边迎接，赏饭，送行。晚上到达库尔勒，次日乘船游览博斯腾湖，为那里的芦苇面积的缩减而忧心。吃湖水炖湖鱼，是当地一乐。我们看到一幅照片，是一艘机船在博湖航行的图景。说是有一位欧洲国家的总理，在乌鲁木齐看到此照片，狐疑道：怎么新疆还有海军？在阿克苏我们观看了苏巴什（水源之意）的古迹。在克孜尔千佛洞，我们欣赏了敦煌之外的又一批佛教壁画。此处，我们吃了管理处自己的食堂做的拉面条，太好吃了，我们吃得过饱，到了晚上，我们到了另一个地方，接受该地专员的款待，结果一口东西也吃不进去了。

这次难得的是去了我从观看影片《冰山上的来客》时便向往已久的塔什库尔干塔吉克自治县，位置是在帕米尔高原上。我们访问了塔吉克牧民的帐篷，吃起他们做的酥油米饭，由于颜色发绿，有人面露难色，我大口吞咽，甘之若饴，同行的县干部极其称赞我。看来一个人光是思想开放、认识开放还不行，必须胃口开放。一个人作风亲和、作风民主还不够，还必须口味随和，口腹兼容并包：能中能西，能洋能土，能高能低，能一般也能怪异。

我们还到了红其拉甫中巴（中国—巴基斯坦）边防站，海拔五千多米，高于西藏拉萨。我给边防站工作人员题了许多字，还把路上得到的礼品哈密瓜送给巴方值勤人员，大家都很高兴。

从帕米尔高原下来，到了喀什以后，才感到了平原上呼吸的轻松便利。

在喀什噶尔，我与众多的老友新友文友见面。我用维吾尔语讲话谈心。一位听者问，你离开新疆已经十多年了，你的维吾尔语没有忘记吗？

我说，在北京，确实感觉自己的维吾尔语没有过去流利了。然而，一到新疆，一到乌鲁木齐的二道桥子，胜利路邮局，看到那些卖无花果干、葡萄干、薄皮包子与馕饼的老乡，哗的一下子，我又稀里哗啦（维吾尔语叫作"shar shur"，是形容流水的象声词）说开了。

一阵笑声。

我不知道这是一种语言心理学还是语言地理学。我接着用标准维吾尔式的说法解释道，有一种东西，是左耳朵进右耳朵出，还有一种东西，听进去，融进了血液，再也忘不掉了。我的维吾尔语，是第二种情况。

掌声如雷。

阴差阳错，天可怜见，我有了新疆，我有了维吾尔，我有天山、昆仑山，伊犁河、叶尔羌河，博斯腾湖与赛里木湖，还有寂兮寥兮的大漠戈壁，我爱它们。这永远让我亲切，让我踏实，到新疆，我有一种回家的感觉。我不伦不类地想起了在北京打工的安徽保姆，她们的行规是辞活不说辞活，而说"回家"，黄山来的姑娘对主人说"我要回家了"，就是辞职不干的意思。"未老莫还乡，还乡须断肠"，这是一种诗词的写法，也还可以写成"未老便还乡，还乡笑一堂"，都动人。

回家，永远是一个让人舒服的字眼。

也是回家哭一堂。维吾尔人在感情激动的时候，在表达一种强烈感情的时候，是经常要流泪的，闺女出嫁，亲人远行，亲人归来，遇险脱险，更不要说亲人辞世了，亲友们都会抱头痛哭，在哭声中抚摩了离别的悲痛，表达了亲密的心情，表达了对人生的无限感触。我此次回新疆老家，最最感动的也是维吾尔亲人的哭声。一次是在乌鲁木齐，我去拜访逝世了的朋友的家属，见到诗人克里木·霍加的遗孀、塔塔尔（鞑靼）金发美人高哈里亚的时候，她搂着我大哭失声。一次是在巴彦岱原红旗公社二大队四生产队庄子上，看到老房东依斯哈克与穆斯汗的儿媳吐尔逊娜依的时候，她见到我的第一个反应是抱住我号啕大哭，表达了她对公婆逝世的悲痛与时隔多年又见到了我的欢喜。呜呼，我的维吾尔亲人们！王蒙是你们的。

许多年后，在新疆人民出版社的拙作小说集《虚掩的土屋小院》的最后，收有楼友勤写的《维吾尔友人谈王蒙》一文，其中维吾尔诗人乌斯满江是这样说的：

> ……他出自爱，出自一个大民族对小民族的高度理解，以真正平等的态度……尽量挖掘其他民族灵魂中美好闪光的东西……引起心灵的震惊。
>
> 王蒙被错划成右派，这是他本人的不幸，但对维吾尔人、维吾尔文学来说，又是莫大的幸运……
>
> 我翻译过他的散文《新疆的歌》，他说他至今学不会《羊羔一样的黑眼睛》，但是一听它的旋律，眼泪就流出来了……译到这里，我也哭了，我是流着泪译这篇散文的。

谢谢了。这是理解，这是知音。用鲁迅的话说，人生得一知己足矣。挖掘美好与闪光的东西，这是我的价值追求，也是我的毛病；这是我不得不如此的能够活下来而且活得越来越好的不二法门，也是我的原罪，我的孱弱，我的（如山西学人谢泳兄所讲）"内心恐惧"。我缺乏斗争性、警惕性、坚决性、严峻性，我下不了狠心硬手，出不去毒拳，咬不紧牙关，使不出阴招损招。非不能也，是不为也。我常常愿意网开一面，退步三分，再等五年，一笑解千愁，一语解千怨。而或有人永远是全副武装，紧紧绷弦儿，人盯人，牙还牙，耳听六路，眼观八方，战斗正未有穷期，临死也是一个都不原谅。哦，我的朋友，你是多大的仇，多大的冤，多大的火气，多大的苦情啊。

然而我做不到，做不到您那个样子。我是宁愿天下人负我，我却不愿负天下的任何一个人。我宁愿写出的美好与闪光的诗因为其近俗而被忽略，也不愿意用恶毒的咒语与惊天的吹嘘来赢得伪名。宁愿意被毒蛇咬伤，不愿意任凭一条可能是无毒无害的蛇，甚至可能是美丽多情的白素贞或者小青儿的蛇冻僵冻毙在我的眼前。我宁愿当三世东郭先生，屈死在狼腹，也不当一次恩将仇报、鲜血淋漓的恶狼。当然，对真正的狼我也不是毫无斗志，毫无自卫，毫无保护，毫无经验。但是宁愿是斗智、斗趣、斗境界也斗心胸，斗高度也斗远见，像马三立所说，宁愿"逗你玩儿"（按：旧小说例如《红楼梦》中，"逗"与"斗"两字是相通的），但是实不愿好勇斗狠，穷凶极恶。而且我永远不放弃与狼兄和解互助的机会，永远不放弃以德报怨的机会。总有一天，狼可能恢复人性，恢复天然，放下仇恨，开动快乐，像当初一样随和亲切，融入一个和谐社会，而不是狼视眈眈，临终仍旧准备着咬向对手的喉管。

而我们所生活着的环境并不是一个温柔乡、友谊村、鸡尾酒派对、绅士淑女俱乐部。我选择的我经历的是铁与血的革命，我选择的我经历的是走向现代化、全面小康、和谐、民主、文明的包含着九九八十一难的新的长征路程。我在做了不少好事明白事的同时，也有太多的一厢情愿，太多的自作多情，太多的事与愿违，太多的自找苦吃，吃亏上当。

一九九〇年的党员登记胜利地结束了，害得曾在会内会外略有与我拉开距离的表示的英若诚找我一起饮酒，告诉我："我还以为有多少事呢，结果吗也没有。"

到了一九九一年春天，细雨蒙蒙之中，乍暖还寒时候，我的精神一下子全都集中到李商隐身上了。

提到李商隐，我至今有一种痛苦的感觉，他太纤细、太精致、太多情，又太虚荣、太脆弱了。在他的身上几乎集中了中国男人的志大才疏，顶不住命运，放不开功名，梦想着富贵，自恋自怜自叹，唧唧咕咕沥沥，忍不住寂寞，憋不住牢骚……的毛病。弱者，你的名字是中国男人，你的名字是中国文人！你的名字就是李商隐李义山！

在一九九一年的阅读里，最打动我的并不是"沧海月明"与"蓝田日暖"，不是"春蚕到死"与"蜡炬成灰"，这些可能是太熟了。当然，我认定这些是艺术的极致，是一种极度诗化情化的诗。古今中外，写同样的情感，已经无法超越这样的句子了。

是另外两首同样脍炙人口的诗，使我同情、悲哀、恨得要死、迷得要死。我甚至觉得，不该在这一年的早春涉猎他老人家的诗：

重过圣女祠

白石岩扉碧藓滋，上清沦谪得归迟。
一春梦雨常飘瓦，尽日灵风不满旗。
萼绿华来无定所，杜兰香去未移时。
玉郎会此通仙籍，忆向天阶问紫芝。

春 雨

怅卧新春白袷衣，白门寥落意多违。
红楼隔雨相望冷，珠箔飘灯独自归。
远路应悲春晼晚，残宵犹得梦依稀。
玉珰缄札何由达？万里云罗一雁飞。

常飘瓦，不满旗，一个男人，而且是有志于修齐治平的男人，怎么能对世界的反应是这样有气无力、有意无神？得归迟与无定所，又是何等的魂不附体、没着没落！

还要怅卧，还要寥落，还要相望冷，独自归，还要飘灯，还要梦依稀……全是一个方向，一个平面，一个悲哀无望的模式！至于吗？当不成官，至于吗？爱妻死了，至于吗？男人啊，总要有点承当，有点骨头架子！

更不要说"先期寥落更愁人""忍剪凌云一寸心""羁泊欲穷年"……幸亏还有咏史诗与政治诗。史与政入诗，有助于开阔气象，那些但求遗老遗少风格，但求莫谈国事的小家子气的同行不可不察。

然而，他写得又是这样的美丽。哪怕悲情像砒霜一样的剧毒，哪怕绝望像小儿麻痹病毒一样传遍全身，在李商隐这里在他的诗里，一切都审美化了无害化了去（毒害）功能化了。

美了也更哀婉更动人刺人迷人移人心绪了。我有点后悔，也许，一九九一年我本来不应该读那么多琢磨那么多李义山的诗的，本来没有李诗，我不会咀嚼那么多悲凉与颓丧。"颓丧"一词，出自《红楼梦》中贾政二老爷对于宝玉二爷的训斥。

消极情绪的审美化与少害无害化，是我在李义山诗歌讨论上提出的一个论点。我还提出了"无端"说。我认为执着于寻找诗的本事是侧重于诗的非诗化解读，是把诗变成时与史与事的注脚。李诗的特色恰在于抒情，有一类情的特色恰在于它的深刻性弥漫性自成性长远性，并非一时一事一史而来。曰悼亡，曰怀旧，曰感遇，曰思乡，曰冤屈，曰牢骚，曰痛惜，曰自恋，曰空虚……他什么情绪都有，什么原因都有，什么悲哀都有。大病无因，大情无端，大难无兆。大幸运与大晦气都是多方因素的结果，都不是一个掌故一个细节一个本事能够解释清楚的。唐诗特别是李诗专家刘学锴教授在他的《李商隐诗歌接受史》一书中指出："王蒙的'无端'说，显示了在更高的层面上兼容众说的趋势。"

我希望的是不要忽略以诗心问诗，情心解情，文心通文。我们已经过于习惯于以治学心、史心、训诂心、考证心、侦探破案心来对待文学作品特别是诗作了。当然，以治学诸心诠解古典作品，也会长学问，长见地，破疑团，添知识，也会结出奇葩、放出异彩，如钱锺书的以触类旁通、美轮美奂的治学方法治诗（而非读诗吟诗赏诗），各种高见、各种常识，尽数大家气象，夺人耳目，只是不要反而忘记诗心情心文心就是了。

温州李诗专家黄世中教授撰文指出，王某的李商隐研究有六个方面的原创性观点，大概包括了爱情失意与政治失意内心体验同构说（诗可以是写失意的，但并非实指哪一事一时的失意，而是写一方面的失意，也带出了表达了甚至更巧妙地抒发了另几方面的失意。其实这个意思我早在二十世纪六十年代谈鲁迅的散文诗《雪》的时候就讲过了）。混沌的心灵场说。政治诗增加分量与气象，李的政治抒情诗见识绝伦、清醒峻急，但急切有余而从容不足说。无题诗结构的无主线、无序非矢量说。尤其是关于对这些诗的解读的多层次——包括字面的、背景与本事的、学问的、情绪与心灵的、触类旁通的，等等——说。也不还有什么什么，说是近年来我所讲的李诗之能受到重视与更高的评价反映了当代文学观念的发展与提出了新挑战云云，也算新观点。黄教授并且说，有些观点已被权威的文学史家所采纳。

黄教授并且夸奖说，王的李商隐研究做到了什么历史与逻辑、宏观与微观、传统与当代、语言与意蕴什么什么的贯通，叫人偷偷高兴一场。

德高望重而又平易亲和的张中行老师著文说，王蒙以小说见长而评《锦瑟》，属于反串，他反串得不差。

这一段时间写得比较用功的是《雨在义山》，专门探讨李对于雨的描写处理特色。最带有顽童恶作剧色彩的是《〈锦瑟〉的野狐禅》，我竟然把《锦瑟》五十六个字打乱重组，出现了情调接近而结构不同的别样韵文作品。

其一：

锦瑟蝴蝶已惘然，无端珠玉成华弦。庄生追忆春心泪，望帝迷托晓梦烟。日有一弦生一柱，当时沧海五十年。月明可待蓝田暖，只是此情思杜鹃。

其二：

杜鹃、明月、蝴蝶，成无端惘然追忆。日暖蓝田晓梦，春心迷，沧海生烟玉。托此情，思锦瑟，可待庄生望帝。当时一弦一柱，五十弦，只是有珠泪，华年已。

其三，尽量使之成为对联风格：

此情无端，只是晓梦庄生望帝，月明日暖，生成玉烟珠泪，思一弦一柱已。

春心惘然，追忆当时蝴蝶锦瑟，沧海蓝田，可待有五十弦，托华年杜鹃迷。

宗璞读后心有不甘，声称要淘气一番。她把《锦瑟》五十六字重组成了"曲"的形式：

沧海月明

无端珠泪

悬

玉生烟

蓝田日暖

庄生梦迷

望帝心托

是蝴蝶还是杜鹃?

惘然一弦一柱

追忆锦瑟华年

可待

是五十弦

这里不仅有淘气,也有汉字的独立性、情绪与色彩性、可组合性、诗性,还有诗的语言性与超语言性。诗,可诗,非常诗。句,可句,非常句。无句,诗之始,有句,诗之母,易句,诗之诗。他年回忆,其乐何如? 义山有知,罪我乎,笑我乎,感我乎?

一九九二年秋,我应邀到广西桂林附近的平乐县参加第一届李商隐研究会。李曾在这里短期做官。我被推选为李商隐研究会的名誉会长。

过了这个村,未必再有这个店,评红,谈李,翻译约翰·契佛,真是神仙过的日子! 有点酸溜溜,有点书生气,有点雕虫之乐乐也无穷,有点从翻筋斗的变成了看戏的那种轻松从容舒展……红、李、契佛这些事还让我欣喜地发现,王蒙仍然是王蒙,当了部长也罢,不当部长也罢;委员也罢,不委员也罢;出入中南海也罢,出入胡同市井村镇也罢;被称赞肯定也罢,被绝非善意地送上了"等身"的"材料"也罢,被赶车人罗织了一堆罪名也罢……咱们从来没有认生过文学,认生过生活,认生过平民,认生过书桌前的功夫! 王蒙仍然能够规规矩矩地做活儿,兴会空前地读书,云蒸霞蔚地写作,一定之规地做人,其乐无穷,其味隽永,人莫予毒,别有天地。

王蒙最喜爱最天真地为之得意的一个词就叫作"活儿"。说到底,咱们也是个手艺人,是练活儿的,你得能拿出一手活儿来。拿不出活儿来,您靠边吧,您。练出活儿,比掌了大权发了大财受了大恩德都更高兴,因为咱们靠的不是运气、不是关系、不是背景、不是手段,而是手上的、手里出来的活儿！我间接听说，张艺谋的名言：咱们是卖力气吃饭的。张艺谋配说这句话。王某也当仁不让，能练心情善，有活儿道路宽！

我可瞧不起鲁迅所说的那种拿文学当敲门砖的人，以文学的名义混上一官半职，把文学祸祸了一个够，然后连一个沾文学味儿的词儿都说不出来了。呜呼，哀哉，吗呀，您老！

（按："祸祸"一词，为我的家乡沧州南皮一带的人喜用、天津话中也有的一个生动的词儿。我小时候常听家人用这个词儿，后来用得少了。二〇〇六年听冯骥才说起此词，还给我讲了马三立的相声里的名句"你嫂子让人给祸祸了……""祸祸"二字，不知这样写对不对。）

5.师长、朋友们

　　一九九一年有一次我去看望初到中央乐团担任指挥的陈佐湟。此前他在美国印第安纳大学获得了音乐博士学位，那时学音乐的人有博士学位的很少，我参加了中央音乐学院为欢迎他的归来与学业有成而举行的音乐会。我喜欢他的交响乐，更欣赏他的教养和风度。他怎么会那么文明，那么微笑那么谦恭有礼？我知道，他的叔叔是儿童文学专家陈伯吹，一个哥哥是港澳办副主任陈佐洱，一个堂兄是北大校长陈佳洱。

　　他找我谈过对中央乐团进行改革的设想。历史没有给我们这个机会。他那时住在老虎庙的工运学院宿舍，恰恰是当年我住过的师院向全总干部学校租的房子的所在地。原来地名叫景王坟，二十世纪八十年代这个名称已经被遗忘了。他的房子很狭小，甚至女儿都没有自己的生活空间。我想起了时在鲁迅文学院学习的青岛作家姜灏女士写的小说《纸床》，是说一个家庭房子太小，从小女儿没有自己的床睡，他们家昼夜企盼的就是能有个大一点的房屋，能给闺女放下一张床。后来女儿因病不幸去世，妈妈给女儿做了一张纸床烧掉……在一九九〇年上半年，姜灏常到朝内北小街四十六号去看我。

　　在陈家，听说张抗抗住家在此小区，并听说她的爱人小吕风波中出了一点麻烦，现在身陷囹圄（后来没有事了）。我乃决意去做一回不速之客，看望一番。张抗抗未在家，我给她留了个条子。过去，张虽然常常在京，我们并无来往。此后，我们与抗抗的交往多了起来。

　　我与芳，有时候还有张抗抗搭伴多次去过宗璞那边。那时，冯友兰老先生还健在，九十高龄，忙于哲学史的写作。用刘心武的话：是真名士自风流。宗璞没有高级职称，没有一官半职，没有级别待遇，但是她受到同行与青年的尊重。为了给她解决一个看病的蓝卡问题，冯牧、张光年、我等费了九牛二虎之力，始终解决不了（现已解决）。她与先生蔡仲德、父亲冯友兰住在北京大学一座房间虽小，然而成龙配套，古老而且雅致的平房里，倒是有一个树多草多的大院子。冯老似乎命名这里为"三松堂"，院里有三株古松的吧。树多，房间的采光受到影响，我们似乎总是在树荫下谈话。房内亦有树木的气息。君子之交淡如水，她的茶质量很好。有时候还炮制冰激凌加威士忌酒，算是一种趋洋的享受。蔡先生留着须髯，有点仙风道骨，其实头脑很先进明达。他从来都是那么谦虚高雅，深沉明朗，他是在音乐学院教授音乐史课程的。

可惜，进入二十一世纪后，他早逝了。我们想念他。

《红楼梦》，李义山，这都是宗璞爱谈的话题。能够与宗璞谈诗论文，也是一件清雅的享受。虽然她或有时也抨击时弊，带棱带角，但是尖锐的话从她嘴里出来，似乎经过了类似诗教——怨而不怒，哀而不伤——的雅化、"礼化"处理，令人悟到世界上只能以礼文对待野蛮，以高雅对待粗鄙，以雍容对待急火攻心，这样，才有希望。否则只能是对立双方的趋同，是以暴易暴，以鄙代鄙。她说话慢条斯理，声调特别像我国早期有声电影的配音。

她在文学圈子里，颇受尊敬。我在北京文联时曾经随着林斤澜、刘心武等一起来找她。林、刘也各有各的个性，但是在尊敬宗璞上，大家意见一致。比较不喜欢宗璞的书斋风味的是林默涵，相信林老更较真的是工农兵，林老坚持只有与工农兵相结合，到三大革命运动的第一线去，才有革命的崭新的文学。他老人家讨厌书卷气，文人学人的家学渊源。但是胡乔木欣赏宗璞，二十世纪八十年代一次宗璞住院，胡老关心并给有关部门打了招呼。他看了宗璞写的《哭小弟》，给宗璞写了信慰问。哭的是宗璞的弟弟，英年早逝。

宗璞是一个大孝女，她始终耿耿于怀。一位学界大人物在国外说了冯老一些不是那么负责任，更是绝对不肯好汉做事好汉当地认下来的话。她一直憋着气，有话要说，却未必能够得到理解。长年的斗争为纲，长年的挨整挨批，使学界的人也是那么心存刻薄，心存恶意，天然地对碰到一点不顺心的人带着宁失过分，绝不厚道的祸心。有时还借着政治的秋千荡出自己的同行是冤家的业务嫉妒心。弱者只有在数落乃至欺负一时比自己更处弱势劣势的人的时候，才有几分快意感。越是实际上的弱者，越是珍惜自己说人骂人嘲弄人的机会。说起来，仍是这一批那一批包括王某在内的文人学人的可怜，没有什么大起色。

后来宗璞在自己的小说《东藏记》里描写过家住刻薄巷一号的一对夫妻，倒是吐了吐块垒。其实文人相轻，学人相妒，乃至师生反目，恩将仇报，在文坛学界都是常事，本没有啥。我们这里讨厌的是，将这些潜情绪政治化，变成不共戴天、没完没了、啰里啰唆的，连真正的政治家都烦得不行的政治斗争。而越是二流文人，越容易斗得连自己都信以为真，以为自己是全国第一的永远正确的政治家。

为什么说文人的这种"斗争"离真正政治家老了鼻子了呢？第一，政治家很忌讳谈什么都是我我我，而这种弱者谈什么都离不开我。第二，政治家是随时调整，随时发展变化的，他们的形象是静如处子，动如脱兔，他们的幅度是翻手为云，覆手为雨（不含反复无常的贬义），而某些自命为政治家的二等文人，只会翻手为我，覆手为我。只要承认"我"在某个圈子里打遍众生无敌手，就行。

好在使宗璞不快的关于冯友兰的风言风语没有再发展下去，过去了。这也算"后文革"时期的一大进步。

有一次我和芳约宗璞与蔡先生一起游香山，时值春日，良辰美景，心情愉快，春游云云，也令人回忆起校园生活。走了山路之后，我们到颐和园东门旁的一个不太大的西餐馆吃午饭，说好的是我们做东，出门前我负责带了钞票。

那个餐馆不算大，但尼克松总统访华时，从颐和园出来，临时进餐馆看了看，留下了照片，也算使餐馆抬了一下自己的行市。

朴朴素素，简简单单，吃完饭我怎么找也找不到钱了。我面红耳赤不要说，芳羞愧得掉了眼泪。宗璞一再安慰，说是坚决接受我们的"请客"，她先垫上，把发票给我们，等我们回家后给她如数把钱寄来。芳仍然难过万分，无法平息。

而在付款离去之后一秒钟，我找到钱了，是在另一个裤子口袋里。

呜呼。马虎之为害也。王蒙之马虎也。人是越怕什么就越有什么也。据说弗洛伊德也论述过这种现象。芳越是不断叮嘱，我就越是心情紧张，生怕差错的结果是必有乃至假有差错。

　　现在，蔡先生已经不幸病故。宗璞几近失明失聪，她仍然坚强地生活着写作着。二〇〇三年，在青岛中国海洋大学召开我的创作的国际研讨会，她的论文的题目是《天马行空——耳读王蒙旧体诗》，单这题目也令人感动。她的女儿事业有大成绩，照顾母亲也很好。吉人自有天相。天不灭璞。近年已经大大疏于问候了，永远祝福！

　　除了宗璞，我们与李国文、谌容、张洁等家也有许多交往。一九九一年春天一起去了一次大连开发区，感受改革开放的大好形势。在那里我买了一个电磁灶。海滩上有一个沾满贝壳残体的岩石，形状有的说像贝多芬，有的说是像马克思，确实很像。那时央视开始播《正大综艺》，有一个"世界真奇妙"的栏目，信然。后来我又听到曾任建设部长的林汉雄同志说："世界真奇妙，长寿才知道。"

　　我还与林斤澜、童庆炳、韩静霆、何镇邦等文学人一起应一个公关协会的邀请去了一次牡丹江，我们在镜泊湖游泳，享受黑龙江的夏天。得以结识扎实厚道的文艺学教授童老师，诗文书画的多面手韩老兄（他的儿子就是那位"翠花，上酸菜"的奇才雪村）。这些事证明的是，回到写作行当，朋友会越来越多，路子会越来越宽。我也非常感谢那些对我表达了关心和友谊的温暖的艺术家，例如郑振瑶，例如李谷一，例如王景愚，例如一些音乐家和画家。一九九二年"两会"期间，魏明伦带着黄梅戏著名表演艺术家、美丽的马兰来我家看望。可惜，到了魏先生给我们照相的时候，相机突然不灵了。据说这样的事发生在"巴山戏鬼"身上不止一次，用他自己的话，叫作"一到关键时刻就掉链子"。

　　我给了魏明伦两首我头一年写的诗：

　　怀 念

　　你已不再露面。

　　有一条小人鱼从那儿游来，

　　述说那个无雪的冬天的事。

　　……每一首波浪隐藏，

　　隐藏一朵危险的钟情。

　　骄傲的黑鸟微微展翅，

　　……寻找海底商船，沉没在

你我没有出生的时候。
……你也是可以忘记的，如
忘记斋月的闪电、小山羊
和你端庄的泪。
……你娇小的鼻子上，
压来团团尘雾。

为你的生日插上火箭，
……想你，沉默得如同黑发。
看飞毛腿一枚枚发射，
很久……光亮……

温　暖

美丽的年华奔向你，
……相逢
使回忆遥远：好像
美国，苏联，越南……

而你涌动漫长的冷淡。
涨潮了吗？在落潮时刻
……于是放弃彩色幻想船，
……任凭动摇的海浪相送：
太平洋、大西洋、南极……
……天空飞翔快乐的苹果，
……而你静卧于温暖的波浪，
等待下沉。或者——
帆。蓝鲸静静驶去，
疲倦的鲨鱼咀嚼
白色沙砾。

诗是在北戴河环保局培训中心小住时写的。那里每天早晨吃炸得极香的大油饼。我的心情是平静的，同时想念一些文友。享受一种不无甜蜜的休息与伤感。如诗题所写，享受怀念和温暖。夏日渤海上的温暖与风暴平息下来的温暖。历史的手掌是坚决的、有力的，有时候是无情与健忘的，于是一些渺小而且善良的文人小资们，互相怀念一番。

至于飞毛腿，是说那些搭上了车的人的批判文字，其时刚刚结束第一次中东战争，伊拉克曾向以色列发射飞毛腿导弹，以色列用爱国者导弹拦截。也许我应该提到，在赶车人发射飞毛腿的时候，我收到过余秋雨先生温暖的信。

我有了更多的时间和机会与一些师长、老同志接触。头一个是夏衍。他此时已经住到了绒线胡同，二进的四合院高高大大，风雨走廊从正房可以一直走到大门。院里两株巨大的丁香树。房子很好，摆设没有，家具极简陋。其实夏老有珍贵书画甚多，如果他想办法，这些价值连城的书画足可以使他的住宅堂皇富丽。他最后把全部宝贝捐献给浙江省博物馆了。夏老才是真正的共产主义者。

夏公（一般称他为夏公，这是早有的习惯称谓）虽然年逾九十，他的个性是干脆利索，清楚明白。张光年同志比他小十岁左右，但是据说他们二老通完一次电话，夏公却抱怨光年说话速度太慢，倒像夏老是一个性急的小伙子。他是二十世纪二十年代的共产党员，是在著名的"四·一二"政变刚刚发生，大革命失败的危急存亡的关头入党的。他最后一个身份是中央顾问委员会的委员。他这一生可说是见多识广，历经风雨，他笑着说，他坐过国民党的监狱也坐过"四人帮"的监狱，比较起来还是国民党的监狱好坐一点。从"文革"后我第一次见到老人家，他一直瘦到了无以复加的程度，说是他的体重一直不超过四十公斤。我要说，对不起，他的瘦的形状具备了一种骷髅精品风格，他的人与他的头脑都只剩下了精粹，再没有多余的一克东西了。

我在这段时期访问夏公的频率极高，但每次很少超过一小时，一般就是一节课四十五分钟，各自谈一些彼此关心的政治的与文艺的信息，略略交流一下想法，说一两句笑话，谈谈养猫与世界杯足球赛，再见。老人家甚至有在大赛时间凌晨两三点起床看球的豪兴，比我强。他虽然此生是高度地政治化了的，毕竟还是作家、文人、知识分子，有自己的爱好趣味与个人化的生活方式。就是说，他关注政治，投入政治，但仍然没有让政治完全化掉，仍然保留着自我。我听到过某领导说夏有什么自由化的问题之类，可能持这个看法的还有别人。而夏公对我表示过的是：为什么对文艺人不能多一点信任？

夏公女儿沈宁说老爷子就是欢迎王蒙来，王蒙的快刀斩乱麻的风格与他对路，投脾气。

有一次说到丁香，我说我从小喜爱丁香，我们约好在丁香盛开的时候来一同赏花。我来了，夏公抱着猫来到了室外，赏花赏春。说是夏公此外还喜欢石榴。赏丁香的那一天夏公心情极好。他是在"文革"中被伤害了腿，行动本来不便。这次不惜兴师动众，户外活动，大家都很快乐。人生，尤其是老人，老残疾人的人生，又能快快乐乐地赏几次丁香呢？

夏公关心政治，但他从来不多说个人的飞短流长，有时他略略一笑，表示对某人的不感兴趣。有一次说到文艺界是"鲁太愚"与"全都换"。由于与韩国两位政治家姓名谐音，令人解颐，这在他，就算是说得最刻薄、最严重的一次了。

有一次我们二人正在说话，他看到了新来的报纸的书刊广告上登有《世界文学》最新一期目录，目录中有我的译作契佛小说。他说了一句"了不起"。这是他对我个人说过的唯一一句夸奖的话。谈起翻译，我不能不回忆起少年时在北京图书馆看沈端先署名译的高尔基的《母亲》，那时候读《母亲》，我的心情与读《圣经》一样。直到夏衍死后，我才留意到《母亲》是他翻译的，夏衍就是沈端先的笔名。

华艺出版社要出一套"名家新作大系"，请夏公作序。夏公说是他视力不好，为难。我乃起草了一个稿子，请他过目。他一看，就告诉沈宁，这一看就是王蒙写的嘛，怎么好署夏衍的名？下次见面，老人家已经"另起炉灶"写好，并安慰我说："我已经吸收了你的意见，在你的草稿的基础上写出来此稿。"我一看，知道自己的草稿已被"枪毙"，但也假装合作顺利的样子。作家的风格难以掺和混淆，亲爹亲哥都不行。这是唯一的一次我们互相都没绝对直爽地对待对方。

夏衍与世纪同龄，一九九四年他的生日，赵朴初为他题写了"九五之尊"的贺寿词。一九九五年二月，他病危。直到昏睡过去前几个小时，是一个早晨，他对子女说，此日感觉不好，可能就此而去，他的后事托付陈荒煤来办。此时陈已身患不治之症，没有告诉夏公。我不知道是否他的子女神态有异，他补充说，还有王蒙，找王蒙吧。如果论一世友谊，以及辈分，我当然不能与荒煤相比，但是夏老最后提到了我，我不能不为他的信赖与依靠而感动。历史何匆匆？昨天已古老。某些小字辈的浇薄纨绔鄙俗，使我对今后的某些方面并不是那么乐观。夏衍这一代革命人，忧国忧民，赴汤蹈火，他们用自己的精神智慧血肉之躯，铺垫了国家民族的兴旺之路，新生之路。我能够略略告慰于夏老的，一个是通过我个人的反映转达，上书各领导部门，促进了一九九九年对于夏公诞辰百周年的纪念活动的举行；一个是协助周巍峙老主编了《夏衍文集》十六卷，完成于二〇〇五年。

一辈子活得这样明明白白，清清楚楚，干干净净的，实在少见。据说夏老一生最怕麻烦旁人，他晚年曾"检讨"说，自己的一个"缺点"是活得"过长了些"。

此后有一年我到泉州，听说那里的华侨大学有一位教授，因病去世前自己做好一切安排。说是因为其妻不擅俗务，他为自己的丧宴写好了菜单，并且注明所需材料应到哪个市场购买，方能价廉物美，不受欺骗。

再一位老同志是曾任新四军秘书长、中联部副部长、中顾委常委的李一氓。他原是创造社的成员，也是文人。据说一位极高级领导曾经说他，如果能彻底消除自己身上的文人气，他本来可以担当更高的重任。重任可能是令人羡慕和珍视的，个性却也不一定就不值一顾。重任诚可贵，文才价亦高，若为真理故，二者皆可抛。

我们同样可以无话不谈。他对我有许多教导，正确对待党内歧见，对待党内斗争，不要抱不切实际的幻想。要沉得住气，首先要稳住自己。他热诚地关心我，保护我不受太偏激的过分的打击。他最大限度地运用了他的影响。

他住在小羊宜宾胡同。当年作协有许多人，包括给我以巨大的关心爱护的邵荃麟同志，也是住在这一带地区。他的院落里有一些菜地，他送过我一些生菜。可能由于他曾在外事部门工作，他的房间的艺术柜里摆着一些来自国外的小小工艺品，令人神往。

李一氓同志体重与块头都很大，他不像夏公那样伶俐，说话动作都非常持重。缓慢，慎重，喜怒不形于色，当然，这也是功夫，是我尤其缺少的。

我想起讨论精神污染时一氓的一个发言，他说在国际共产主义运动中，要慎批人道主义，例如法共机关报的名称便是《人道报》。他讲这个话，当然很有权威性。

在革命队伍中有一批文化人，大文化人，他们更容易趋向于理想主义，趋向于现代化，趋向于自由民主平等与人道主义，没有这样的文化人革命不可能成功，而且将使革命变得过于简陋粗暴。但革命的主力确实是工农兵尤其是农民与穿上了军装的农民。而这些文化人如何能适应人民革命的种种特点与实际，如何能理解国情民情革命之情，也绝非易如反掌。同时革命队伍，革命的领导人如何对待自己的文化人，这并不是没有经验教训可讲的。

一氓也是极不愿意辜负旁人的。与他常过往的有一个相对年轻一点的知名文人，这个人比较圆滑活泼，就是说有点见风使舵，随风摇摆。有另一老人（比一氓更老的人）给一氓带话，要一氓对他提高警惕。但一氓对我表示，他无法对一个对自己极友好殷勤的年轻人冷冰冰，更不要说板起面孔来了。

这说明了他对人的宽厚。人无完人，金无足赤，不必求全责备。到了一氓这种见识这种经历这种境界，他几乎可以原谅一切。完全不懂得原谅的人，很可怕，比完全不懂得斗争还弱智。

境界的高尚，心胸的开阔，思想的深邃，见识的卓越，这些是分不开的。一根筋，两句话，三段论，然后一脑门子的官司、一脸的讨债表情，其实又能做成什么事情呢？

一氓的书法极佳，古朴劲道，苍凉重拙，自成一体，少有匹敌。他去世前送了我一幅字，抄自《文心雕龙》。他的去世使我闹不明白，他似乎并未患上什么致命病症，只是由于身体的沉重，运动的沉重，经历的沉重，语言与思想的沉重，终于无法承担下去了。临终前不久，他与张光年说过，他还有几件著述方面的事心愿未了。这些事做完，他就可以"睡了"。

于是，带着一些未了心愿，一氓老溘然长逝。

在台湾学者潘重规先生到大陆访问的时候，一氓老曾以国务院古籍整理小组组长的身份，会同中华书局，在钓鱼台国宾馆设宴招待潘先生，张光年与我被邀出席作陪。张是《文心雕龙》的研究家，他用白话骈体韵文翻译了此书。而我被邀的理由是"红学"，潘先生在红学方面的造诣也是出色的。

在我国早期的革命人进步人士当中，确有许多大人文知识分子，胡乔木、李一氓、赵朴初、柳亚子、郭沫若、茅盾、巴金、夏衍等，他们的光辉是革命方面的文化优势的表现，所以毛泽东在《新民主主义论》中断言反革命的文化围剿是彻底失败的。我们怀念他们，也不能不产生一种紧迫感：现在的大文化人在哪里？我们还有没有文化方面的优势？

光年仍然是我拜访最多的一位老前辈。心事浩茫连广宇，我对这些老人的所思所感所苦，都极其感动。他们尤有豪情在，光年家里的客厅墙上悬挂的字最感人的是"勤奋延年"四个字。他在完全从工作岗位上退下来以后，编辑自己的著作，继续翻译《文心雕龙》，整理历年日记，阅读年轻人的新作，接待来访者，仍然十分忙碌，每次见面，他总要先说说自己近日做了些什么事情，从中作一些回味与总结。

也有一个不长的过程。一开始我建议他继续进行与做完二十世纪六十年代开始了的用白话文翻译《文心雕龙》的工作的时候，他曾略有难色，说是扔下已经太久了，后来，他还是完成了。而且，他的儿子说，他最可能留下来的是两个东西，一个是《黄河大合唱》的歌词，一个是《文心雕龙》的翻译。

有一次，我拜访光年，若有所感，回来写了一个短篇小说《济南》，我写到解放战争中的济南战役，写到老人的感慨与梦。宗璞看了，电话中告诉我她觉得我写得苍凉。还有我的散文《搬家》，她也说了类似苍凉之感的话。奈何光阴之荏苒也，曾几何时"青年作家"王蒙也变得苍凉起来。记得"文革"后首次短篇小说发奖，周扬同志过来与我握手，他指着我说："你现在是老作家啦……"从青年作家，一个大巴掌或者说一脚就把我踢成了老作家了，亦可笑也。

我想起在美国常看到的一个电视广告：把一条鱼放在冰箱里冷冻，过若干时日，拿出来化开，大叫一声："fresh——新鲜——着呢！"

《济南》是以一个老年女性干部的口气第一人称写的，写她与一个老男人、一个老干部的交往。他们闲谈中忆起了解放战争中的济南战役，那是打得非常惨烈的一仗。最后活捉了守军司令王耀武。我当时从北平的报纸上详细研究了这一战役。二十世纪六十年代，我又从菡子的小说《前方》里感受到了革命战争的腥风血雨,重大牺牲。

> ……你说你一天都在家,我相信你不止这一天而是差不多天天都在家……竟然是过了一会儿才明白过来你是邀我到你家……客人——老友的敲门声是令人喜悦的。
> 你问:"今天你能到我这儿来一下吗?"我说当然。我原来的计划?什么计划?买鸭子和豆芽菜、看报和发信、去新落成的百货商场物色一件生日礼物的计划吗?好的,我下午去看你。

这篇小说的主要人物是"我"和"你",都没有姓名。都是干部,都是人。我写到"你"与"我"的已故的丈夫老侯,永远关切着"上边"的动作与格局。

> ……他为上面,我为他,倾注了一切。照顾他的偏瘫,这一切的麻烦帮助我度过了退休后的日子,使不工作的日子不至于像羽毛一样轻飘。

这里有一点"生活",我认识这样一位女性,她照顾自己的身为老干部的丈夫的病,一口气几十年,然后丈夫去了,她也退休了。然后她无法生活下去了。

> 要不就是找我谈谈国际形势吧,就像你或者是我即将担任外交部部长或者中联部长似的。不论黎巴嫩的还是尼加拉瓜的事情,我们管得了吗?
> 你坐在躺椅上。给我倒茶的时候,你的手抖得厉害。你的脸上有一块特殊的黑。我问你到哪里晒了太阳。你说……有一次去附近的菜市场买粉丝,来去十六分钟,就感冒了,躺了十六天。然而你不苍老,我说。是吗?你扬了扬眉毛,我发现你的一向显得严厉的眼睛竟是那样有神。你的眉毛长得那样长,好像一生的沧桑都隐藏在花白的长毛中。

此前从没有这样写过老人，淡淡的，然而有情。我似乎已经提前进入了这样的老人的行列，问题不仅在于生理年龄。

谈话中，出现了调整经济、信贷投放、小儿肥胖、健儿粉——与新加坡商人合营的一个食品公司的出品、出国、越洋长途电话、养猫、巴西木、电视剧主角大岛茂（到我写自传三部的时候，已经想不起大岛茂是怎么回事了）、看病、气功、特异功能等话题。当说到有那种人——本人为新中国奋斗了一辈子，最后却把孩子全部送到国外的时候：

我恍惚看到你的眼角是湿润的。你一见到我就显出微笑来了。

……我忽然听见你好像在远远的地方问："你还记得我们第一次在哪里见面的吗？"

"一九四九年'七·一'党的生日纪念会上。那天我们冒着雨开大会，听郭沫若朗诵颂诗，回家都夜里二点了。"

一九四九年"七·一"云云，我说的是真事。

但是"你"说是更早，是在庆祝济南解放的大会上，扭秧歌的人举着火把。

就这样进入了往事，有一点点浪漫，有许多苍凉。

"有多少年了，你不再跳舞啦？"

……后来在菜市场排队买叉烧肉和酱鸭。很可能售货员少找给我一毛四分钱。后来到前门的茶叶店，有一百六十元一斤的银毫。后来回家收阅组织老干部春游的通知。如果不去春游，通知暗示说，可以发给本人一些钱。后来接到女儿的电话，说这个星期天他们带孩子去郊外踏青，便不到我这儿来了。后来炒菜吃菜，洗碗洗碟子。我想起女儿说的，金鱼牌洗涤剂不宜常用。后来看电视，看了许多次的冰上芭蕾，如果我当年学的话一定和他们跳得——滑得一样好。

仍然是淡淡的，典型的退下来的老人的鸡毛蒜皮。有些失落，老年性目标失落症。

很快入睡，子夜醒来。我想起你的含泪的晶莹的眼睛。老人本来不应有那样明亮深沉的目光，本不应有那样的温柔。我忽然明白，你找我只是为了友谊，只是为了你"想"我了……而在你的心目中，我还保持着庆祝济南的秧歌舞、那条彩色丝带和生疏了的弹钢琴的手……这真叫人感动。噢，除了你，除了你又有谁会和我谈这些呢？前个星期，我刚刚拔去了第六枚牙齿。莫非青春年华的记忆和龋齿一起拔掉了？

……我舔到了自己的泪水的咸苦。老侯死后，我再也没有这样哭过了，我怀着近于狂喜的心情，万分珍重地把眼泪一滴一滴地咽下去……然后，天一亮我就给你打电话，不在乎从睡梦中搅起你，我只需说：

"我想起济南来了……"

然而，第二天一早"我"得到的是"你"猝死的消息。

我喜欢小说结尾：

这一天，我一连接了三次从济南打来的电话。"我是济南长途。"对方说。

……传出的是欢庆新中国成立的秧歌锣鼓……一切寂静。

《济南》是有真情实感的，它直接源于我看望张光年同志的感受。我愿把本篇献给光年，此篇获《上海文学》杂志奖。

这段时间，由于张洁的关系，我有机会与曾任机械部副部长的孙友渔同志有所交往。他是"一二·九"时期涌现的革命家。他有一个主张，对我启发很大。什么事做得成做不成，都要做一下，申报一下或者建议一下，做不成也要留下一个记录，要立此存照，勿谓言之或行之不预。这是我向他学到的一手。

当然，讲到师长，我还应该讲到巴金、冰心、周巍峙、王昆等，由于在过去的文字中写过较多，这里才没有多写。

年龄是财富也是重量，是期待也是惆怅。高龄的师长，由于见过的经过的遭受过的好事与坏事，光明与黑暗，胜利与挫折，希望与失望，公道与不义都太多太多，形成了他们的一种沉重，一种悲哀，一种热切希望，同时又有一种超越和平和，这是一种美。

现在，上面详写到的几位，都已仙去。可惜啊，哪怕他们能多留个十年八年，他们如果能够亲眼看一下国家的发展与生活的提高，看一下我们一代代付出了那么多代价，毕竟还是缔造出了日益美好的成果……他们还是会离去得更熨帖的。当然，像夏衍，一九九五年生日时，李铁映代表国务院到医院向他宣布了授予他"人民电影艺术家"的称号，宣读了对他老人家褒奖有加的授奖书，老人家很高兴，对子女说是作悼词也富富有余了，他个人是满意的。我在医院里也参加过由大使代表黎巴嫩总统给冰心授予大勋章的仪式。老也罢小也罢，一个人还是要尽力在本职业务上做出一些成绩。

当然，我也不会忘记文化部的一些中层基层干部，还有工人，他们的友善，他们的正直，他们的干净与真诚，使我永远难忘。尤其是原艺术局长方杰同志，他是老革命，他纯洁无私，他宁愿先期被炒了鱿鱼，也绝对不说违心的话、不做违心的事。他是诗人张志民的老战友，是抗日战争时期参加革命的八路军，他是真正的八路。

事后回忆与当年实情体验，这中间似乎有一点差距，有所区别。正是当年的富贵尊荣，红火兴盛，恰到好处与八面来风，事后回忆起来反而有些个空虚，有些个失落，有些个不好意思。谁让你是写者？一个写者体会自身，更要体会他人，同情自身，更要同情他人，没有比只会顾影自怜，只会说自身那点鸡毛蒜皮床上床下家里家外的狗屁事更可怜的作家了。那么，你的所谓成功，岂不反衬出多少与你一样的人的碰壁、挫折、全不顺心？

而你的偶遇凄凉，你的常常曲折，你的心平气和，你的自得其乐，你与亲人师友的非顺利情况下的相濡以沫；作为回忆，却是那样吉祥和甜蜜，那样风雅和清纯，那样罕见与珍贵，那样亲切与可爱。多么美丽，多么光洁、自由，我的二十世纪九十年代的初始！

二〇〇五年，在中国海洋大学召开的研讨会上，山东大学的一位教授，提出要重视对于王某人生轨迹上的若干"拐点"的研究。王在仕途（教授的原话）一帆风顺时突然要做文学，以"少共"之身被划成右派，可以安居乐业并且有了体面的工作了，突然要求去了新疆，在新疆扎下了根又回到北京恢复了老革命的身份，写作正处旺盛期，受命文化部长，只干了三年多坚决辞下……如此这般，我自己也觉得有趣，我过去也没有想过。看来，我还挺能折腾自己的。

而历史只能是粗枝大叶，粗心大意。历史与命运常常玩捉迷藏的游戏。历史把我培养成地下党员、共青团干部，没有完全找准我的位置。命运把我推向了文学，我不顾死活地扑向文学。历史把我与那位先生共同推作百花时期干预生活的代表人物，纯粹是头脑简单，判断力低下。历史把我拉进反右运动的泥潭，这个资产阶级右派的桂冠也实不靠谱。历史给我以中央委员、文化部长的声名，我其实担当得吃力。拿我当异议者搞，怀疑我会跑到海外，就更是别有用心，气急败坏，走火入魔的疯狂呓语。三摇两摆，三摸两比画，我的"重要"作家之一（关于此词的典故后面再讲）与社会人物的特点总算确认下来了。经过了多少（如打高尔夫球的）"杆子"，经过了多少次疯打猛打乱抡乱砸风吹与乱草树根与榆木疙瘩的阻碍，最后编号 WM 的高尔夫球终于进到它应该进的命运之"洞"里了，其时，我年近花甲喽！

6. 我是写小说的

一九八九年元宵节，我建议并首次举行了的中央领导与文艺界联欢会上，也是按我的建议，各与会的文艺从业人员每人起立自我介绍一句话。我是这样说的："王蒙，写小说的。""写小说的"，这就是那个编号WM的球所应该进入的那个如茵的绿草中的小洞。

我当然是写小说的，几十年来，我已写了长篇小说八部，系列小说三部，中篇小说二十余篇，短篇小说百余篇，微型小说二百余篇。

从部长岗位上下来以后的第一篇小说是《我又梦见了你》，它表现出一种回忆，一种留恋，也有一声叹息。

……那个秋天的铜管乐怎么会那样钻心？铜号的光洁闪耀着凋落了树叶的杨树林上方的夕阳。夕阳在颤动，树林在呜咽，声音在铜壁上滑来滑去，如同折射出七彩光色的露珠。

……用双手掬起车辙里的积水。你轻轻巧巧，从从容容，沉默得像一个天使的影子，朴素得像一个草绿色的书包，你握了我的手，微笑了，飘走了，像一个气球一样被风吹去。夕阳染红了树林，树叶飘飘落落。

后来我们在摆荡着的秋千上会面，那秋千架竖立在一个贸易集市上，四周弥漫着浓郁的茴香气味……秋千跟随着笑语和喘气声摆来摆去，越摆越快，越摆越高，集市和集市旁流淌着浑水的大渠都被卷过来卷过去，卷成了一块大蛋糕。蛋糕上铺满了核桃仁和葡萄干。秋千上上来的人愈来愈多。

我写梦境，写青春，写爱情，写往事的混杂与编织的奇突，我已经好久没有这样写了。

我仍然这样写，如诗，如梦，如青春，如流水，如微笑与轻声的叹息。

他当了八年共青团干部。他当了二十年右派与摘帽右派。他当了一年半生产大队副队长。他当了十年中央委员。他当了三年半部长。他仍然是写小说的，比什么都没当没干的人写得如何呢？

你可曾见过，你何曾见过……

什么是小说？是对于生活的爱恋、趣味、记录，但也可能是距离，是出自某种进入内心的想入非非的期待。人有时候不能活得太滋润，写得太顺当，不能看到什么听到什么就写什么，不能为了出气与骂人随手诌一篇故事……那不是文学，不是创造和想象，不是灵魂的颤抖和宽舒，只是不成功的、低俗的与低能的博客。好在那个年代还没有博客。

　　……我说我害怕我们的秋千碰上飞翔的鸽子……秋千不但摆荡，而且剧烈地旋转，四面都是太阳。

秋千遇见鸽子，四面都是太阳。这样的感觉并不是每一个小说家都具有的与写得出来的。我还要说，这其实是从头、从胜利、从一九四九年的中华人民共和国成立说起。

　　然后你嫣然一笑，所有的鱼都从太液池底跳了出来。怎么又是夏天了呢，不然哪里来的这么多的莲花！你的笑是无声的，是可以融化的。在你的笑声中，鸽子散去了，众星散去了，宇宙变得无比纯净……

这是我的爱情之歌。就这样来到了二十世纪五十年代前期与中期。在这里笔墨有一种活力，有一种灵性，有一种按捺不住的生命。此前是我写小说，我运用笔，此时呢，笔开始来劲了，天知道藏在何地的神奇的小说，它伸出头来写王某人了。

用被写的心绪写。这是我的幸福。

　　然后我急急忙忙地给你打电话。我急急忙忙地坐了火车又坐了汽车，我下了火车又下了汽车，我跑，我摔倒了又爬起来。我跑过炸山的碎石，跑过临时工棚、钢钎和雷管，跑过疾下的涧流，跑过坚硬的石山。

　　这是突然的变奏，突然的打击乐，这是突然变成了的快板，这是一个异数，一个颠覆，一声炸雷，一场灾难。

　　……虽然说你不在，而那声音又像是你自己的，电话里响着那永远温柔的大管的乐声，只是声音分外低沉。
　　是你自己亲口告诉我你不在那里……

　　我在追求怪诞吗？其实这才是最最真实的感觉，最最真实的悲凉：
"你亲口告诉我你不在那里"，如果这是旁人写的，我建议为这一句话给他或她颁发奖金人民币一元。这里只有一小点点说法上的渲染。什么时候我们能习惯一点音乐和诗？

　　……电话变得这样沉重，号盘好像焊死在话机上了。所有的电话都告诉我找不到你。

　　这是一个沉重的记忆，这是一个结，这是一段隐痛。我终于有机会写它了。
　　是的，我又梦见了你，一切描写如梦，充满梦境的直感，例如电话的拨号盘焊死在那里了。然后更妙：

　　……墙上的电话变成了一只猫，猫发出凄婉的喵呜声。电话线变成了绿色的藤蔓，藤蔓上爬着毛毛虫。货架上摆着的香烟都冒起了蓝色的烟雾，每包香烟里都响着一座小钟，钟声咚咚当当，钟声为我们不能通话而苦恼地报警。队伍缓缓地行进。猫说："她也正在给你打电话呢。"这时，星星在满天飞舞，却一个也抓不着。然后天亮了，我急匆匆地跑回汽车和火车，跑回我的铿锵作响的工地。我们在修公路。

这一段毋宁说是纪实。我确信这就是原始梦境、梦幻、梦迷、梦寐。梦总是在滑行，在随机生变，随处开花。请与我同梦。我可以接受同床异梦，也更喜欢异床同梦。谁都会有一些刻骨铭心的记忆，应该有自己的刻骨铭心的表述方法。否则，才是不真实。

后来我们在一起点燃炉灶，我砌的炉灶歪歪扭扭，这使我怪不好意思。人家往火里添煤，我们往里面填充石头，这怎么行！然而石头也能燃烧，发出蓝色的迷人的光焰。火很美，很温暖但又不烫手，我们可以把两双手放在蓝火里烧，我们可以在火里互相握手，只觉得手柔软得快要融化……这火变成了温暖的水流，这水流变成了大洪水。洪水从天上流来，从房檐上冲下，从山谷流来，从地底涌出，汩汩地响……

这是新疆。这是后来。这是永远的爱情的永远的神奇。然而，也可以作别的解释，例如不是新疆，而是另一个地方；不是作者的经历而是读者你的经验。

……你坐在水面上，问我吃不吃饺子，你把饺子一个又一个地扔到水里，水里游动着一条又一条白鱼。有一条水蛇在泡沫中灵活地游动，它领着我在水底打了一个电话：

喂，喂，喂……

是我。

你说，是我。我感动得在水里转起圈来，像一个漩涡。从漩涡中生出一朵野花，脖子上套着花环的小鹿在山坡上奔跑，松涛如海。

……有许多纸许多书信还有许多钱，包括纸币和硬币。我拉开抽屉后它们通通飞了出来，像一群蝴蝶，我没有找到你。我也没有在乎它们这些蝴蝶，我深知凡是离去的便不会再返回。

…………

多么宽阔的花的原野！一匹黄马在草原上奔驰。当它停下来扬一扬头的时候，我才看见它长着一副教授的受尽尊敬的面孔，他一定会讲几种外语。我的面前是一台白色电话机，也许这只是一只白色的羊羔吧，柔软的羊毛下面埋藏着一台电话。然而，我已经忘记了你的电话号……我知道你正在等着我的电话，至少等了三十年。

……铜管乐演奏起来，我演奏起来了，嘹亮的号声吹走了忧愁，也吹走了暗中的叽叽喳喳。地上全是水洼，亮晶晶的映着正在散去的阴云。好像刚刚下过雨。你缓缓地说："是我。"

白鸽成群飞起。楼房成群起飞。我们紧紧地拥抱着，然后再见。然后我们成为矗立街头迎风受雨的一动不动的石头雕像。几个孩子走过来，在雕像上抹他们的脏手。

这最后两句似乎是受了王尔德的《快乐王子》的影响。我相信王尔德与我有缘。

小说的缘起是那段时间我夜里又重复了过去做过多次的梦，梦见给芳打电话。这是一九五八年到一九六二年之间常有的事情，这是一道伤痛，这是一个变相的构思。我有了情绪，有了纠缠，有了神奇，有了愿望，也有了真正的灵感前的困惑——糊里糊涂。我还是一个写小说的人，我写的小说是真正的小说，真正的妙想。是语言的放飞，是情绪的铺染，是一阵阵的轻风，是一声声的鸟鸣。说下大天来，我们还有小说，还有文学，还有梦和爱情。你不可摧毁，你也不可剥夺。你杀了我也夺不走我的语言我的梦。

千万不要以为所有的描写都是比喻，不，不可能都是比喻，宁可说是抒情，是记忆和幻想，请注意：抒情、记忆和幻想不受"意思"的约束与主管。抒情、记忆和幻想有自己的方式。

本篇小说写于一九九〇年二月，后发表在《收获》杂志上。

我想起了托马斯·曼的名言："愉悦这个可悯的世界吧……我们还有故事（小说）……"

写小说是幸福的，因为你得到了一份感动。

小说来自对于生活的感动。回味与重演感动，是又一份感动。用小说，用结构和语言，开头和收尾，用不慌不忙的叙述和别出心裁的勾勒与比喻编织出一幅小说的画图，就更令人感动了。

而感动是本。人生是一次感动。金钱会散失，名声会遗忘，青春会成为往事，生命也会终结，那份感动仍然保持在永远的记忆里。

你也夺不走我的感动，正如你无法充实你的感动的空无。缺钱缺级别待遇，也许你有得到的可能，缺少感动，你是想争夺也无法争夺的了。

小说是心的歌。小说家为感动而生，在感动中活，并在充分的感动中告别。

好的小说是能够感动人的，而感动人的前提是感动自己。

努力写好小说的人有福了。

经历了一切，面对了一切，遭遇了一切，仍然随时写出了感动读者和作者的小说的王某有福了。

感动不受剥夺，感动胜过名利与高位，感动胜过命运。我有时也会羡慕侥幸者，有时也会看不惯做作者……却不会为之感动。

终于还是怜悯他们吧。

离开沙滩的孑民堂（当时的文化部长办公室在此），小说的精灵仍然在我的四周舞蹈，文学的旋律仍然在我的耳边回响，微笑中的泪花仍然在我的目光里闪烁，而语言——言语，仍然是那么宝贵，那么富足，我仍然是言语的百万富翁。我仍然是一支言语野战军的政委兼司令。预备——起！

你不可毁灭我。我即使渺小软弱，仍然富足、丰盈、旺盛、通灵、透亮。文学的火焰，知识与才华的火焰呼呼燃烧，瞬息万变，千姿百态。用一位好朋友的鼓励的话来说，浑身带电，到处放着火花。

然后是《现场直播》，写可笑的体育比赛的现场直播的逻辑，一分钟前你在赢球，他分析你的思想认识与精神面貌怎么怎么好。没等直播的花言巧语的分析进行完，突然比赛情势变了，是另一方赢了。直播开始分析另一方的思想认识与精神面貌了。优点会因为比分而突然变成缺陷，缺陷因比分而变成奇迹。没有比体育节目的解说员更"势利眼"的了。当然，我这里只是借用、借喻，用意根本不在体育电视节目的解说。同时我的想法比较实在，比如中国足球，再精神面貌好也得不了世界前十名二十名，为什么要讲那么多辉煌的道理，就不讲一句咱们的实力不如人家呢？

然后我发表了《阿咪的故事》，我想说的是猫也需要爱。此前我从晚报上读到一条消息，本市确定了不准养狗，到了杀狗日，一家哥儿俩养了一条爱犬，他们把狗藏在家里，意图是躲过这一劫。最后天色已晚，此狗突然挣脱锁链，跑到外面去了，被已经发动起来的群众打狗队所追捕，狗被吓惊了，疯了，二弟跑到街上意欲抱起狗来保护之，狗却将二弟咬死了。

能不触目惊心？

报道的目的是教育人，不要违规养狗，否则被狗咬死是你自找。而我感到恐怖的是，正是人的凶恶使一条好狗变成了咬死主人的疯狗。这样一个意思，我含蓄地写到《阿咪的故事》里了。

北京市养狗者已经逐渐多起来了，时代不同了，购买与观念都在变化。

我写了一篇《调试》，写一家人买了一台电视机，老是在那儿调试，一种病态的"调试狂"，使这家人无法收看电视节目。

这篇小说是有含意的，请读者自己去想。

还有一篇《话话话》，是写话语的灾难。我是给广东妇联办的杂志《家庭》写的，我写的是夫妻的生活：

……几天以后，丈夫的心情非常好。上床以后，他一直拉着妻子的手。他说：

"噢，我的那口子！我想，我说话太多了。语言是人的创造也是人的负担，语言是人的智慧也是人的愚蠢。语言可以把人载入天堂也可以把人打入地狱——语言的地狱，你明白吗？如果我们不懂语言，如果我们只是两匹马——不，比如说是两头熊猫，它比马更沉静——说不定我们两个人的关系更纯……没有空话，没有谎言，没有强词夺理，没有虚假的许诺，也没有粗暴的恫吓……只有亚当与夏娃式的爱情……太阳和月亮就从来不说话，然而它们互相吸引，互相照耀，互相美丽……"

妻子仍然躲避着他，他失望了，然而他更加抓紧了妻子的手，接着说："然而除了死亡，没有什么东西能阻止我的话语。说话是人类原罪中最大的罪。我说话了所以我有罪。我有罪了所以我说话。人生太困难了。你去郊外，需要你说话——你为什么要去郊外，怎样去郊外，不去郊外又有什么不好。你不去郊外，需要你说话——你为什么不去郊外，你不去郊外又要做什么，如果去了郊外又有什么不好。你不吸烟有很多的话要说，你吸烟也要说话。你……不但要对别人说还要对自己说。不但要说一次而且要说一次一次又一次。甚至于，你想说话了，你需要说话说明你想说话、想说什么怎么说；你不想说话了，你还要说话，你为什么不说，你需要作出解释与取得谅解……"

丈夫为说话的痛苦而激动，他动情地去拥抱妻子，如他们说的，像一匹激动的马。然而，发生了奇迹，妻子没有了，像一股烟一样消失了，床上只剩下了他一个人。

据了解，《话话话》也引起了一位兄长的浮想联翩，他一定要对此作做过度的与恶意敌意的解释，连《话话话》也要顺藤摸瓜，置之于某地死地，太辛苦也太毒辣了。

现成的例子是这段时间上海京剧院在北京演出的《曹操与杨修》，表现曹操整天要人才要招贤，来了杨修这样的奇才却容不下，终于将杨修灭掉的故事。为什么偏偏要将它解释成借古喻今呢？为什么一定要那么阴暗，那么草木皆兵，那么四面楚歌呢？见怪不怪，其怪自败。无怪偏怪，自找失败。自己怪怪，视人皆怪。只有敌视文艺、敌视文化的人，只有对自身毫无信心可言的人，才会用过度阴暗的心理将文艺作品做生拉硬扯的解释。

《曹操与杨修》也好，《话话话》也好，都无恙。中国进步了，社会进步了，文化环境改善了，您哪。

至少在夫妻生活中，雄辩成为一种灾难的机会多于成为一种资源的机会。有多少家庭，由于夫妻中一方，主要是男方，过度雄辩使另一方不堪忍受。我听一位女子说她的丈夫："为什么就不能让我一回？哪怕是假的，哪怕是哄我一次呢？却什么时候都滔滔不绝，什么时候都要把我批个体无完肤！"

男人们，听听这带血带泪的话吧。

而且不仅在夫妻生活中。我们这一辈子算是见识了雄辩的力量与没有力量了。许多年前，我已经写过关于"雄辩症"的微型小说。

这篇小说不无恐怖，大量的话语最后使妻子消失了，话语淹没了世界和人。我想起了苏联巴甫连柯的小说《话的力量》，那是一篇歌颂斯大林的小说，说的是斯大林重然诺的故事。然而话的力量的说法仍然令人震惊。我写的则是话的恐怖，"文革"中我们对这种恐怖已经领略得够充分了。

《话话话》绝对不仅仅是讽刺旁人或者讽刺社会的。《话话话》是我的自省，我的缺陷当然不是话少，而是语言的过度使用。

也许更值得一提的是一九九〇年年初我写的《室内乐三章》，写的只是家里的小事，只发生在室内，一共三个小故事。

第一个故事叫作《晚霞》，晚霞是一块旧毛毯：

> 在不眠的夜晚他愈来愈清晰地感觉到那块毛毯，看到它的愈旧愈雅的颜色，摸到它的温柔的气质……

这是怀旧吗？人老了会觉得过去的事儿非常迷人，会怀疑自己忘掉了许多非常珍贵的往事。会觉得许多关于利益与等级的世俗之见，浅薄得令人作呕。

> 然后毛毯浮走了。与毛毯一起他回到了他们住过的房子。那是一排平房……房前有美人蕉、万年青和玉簪花。花上落着一只紫色的蝴蝶。那个房间既温暖又清新，他可以像一条小鱼儿一样地在这间房子里游泳，游泳的时候他的身躯伸展得很长很长，他弯来弯去……也可以盘旋。

毕竟是亲切的，老年人的生命就在于对往事的追思，追思中有温柔也有美丽，有珍爱也有痛惜。往事就是生命，就是自己。人老了还会骗自己，把往事编织成彩色的云霞，就像年轻的时候编织未来似的。

但是小说的主人公再也找不到那块毛毯了，由于找不到，更想象那是一块极其美好的毛毯。找不到的毛毯比实有的任何毛毯都更美好。

后来他的久病不愈的配偶过世了。他被介绍以"黄昏恋"的对象，他漠然。在一个失眠的夜晚：

后来他漫无目的地坐起来，翻动他妻子的床铺，忽然，他发现妻子的裤子底下垫着一块紫色的毛毯。完全不像他想象的那样，这块毛毯很难引起他的什么感触或者兴趣。不像晚霞也没有诗意……这未必就是那块毛毯。

但是后来他没有再与那个背影像少女的很有一把年纪的女人一起喝茶。他推托说……他要离开这个城市，也许过年也不回来。

小说的触发是作者的一次失眠，其实是由于入睡前喝了太多的茶。这里也有轻闲与惶惑。更有对于轻闲与惶惑的自嘲。作者有过关于一条毛毯（其实是一条寒碜的线毯）的似真似幻的记忆。记忆的另一面就是遗忘，遗忘也是加工。经过遗忘的记忆比原汁原味、纤毫毕现的记忆更接近于小说。

这样的小说里开始流露一点老年气息，王某正在走向花甲。走向花甲似乎就是走向自身。有一年我与白先勇在青岛中国海洋大学对谈，说到我的作品的主人公与我的年龄大体同步，他们与我本人一起走向老大。而白先勇先生说，他年轻的时候颇喜欢写老人，上了点年纪以后，反而写起小青年来了。

第二篇叫作《诗意》，主人公一直用着一个古旧的荞麦皮枕头：

妻子早就劝他换一个枕头。妻子早就买来了各式各样的枕芯，木棉的、蒲绒的、茶叶的、鸭绒的……他以旧枕头睡惯了……为理由拒绝了。儿子……女儿……指责……他也愈加感到了古老的枕头与几度更新了的房舍与卧室其他用具太不协调。终于，半年以前，他把旧枕头扔掉了。

他回顾，确实是在换了新枕头一个月后，他开始有轻微的口吃。两个月之后，开始有轻微的沙哑。然后愈演愈烈，直到今日，声已不声，言已不言。

人越老就越觉得世道日新月异得头昏眼花，越觉得自己应该冷冻在保险柜里。

自嘲，归根结底也是嘲弄世界。而嘲弄，归根结底是对于悲哀的掩饰与疏引。

他询问妻子、孩子、保姆，他的那只旧枕头哪里去了……所有的人都回答"不知道"。

岂止是一个旧枕头，许多的旧东西都稀里糊涂地到了"不知道"的所在去了。

在寻找荞麦皮与粗土布的过程中，他回忆起许多事。他每天晚上都梦见童年，梦见外祖母纺线，那纺车的声音令他心碎。梦见乡村里家里的两个大掸瓶，掸子上的鸡毛在日光下显出一种变幻莫定的五颜六色。草不是要成精？他也梦见夏天和童年的伙伴们一起洗澡，比赛扎猛子看谁潜游的时间最长，距离最远。他还梦见一条大黑狗，那只狗老是用它湿润的舌头舔他的脸……那只狗的目光是那样深沉坚定和成熟，像一位令人倾倒的思想家……

这是一种算不上失却的失却，因为时间的特性就是时时在失却着。
失却却也是一种情绪和滋味，对于文学是宝贵的。
生活中的失去成为文学的宝贵资源，例如曹家与红楼。
真正的思想家是可尊敬的，真正的思想家不会摆出一副思想家的面孔与做派。而装模作样的思想家，还不如一条成熟却保持着天真纯朴的狗。

他干脆不怎么说话，而是把自己的所忆所思所感所梦写下来。他的妻子说他有病，要送他进医院，可他的孩子说他写下来的东西是诗，而且是好诗。

小说的标题是《诗意》，现在点出题来了。

又过了几年，据说那一批文学刊物受到了指责批评。据说他的诗也写得不好，感情不健康，"玩文学"，受西方思潮的影响，把美国人玩腻了的裤腰带当围脖绕到了脖子上……

　　一位按辈分说是他孙儿的老人从乡下来看他，劝他不要再写诗了，说是耍钱盗墓嫖妓抢劫砍电线杆杀熊猫，都比写诗好。并且给他送来了土布荞麦皮枕芯，说是潮流又变了，开发土产看好，越古越好，越土越好，古、土，才能走向世界……

　　于是他重新睡土布荞麦皮枕头，并且按时吃中药。中药成分里有桑叶、蚕皮、蝉蜕、蝎尾、红花、黄芪、田七、穿心莲、琥珀、朱砂、车前子……用三岁以下男孩的小便做引子，据说小男孩的尿清火最有效。据有经验有水准的人说，这样服二百剂，服药治疗期间不再写诗……再加上天天枕荞麦皮，一准见效。

这就是一种混合的、综合的幽默了。嘲笑自己也嘲笑外在，嘲笑旧意也嘲笑新风，嘲笑落伍也嘲笑时髦。这里说的嘲笑是一种快乐，一种释放，一种超脱，一种立此存照，也是一种谦卑和无奈，它更多的是风格，是审美，是莞尔一粲，而与拥护或反对没有必然的关系。

第三篇叫作《D小调谐谑曲》。是写一个老人住进一个冬天温暖如春的房子，但是房内有一只蚊子，蚊子的翅声如"D小调谐谑曲"。为此他折腾了一番：

　　后来就平静了，睡下了。他想起童年时代所住的土房。冬天，临睡前烧一烧热炕，然后热炕变成冷炕，卧室变成冰窖，不但头一天晚上没有倒掉的洗脚水冻成了冰，连尿罐里的尿也冻成了淡黄色的半透明体琥珀，颜色很不错。

　　而且没有蚊子。

　　第二天，他的气色很好。一位老朋友问他是否常吃杭州产的"青春宝"。他点点头，接茬说，"青春宝"是根据明朝永乐太医院的宫廷秘方制造的。

　　都说："他活得挺潇洒。"

这三篇"室内乐"里已经埋伏了斯后《尴尬风流》的种子。最大的特点是摆脱了简单化的主题思想的规定，不是围绕着一个政治社会道德的命题，而是围绕着感受、事件、人与心情做文章。一旦摆脱了简单化命题的规定，你的作品的内涵不是撤销了，而是加深与开拓得宽广多了。

这三篇都收到一九九四年纽约出版的英语版《坚硬的稀粥与其他》中了。

几乎没有过渡，虽然处境并非那么简单，我的另一条写小说的"命"立即活跃起来，充实起来，工作起来，快乐起来。

对于写小说的人来说，你枪毙他一次，只要没真正毙命断气，这也是难得的小说题材。小说这条命还真顽强！陀思妥耶夫斯基就曾被陪绑绞刑，在他的名著《白痴》中，反复运用了他的陪绑问绞的经验。这是陀公著作震动世界震动人心的原因之一。我要说这是他作为小说家的天字第一号的本钱之一，再没有第二个小说家有这种经验——本钱了。挫折对于小说家，其价值远远超过胜利。晦气对于小说来说，其用途远远超过幸运。对王某气不打一处来的兄长，如果能够在剪除对立面方面取得更大的成功，也许能成就王某文学上的更大成绩。这就是最大的幸运，是上苍垂顾了这些终无大用的小说人。胸中块垒，眼中热泪，梦中啼唤，病中痛楚，心里窝囊……都是小说。对于小说来说，最主要的动词不是歌颂也不是暴露，不是鞭挞也不是擎举，不是宣扬也不是批判，不是炫耀也不是诅咒；而是叙述，是编织，是描绘，是想象，是刻画，是嗟叹，是抚摩，是回忆，也是逗弄。当然，更重要的动词是感动！啊，我们对于小说的感动！什么时候我们的小说能够找到更合适的属于自己的动词与形容词呢？

我是写小说的，我是写小说的，地地道道，毫无疑义。我无权对自己的小说说得太多，我只是说，我写得不比任何专门写小说再心无旁骛的人少，我写过许多深深感动了作者的作品。

却又确实不仅仅是写小说的。我还写评论、散文、新诗、旧诗、政论、时评、工作报告，等等。遗憾的是，我没有写出合格的戏剧与影视本子，还有曲艺特别是相声脚本来。

同时我是干部是官员，推是推不掉的。我当过团区委副书记、大企业团委副书记、生产大队队长、北京作协副秘书长、《人民文学》主编、作协书记处书记、作协常务副主席、文化部长，此后还担任了全国政协文史和学习委员会主任的现职实职。就是说我当过村级、科级、处级、局级、部级的官。再大官，我也是写小说的，再写小说，我也仍然具有相当引人注目的干部身份。我很特殊，很幸福也很悲哀。这是命运，却有时得不到历史与人的理解与认可。

7. 八面来封与八面来风

几经春夏秋冬日，一笑东南西北风。

这两句诗出自聂绀弩，很妙。全诗是：

霜雪能教胃病松，此生合老雪山中。
几经春夏秋冬日，一笑东南西北风。
狼洞难留青面兽，虎林微访白头翁。
归时身比当年健，长叹细君炼锻空。

狼虎二句含意不甚明了，但亦觉出聂的倔强各色。归时身健云云，倒是还算乐观，与我相通。

我的命运比聂强一百倍，心态也阳光那么多倍，但是仍然体会这首诗，共鸣这首诗，叹息这首诗。

我不再担任文化部长后，有那么两三年到三四年，处境微微有些不太妙。有一种其实谈不上认真的低级别低层次的半明半暗的封冻小小动作，用当年伊犁常委宣传部老宋的说法叫作打入冷宫的小小意图。可惜的是这样的部署并没有得到上面领导与人民群众的认可。可能有这样的老伙计，其实彼此彼此，您的一口鸟气憋得太久了，您又特别明白有（一星半点）权不用过期作废的道理——这个话好像是"文革"中一些"群众组织的坏头头"总结出来的。多么想干脆封杀啊，您对封杀王某的兴趣远远大于嘴里说的反对什么什么化的追求。最在意的是令你臣服，是树立好唯一的中心，证明好您一直是正确的并且只您一个人是正确的。再说形势本身有点没有完全走出动荡、变化、重组以及未了的搏斗的过程。我记得苏联电影《列宁在一九一八》中有一个片段，列宁在回答高尔基的批评时，说："两个人在拳击格斗，你能说哪一拳是必要的哪一拳是不必要的呢？"真是雄辩已极。

那个时候有些事与人需要看一看。有些复杂的现象只能简化对待，紧张的斗争使人顾不上某些方面。再说我在《大块文章》中已经讲到过命运的测不准原理，历史的过度或不及反应规律，事物的放大性法则——世界上有两种事物，第一种是被忽略的、被掩盖与被淹没的；第二种就是被放大十倍或者百倍千倍的了。就像人体上有两种病变、两种细菌、两种病毒。一种被不知不觉之中克服了，吞噬了，消除了，吸收了。于是它常常被忽视被省略了。另一种却会恶性分裂，延伸，发展，造成严重的后果。您治愈了脑血栓，却发作了脑溢血。您调整了忧郁症，却闹起了躁狂。我并没有简单地个人化地与小气地、不谦虚地把八面来封完全看成您个人的事。

但是您太有情绪了，无人不知。于是喊喊喳喳，躲躲藏藏，越发注意不要明说出来，但愿多出几个二杆子为之打冲锋与火中取栗。您闹得神经兮兮……在保持了神秘性保密性计策性的同时，您也显得畏畏缩缩，吞吞吐吐，也就难以造成板上钉钉的格局。

一个出镜的活动，到了最后一个小时，通知我不要去了，OK。另一个我是原作者的节目，已经上了预告，到时候，取消了。外国的邀请被拖"黄"了。嘿嘿。最不可思议的是，某个大城市，两个名作家关系不甚好，后来说是一个攻一个，以王某为炮弹，即一个指责另一个太青睐"敏感"的王某了……居然攻下了碉堡。而王某本人反而快活无事，他们二人也都是王某的好朋友。

到此打住，让我们团结起来向前看。领导说得对，这样斗下去，直到死后，咱们二位的悼词仍然差不多。您不可能将王某封杀，您的最好的时机已经飘然远去。王某也不可能，更不可能把您怎样。问题是，王某从来没有想过把您怎么样，您不需要怎么样怎么样，您已经蔫巴了。王某从来认为您是一个本来很认真很有希望，有来头，更是极有影响的作家。您的官帽和小气把您压垮了，使您在政治与文学两边都没有尽兴尽才，您成了一个"气包"，成了一个"怨男"，您成了一个牢骚满腹的兄长，您成了一个想不开的离休老同志。我完全了解，您有三个"心结"，第一个是希望证明您自己一贯是正确的。您论述，上边有时被错误的文艺路线所左右，还有时，上面总的路线是正确的，但文艺上仍然有可能被错误的东西所盘踞。老天爷！合着中央的文艺路线怎么都会错误，只有您怎么都正确！您从两任领导人下台的事里认定了自己的正确而且冤屈，认定自己一直受着不正确的人的打击。亲爱的吾兄，您不觉得您有点孩子气吗？您有了那么长的党龄，怎么会弄不明晰这个！谁谁错了就是谁谁错了，并不证明谁谁比中央还正确，没有谁会把"盖叫天"或"盖过天"的功劳记到吾兄的光荣簿上。如果吾兄多读史书，多读党史党书，就会知道，越是您不喜欢的谁谁下台的时候，吾兄越要夹紧尾巴才是。动辄将路线斗争往自己身上引，太危险了，引不来胜利与歌颂，却引来了讨嫌与麻烦，可能性大大地有！吾兄有几个脑袋？吾兄怎么就不能学一点从容与沉着呢？

第二个心结是烦某某。其实事实已经证明并且不断地证明，您太狭窄了。事实证明，不断证明，某某是一个和谐的因素，健康的因素，进步的因素，开放的因素，快乐的因素，团结的因素与安定的因素。事实证明而且不断证明，有些个人意气，所谓"一日之短长"，只能忽略过去，争不出什么名堂的，争这玩意儿不如多写几本书，甚至不如多和几把"一条龙"和提前升到"老A"。事实还证明，您不能做成什么干掉某某的事。何必死乞白赖地治这么一口气呢？抛却闲气，您将活得多么潇洒大方，高尚光明！

第三个心结是您认定现实的一切都不好，只有过去有过的那样的阶级斗争澎湃高潮才是黄金时代黄金生命。您不喜欢重在建设，您不喜欢以经济建设为中心，您不喜欢市场经济，您不喜欢不争论。您渴望着大动荡、大分化、大斗争、大批判。您昼夜盼望着"不叫整风的整风"。您认定现在革命处于低潮。您到处问"红旗还能打多久"？您认为现在是一团漆黑。有过这样一种说法，说是当今的文艺生活比任何时候都坏，比"白区"坏，比"沦陷区"也坏。您挂上中堂苦熬着咒骂着等待"革命高潮"的到来。嗨，您怎么这样想不开？历史是发展的，叫作"昨天已经古老"。即使您有过最最美好最最光荣的记录，历史也不会停留在过往的那一瞬间，比如一九四三年或者一九四四年。无疑，现在是二〇〇七年！让我们承认它是二〇〇七年行不行？

什么时候，让我们开诚布公地谈一谈吧。我这里有您喜欢的茅台。为了茅台，不必坐等高潮的到来。

这里说一个笑话，有一位自命首长的人，宴请外宾，他喜欢茅台，所以不顾国务院的规定，公款大饮茅台。他的部下告诉外国人，前几年由于什么什么化泛滥，"首长"也喝不上茅台。太丢人了。一位老领导听我讲了这个故事，并且说："当时此位所谓首长，怎么不给他胡说八道的部下一个清脆的耳光？"

我更愿意回忆的是二十世纪九十年代初期某种特殊情况下八面来风的美好故事。我想提到三联书店与《读书》杂志。早在一九八八年年底，编辑吴彬（她是吴祖光、吴祖强的外甥女）就约我次年在该刊开辟一个专栏。我笑说："承蒙不弃……"吴彬大笑，说："我们不弃，我们不弃……"于是前后数年，我写了六十七篇置于"欲读书结"栏目下的文字。这些文字的影响甚至一度超过了小说。不止一个朋友告诉我，你写的这些评论比小说还好呢。我只能一笑，当然了，小评论是最容易接受的。如果大情势再尖锐一点，那就不是小评论，而是口号才受读者的欢迎。再换一种不好的情况呢，那时连口号也不过瘾，人们欢呼的是一个站在十字街头大骂"日你妈"的傻子。

那一个时期的《读书》及其主编沈昌文也是值得怀念的。沈的特点是博闻强记，多见广识，三教九流、五行八卦、天文地理、内政外交，什么都不陌生。他广交高级知识分子、各色领导干部，懂得追求学问珍重学问，但绝不搞学院派、死读书、教条主义、门户之见。因为他懂得红黑白黄，上下左右，我称他为江湖学术家。看看他为杂志写的篇篇后记"阁楼人语"吧，嬉笑怒骂，阴阳怪气，另一面却是循规蹈矩，知分量寸，言谈微中，点到为止。事隔多年，作家出版社的应红编辑为之辑录出版，仍然受到广大读者欢迎，亦出版界之奇景也。无怪乎那位爱生气的兄长愤愤于这样的刊物："怎么还没有查封？"

斯时《读书》上还有蓝英年的"寻墓者说"，葛剑雄的"读史系列"，吴敬琏等的经济学文字，辛丰年的"门外谈乐"，龚育之的"大书小识"（专谈毛主席著作），赵一凡的"哈佛读书札记"，金克木的"无文探隐""书城独白"，吕叔湘的"未晚斋杂览"等专栏……本人也攀附骥尾，借光沾光……其间《读书》的销量以几何级数上升，洋洋大观，一番盛况……于今难觅。沈公拜拜了《读书》，当年那么有趣、有新意的《读书》也就拜拜了读者了。

一九九〇年深秋，我应湖南文艺出版社几位土家族的朋友之邀，与王安忆一起游了一回湘西凤凰、吉首，直到张家界。同行的有后来担任此出版社社长的颜家文，小说家蔡测海，还有电视台一位先生和他带着的一条大狗。我们在凤凰参观沈从文故居与黄永玉的足迹。我们在"不二门"泡温泉澡。我们在路过吉首的时候谈论起当地出生的土家族领导干部李昌，他曾任团中央第三书记、北京市团委书记、哈尔滨工业大学校长。一九四九年三月我参加团的工作当了"干部"，是出自他的调遣。我们参观了湘泉酒厂，品尝了"酒鬼"酒。那时"酒鬼"还罕为人知。湘西胜景，令人陶醉。而张家界的风光我也是第一次领略。当地管理处的领导告诉我华国锋同志刚刚去过，我看到了他们的合影。

我吟诗曰：

> 群山有径腾云意，万景无心走笔痴，
> 造化应怜秋日晚，寻仙远客未移时。

这首诗写后我完全忘了，只是在人民文学出版社出我的"文存"时，收录了它，不知道人文社的编辑从哪里找出来的。此次则是通过读海洋大学丁玉柱先生所著《王蒙旧诗传》时才发现的。我想我当初写的是山路的升腾感、邂逅的匆匆感，山景的无意为之而无不为感，但一出现腾云、无心、走笔痴、远客呀什么的，倒像是我自己在表白自己的无意仕途与疏离感了。你有个什么想法，不想写也会露出来。

回长沙途中经停常德，受到常德市领导的热情接待。由于第二天出发得早，他们凌晨带我看他们正在筹建中的博物馆，并希望我能转达他们对于文物经费的要求，我虽然一再说明我已经不在文化行政岗位上了，他们坚持我仍然能起作用。无法，只得略尽绵薄，还好，此时的文物局局长张德勤同志对此有所了解之后，也还照顾常德方面，做了些于他们有助之事。

北京市文联在副主席、党组书记宋汛同志关照下，组织一些到京郊农村与景点的参观采风活动，我去过几次，与老文友们见面，十分亲切。

广东方面，不论是花城出版社，还是《南方周末》编辑部，或省文化厅与省宣传部，都对我十分友好关心。非常谈得来的原文化厅长唐瑜同志陪我去深圳、珠海，深圳政协林祖基主席每次都热情接待，林祖基同志也是很好的散文家。珠海宣传部副部长曹土生与珠海出版社社长成平，成了我在珠海活动的长期东道主。我与珠海市委书记梁广大同志也有很好的交流。

曾任广东省宣传部长的黄浩，能书能画能写，他从省政协副主席的职务上退下来后，我们仍然十分友好。我们都在位时，他最有趣的话是，"让你们文化部的人多到广东来几趟，也可以改善改善生活嘛。"倒好像北京人生活在水深火热之中似的。那个时期北京在商务、市场、供应与消费上是不如得风气之先的广东，现在这个问题已经不复存在。这也意味着九百六十万平方公里土地上的发展变化。

柳暗花明又一村，又好几村。国家环保局的曲格平局长与中国环境报社，特别是该报原来在北京市文联工作过的高桦同志，特别注重与作家们取得沟通与合作，包括老作家雷加，以及作家谌容、赵大年、从维熙、李国文、刘心武、陈建功、张守仁、周明等人参与了环境方面的宣传教育活动，我们并组织了环境文学研究会，参与主办了以环境为主题的文艺刊物《绿叶》。

我此后有一些机会与曲格平同志有所交流。他数次提到我在《人民日报》上发表的译诗，原作者是德国人萨碧妮·梭模凯普博士，用的是俳句形式，我译自她本人的英译。曲格平同志最欣赏的是下面一段：

春日第一天
瞽叟行乞门洞前
举首试温暖

有人喜欢你这一篇，有人喜欢你那一段，连这翻译而来的俳句十七个字，也有人夸奖，真真美炸（陕西土话）了。

后来我又译了她的两组短歌，一组俳句。如以下两首短歌，一是：

对镜怜青丝，

欲梳且罢心犹豫。
脉脉合双目：
发乱应如君去时，
爱我抚我存痕迹。

另一是：

昔日得一梦，
你我依依在海上。
如今我醒来，
形影孤单对大海，
彼梦或能再成真？

短歌的格律是五行，每行分别为，五、七、五、七、七个字。

我第一次与德国女诗人萨碧妮见面是一九八六年，我才刚担任部长，出于诗人邹荻帆先生的介绍。我喜爱她的俳句，此后多有通信往还。二十一年后，二○○七年，我们第二次见面，并且与汉堡市的一个友好访问团共同在北京的问天阁吃"茶食"。我看到了她十七岁的帅哥儿子。当初，萨碧妮给我寄过她儿子出生后不久的婴儿照。光阴荏苒，孩子成长起来，友谊与诗心长存。萨诗人并担任立陶宛驻汉堡的领事，从驻在国聘请一个人担任本国的驻外外交官，这在欧洲并不稀罕。她是一个事业与文学活动都很丰富的女士。她也非常注意家庭包括自己的双亲的幸福，她给我看了她的全家福照片。

二十世纪九十年代初那几年，我对《红楼梦》的闲谈与爱好受到了红学界的善待。包括李希凡、冯其庸等在内的中国艺术研究院红学研究所与《红楼梦学刊》向我约稿，邀我参加他们的活动。我参加过在辽阳、哈尔滨、北京、北戴河等地召开的红学年会，我也有机会结识了海峡两岸的许多红学家。中国文人应该感谢《红楼梦》，给了大家多少趣味、快乐、谈资、话题，还有了机会这样那样地发挥，包括难免的生拉硬扯、郢书燕说、指鹿为马、念念有词！不要太埋怨太伤心太气愤于红学领域的胡说八道，这也是言论自由、学术自由的题中应有之义，至少是初级阶段所难免的现象。您觉得谁在胡说八道，指出来就是了。还有人要听、要说，那就姑且说下去与听下去。又能如何呢？

一九九一年春，烟花三月，应江苏同行的邀请，在江苏老作家文夫、艾煊、海笑等的关心下，由赵本夫、刘坪、俞胶东等文友陪同，我与妻子一起访问了南京、扬州、镇江。特别是看了扬州的瘦西湖与瓜州古渡，镇江的金山寺。白居易、杜牧、李白等对于扬州尤其是瓜州的吟咏，"汴水流，泗水流，流到瓜州古渡头""腰缠十万贯，骑鹤下扬州"的幽远豪情，与法海和尚的据点金山寺有关的白蛇爱情故事，来到了实地实景，就更加陶醉了我们。文学遗产确实为我们的行旅增加了浪漫的色彩。江苏省委文教书记孙家正同志的接待，与众文友的交谈说笑，粪土丑类，也令人十分开心。当时相约再来扬州看琼花，结果一别就是十六年。时隔十六年后，二十一世纪的二〇〇七年再次乘船夜游扬州运河与晨游瘦西湖，在徐园欣赏清末民初狂士"风先生"吉亮工的对联："从来名士多耽酒，自古英雄不读书"，我为下联不免顿足叫绝。导游谓此联是讽刺徐园的主人军阀徐老虎，其实未必，耽酒云云，当是自嘲。唐诗中"刘项原来不读书"句，也是正面意思。或者可写为"从来名士耽书误，自古英雄佩剑游"，比原联就差了老鼻子啦。

而整个扬州的面貌一新———一旧（许多地方恢复历史上的繁荣美丽旧观），叫人何等的感慨，何等的快乐！美酒美食美景，文士文友文心，永远温暖，永远感动。

一九九一年夏，我先在北戴河的环保干部培训中心休息游泳，后到辽阳参加红学会议，看到了那里曹氏先人的遗碑。又游了一回千山。在沈阳也与一些文友会面。

一九九一年秋，我收到新加坡作协负责人王润华教授的邀请，要我去参加在新举行的国际作家周活动，同行的有陆文夫偕夫人管毓柔，另外有年轻的美女作家黄蓓佳。文化部外联局以积极的态度办理此事，虽然拖了几天，使我未能赶上作家周的开幕，但我还是赶到了。许多有关领导同志包括吴学谦、李铁映等关心并支持了我参加此项活动。我也感谢其时主持文化部工作的贺敬之代部长，此次，他未提出异议。

值得感念的还有舒婷，我得知我的航班是经停厦门以后，告诉了舒婷。我不知道舒婷怎么会有办法进入厦门机场的供已办理过出境手续的旅客休息的隔离区的，在隔离区舒诗人与我见面。风暴已经过去了，朋友们都在平静下来。

我住在新加坡国立大学的迎宾馆，在一片热带植物之中。校舍位于丘陵山坡，高高低低，错落有致。我们在这里还第一次吃到了榴梿，对之颇有好感。宾馆内是不准吃这种有一股气味的果品的，我们就在室外将之处理。文夫夫人这边有一亲戚，他们的新加坡之行十分愉快。我也跟随着享受双份的招待，有作家周主办方即东道主的，主要是王润华教授在张罗。另外还有管女士的姨妈的。我发现文夫吃任何宴会都不忘掉要一碟炸花生米，使我发现了他这位"美食家"的浓重的泥土气息。蓓佳友善平和，自得其乐，她的在场，增加了人们的喜悦。新加坡的美丽、清洁、秩序、文明与富裕也给人印象至深。

我同时经友人介绍结识了更多采取民间立场的一些作家，如陈美华等，并经他们介绍，访问了被有的人称作那里的鲁迅的方修先生。同时也了解了新加坡解散了最后一个华语大学，确定了以英语为国语的经过与有关争议。

一九九一年的新加坡之行，大体顺利，它的意义是开始了我在离开文化部部长岗位后的极其大量的面向世界的文化传播、文化交流、人文游学讲学之旅。好事情、好日子就是这样开始的。果然，一九九二年我又收到了澳大利亚昆士兰州布里斯班市瓦拉那节组委会的邀请，去参加该市的瓦节庆祝活动。瓦拉那是澳大利亚土著语言，意为春天，瓦拉那节就是春节。

与我同行的有杨宪益夫妇。我们共同在香港停留，在机场的饮食"广场"吃中式快餐，我要的是一碟炒面和一个汤。我们到了布里斯班，在那里讲了一些中国文学的情况。杨先生则吟诗一首，开始两句是"才过中秋又逢春，布里斯班气象新"，后面两句忘记了。当然他的这种诗远远不如他的打油诗。我还记得在一次晚宴时他老喝了一瓶苏格兰威士忌，然后他摇摇晃晃地站起来讲话。据说他的夫人戴乃迭也是酒仙。在我担任部长期间，去外文局（那时外文局的领导关系在文化部）谈工作时顺便看望过杨氏夫妇。那时杨先生已经不担任英语《中国文学》的主编了，由我担任。我去了杨家，发现他们家顶棚上的灯泡坏了，我便登上桌椅，为他们换了灯泡，此事给他们留下了印象。当然，早在二十世纪八十年代我们就打过交道，那时他们翻译过我的《夜的眼》《蝴蝶》。

　　杨先生在一九九〇年党员登记开始时提出退党，部领导决定开除其党籍。后来有一位外宣方面的中层领导干部，也是熟悉杨的人对我说，其实应该弄清楚杨的话是什么时候说的，如果是11：00 A.M.前所说，是应该算数、应该负责的。如果晚于上述下线，则应该考虑酒精作用的因素。这个说法并不正式，但有此一说，仍可立此存照。这里有相反的例子，安徽省某诗人曾有暂缓登记的考虑，有关领导与他周围的友人，做了细致深入的思想工作，没有出现其他情况。另一个不在安徽的诗人，曾被作协新换的领导考虑"劝退"，有关纪检领导没有批准这种处理，而予以登记。总而言之，不要搞得什么什么都那么尖锐化，这是大局。

　　我想起那几年有一位某刊物主编，当年名义上在师范学院当过我的学生的，我说的是冯立三同志，他对我说，各级干部，还是要"保境安民"。我觉得这句话有点琢磨头。对于执政者来说，保境安民是头等大事。事情仍是宜和，宜解，宜安，宜稳，宜祥，宜缓，宜五湖四海，九州岛月圆。是追求和谐稳定还是追求大动荡大分化大搏斗大血战、你死我活、不是我吃掉你就是你吃掉我，这样一个治国方针的问题早已摆在我们的面前，早该作出正确的选择了。

　　参加布市活动时我们见到了当时旅居该地的黄苗子与郁风夫妇。他们的儿子在此地教书，是极好的数学家。我还见到了一位老同学的子弟，他给了我一大包人造首饰，竟被我一股脑儿丢到旅馆里了，惜哉。

　　在布里斯班我与当时任州政府办公厅主任的汉学家陆可文先生有过很好的会面与交谈。他对中国的事务颇有了解，讲一口流利的普通话。二〇〇一年我访问墨西哥时恰好碰到了到访的原澳大利亚驻北京使馆文化参赞周斯，周先生告诉我，如果胜选，陆可文将担任澳国外交部部长，但该次他们的党没有成功。到二〇〇七年初冬，他以工党领导人的身份取得了大选的胜利，任澳大利亚政府总理。更多的传媒则将他的名字写成"克文"了，不知是不是我当初搞错了。

　　活动后杨先生在那边多逗留了些天，我则首先应邀去了堪培拉的国立大学讲演，主持与翻译是英国的詹乃尔教授。他曾任外文局的专家，是他翻译了鲁迅的诗集。在堪培拉我欣赏了是时正盛开的郁金香，温度相差无几，但是郁金香在悉尼就长不成。公路上车水马龙，尽是从悉尼到堪培拉的赏花人。

在澳国的首都，我有机会得到我国驻澳的石大使招待，并与文化参赞楼小燕女士有多次共同的参观活动，楼原任驻法使馆一秘与驻悉尼文化领事。她的英语、法语都通，她的中学时期是在英国度过的，当然英语极棒。我从她那里学会了点"爱尔兰咖啡"，是带着鲜奶油与威士忌酒香的咖啡。此前，除了常例（regular）咖啡外，我只知道点卡布奇诺与意大利蒸汽压出来的浓咖啡（expresso）。说起我离任后个别人的态度和说法，她甚至流出了眼泪。临离开堪培拉时我请她在大学宾馆吃了袋鼠肉，口感大致如鹿肉牛肉，还不错，但可能是量太大了，第二天我的消化很不好。

在我担任部长期间，时任澳大利亚大使的是经济学教授郜若素（Ross Garnaut）先生，他文质彬彬，对于中国的经济改革与发展抱有极大兴趣。还在我的任命没有正式公布以前，他就急着要设宴一叙了。我与他们夫妇都比较熟悉。一九九二年我二度访澳时，他也已经离开外交官的职位回校教书。他招待我到他的一个大庄园去玩，那里有宽阔的土地。一起吃BBQ（烧烤）。最有趣的是在这里遇到了有过特殊经历的经济学者林毅夫先生。林先生是在台服兵役期间游泳过大陆来的。他的生命转折的方式方法、他的拐点，是非常青春非常体育，非常激情，也是非常浪漫的。却原来不仅政治的理念与能力会影响人的一生，体育与体力也是关键的因素。他后来创办了北京大学经济研究中心并任主任，在政协的活动中，我常常有机会聆听他的高论。而郜教授也时而到中国来参加经济学术活动。

此次访澳，我骑了白杰明先生的马。我到白先生的一个邻居家做客，一位女青年，救助了一只受了重伤的大鸟，大鸟已经成了她的朋友，她带着基本养好了伤的鸟与我聊天。人善鸟不惊。

毛主席的名言，"我们的朋友遍天下"。我是"我们"中的一员，完全有理由为朋友遍天下而快乐。

此次访澳我还有机会应一位议员之邀在澳议会餐厅用了一顿午餐。由于在澳国吃肉太多，头一个晚上自己点菜我还点了一个炸羊脑，于是在议会主餐厅主菜我只点了豆腐一种，并为中国的豆腐畅行于澳大利亚而觉得有趣。及至一吃，酸死了。虽酸，但不似异味更不似腐败。至今我不明白澳大利亚朋友是有意识地搞酸了吃如吃酸奶酪然，还是无意中放酸了。

其后我应南澳大学的高级讲师陈兆华女士之邀，到她那里讲了一些中国文学。本来还有些参观葡萄酒厂之类的安排，但是接到北京来的通知，要我回去列席党的十四大。我提前结束了在阿德雷得的行程。先期到了墨尔本，从墨尔本回国。在墨尔本，我看到了我的异母弟弟王行，他帮我买了两件大毛衣，一把专门为电脑操作用的"姿势正确椅"，这个椅子通过半跪的姿势把三分之一的体重分到膝盖上，而且强迫使用它的人必须直起腰，挺起胸来。我在张洁处看到了这种怪椅，由于钦佩西洋先进工业技术，便远从墨尔本购得一把。售椅者对于一个中国人远道购物，感动至极。

事实证明，此种椅子未获成功，没有被市场所接受。我买回此怪椅后，全家哄笑，只有我一人坚持使用达十年余，最后，它也还是靠边放了。

我全程列席了党的十四大，从此我的中央委员身份结束。

此段时间，我去过几次天津，一次是参加为骆玉笙从艺六十年或七十年举行的庆祝会，堂堂皇皇，皆大欢喜。一次是冯骥才搞的天津民间文化特别是杨柳青年画活动，从那时起，他已经抓起民间文化遗产来了。回想一九八二年拿他当"现代派"的"风筝"来批，真是冤枉。好像就是这一次，我到蒋子龙家小坐，他拿出糖橄榄来招待，我吃了一个觉得实在好吃，便不停地吃了起来，像吃花生豆一样地一个又一个，最后吃得老蒋直翻眼儿。

一九九二年应泰山管理处的邀请，我与蒋子龙、天津的范希文、山东作家毕玉堂等去登过一次泰山，我写了一篇《天街夜吼》，登到了《新民晚报》的"夜光杯"副刊上。

　　……仰望泰山，普普通通，比起任何你随处可见的俗山，并不更雄伟或更壮丽或更神奇或更险峻或更潇洒飘逸……你可能觉得，给你点时间，加上子孙后代，发扬愚公精神，你也可以堆一个泰山。

　　爬上去，上了南天门，进入她的境界，你才叹服她的恢宏与镇静。

　　泰山不是为了唬地上的众生的，不是为了仰视的，是为了登临的。

　　……至于天，自然是言其高也。入天门，行天街，头右甩，但见森森郁郁而又一目了然……变化有定而又各得其所。游人纷乱如蚁。在大山大河大自然大宇宙面前，己身亦如蜉蝣而已，于是想起几个装模作样要吃人的纸老虎或纸老鼠或活跳蚤，不禁哑然失笑。

晚饭毕，披上军大衣夜游天街。虽说是高处不胜寒，夜景仍然迷人。同行文友曰蒋子龙、范希文、毕玉堂，走过一趟，依石而坐，观星，观月牙儿，观灯，观黑影夜色。便觉渐入佳境，乃仰天长啸，引吭高歌，歌妹妹你大胆往前走，远处一位不相识的老哥便喊此歌不让唱了，略一困惑，继续唱自己的，不信唱这歌能割鸟。接着唱我们共产党人好比呀种啊啊啊子，人民好噢比土啊啊地……颇有泰山石敢当之感。然后唱沙家浜人士郭连长所唱的听对岸响数枪声震嗯嗯芦荡昂吭昂吭及噢唆罗蜜藕——意大利那不勒斯名曲《我的太阳》。觉得极为痛快。

人生能得几回吼？跟着感觉也不好走！

……是日壬申五月初六，端阳后一日，西历六月六日，星期六，六六六六，或曰大顺，或曰六——啊，是"没门儿"的意思，北京土话而已。

十五年后重读此文，觉得活跳蚤等语太火气了，仍然是修养差，胸怀窄，意气用事的表现，其实何足挂齿？何况事出有因，查无实据，还是向前看，泯恩仇比较好。

但是天街上确实留下了我们的吼叫声，自己一牛，就觉得声震天地，一直震到山下的津浦路与黄河。大快事也。

经香港新华社社长周南同志夫人黄过同志介绍，香港勤+缘出版社社长与财经小说家梁凤仪女士数度前来做客，并在她的出版社出了我的几本书。天地图书公司也出了我的书。令人高兴。

有人找我留下"墨宝"，我最爱写的词之一是"乐在其中"或"其乐无穷"。什么叫其中？在各种状况中。什么叫无穷？怎么都无穷。开会有一种乐，知情、充实、责任、发挥光热。不开会有另外的乐：旁观、自在、清高、浮生难得半日闲，自己成为自己的真正主人。红火是一种乐，清凉是更妙的乐，许多人夸奖你称道你是一种乐。那么急赤白脸地想整你又整不成，眼看着他的脸青一阵紫一阵，笑煞。范仲淹的名句是"进亦忧，退亦忧"，我的功夫是"上亦乐，下更乐"。我承认"欲穷千里目，更上一层楼"，我更承认"欲得真滋味，更下一层楼"。我越是乐在其中与其乐无穷还有自得其乐，越是为您的叫苦连天觉得不值。

还有些小小花絮，不无时间段的特色，描上几笔，备忘。

有一次上海的李子云、天津的大冯，还有一位作协的头面人物凑到一起来我家闲话。临走时，大冯手扶车门与我们说话，作协同志急于关门，砰的一声，把大冯的一根手指几乎砸断，或者是骨节受损，血水猛流，我找来了二百二药水，止不住血。连忙到近旁东四医院急诊，也不过是贴了一些创可贴之类。据大冯分析，主要是那位同志急着关门，因为他怕有人看见他从王某家门出来，诸多不便，用心亦良苦矣。他倒是实话实说，大意是我与你们不同，你们是大作家，我呢？我谁都得侍候。实情，我们是好朋友，是越来越好的朋友。

上海有一位负责文艺方面工作的中层领导同志，他曾经著文与北京一篇义正词严地要求文艺界反思的文章进行争鸣。此事使某些同志十分反感，一直认为是上海的文艺工作有问题。后来，另一位上海媒体的原领导，著文批评此位得罪了北京某人士的上海文艺领导。结果，根据更高的领导的指示，上海方面意见不一的两位同志，被邀到文化俱乐部共饮清茶，交换意见，加强沟通，增进团结。这个处理非常有趣，已经不是毛泽东时期大搞意识形态战线的阶级斗争的思路了，人们确实厌恶了那种抓住文艺问题无限上纲，呼风唤雨，震摇全党全军全国的办法了。那时候的文艺争论是尽量往大里搞，往恶里搞，以收到当头棒喝、醍醐灌顶的效果。有些人还在留恋那个时期，那种搞法，动不动想来一次文艺战线的大辩论。可惜未逢其时。

噫嘘唏，我们内部的争论尤其是文艺上的争论太多太多了。狗扯羊肠子，没结没完。我主张识大体，顾大局，往者已矣，来者可追，民主和谐稳定为重，发展繁荣建设为重，多出作品多练活儿，叫作潜心创作为重。我们可以相互切磋琢磨，取长补短，如坐春风，如沐春雨。

我们有责任维护与发展文化生活的良性气氛，并影响整个社会的趋于祥和。而无法避免的歧见，尽量纳入学术艺术讨论争鸣的美好轨道。和而不同，百家争鸣，各抒己见，追求双赢共赢，再不要较死劲了。

8.冲浪一九九三

一九九二年上半年，邓小平南巡，中国的形势又有大的发展变化，用一位党外老人的话来说，叫作"春潮澎湃"。

一九九三年我得到了几个邀请。一个是香港岭南学院现代文学研究所梁锡华（又名梁佳萝）教授邀请我去做一个月的研究交流。一个是美国哈佛大学燕京学社社长韩南教授邀我做燕京的特邀学者，到那里做三个月的研究工作。一个是在意大利举行的关于公民社会与公共空间的研讨会，是由美国莱斯大学本杰明·李教授组织的，邀我参加。一个是新加坡文化部艺术委员会邀我做他们举办的金点文学奖华文小说组的主审评委。一个是马来西亚《星洲日报》的邀请，一个是台湾地区的《联合报》邀我参加他们主办的两岸三地中国文学四十年研讨会。

一九九三年，便成了我的游学之年、旅行之年、环球之年、周游列国、列区之年，而且所有这些活动都与我的妻子崔瑞芳一起。

此前，我被选定为八届政协委员，参加了八届首次会议。常委候选人名单中没有鄙人。文艺界政协委员叶文玲等三十多人签名上书，要求提名王某。此时我已离会，到新加坡去了。

这一年是首次，芳与我同时出境游。时芳已经六十岁整，我们一起去了新疆，一起去了伊犁，一起去了巴彦岱人民公社，现在我们终于可以一起走出国门，看看世界是怎么样的奇妙了。

我想起两年前，一九九一年，美国三一学院邀我去做访问学者，被挡驾。吾兄等的神话是王可能出走，笑煞人也。

本来一九八七年芳与我同时获得邀请，对日本进行访问，有关管理部门没有批准芳与我同行。但此前，我的前任访问日本，是偕夫人同去的。

日本没有文化部，我们的访问是由日本外交部与日中文化交流协会联合接待的。对此，我未发一言，临出发，使芳空欢喜一场，我很抱歉，但也无法，仍然是本人一人带团出访。

这里有一个插曲，在与新加坡方面联系我的出访安排时，我得到了香港方面的偕夫人共同访问的邀请，而两个访问都是往南走，从旅行路线上说宜于合并出访。最初我与新方友人探讨我和妻子同行的可能性的时候，新方迟迟没有答复。于是我决定单独一人赴新加坡，然后在香港与芳会合，因为香港邀请的是夫妇二人，且已经顺利获准，办好了有关手续。当新方得知我们夫妇将在香港会面时，立即发出了对芳的邀请。新方行事也是很谨慎、很严密的，不为天下先，既然中国香港已发出对于我们二人的邀请而且获得当局认可，新方宁愿做第二名邀请者，虽然访问日程上他们是第一名，提出访问也是他们在先。

直到上了飞机，开了飞机，升空飞行数分钟以后，我和芳才互相祝贺，我们终于实现了双双携手走世界的梦想。此前我们不敢太高兴了，怕是临时有变。

一路上印象最深的是天上的云，傍晚时分，日落前后，各种白云，形状极其奇特，有的如蘑菇云，有的如大口袋，有的如一座巨钟，有的如葫芦，有的如团扇。平常在地面上，我们仰头看云，觉得云大体上是平铺在天上的。而此次坐在机舱看云，却觉得云是悬挂在、站立在、垂直在你的身边。而天色又一点一点地改变着自己的调子，由明亮而昏暗，由润泽而沉重，由白而黄而酱色而黢黑。等到了新加坡的宾馆，已经是将近午夜，我们又一次相互祝贺起来。

访问与评奖活动还是很正规的，在一次宣告评奖结果的会议上，要求每一个评委用英语讲五分钟话，我也比较自然地完成了这个任务。

在文学讲座中，我听到一位菲律宾作家的讲演，他讲到，过去菲律宾作家的写作是为了争取自由和民主，现在，马科斯的独裁政权已经被推翻了，作家们的写作反而失去了方向了。此话对我并不陌生，因为此前我已经听到一位俄罗斯汉学家讲过，说是俄罗斯的知识分子，原来要民主、要自由，得到了民主与自由以后，不知道自己还要做些什么。

与我讲这类话的人中也包括费德林博士，斯大林时期他曾任苏联驻联合国代表，赫鲁晓夫时期，曾任苏驻日大使。赫鲁晓夫一九五九年访问北京，特别调了他来担任翻译。我一九八四年访问莫斯科时他任苏联作协外委会主任与《外国文学》主编。他二十世纪九十年代初两次来我家，情绪低沉，反复地说"我们失败了"。

我也想起了我的一首诗：冬天／盼望着春天／夏天／盼望着秋天／只有春天和秋天最难过／不知道应该盼望什么。（大意）

这次访新使我们有机会结识了从事慈善救助事业的张千玉女士，她对于一个温柔美丽的世界与人生的设想，令人感动。她的文字亦极佳，严峻苦斗的中国人已经好久没有接触过这样温和而且良善的文字了。

通过张千玉，我还拜访了中华国学大师潘受（又名国渠、虚之、虚舟等），他的书画诗俱极佳，被新加坡政府正式授予"国宝"的称号。我们在潘老师家中用了午餐。我们感受到了一个真正有学问的老人格外的谦和与雅致，潘老的微笑多于评论，聆听多于讲述。他的七律《黄鹤楼》上接崔颢李白，下临今日实况，感慨万端，忧国忧民：

> 谪仙未敢题诗处，海客狂怀啸忽开。
> 芳草空余鹦鹉赋，残基曾踏凤凰台。
> 剩携秃笔三生泪，难写神州百劫哀。
> 今日倚楼试招手，白云重望鹤飞来。

"剩携秃笔三生泪，难写神州百劫哀"，十四个字写得如此沉痛深沉，辽阔空茫，我算是五体投地。先生生前，无缘朝夕聆教，先生去后，总算不断地背诵下来了这十四个字。无缘问学，有心攀附，就用这十四个字来咀嚼自己的经验和所余的日子吧。

张女士有一种真诚的，我要说是东方的基督徒的热忱。她谦逊也含蓄，但拯救迷途的羔羊的热忱是永远炽烈的。她到哪里去常常带一个大孩子，那个男生曾经流落在街头，流落在下九流的场所，在张女士的帮助下走上了正路。甚至到潘受老人那里，她也带着他，我倒是觉得潘老恐怕不大好理解这种人和故事的。

我访问马来西亚与先父的友人、德国汉学家傅吾康教授有很大关系。他在汉堡大学退休后，尤其是冬季，常常住在吉隆坡的一所大学里，老年的他受不了汉堡的冬季。傅的女儿在北京时听说了我的访新，便告诉了爸爸，傅教授推动了《星洲日报》的邀请。

我们是晚间到达吉隆坡的，报社同人打着横幅在机场欢迎我们，总编辑刘鉴铨先生与副刊《花踪》的主编萧依钊女士安排着与照顾着我们的访问。萧女士的工作作风与待人接物，给我的感觉是在异域碰到了雷锋。刘总与我的交谈也是一见如故，他们对于中国的关切与期待、担忧与亲爱，都非常令人感动，也都非常健康和富有建设性。他们的董事长张晓卿先生，祖籍福建，更是一片热诚，关心中华。我在那里做了一个讲座，我国驻马金大使与夫人，以及许多使馆官员都参加听讲了。

还有一点，根据马国的国情，据说我每天讲了什么，他们的安全工作人员都是要写汇报的，这次，汇报怎么写一直来问我的东道主，倒也公开化、透明化了。

此前制定的对于中国来客的特殊防范制度与当年的马共游击队活动有关。当年确有许多热血青年，团结在马共陈平书记的旗帜之下，意图以武装斗争的方式赢得革命的胜利。后来，游击队被剿灭，陈平阵亡。为此吉隆坡街头修建了一个类似和平纪念碑的雕塑，是纪念马国对于共产党游击队的战胜。我们看了，也有所感慨。天地沧桑，人间起伏，多情应笑我早生华发，天地不仁，万物刍狗。岂止陈平，列宁斯大林和突然在中国红了一两下的切·格瓦拉，在各自国家，最后又会是什么样的结束呢？历史是丰富多彩的，道路是各式各样的，而个人反而更加显出渺小来了。世上毕竟有比自己的政见与对于政见的记忆更重要的东西，它们是人类的命运，民众的福祉，历史的合力，现实的要求与国家民族的最大利益。

（书写第三部自传时，我正在翻译印度大使拉奥的诗，她有句云："我们都是一些面包碎片，被历史的烘面包片机的不同部位所烘烤。"然也。）

马共游击队失败了，失败就是失败了，谁能不承认这样的失败呢？你欢呼，它失败了，你怅惘，它也是结结实实地失败了。我们大家都必须面对马国与世界的形势，缔造马国与中国的友谊。

我祝愿发展势头良好的马国繁荣兴旺和谐，也愿陈平以及游击队战士的、与为剿灭游击队而牺牲的军人们的在天之灵安息。

我们一起去了槟榔屿、马六甲与新山。在槟榔屿，我们足喝了肉骨茶。在马六甲，我们领略了那里的"娘惹"文化，一种早期华人与当地原住民的文化混合。在新山，我们参加了华文学校的一个活动，对于马国华裔人士对于中华文化的热情与苦撑，留下了深刻的印象。新山毗邻新加坡，新加坡作家陈美华特意从新赶到，参加我在新山学校的活动。

从马来西亚回国后，我应邀先到珠海斗门县白藤湖度假村小事逗留，同行的有从维熙夫妇、钱钢夫妇，还有一对老编辑夫妇。我们在那里见到一位斗门县的老领导，因故被开除了党籍，改行下海经商。他自己开着一辆"大奔（驰）"，名片上是他任董事长的公司在珠海与在澳门的地址。让人深感时代之不同，觉得他就是黑红黄三道说的例证。其时已有此说，黑道指搞学术，因为博士帽儿是黑颜色的吧。红是指所谓"仕途"。黄是指经商，金子是黄色的嘛。随着市场经济的发展，人们的前途也逐渐多样化了。

十余年后，我突然收到这位朋友寄来的他讲述中国古典诗词的新作，我心中一动：莫非他不再经商？莫非他经商受挫？不久，凡到来自南国的友人，证实了我的想法，他的生意垮了。"文章憎命达"（杜甫），"古来才命两相妨"（李商隐），这也是一个双向的过程，第一，文穷而后工；第二，途穷而后文。当然不是绝对。

我两次去作过家庭拜访的德国诺贝尔文学奖得主君特·格拉斯说他的写作是由于"别的事都没有干成"，虽有自嘲，并非全是胡言。他的政治积极性其实很高，设想如果他当了总理，他不会再去写《铁皮鼓》了，《红高粱》里关于"我爷爷""我奶奶"野合的描写的构想很可能就是受到了《铁皮鼓》影片开头的影响。如果他是德国足球队的门将卡恩之类的球星，可不是他也不去写了？有些一脑子严肃认真的朋友，一听君特的话就火了，大可不必的。

白藤湖之行的另一个额外收获是听钱钢的夫人于劲讲她的关于黎锦光的报告文学。传主与黎锦熙、黎锦晖是三兄弟，前者是语言学家，是国语注音符号的发明者。我住的北小街四十六号的原住户，夏衍之前便是黎锦熙。黎锦晖是作曲家，《可怜的秋香》《葡萄仙子》等家喻户晓的老曲子便是他作的。黎锦光也作曲，《采槟榔》《夜来香》等是他作的。他由于汉奸罪长期服刑，故"槟榔"一曲我们只标是"民歌"，其实民歌不会这样完整，也不会叫这么多声"郎"，我的女儿伊欢曾经告诉我她一听到唱郎，就会想到野狼。《夜来香》则被定性为汉奸歌曲，从来不上台面。作为一首通俗歌曲，我一直觉得它好听。如果是汉奸唱过或者被日伪政权利用过，是否就证明它本身已经汉奸化了，我不懂。那些似乎更多地属于接受美学与文艺社会学的问题，与歌曲歌词关系不太大。

于劲说她到了黎锦光家中，贫穷自不待言，黎的家人的举止穿戴也彻底地底层化劳动化非白领化了。这倒是符合把颠倒了的一切再颠倒过来的理念。那么多美好的振聋发聩的理念，实行起来却发生了与理念背道而驰的效果。而一些说起来美好，实际上却难见美好的理念却老是那样无可奈何地左右着现实。这是多么煞风景却又多么必须面对的现实啊！

于劲说黎锦光的命险命苦，改革开放后，上海的一个区落实对他的政策，安排他担任了区政协委员，数月后，他亡故了。大时代的人的命运，形形色色，孰能无过？孰能免祸？孰能不在历史的浪涛中灭顶喂王八？孰能熬到太平日子那一天？孰能起码当够一届政协委员再寿终正寝？

从珠海直飞烟台，我与芳到中国文联文艺之家休息并写作《恋爱的季节》去了。每天上午写作，下午到二浴场游泳至少一千米，正逢海蜇活跃的季节，有时脸上手上身上到处撞上海蜇。与这边的作家，原烟台师范学院院长、作家萧平，长篇小说的写作能手张炜，部队作家李存葆、李心田等都有友好交流。原文化局长刘德璞、副局长郝鉴，也都多有照料。烟台市政协主席巴忠鼎多次设宴招待。中国是一个很讲究人情的国家，只要国家不出大变故，活在中国，其实是一件舒服的事。

八月二十二日我应美国一所大学与洛克菲勒基金会的邀请到意大利参加一个研讨会，接着是作为特约学者，应哈佛大学燕京学院的邀请到哈佛做三个月的研究访问讲学。可能是由于双程机票才便宜，再加分别结算机票的方便，他们安排的是我与芳先飞抵美国哈佛大学所在地波士顿，第二天立即越过大西洋飞往意大利，再从意大利飞回美国波士顿。可这么一飞就累死人了。二十二日，上午晚点起飞，到上海停留两个半小时（延长了时间）再飞到东京，再停留近两个小时，中间是否还在阿拉斯加停留，记不清了。反正再飞到纽约，早过了预定飞波士顿航班的起飞时间。面临最后一班飞机，航站管理人员说是座位全满了。我们当时真有点精疲力竭，弹尽粮绝之感。

说明情况后，他们还真是破例为我们腾出了两个备用座位。过了午夜才到达了波士顿，害得接我们的友人刘年玲也是不知等了多长时间。

睡醒一觉，再上机场，乘英航先抵伦敦的希思罗机场。英航的空中先生极英俊亲切，服务周到。希思罗机场的四号站（国际站）也极宽敞。只是转机等了不少时间，数小时后，终于到了意大利的米兰。

贝拉吉奥是一个风景区，四面环山，中间是一条更像河流的狭长的科摩湖。山区一处建筑是洛克菲勒基金会的科研与研讨会中心。这里保留着古老欧洲的传统，每晚要正装集体用餐。这里喝番茄汁的时候要加沙司、盐与胡椒。

我最最中意的是湖。除与大家共乘游艇游湖外，我每天清晨起来先下湖游泳。以至一位美国学者向他人讲他的经历，说是他已经起得够早的了，下湖游泳，忽然远处出现了一个人头，把他吓了一跳，却原来是王蒙，起得更早，游得更远。

研讨的主题是公民社会与公共空间。会议中人们对于中俄两国发展变化情状的比较很有兴趣。在人们说到亚洲——东方等概念时，与会的两位俄国学者则强调他们既是欧洲国家也是亚洲国家，他们的领土有多少多少万平方公里是在亚洲。他们的论据不由得使我想起赫鲁晓夫时期的中苏论战，关于苏联是否应该参加亚非会议的问题。中国说苏联是欧洲国家，不宜参加亚非会议。苏联说它有多少多少平方公里在亚洲，所以它必须参与亚洲事务。时过境迁，争论性质完全不同，论据不变。俄国学者争的是他们的改革模式，是为了论证他们的改革模式具有跨大洲的普遍意义，论证他们的模式虽然一时效果不佳，但最后，只能是他们笑到最后。这也使我想起中苏论战时期关于"苏联经验"的普遍性问题的争论。何必那么关心自己的道路的普遍适用性问题呢？中国干脆称自己的办法是有中国特色的社会主义，不需要也没有冲动去推广自己的经验。

我没有兴趣去比较中国模式与俄国模式的优劣，各国情况不同嘛。只是《大块文章》中提到过的西班牙老大使，他在一九八九年离华改任驻俄大使，到二十世纪九十年代后期又回北京任驻华大使，他说，他比较了两国的道路，相信中国的路子更成功。

我还有一个体会，公民社会啊，公共空间啊，这些提法都非常有意义，对于中国的社会进步与民主政治的发展有很大参考价值，但是这些名词毕竟来自欧美社会形态与社会政治观念，有些与中国的情况不完全对榫。而在中国，人们用的挂靠呀，对策呀，尊重人民群众的首创精神呀，保持一致呀，统一思想呀，放宽政策呀，"闯红灯"（现在不提了）呀，"松绑"呀，加大改革开放力度呀，"站得住"呀，通得过呀……之类的字眼，也不是欧美人弄得清楚的。又是我们不一样，we are different 了。

贝拉吉奥的面条实在做得太好了。有些国人总以为天下餐饮笃定中国第一，包括有些领导同志也是这样认为并论述的。这恐怕不能说得太绝对。一、西餐重选材与原色原味，明快清晰，并不意味着加工不足。二、西餐的乳制品、甜品、冷食以及番茄汁、鲜柠檬与柠檬汁的使用，葡萄酒的品类与质量，种种酒的香气，种种饮料的制作与供应，马铃薯的制作与种种鲜菜、生菜的大量食用，直到某些特定的菜肴，如法国鹅肝、俄国黑鱼子、许多种类的牛排（包括肉牛的品种与饲养）大致优于中餐。三、中餐的爆炒（出了太多的油烟）及大量酱油与食用油直到味精的使用，都有可以改进之处。四、我们的口味当然喜中餐，不等于西餐不如中餐。

当然中餐极重要，烹调是我们的强项。但也不可小觑西餐。例如意大利面条，含面筋比我们多，结实有力。做法也具特色。我吃的一次菜汁荞面条，拌一点洋葱花与橄榄油，足以令人销魂。那天芳想少吃一点，没有去餐厅，结果旅美学者李欧梵一个人吃了两份。当然，他到北京来时，我找他去新疆餐厅用饭，拉面条，他也吃了两碗，他再洋，学问再大，毕竟根在河南，他是河南人也。

研讨会的组织者是本杰明·李，他的夫人是小说家、北大一九七七届毕业生查建英，查的父亲是原北京市委学校支部工作科长、后来的社科院马列所领导人查汝强，查汝强的前妻钟鸿曾与我同在一担石沟劳动，是一个美女右派，文艺工作者。我们与他们的第一、二代人都是，也应该易于成为好朋友。

连来带走，五天，回到了哈佛所在地波士顿边的康桥大学城。

增长经验。因为这三个月是我们自己租的房子，位于中央广场附近的法耶特街十四号。法耶特，即拉法耶，人们熟知的"二战"时期法国将军。我们租的是一间二层小楼的二层。三室一厅。所谓厅，把客厅、起居室、厨房、饭厅结合、连通在了一起，约有二十平方米，三室中大的有十二平方米，一个窄窄的双人床，真不知道人高马大的美国双人怎么样在上面睡，其次的大约八平方米，内放一单人床。更小的不过五六平方米，是电脑工作室。原主人是一名女教授，年近五十了，新婚，与先生去欧洲度蜜月，乃出租此房。她是左翼，是当地反对核武器的代表人物，曾去苏联，并受到戈尔巴乔夫的接见。

这一处房屋虽然不太大，但很实用。我们除了付房租，还帮她照料室内绿色植物。有趣点之一是，大门，二门（即通二楼的门），每一间房门，都有锁，房东建议我们出门时所有的锁都要锁上，但全部只有一个钥匙。一楼是另一家，钥匙也一模一样。这就避免了例如听说一位领导分了房，同时掌握了二百多把钥匙——多么麻烦。也避免了瞎黢黢地换一把再换一把，老是找不对钥匙。希望美国人的这个经验能被我们的房地产开发商适当参考。

只是按中国国情与心理定式，一把钥匙，谁能信得过呢？

阳台是六角形的，也可爱。走廊里是她与亲属的各式照片，如同家庭图片展览。她喜欢收集陶罐陶壶。她的电视机极其一般，尺寸也小。

哈佛燕京的社长时为韩南教授。我们在北京三联书店组织的活动中首次相识。他翻译过中国古典作品《肉蒲团》。

这三个月，我主要是写"季节系列"第二部《失态的季节》。我在哈佛远东与太平洋研究中心——又称费正清中心作过两次讲演，介绍当代中国文学。我记得我特别以八十年代韩蔼丽与九十年代洪峰的同名小说《湮没》作了比较，悲情的政治倾诉与一种冷漠的自嘲与荒诞的对比。我也讲到了新写实主义的零点写作与王朔的出现，讲到了《爸爸爸》等作品。还有一些争论，关于文学史分期、关于伪现代派什么的。

我参加过一次中文课，因为该堂课是讲我的《夜的眼》。

我到爱荷华大学、耶鲁大学、加利福尼亚大学洛杉矶分校、马里兰大学、乔治·华盛顿大学、亚洲协会（在华盛顿特区）、华美协进社（在纽约）等地发表了讲演。爱荷华大学亚太研究中心聘我担任他们的顾问，当时中心主任是韩裔的金再温教授，我们交谈得很开心。但是顾问云云，也只是挂名而已。

华盛顿的亚洲协会，听众多是外交官或退下来的外交官。听众中有前驻华大使恒安石等。

在马里兰大学我见到了美国友人李克与夫人李又安，斯时李又安癌症已近晚期，为了表达对于中国的关切，她是坐着轮椅来的。他们为中国的状况与面临的问题十分担忧，听了我的介绍，他们说是好过了一些。

我必须讲明，斯时的数量可观的美国人特别是知识分子是把中国视若地狱的。有的人甚至想当然地认为我既然已经"出来"了，就不会再回到地狱里去。美国人的自信带着天真。我看过他们的音乐剧《屋顶上的提琴手》，是写原东欧的犹太人过着怎样痛苦的生活，剧本的光明的尾巴，是剧中的人物终于获准移民美国了，他们次日就要动身赴美，人们充满了憧憬与希望。布什总统在伊拉克问题上陷入泥潭不是偶然的，按照美国人的逻辑，去掉了大魔鬼萨达姆，送来了美国式的民主，伊拉克人还能不感恩戴德，载歌载舞？从此一步进入了天堂。这也是从天堂的理念出发，构建出了货真价实的地狱来的一例。

我只有一个办法，就是少谈理念与意识形态，讲中国的实际。市场经济与有关争议。日常生活的改变。消费的发展与终被认可。精神面貌的发展。发了财的作家与正在骂娘的作家。自由表达的甜头与限度。言论的宽泛与贬值。首都出租车司机的论政。电视节目的党性与电视广告的覆盖性。畅销书与文学。新的民谣。话剧近况：例如北京人民艺术剧院，演出郭启宏的本子《天之骄子》，讲曹植的事：有一个佞臣向曹丕打曹植的小汇报，曹丕不感兴趣，对佞臣说你老汇报他写诗的事，你也写一首诗嘛，佞臣第二天给曹丕朗诵自己费了九牛二虎之力写出的歌功颂德之作，曹丕听完评说："三分诗，七分吼……"戏剧演到这里，掌声与笑声混成一片。但同时上海的一位共同观剧的朋友不理解这样的情节如何能引起掌声，他们说上海人对这种带政治性的对白，早已丧失了兴趣。

我大讲加强相互理解的重要性。我讲到深化改革开放的同时保持连续性的必要，防止大动乱的必要，坚持马克思主义的实事求是的精髓的必要。我明确告诉听众，要求中国放弃马克思主义只会引起更大的动乱。问题在于怎么样理解与解释马克思主义：毛泽东强调的是造反有理，而邓小平强调的是实事求是。我不懂得为什么美国人不希望中国人坚持马克思主义的实事求是的精髓。美国人认为当然的事情，到了中国不见得当然，而可能是当然不行。所以要理解而不是煽情。

会场上不断传来掌声和笑声。他们说，一段时期以来，来讲话的中国人不是痛哭流涕的就是跳脚大骂的，他们已经不能想象介绍中国的时候能赢得掌声和笑声了。当有听者问我对于滞留不归的华人知识分子的建议的时候，我从原则上回答说：回去。中国的事只能在中国办。我认为如果以不归为代价定居海外，或者以不出门为代价定居大陆，都是太糟糕了。

有人问我对于建立"文革"博物馆的建议的看法，我谈到了据云的匈牙利的经验，他们将过往时代的遗物，集中放到布达佩斯一个"斯大林公园"里，成为一个见证，一批文物，一道风景，一个旅游点。就是说既不必讳莫如深，也不必再煽悲情，引吐苦水。

在如此敏感的话题上我的这种讲法，必然会受到夹击。果然，一位"流亡"人物、即此书多次提到过的那位先生闻听，对此勃然大怒，语多不逊。

命该如此。

一位来自祖国大陆的女留学生非要请我们在"水门"公寓附近吃晚饭。她说，我的面孔上有"苦难的痕迹"，而那一位对"公园说"大怒的兄长长着的是一副扑克牌脸。此说有些新意。我回到宾馆特意照了一回镜子，觉得我的脸上的"苦难"可能主要是来自南皮县潞灌乡龙堂村的盐碱地和代粮食品红薯、近海食品卤虾酱。您就看看鄙同乡张之洞那张倒霉的面孔吧。

从九月到十一月底，我们尽情享受了新英格兰地区的红叶与橡树。其间我到明尼阿波利斯与圣保罗双子城去看望了在那边读书的二儿子王石。我学会了许多在美国的生活知识，登记了社会安全号码（SSN），从而可以更方便地完成完税、免税、开户等财务手续；置办了信用卡；选择了往中国打电话最便宜的电话局；学会了电话确认机票与购买必需品的办法。我们在剧院听了小泽征尔指挥的马勒的交响乐，熟悉了当地的许多中西餐馆。不仅仅是讲学，而且也包括了日常生活，我们对美国社会与各种运作有了更多的了解。

在纽约的皇后区，来自台湾的友人陈宪中先生为我们请来了著名音乐人罗大佑先生与他的姐姐，罗先生一面喝红葡萄酒一面唱歌，我可真有面子！

同时，也在陈先生家里碰到来自大陆的一位女作家，就是她在一九八六年让陆文夫兄大大地晦气了一回。她请文夫吃完饭让文夫签字好拿到什么机构报销，文夫愤而埋单请了她。此次她则声言正在研究破解六合彩的密码，就差一两个数字她就笃定可以得到头等奖了。她获头等奖后，将购买比陈先生家更好的房屋，房子不但要傍山，还一定要靠水。

近些年她在忙着打商标官司，祝她顺利。

我顺便发表我的感想，还是回到祖国更舒服，更好。你想有助于国家民族人民的进步发展福祉，当然最好与国家民族人民，与这九百六十万平方公里土地在一起。如果你因故定居海外，常回来看看。如果你一直在国内，有条件的话出去走走。不要治气，不要较劲，不要想当然地与国家、与故乡、与时代的变迁、与不同的文化传统、与世界或者与太多的地域、民族、宗教、意识形态与社会制度过不去——其实最后是自己与自己过不去。

如今，人的心里应该有个广阔的世界，头脑里，文字里，经验里，阅读里，思考里都应该有这个世界。有了对于世界的认识与理解才能正确地与有效地坚持自身的独立自主，才能正确地与有效地应对来自世界的东南西北风雨。鼠目寸光，夜郎自大，抱残守缺，以封闭愚昧为荣，与唯洋是瞻一样，日子是不好过下去的。周扬说过，第一，社会发展是不能够跨越阶段而进行的；第二，一个国家的发展是离不开世界的。

语重心长。

9. 恋爱与电脑

　　"急流勇退古来难，心未飘飘身已还。"这是我的古体诗《秋兴》中的最为得意的两句。陆文夫后来写过一篇文章，说是许多作家当了官就再下不来了，当不成、也不想当作家了。然而，王蒙能转体三百六十度，后翻七百二十度，稳稳落地，此属于金牌体操冠军动作，不是常人做得到的（大意，不排除我本人趁机忽悠的因素）。虽然此中滋味难与人道，但总的来说，我算走运，而政府的人事运作，也说明了我国政治文明的长足进步。中组部副部长（后任部长）吕枫同志特意从北京来到烟台，告诉我中央已同意我离开文化部长岗位。我得知后微微一笑，立即想到，是研究《红楼梦》、重读玉溪生（李商隐）、大写长篇系列的时候了，也可以多花一点时间学英语搞翻译了。

　　我一直觉得自己有一个使命，把我亲见、亲闻、亲历的新中国史记录下来，把我这一代中华人民共和国成立时期的青年人尤其是青年知识分子与青年革命家们的心路历程表现出来。有太多的争拗，从而会是太多的偏见，太多的这样那样的需要，这样那样的潮流，这样那样的因人而变的说法，它们分别抹杀着不同的事实与侧面，它们宣扬着某一点某一面某一种——而不是全部，不是深刻，不是立体，也不是、起码不是足够的真实。更多的人是在用事实来说明自己的见地，而不习惯于运用事实来校正见地、"生产"生发生长见地。于是这个也敏感，那个也纷纭，竟然没有几个人说得清来路，没有几个人看得明自己的脚印。这怎么能算是一个郑重的历史创造过程呢？

　　（我始终不明白，为什么那么多人执着于确认自己的正确？其实一个人老正确是根本不可能的，认为自己老正确本身就证明了自己的荒谬与没有长进。其实一切正确都来自对于错误的不断调整。台湾立绪公司出版的美国书的译本：《失败万岁》，大哉斯言，诚哉斯言！）

作家皆是情种，揽月思飞，望洋兴叹，赏花欲醉，观叶知秋，思人生之悲不胜悲，诉男女之怨而又怨，爱有爱的理由，如胶似漆，如诗如梦，叹有叹的说辞，似痴似恨，似妄似魔，把桃花说得盛开，把荷叶描得凋落，趋革命如牛虻扑火，做名士似阮嵇再世，整个一帮子贾宝玉林黛玉，赵括谈兵，猴儿弼马；偏偏逢此盛世，北伐没完社会已经分裂，土地革命没有完又抗上了日，新中国的颂歌才起音已经斗了个不亦乐乎，上山下乡的锣鼓远未止歇已经是上市下海，全民皆兵远未完成已经是全民皆商，全民办公司了，而批林批孔言犹在耳，已经在五大洲建起了孔子学院。一个理念全无消化已经是与时俱进；谈诗文而路线方针倾向，校句读而核心领导指挥，面对雄伟壮阔，面对光怪陆离，面对哭哭笑笑，面对正正经经，面对年年讲月月讲天天讲与讲完了再不见下文，你已经十年生聚十年教训，你已经舍弃一己奉陪一生，你应该拿出点什么感想——记录——见证来呢？

我想写的是"季节系列"。温故则能知新。想一想我们是怎么走过来的？你不惊异吗？你不哭一场？你不翻肠倒肺，不仰天长啸？春夏秋冬，四季轮替，天道有常，历史起伏变化，政治闪电惊雷，冬去春来，雨住云开，这命名的本身已经包含了一种理性的从容与客观了。

一九九一年我开始写《恋爱的季节》。那时余华数次到我的北小街四十六号小院小坐。他对我描写身材高大的周碧云迅速与个头矮小然而活泼热情的诗人满莎忽然恋爱，而且一家伙就被抱到怀里去了，颇为欣赏。而倾心于大家风范与高姿态的李子云对此段反感已极，认为我写的这样的人物"干脆有毛病"。她无法接受革命高潮凯歌阵阵中的粗鄙与简明——其实革命的特点之一就是使社会与人生简明化了——这真有趣。

我始终认定，革命与恋爱有许多心理同构之处，至少是对于小资知识分子们如此这般。一往情深，热火朝天，君子好逑，辗转反侧，如火如荼，如雷如电，啖禁果，破戒条，一切名词重新定义，一切动词均属合理，一切形容词走向反面，一切连接词已属多余累赘，一大串语气词或仅有惊叹号已经足够。九死未悔，死去活来。革命充实了爱情，张扬了爱情，光辉了爱情，也解放了爱情，当然，命都敢革，一个异性而未敢摸未敢吻未敢"做"乎？爱情也燃烧着革命，温暖着甜蜜着充实着革命，正是在革命中，打破了那么多封建枷锁，唤起了成全了那么多青年男女。

"共产共妻"当然是敌对方面的污蔑，但是在革命高潮中，恰恰是革命阵营中有更澎湃的爱情，更开放更勇敢更酣畅的性观念，则是不争的事实。爱情开放的程度与社会开放的程度成正比，也大致不差。

那是一个激情涌动的年代，一个凯歌震天的年代，也是一个天花乱坠的年代。书中有一个青年团干部赵林，给中学生作报告：

> ……他用的都是诗一般的语言，据说他援引了马克思、列宁、高尔基、斯维尔德洛夫、捷尔任斯基、肖邦、乔治·桑、罗曼·罗兰、奥斯特洛夫斯基、多列士、伊巴露丽、聂鲁达、希克梅特、约里奥·居里、爱伦堡、毛泽东、刘少奇、李大钊、鲁迅、丁玲、瞿秋白、方志敏、林祥谦、王若和、刘胡兰、董存瑞……的名言、事迹直到魏巍的散文《谁是最可爱的人》。他讲着讲着就出现一个警句，例如："没有比献身革命事业更幸福的了。"遇到警句他就提高嗓门，一提高嗓门女学生们就热烈鼓掌……他讲到了苏联科学技术的新发展。他说，他听一位刚刚访苏归来的人说，苏联的生物学、农艺学、畜牧学已经发展到了出神入化的地步……苏联现在正研究把老虎和老鹰和猎狗交配在一起，那就会产生一种凶猛敏捷、能飞能跑、忠诚听命的动物新品种。这样的动物如果大量培育繁殖训练，就能承担相当一部分对敌斗争的类似于国防方面的任务。如果社会主义各国都配备上这样的鹰虎犬，杜鲁门就得下跪求饶了。"同志们，同学们，到时候我们把杜鲁门怎么办呢？我看还是不要枪毙，不要杀他，我们把他装到铁笼子里放到动物园展览好不好？"女学生们掌声如雷，"好！好！好！"喝彩的声浪此伏彼起，"王大妈要和平""嘿啦啦啦啦嘿啦啦啦""听吧战斗的号角发出警报""为什么为了求解放"的歌声也响彻屋宇……

我写的是那个时代真实的气氛，真实的天真烂漫。也是极端的幼稚与轻信，再加上一劳永逸的幻想与许诺，舍我其谁的膨胀，与压倒一切对手，喝令三山五岭开道（语出"大跃进"民歌）的豪情带着牛皮。

却又是万众一心的正义感、使命感，让天下穷人都解放的责任心，千年铁树开了花的大欢喜，与一旦把他们消灭干净，鲜红的太阳照遍全球（《国际歌》歌词）的宏伟理想。

还有洪嘉的爱情婚姻以及她的母亲洪有兰的"恋爱"。学生娃中的革命者洪嘉听了一个战斗英雄李生厚的报告，就与他订了婚，结果是部队的有关领导帮助基本文盲的李退了婚。我这里说的是一个有名有姓的战斗英雄吕顺保的故事，他母子两代的苦大仇深的经历，感动了多少新解放区青年。让学生娃也体会了一下边哭边要求上火线，要求扛炸药包，要求入党和进尖刀连的滋味。

洪嘉甚至是与母亲以及另外两对情侣同时举行婚礼。

尤其令洪嘉吃惊的是，妈妈说，他们已经商定，在七月一日党的生日那天结婚。"你看行吗？"她问洪嘉。"行！行！行！好！太好了！妈妈万岁！"洪嘉激动起来，她搂着妈妈的脖子，她亲吻妈妈的头发和后背，她流出了热泪，怎么止也止不住，她赶紧回答妈妈的惊慌的询问，她说："……我是高兴得哭！妈妈应该幸福！妈妈应该解放！所有的妈妈都应该幸福和解放！世世代代受苦的女人都应该有爱的权利！我太高兴了，我只是想喊毛主席万岁！"洪有兰也哭了，她说："从小儿，我什么事儿也没瞒过你，你什么事儿也没瞒过我……可这回不知怎么了，李姐找我谈话，我与朱同志见面，我们在李姐家吃饺子，我都没有告诉你，我几次想说……孩子，我对不起你！"

母女俩共同流着幸福的喜泪……称颂时代，称颂社会，称颂胜利，她只觉得幸福和爱情包围着每一个人，年幼的人将会得到，年老的人可以补上……幸福就像泥石流，幸福就像瀑布一样，横天而泻，滚滚而来，大珠小珠，美不胜收……

"妈妈，七月一号，党的生日，咱们娘儿俩一起结婚！我也结婚！咱们互相祝贺！让大家给咱们祝贺！让……美帝国主义在咱们的幸福面前发抖！"

帝国主义因而发抖……你觉得太夸张吗？然而这就是历史的真实、中国的真实、革命的真实。解放感与幸福感，曾经那样地激荡着几亿中国的受苦人。"旧社会，好比那，黑咕隆咚枯井万丈深"，郭兰英的一声唱令人泪流满面。我就确实参加过同事的母女两代人同时结婚。那时的街道老太太革起命来一点也不比左翼大学生差。街道老太革起命来令许多革命知识分子逊色。如果不是这种情景，中国人民革命的胜利反而是不可理解的了。

有论者认为我在讽刺、嘲弄，其实是为了"谋杀"否定革命的幼稚病，二十世纪五十年代的幼稚病。然而这样说太简单了。再现那时的真实，这是我的愿望，它带着幼稚，带着夸张，带着浮躁，带着虚妄，同时，它充满真挚，充满庄严，充满历史的激情与雄心，它成就着中国历史的天翻地覆，世界历史的崭新一页。有的人认为它是灾难，当然，对于他们岂止解放是灾难，辛亥革命也是灾难。我则是欢呼历史的行进与大手笔。我常想，尽管有一位吾兄千方百计地把王某打成对立面，一九九一年、一九九二年，除了王蒙未必再有第二个人记录与证明二十世纪五十年代初期新中国带来的载歌载舞，万众欢呼。无怪乎一位著名的美籍华人作家曾经告诉我，每当她看到反映解放战争胜利与新中国诞生的纪录片，她就流泪不住，她一生只想亲历一次这样的历史事件，哪怕此后在曲折的道路上死去也无遗憾。

还有年轻人质疑，既然是恋爱，怎么那么缺少拥抱、狂吻、摩挲、吸吮、云雨、动作敏捷，而你写的尽是些政治教条……

中华人民共和国成立带来了多少新意，多少新名词，新用法，新人名，新书名，新讲法，新刺激……使人耳目一新！哪怕是老区的套话，对于才刚解放的人民也是新鲜的、魅力无限的。拥军优属，放下包袱，批评自我批评，组织生活，积极分子，广大群众，以点带面，贯彻精神，形势喜人，连同那些贬义词：山头、宗派、教条、圈子、主观、虚夸、个人英雄主义……都那么令人如醉如痴。《半生多事》一书里我写到过。甚至听到说某个人"闹情绪"，也令我五体投地。

而且这些都是自觉自愿。把这样一个时代的特色说成组织的安排，连恋爱也是组织的安排，至少是不全面的。我在五十年代的经验就少有组织来安排恋爱的，但是更可惊异的是，自己选择安排的恋爱，甚至比组织的安排还"左"得不近情理。（书中，组织的干预取消了洪嘉与李生厚的根本不可能成功的婚姻，而周碧云的选择，却离弃了自己的青梅竹马的情人，只因为她认为对方是"小资产阶级"。)

把教条当成生活的人至少有几分可爱，有几分追求，有几分沉醉，有几分美梦，有几分堂·吉诃德。而把生活当成教条的人，却只能是虚伪、做作、萎缩、冷淡，活一辈子不过是走一辈子过场。

所以里头写到爱情，写到婚姻，写到婚变，也是大段大段地倾泻着政治名词，直至政治口号。the way we were（美国影片《回首往事》的英文片名），我们曾经就是这样。

这怎么可能成为单纯嘲弄的对象？这又怎么可能与青春一样的万岁永久？书的后半部分，已经在写我的主人公们正在警惕地无奈地注视着正常化的过程：日子渐渐平常化，生活日常化，节奏常规化，激情团队非激情化，尖刀班的刀儿入鞘。崇高的理想与情愫正在向大地靠近，在某些猛人那里是正在堕落。其实毛泽东早就在《论人民民主专政》一文中说过，我们熟悉的有些东西快要闲起来了，我们不熟悉的一些东西正需要我们去做。

这里并不需要作定性定量的分析，王某只是把真实发生过的一切告诉你。动人与夸张同在，简单与爽气同在，积极与迎合同在，雄心与牛皮同在，热情与无知同在，悲情与喜剧同在，必然与偶然同在，灾难与伟大同在，理解与超越同在，怀旧与自省同在，戏弄与叹息同在。感谢中央党校的李书磊同志，他相当体贴与认真地读过此书，论过此书。

我早在二十世纪八十年代就说过，我要写写革命，革命的"有理"与气势，革命的献身与伟大，革命的忘我与悲情，代价与牺牲，痛苦与神奇，许诺与现实，人情味、煽情与无情，曲折与艰难，强横与压倒一切敌人的力量与威严，丰富多彩与光怪陆离，历史与被历史抹杀或者掩盖……

写作《恋爱的季节》过程中还有一件事发生，在小说写了四分之一后，我购置了第一台电脑，286，针式打印机。我先用拼音法输入汉字一年，次年，即一九九二年秋，我由于为谌容的长子梁左与姜昆的相声集写序而与他们有所接触，梁左特别诚恳地劝告我一定要用五笔字型。我也确实感到了拼音法重码太多。例如一个一字，拼作yi，用现今的微软全拼程序，可以拼出四百七十九个同音字来，足以令用者"晕菜"，于是我从头学五笔字型。我根本不去背诵莫名其妙的后现代风味的口诀，什么"王旁青头戋五一"，这种东西谁能背得下来？我上来就用，一上午打出二十来个字，边查边打，边学边用，下午就能打百十个字了，三天后，基本学会了。

许多事我都是这样的，我缺少良好的前期教育与训练，从来是在用中学，急用先学（对不起，此词出自林彪），以用当学，学了就用，在游泳中学会游泳。我学得很快，但是面比较窄，相当长一段时间，我拿电脑只是当打字机用。

用电脑的第一个感觉是把简简单单的写作本身大大地对象化、丰富化、过程化与趣味化了。过去，桌上有一块地方，摆上几页稿纸，一支钢笔，能写字就行了。现在，一下子热闹多了，电源、电线、各种插头插口，开机，"片头"显示与音乐，商标与数字，英文与乱码，还有那么多键。

第二是感觉舒服多了。用电脑写作的身体姿势比较端正，腰要直得多，手指的敲击也比二个手指的握笔特别是中指与笔打的摩擦舒服得多。我至今不用钢笔已有十六个年头了，中指第二个关节的左侧，仍然保留着一个卵形的茧子。屏幕不如纸张稳定，这是一大缺憾，液晶显示屏幕已大有改进。同时眼睛与屏幕的距离远比写字时与纸张的距离远，有优势。

我还说过，用电脑写作，增加了书写这一劳作本身的游戏性。

我们的文化中长期有轻视游戏、禁止游戏的传统，业精于勤荒于嬉。但是事物有另一面，当劳作的技巧达到精微，劳作的过程达到引人入胜，魅力达到梦魂萦绕，劳作的成果达到灿烂缤纷，劳作本身就变成了愉悦人我的游戏。劳动就不再仅仅是谋生的需要，而是乐生的要素，是人生活的第一需要。至于一说游戏，是不是就轻佻了呢？好在我们还有别的词，责任、使命、庄严、认真，为什么怕游戏呢？为什么一听到找乐儿呀，玩儿啊，就那么如临大敌呢？

一段插曲：我为东北某报的文艺副刊写了一段发刊词，意谓报纸设个相对轻松一点的副刊对读者大有好处。包括领导干部，翻翻副刊，长长知识，换换脑筋，有助于掌握节奏，从容处事。后来有一张小报批判"游戏救国论"，不知道是否有针对我的意思。

于是传出了王蒙整天玩电脑游戏的传闻，甚至说是王某已经闯过某种电脑游戏的百十道关卡了。其实至今我还没有玩过一次电脑游戏呢。既然用电脑写作已经如此的"好玩"了，我反而没有必要去专门玩什么电脑游戏。

传出王玩游戏的传闻，倒也有时间特色。

哦，太稀罕了，关于王某耽于游戏的传闻，一个有着这样传闻的王蒙，是不是比真实的王蒙更可爱一点点呢？

还有一种说法，说是用电脑一写，会变得滔滔不绝、丰富多彩、天花乱坠、风驰电掣起来。我则不知道这究竟是历史与时代的特色，是个人风格使然，是体制与意识形态的影响，还是电脑这厮造成的。

例如，用电脑后，《恋爱的季节》中有如下两段。一段写萧连甲：

> 既然毛主席讲了，目前中国的一个普通工人、农民认识问题比美国国务卿美国国会议员高明得多，那么，我就更比他们的总统部长之类高明一千倍了。理论是望远镜，是显微镜，是探照灯，是利刃，是罗盘，是船舵，是地图，是阶梯，是浩瀚的大海，是巍峨的高山，是奔腾着永远的活水的江河，是金光普照的太阳，是春风，是花朵，是雨露，是纪念碑……人们的一切活动，全部是转瞬即逝、鸡零狗碎、左奔右突、自我消解与相互抵消的，只有按照一定的理论进行的有目的有计划可以归纳可以以伟大的理论进行验证的实践才算得上真正的人的有意义的实践……你们实际上还没有完成从猿到人的转变。即使你们在历史的感召下参与了伟大的历史事件，如同阿猫阿狗也算是参加过革命，但没有理论的自觉意识，没有寻找或制定出理论的坐标，你们实际上也不过是挟带到大江大河上的漂浮物罢了。而我，我们才是乘风破浪，驾驶历史航船的弄潮儿呢！

可惜的是，也是刺激的是，到第二部，信心百倍的萧连甲却遭到了大厄运。

还有洪有兰，这个文化不高的跟着女儿革命并且恋爱的女人：

> 几天以后，又出了一件事。半夜洪有兰突然犯了病，口眼歪斜，语言含糊，左臂麻木。当然，她是住在朱振东的单位家属院的。朱振东陪她去部队医院看了急诊，医生怀疑是血栓……但也有一些闲言碎语，不外是说她的病是结婚引起的。说朱振东太"厉害"啦，说洪有

兰"受不了"了，还出现了一个医学名词："房事意外"。这词儿传到了洪嘉耳中，她勃然大怒。她不但找了赵林，找了他们当中较有威信的祝正鸿、萧连甲，她甚至为这事去找了老吴同志。她提出，这种说法不但是对她母亲——一个矢志革命的翻身妇女的极大诬蔑，而且是对于新生活的不怀好意的攻击。这反映了攻击者实际上是站在了封建余孽吃人的旧礼教鲁四老爷之流的立场上，是反对妇女解放，是维护封建主义秩序。她还提出要追查"房事"怎么怎么样这种下流话的来源……唯一令她怀疑的是李意……她要求领导上严肃处理。

后来赵林还真的在一次会议上正式讲了一下：洪有兰同志患病，大家都应该关心，说话要注意，自己不知道的事情不要乱议论乱传播，更不应该怀着一种不健康的心理胡说八道。否则就会混淆视听，影响团结，乃至造成不良的政治影响……

那是新中国的童年时代，难免革命的幼稚、"解放"的幼稚。如果仅仅是幼稚，就与一个儿童的幼稚、生手的幼稚、突变后的幼稚一样，不应该受到嘲笑。不受嘲笑，但是必须正视，必须及时超越，及时前进，及时摆脱浅薄的牛皮与自说自话，更摆脱孤立与封闭、愚昧与无智无知。在我看一些港台与海外影片时，包括从凤凰电影台看到的片子，看到个别影片描写内地，一个女青年夸张地，应该说是丑态百出地表演着豪言壮语的诗朗诵，我对这样的描写颇觉反感。同样看到把激情燃烧的岁月简单表现成野蛮专横的日子，也不敢苟同。革命的凯歌行进、大快人心都不是表演，不是诗朗诵而是历史的真实。问题在于，治国安邦，光靠朗诵的热烈与动作夸张是远远不够的，滥用热情是可笑的也是罪过的。同时，人就是人，人还是人，革命再伟大，胜利再辉煌，弱点仍然是弱点，失误仍然是失误，中国仍然是中国。孰能无过？孰能免祸？孰能不坚持过错？孰能不自寻大祸？谁醒悟得早，谁早早走上实事求是的大治之路。而只知道恶意糟蹋，也就丧失了对中国大陆了解的起码的客观性与自身的影响力、说服力。

书写过往可能是费力不讨好的事，昨天已经古老，这是一。我们的国人既保守又趋时，既好古又健忘，既驯顺又反叛，既马虎又急躁，这是二。人们的简明化习惯在面对昨天的时候更加突出、急切和肆无忌惮。书写昨天的时候，人们更愿意接受或者是窦娥呼冤，或者是李奶奶痛说革命（或反革命）家史，或者是抖猛料揭秘闻，或者是《古拉格群岛》式的痛骂与煽情。人们要求极端，要求痛快淋漓，要求破口大骂，要求卷它个稀里哗啦或者讴颂它一个叩头出血，这是三。这不能不使人想起韩少功写的丙崽，只需要两句话：或者是爸爸爸，或者是×妈妈。

就是说人们有时候宁愿读有枣三竿子、没枣竿子三的"出气小说"，以为这才有情。宁愿读撒泼耍赖、猛报私仇、狂泄私愤、拳头枕头、妇姑勃谿的著作，以为这才有味。宁愿读丑态百出的暴露狂，以为这才私密。宁愿读你咬我我咬你咬出一嘴毛的恶斗檄文，以为这才有筋道。对于某些出口成脏的人来说，高尚、文明、客观与自省都是虚伪，只有无耻与下流、贪婪与野蛮才是真诚。他们需要的是谩骂或者自吹自擂，他们拒绝的是生活、历史和人性的立体的真实。

我选择了书写"季节系列"这样一个硬碰硬的活计，可能我所完成的活儿并不理想，可能我几面都不讨好，不讨愤青儿的好，不讨嘛行（háng）子年代的好，不讨"左爷"与事儿妈的好，不讨记忆恐惧症的好，也不讨市场经济的好。

然而，如果没有我的书写，这里将留下空白。今后再没有人会这样真实地与亲切地书写了，除了境外的同样是相互迎合相互煽动的痛骂与"卷你先人"。

回忆一下那个时代吧，亲爱的读者，您是健忘，或者完全不知道往事的吗？究竟应该提倡忘却，还是提倡记忆呢？是忘却更令人放心吗？还是记住并且跨越？

10. 台湾之行

还是我在哈佛燕京学院做研究的时候，接到加州大学郑树森（Villiam Tai）教授的电话，说是希望我能够参加是年年底在台北举办的活动，《联合报》做东，包括内地、香港与台湾的作家参加，叫作两岸三地中国文学四十年研讨会。我问台湾当局合同意我入境吗？郑教授说，不妨试试。

由于九二共识，两岸关系比较好，前不久，曾任文化部副部长的英若诚刚去过，曾任文联党组书记与中共中央候补委员的吴祖强也去过了。

直到我自美返回北京，台湾《联合报》把机票都寄到了，台湾当局仍然没有正式核准下来。就是说，台湾方面批准我入境用了差不多一百天的时间。由于时间迫近，《联合报》连续给我订了五天机票，就是说，设想研讨会头一天手续没有完成，去不了，可以第二天，或第三天，或第四天成行，只要能露一次面，就不放弃这个机会。

等台湾当局的公文下来，离开会已经只有六天了，由于我事先已向文化部转国台办报告了此事，大陆方面用了五天时间办完有关手续。当然，对此，有关领导也很重视，不但有最高领导人的批准，而且有所有高级领导人的圈阅。

去一趟台湾何其麻烦也。先到香港，入境后立即赶往中环，到台湾驻港的中华旅行社，换取台方的正式旅行证件。再给台湾邀请单位即《联合报》去电话，请他们与有关机关联络，把正式的同意入境公文送到桃园机场的入境处，由桃园机场通知香港机场，港方的国泰航空公司的航班才肯给我们办登机手续。为此，我们在香港机场等了四五班，原定航班根本不让登机，气得同行的来自上海的李子云极不快，声称不去了，不去了。最后到达台北，已近午夜。大陆客的行李悄悄放到一个无人注意、无人知晓的角落待取，与其他旅客的行李拉开距离……似乎是"潜入"一般。

到了圆山饭店，具体主持人、《联合报》副刊主任、诗人痖弦接待我们极其热情，陪我们吃了一碗肉丝汤面、一只小花卷、几碟小菜，洗去了不少疲劳和憋闷。

圆山饭店位于台北市郊的圆山山腰，号称十四层宫殿式建筑，雕梁画栋，大屋顶，古色古香。前临基隆河，后倚阳明山，东边松山，西面淡水。样子是很有派的，而且刻意求派头，求气势。台湾文友有一说，说此饭店是根据宋美龄的主意所修，从风水学上看，内含镇"独"势力的意图。

山虽不算高，饭店五百个房间窗口，都可鸟瞰台北市昼景夜景。饭店基本上是官企，正面立着许多大红柱子，并挂了不知多少面"青天白日满地红"的旗帜。任何一个地方，是不可能这样过分地悬挂自己的标帜的，过犹不及，反而显得对自己的地位身份极不放心。

参加这次研讨的大陆方面有北京的刘恒，上海有李子云、吴亮、程德培，本来还邀请了浙江的李庆西，但是李所属单位就是不让去，结果硬是没有去成。是官就有权，有权就管事，中央再说开放也没有用。这也是一景，景含对于脆弱的嗟叹。另外有一些滞留境外彼时基本未归的文人，包括刘再复、李陀、苏炜、高行健、黄子平等，也在以大陆方面的作家的身份与会。来自香港的则有黄继持、小斯等，台湾本地的人就多了。

大陆作家都是以个人身份来台的，台方是分别点名邀请，绝对没有给大陆有关方面留下选择、安排、组织、控制的空间。不知为什么，台湾朋友却认为我们有一个代表团，团长是我，这也奇了。莫非说明台湾方面的与会文友是相对更有组织的？不会吧。

与大陆作家谈港台文学相比，台湾作家谈大陆文学显然更关注、更挂牵，也更痛惜和激烈，太激烈了就难免有意识形态与社会体制方面的先入为主的定见，可说是炮声隆隆。炮声太大了，效果就走向了反面。

有一位台湾文友说刘恒改编的电影剧本《秋菊打官司》写得太理想化，秋菊这个人物不真实。（按：这个意见是批评大陆作品的，但是其逻辑与文学观念，却与大陆某些人如出一辙。）刘恒的回应十分别致，他说："当然有这样的人物，我爱人就是这样的人。"他的质朴真诚的说法，令人难以辩驳。

　　李子云在讲女性写作的时候，顺便提到了张爱玲，并说她为美国新闻署所写的命题作文《秧歌》与《赤地之恋》失之粗糙与概念化，立即有台湾作家为之辩护。当然，谁也说服不了谁，李子云在坚持自己的见解的时候，也拿出了我的作品作为论据，认为大陆小说作品中当然也有写得好、站得住的女性形象。

　　刘再复的发言提出，大陆文学四十年的发展是"从独白到复调"，意思是原来单打一，现在是多种多样的了。会上掌声不少，但我去卫生间时，听到也在卫生间小解的两位台湾教授极其不满，说是刘的名词用错了。盖是俄国有一位理论家，从陀思妥耶夫斯基的作品中提出了"复调"与"独白"的概念，这是一组特定的概念，台湾教授坚持学院派阐释的规范性与严肃性，而再复，本来也应该有点学院派的，他宁愿望文生义地借用这两个词，这倒是反映了两地学风的区别。

　　台湾有一著名作家李乔，与我国云南老作家同名。台湾李乔尖然在会上发表一个声明，说是他所以与会，是出自对他的老师齐邦媛的尊敬，他其实不认同台湾文学是从属于中国文学的。他的声明，显然是受到"台独"势力压力的结果，看来"台独"正在走火入魔了。

　　我在台湾出版的一本文学杂志封面上读到李乔的言论，他讲，文学不能从属于政治，但亦不能脱离政治，文学关注的应该是人民的福祉……一读，我吓了一跳，我以为是我们大陆的领导讲的呢。

　　余光中先生在首次的晚宴演说中，就批评了所谓"台语写作"的作茧自缚、自我边缘化的主张。余先生还讲到了小岛也可以出大作家，例如爱尔兰，就出了王尔德、詹姆斯·乔伊斯、萧伯纳等。余先生还说，台湾、香港、新加坡（？）是中国文学的三座仙山。

　　台湾作家中也时有小的碰撞。一个是留洋（不归者）派与本土派之争，本土派大骂留洋派对不起用血汗钱铸就了他们的旅美幸福生涯的父老乡亲。留洋派则高高在上地一笑，得了便宜就不必卖乖了，他们的表情告诉我。有一对可能比较喜欢作秀的诗人夫妻，在会议上发言太长，被打断了，场面不无尴尬。后来他们到大陆来"秀"，倒是更受欢迎。

　　还有台湾文学的边缘地位与中心地位之争。后来这样的争论延伸到了大陆。我始终不感兴趣。世界上的文学作品，有好坏之别、雅俗之分、发行量多少之区分，我怎么看不出有中心与边缘之分？《尤利西斯》《追忆似水年华》当然不处于中心位置，难道能说托尔斯泰或者巴尔扎克是中心文学？唉，搞不懂。

而且，中心与边缘是社会学的概念，不是文学的概念。

最后一个晚宴的讲演者是我。我讲话的题目是《清风·净土·喜悦》，我说：

> "山重水复疑无路，柳暗花明又一村"，这是我这些年来的人生经验，也是文学的经验……

我一上来就定下了一个从容的与乐观的调子。我来台湾是为了以文会友，为了享受宝岛风光，为了共同缔造更美好的中华文学。我不可能跑到台湾来搞以阶级斗争为纲，一个真正的有信心的作家，也不可能为自己的地域、集团、派别而争执什么。我坦然承认有过"疑无路"的试炼，然而我强调的是"又一村"的光明。

> ……从七十年代后期，所谓我"复出"文坛以后，我一直想做些事情。如大家所知，中国大陆经过长期革命风雷的激荡、革命的胜利、连年的政治运动，直到十年空前的浩劫，到了近十几年来，才慢慢走上经济建设较正常的轨道……我一直致力提倡以理性代替冲动，以吉祥和平的心态取代惊疑和搏杀，以心平气和取代义正词严的声讨，以取长补短、"三人行，必有吾师""十室之中必有忠信"的信心来取代隔海或隔洋的语言炮轰……炮声隆隆，放炮者十分悲壮，轰来轰去的结果，会把自己的心灵轰成一片焦土。我身为一个过来人，愈来愈感觉到这种炮轰的孩子气。与其说像悲剧里的英雄，不如说像喜剧里的角色。
>
> 我还希望大家都能以宽容和大度取代剪除异己的霸道，以客观的历史主义取代对于昨天的审判。我不希望以今天审判昨天，因为今天审判昨天的结果，常常形成明天审判今天……我也不希望以这种意识形态审判那种意识形态，以这种主义审判那种主义。
>
> 我很欣赏吴亮先生讲的"从迷茫开始，到更深刻的迷茫"，虽然这句话似乎有点虚无主义的色彩，起码却留下切磋和探索的空间，来

取代严格和排他的断语。

我力求登高望远，心平气和，用理性、和谐与文明，去战胜乖戾的炮声隆隆。我强调我是过来人，我懂得轰来轰去把自己的心灵轰成一片焦土的悲哀。我的话有几十年的国家的与个人的经历作依据，我的话是有力量的，我其实嘲笑了那些极端的搞语言轰炸、语言暴力的人，不管这样的人在哪里。

我要说的是，在场的我的老同学，在台南任教的著名戏剧家马森先生，听到这里流出了眼泪。我继续说：

　　……我已年近花甲，不免摆出老资格的架势来。积我五十年的经验，凡把复杂的问题说得像小葱拌豆腐一清二白，凡把解决复杂的问题说得像探囊取物、顺手牵来者，概不可信。这是我一辈子的经验，也是留给儿孙的忠言。

　　如此一来，就可以去掉很多煽情和火药味。我是主张用黄油来代替大炮的，我还要借用一个不伦不类的比喻……鸽与鹰如果打起架来，鸽绝对不是鹰的对手，因为鹰有尖嘴利爪，我尤其佩服的是鹰的那种搏杀、狠劲和战斗性，相形之下……鸽子只有纯洁的羽毛和驯良的眼睛。为了常常采取对鸽的向往和态度，我已经付出了代价，今后，我也准备付出代价。但是，我相信，我们的国家、华人、文学里面还是需要鸽的纯洁和善良。最终，我们还是要生活在鸽子的和平和安详里。

我要说的是，全场动容，掌声大作。

　　我们当然希望祖国富强、民主、法治、进步。但是文学毕竟只是能做文学的事，廖沫沙先生受过很多迫害，他生前写过两句诗："若是文章能误国，兴亡何必动吴钩"，反过来说，若是文章能救国，世界上的事也就太好办了。文学承担了过重的使命感和任务感，反而使文学不能成为文学，使命不能成为使命，而且使得作家的生活太苦，愈是把作家捧得高，作家的日子愈是难过，这又是我的一个人生经验。

我们当然希望得到世界、历史，至少是全世界华人的承认，但是这只能瓜熟蒂落，水到渠成。我从来不操心中国为什么没有人获得诺贝尔文学奖，因为艺术比奖金崇高百倍，一个大作家应该有信心，让世界倾倒在他的才华、他的作品脚下。一个大作家应该有信心，让他的得奖使某项奖增光，而不是靠某项奖来为自己的脸上贴金，如果只是为了自己的光荣而争取得奖，这个奖不得也罢。

讲到这里，全场几乎欢呼起来。

大作家在哪儿都是大作家。耶稣降生在马棚里，他的襁褓放在马槽里，然而他还是上帝的儿子。同样，不是大作家放到哪儿也不是大作家，放在宫殿里、放到监狱里、放到自由女神的火炬下，都不是大作家，因为作家的工作毕竟是个人的工作。摆脱掉那种关于中心/边缘、主流/非主流、大陆/海岛的计较，我们会活得更舒服一些。

我也想借用一句话，就是我确实也在追求仙山，但是这个仙山不是地理的概念，更不是政治地理的概念，这个仙山就是艺术。我是一个入世很深的人，从小就参加政治活动，还有种种经历都是不可回避的。我深知艺术并不是生活在真空，我深知艺术不断地受到政治、经济、权力、金钱、意识形态、社会心理、观众好恶以及奖金的利诱和威逼。即使是这样，艺术毕竟还是艺术，艺术毕竟还有自己的品格，它的品格在于心灵的一种自由，因为人生实际上是不自由的，不仅仅在政治上会有各种各样的问题，而且生命本身有时候就是那样的可怜，但是正是艺术知其不可而为之，在自己非常短暂的生命当中，渴念着一种天马行空的境界，渴念着一种形而上的永恒，渴念着能够突破地理政治的意识形态的局限，能够成为被更多的人所接受，让更多人联系起来的一个因素。

我觉得艺术多少能克制和减少人的贪婪和嫉妒心。然而艺术家或文学家却又常常是最会互相嫉妒的……特别是当一个作家失去了创作能力以后，他就转而去充当文学的宪兵、警察，甚至杀手。

可是，真正的艺术家或作家并不需要打倒任何人，李白需要打倒杜甫吗？曹雪芹需要打倒罗贯中吗？我觉得不必要。同时，真正的艺术家是不会被打倒的。

艺术也为我们带来一点形式的美感，因为内容是那么复杂、那么让人伤脑筋，有点形式美也够让人知足的。也许在别的问题上，还很难取得共同的语言。别人都嘲笑说，华人不管走到哪里，都在互相斗争。又说一个华人战胜一个日本人，三个华人就一定要败在日本人的手下了。但是，起码我们还有点形式，有汉语。在语言上终其一生也未必能穷尽汉语的可能性。

……请各方面不要动不动要作家去做烈士，作家有生活的权利。文学本来就是心灵的游戏，当然不仅仅是心灵的游戏，但是，起码有一部分是心灵的游戏、文字的游戏。我希望我们和文学多一点游戏性，少一点情绪性或者表态性。中国人生活得太紧张了，中国作家生活得太紧张了，让文学给我们送来一点清风，让文学给我们保留一块净土，让文学给我们一点喜悦吧！

我讲完话，马森噙着泪来与我交流。李子云过来说，她从来不当面奉承谁的，但是这次她要与我握一握手。《联合文学》发行人，《联合报》创办人王惕吾的儿媳，此报现任董事长王必成的妻子，"美女作家"张宝琴给我写了一个便条，称我是"海峡两岸"什么什么人。我当然不认为这是我个人的成绩，而是历史，是与时俱进的调整，是总体的和平、和谐、亲和的调子，使我们能够在台湾登上以善制怒、以和制狭的道德制高点，立于不败之地。

台湾同胞与我们一样地关心中国作家获得不获得诺贝尔文学奖的问题。我的说法得到了热烈的反应。此后我也在多个场合讲过类似的话。我还依照一段时间常上电视的广告词"新飞广告做得好，不如新飞冰箱好"的句式说过："文学奖做得再好，不如文学好。"

在这一类问题上，与那些与文学实不相干的鱼虾，实无共同语言，也不可能取得共识。

同时，回到北京，我又遇到了同样的手法同样的恶意，他们一次又一次努力从境外的报刊上寻找片言只语，证明我的台湾之行如何之糟糕。这些自己办不成一件事写不成一样作品、说不出一句像样的动人的话，却又如此痛恨一切建设性的努力与尝试，生生要你也做不成事的人们啊。

太好了，今非昔比，他们没有成功。

而河南作家张宇说，王蒙有雷锋精神，他带了一批研究生，研究生拼命批他，批得王形象更清纯，而研究生们也都赶上了车，捞到了实惠。

台湾的这次文学讨论会，开幕式上时任"行政院长"的连战先生出席并讲了话。他到来的时候由保镖排成两行人墙，威风凛凛。他的讲话比较呆板，远不如此后他来访问内地时的发挥。

《联合报》创办人王惕吾先生专门请我与芳吃一顿涮羊肉。王老说话口音很重，由一位年轻报人给我们当"翻译"。此后数年，在台海局势很不好的时候，王惕吾先生去世，通过文化部与国台办，我坚持给他的家属发去了唁电。

我拜访了我的小学老师华霞菱女士，她已退休多年，用一次性退休金购买了一套公寓房，不算宽裕。我们在她家吃了饺子，感觉与在北京无甚不同。她的三儿子在国泰航空公司做事，我们离开台北时，他穿上制服为我们送行，给我们的舱位提升为头等舱。

我还拜访了原"立法委员"阿卜拉·提曼。他是伊宁市人，据说家就在伊犁州银行一带。他的大女儿永乐多斯（Yoltuz，维吾尔语"星星"之意）定居马来西亚，是一位同行，我们早有联系，相处甚好。他的几个女儿都以天体命名，一位叫库亚溪（太阳之意），我们与她在美国洛杉矶见过面。还有一个是巧尔班（启明星之意），现居土耳其。我的描写伊犁农村生活的小说集维吾尔文版《心的光》通过永乐多斯女士传到了阿老手中，他读了又读，放到枕边读，他自称读得老泪纵横。他与我一起喝了两瓶白葡萄酒，他说他自己算不上维吾尔人了（约指在台湾少有维吾尔人，他的家属也都不通维吾尔语），"老王才算维吾尔！"这也算过奖了。

我与旅美诗人郑愁予一起去了淡水，当地台胞极其热情，把他们的珠宝拿出来陈列示客，把他们吸了一口的香烟递给我吸，使我深受感动。

一九八〇年在美国多次见面的台湾乡土诗人吴晟从远地乘长途汽车来台北看我，他只有一个多小时的时间，必须赶回去，因为他还要给学生上课。其情亦十分可感。这些事例，使我深深感受到台湾本地土生土长的同胞对内地同胞的深情厚意。这种亲情友情同胞之情，是不会被破坏和删除的。

我还有机会到阳明山去喝冻顶乌龙，一切按严格的程序办理。可以清心，可以明意，可以静笃，可以和谐。

郑愁予两次带我们清晨去喝永和豆浆。我在此年访问新加坡时已经领受过永和豆浆的美味，尤其是他们炸的油条，酥脆鲜软，令人留恋。

会后，联合报系招待我们去了太鲁阁横贯公路，我们还到花莲证严法师所在的庵寺，听到众比丘尼的晚祷，令人感动。

我们没有多少时间在台北市闲逛，但还是去过一次新东洋食品店。来此地前，我吃过该店的蜜饯金桔与凤梨酥，都很精致，他们的肉松里加一些海菜，风味也不错。另外我在服装店买了一件蓝色条绒西装上身，我觉得做工与销售服务都是不错的。在台北做客，除了有些政治话题令大陆的人觉得怪怪的以外，生活上绝无异乡之叹。

这里还有一件小事，说明主人的周到与对来客的尊重。一天会议中间休息时，过来一位旁听的小伙子，与我握手讲话，经他自报家门，我知道他是吾尔开希。（按：在哈佛时，吾曾试探要求与我见面，我没有同意。）有一位记者在旁照相。痖弦先生目睹后，大怒，对拍照的记者作了训诫并采取了封存的措施。

还有一事，其时正逢毛泽东诞辰一百周年，台湾竟然出版了"文革"中的小红书《毛主席语录》。

还有一事，我原在香港时已经听说过，一九五八年前后，台湾派遣了一些小特务到大陆来，一登陆就被擒获了。判刑服刑多年，好不容易释放了，又在大形势发生变化后回到台湾，却被台湾情治部门视为"叛徒"，此事引起了公愤，由于舆论哗然，最后决定给这些倒霉蛋以退休人员待遇。真是令人哭笑不得呀。

十二月二十六日，我们离开台北。奇怪的是居然机场还有征求意见表格，问乘客对于当时来往台湾大陆办法的意见，我实在懒得提什么意见了：脱裤子放屁自找麻烦，如果问我的意见，我肯定会出粗口的。

无论如何，海峡两岸，有善意存焉，有友情、亲情存焉，国人之心，有善意存焉。我们没有理由为未来而悲观。

一九九三年一年，与芳一道，走出国门，前后访问了新、马、意、美四国与中国香港、台湾地区。在境外就待了四个多月。世界真奇妙，中国真热闹。天地真辽阔，朋友真不少。回来后一次听京剧，碰到国务院主要领导同志，他说："你出去讲学了吗？效益怎么样？"我回答说，很好很好。到处走走，开阔开阔，益处颇多，有助于消除坐井观天、作茧自缚、夜郎自大、关上门称王称霸的毛病。也有助于消除崇洋媚外、少见多怪、看花了眼、拿上个鸡毛就当令箭、拿到个棒槌就当真（针）的毛病。

11. 相会在东京

一九九四年三月的全国政协全体会议上，我被补选为政协常委。同时我被指定为文艺界一个小组的召集人。还有人说，媒体得到指示，对王蒙补选为政协常委一事，不要炒作——其实是不必多言之意。台湾一个朋友见到我说："你又当官了。"另外也有人说："人心所向，早该如此。"这样的反应不足为奇，中国人口太多了，各种事的反应也就特别多。从个人来说，最好是什么反应都没有。是年我已经六十岁——花甲之年了。

在政协礼堂门口，碰到政协主席李瑞环同志，他一面与我握手一面匆匆地说："少生闲气，专心创作。"我感谢他的关心与好意，感谢他的八字箴言。我为我自己仍然充满了创作的驱动能量与太多的资源而快乐，为有的文友做了两年芝麻"官"就再写不出几行字来，或者写出来也是味同嚼蜡，有官无文，或者既失官又失文，吗也没剩下……只有一肚子气而同情怜悯。

我最最不相信的是一种说法，说是某某本来有鸿篇巨著的写作计划，由于革命事业的需要，他没有写，或者改写报屁股文字了……

但我又确实看到过，有一个人是这样的，她就是韦君宜，她是在从人民文学出版社退休后，新作泉涌起来的。但她的写作更多是纪实性、社会性的。

我想起了我写的一篇杂文，叫作《诚贤侄》：

老友之子未及而立，最近就任副县长之职，应友人命，诚之曰：把眼睛盯在工作上业务上，不要盯在别人服不服自己上……

千万不要弄几个人去搜集谁谁说了你什么什么，尤其不要自己在会上为自己辩白……否则只能出丑……

不要动不动骂前任。骂前任你就给自己出了个难题……处处反前任之道而行之，而且要干得比他好得多……把自己摆在了……与前任相比较的聚光灯下，这对你其实并不利。

不要到上级面前老是说你这个县的人民多么落后，这个县的干部的素质多么低下……不要老是到上面去呼救求援……

不要搞十几个人来七八条枪的亲信，更不要走到哪里把他们带到哪里……

总之，大官小官，都是办事的官。用工作的成绩说话，则兴，则立，则吉；用说话来取代工作成绩，则败，则危，则凶……能上能下，才见人品官品……任职期间也不要把业务全丢了，免得最后弄个一无所长，一无所成，武大郎盘杠子，上下够不着。

勉人者人恒勉之，所以叫作互勉。老友之子任职是实情。所列几点则有现成反面榜样摆在那里。想不到这篇杂文得到极大反响，都说写得生动具体实在，呼之欲出。还有的干部来信说他上任之时如何反复阅读了此文，并得益于此。武汉的一家大学的学报有人撰专文予以评论介绍。

这说明了人们对于政治文明的关心正在加强，而有关政治文明的具有可操作性的论述，是十分稀缺的。同样，非文明、反文明、愚蠢、搞笑与蒙昧的政治操作，仍然在污染我们的视听，有待于清洁和擦拭，更有待于学习和提高。

三月底我应美国投资中心邀请，到纽约参加由几家大银行发起的"投资中国问题研讨会"，他们希望我在午餐会上作一个关于中国文化传统与现状的讲演。这倒是反映了美国商界对于异质文化的重视与对于投资问题的长远关注。投资问题，不仅仅是一个经济问题，金融问题，而且与文化传统、文化性格有关，是文化行为也是政治举动。类似的经验还有德国的一位州长访华，他的首要任务是促进贸易，但仍然提出要见我，为了更多地了解中国的文化。某种意义上，文化就是人，就是民族，就是国家，就是特性。银行家们想接触一下中国文化，不仅仅是附庸风雅。

是时我已经收到了日本的以前任驻华大使、作家中江要介为会长的日中关系史研究会的访日邀请。具体事宜由川西重忠先生操办。然而由于出发赴美前，我的本国方面的访日手续并未完成，来不及在北京办理日本方面的签证。到了美国数天后，我国国务院同意我访日的批件刚刚下来，我便请求我国驻纽约总领馆协助我在纽约做签证。在第三国办中国人的公务护照签证，此种事比较罕见，而且许多国家对于拿中华人民共和国护照的人的签证搞得手续繁复，相当难办。访问意大利时就很明显，别人排在队伍前的排在队伍后部的都顺利入境，只有拿我国护照的要放到最后加码审查后处理，令人不快。

由于我国驻美的文化参赞与驻纽约的文化领事的特殊关照特殊努力，也由于日方外交部与驻纽约领馆的特事特办，经过北京（中国文化部与日本驻京使馆）、纽约（中国与日本驻纽约领馆）、东京（日本东道主即日中关系史学会与日本外交部）三地的频繁的信函、传真、电话往来，在最后一分钟还是把签证拿了下来，办成了。当我听到是时任驻纽约文化领事的丁伟同志在电话里对日本领馆的外交官大讲"that's great！"（太棒了），我也就笑了。

走向世界，走向世界，这需要各方的协助，否则，并没有那么方便，不是说想走就走到了。包括一些整天从政治上敦促你进一步开放的外国政府，同时又防范着你的进一步开放，害怕你开放得当真国门大开起来。这是事实。好在这些现象是处于改善的过程中而不是停滞不前或恶化的状态。我感谢改革开放的大政策，我感谢为我走向世界提供了服务与方便的我们的各方面的工作人士，我也感谢同样提供了服务与方便的各国朋友。

在美国完成各项日程后，四月二十一日午间，东京时间午夜，我从纽约肯尼迪国际机场乘联合航空公司的飞机出发，二十二日当地时间下午抵达东京。二十二日上午，瑞芳从北京首都机场出发，同样乘美国联合航空公司的飞机，四个多小时后抵达东京。从地球的两面，我们会合在东京。因为美国的邀请不包括瑞芳，而日本的邀请是我们二人。她的护照与签证是由文化部出面，在北京办的。北京、东京、纽约三个城市，在我们的旅行中联结起来了，这很有趣，这是一个令人兴奋的富有国际性的经验，这使我们体会到了一点国际人的活动方式，叫作感觉好极了。世界确实很大，也很小。我是太幸运了，我相信，我们的后人，立足在祖国大地，同时将愈来愈把世界各国纳入自己的视野、活动半径和日程表。

我在首次访日后所写的"准俳句"中，曾经描写过：

> 樱花已落去，
> 犹有芳菲盈心曲，
> 为客亦佳时。（《为客》）

我又在最后一首《话别》中表示：

> 樱花尽离枝，
> 依依登机许来日，
> 当不误花期。

　　然而，七年后，离开部长岗位后的再次访日，仍然是只赶上了樱花的尾巴。我们被安排到一个叫作小野的地方，那里的樱花季节要比东京的其他地方晚些。我们赶上了落樱时节，"落樱"的这两个汉字是一个特殊的名词，犹如"新绿""浅草"一样，是反映了日本人对于季节的敏感乃至伤感的富有日本特色的汉文词，或者也许应该说是用汉字表示的日语词。

　　落樱时节的日本人，太叫人感动了。一家家的人们在樱花下铺着地毯或防雨布，喝着清酒、啤酒，吃着海鲜烧烤，唱着抒情歌曲，跳着舞，哭着叫着笑着啸着呼喊着哀鸣着留恋着，整个一个对于春天的送别大典，对于樱花的送别大典，对于生命的一个阶段或一个部分的送别大典。而大片大片的樱花像雪片一样，像鹅毛一样，纷纷扬扬，飘飘洒洒，漫天遍地，落下，再落下，一个劲儿地落下。人们无限赞叹，无限依依。

　　落樱有它的爽气，它的痛快，它的规模气象。

　　日本人赞美樱花的盛开，赞美生命和春天，赞美生。也赞美，也许是更赞美落樱，赞美告别和逝去，赞美死。日本人的精神世界值得作为近邻的华人体味。

　　我觉得，日本人像傻了疯了一样地爱樱花，对不起，这反映了日本人的重情和压抑，凝聚和悲戚，狭隘和挣扎，唯美和沉醉，还有对世界的托依、拥抱和崇敬。有对大自然的爱恋和抱怨，对人生的无可奈何，对命运的无可奈何，对生存环境的无可奈何，也有对美的向往和奉献。我要说这是一种精神的自我救赎。这里有某种脱离现实、脱离此岸生活的狂热，还有一种平时无法发泄、为过分精致的文化习惯、文化方式所束缚的激情和野性。

可能我说得不对，请日本友人原谅我。我并非真正懂得了什么，但是我很感动，任何一种认真的与动情的民族心理都是感动人的。我希望我的理解不至于成为一种歪曲，我希望得到日本学专家和日本朋友的指教。

此次访日还有一段故事值得一记，我们到了京都、大阪、富山、姬路、神户、横滨与伊豆附近的温泉旅游区……在富山县，我们走近富士山，并在那里得到川西先生的友人机床制造商有本先生的招待，在那里吃了一次极精美的法式西餐。而在温泉，我们居住在绝对日式的榻榻米房间里，天还有点凉，室内有燃油的取暖器。当然，我们会想起川端康成，他的译者叶渭渠与唐月梅，还有引起政治争议的日本作家三岛由纪夫。三岛在中国文学、在作家中的声望，受到他的鼓吹"军国主义"的负面影响，可以说是极小极小。中国的作家几乎没有谁把三岛当政治人物看。

再回到东京以后，与日本参议员大鹰淑子一起吃了一个晚饭。

大鹰淑子即大名鼎鼎的伪满影星李香兰。

在我的一篇文章《人·历史·李香兰》中，我这样写道：

一九九二年四月，我获得了几张日本四季剧团演出的音乐剧《李香兰》的票。我很有兴趣地去了"天地大厦"。李香兰这个名字我不陌生，小时候我看过她主演的影片《万世流芳》，曾经学唱过她演唱的《卖糖歌》，我依稀记得上初中时老师说到她以汉奸罪被起诉而终于无罪释放时所表现的遗憾心情。似乎同学们也是遗憾的。看到一个在占领军卵翼下红里透紫的女星由于"附逆"而被枪决，对于长期处于艰难屈辱境地而毫无改善希望的老百姓来说，可能是一件痛快的、能以此获得某种心理的补偿的事情。

音乐剧的序曲开始演奏了——《夜来香》！我几乎叫了出来！原来《夜来香》是她首唱的。我知道这是一首至今没有开禁的歌……李香兰于一九四六年二月被当时的国民党政府宣告无罪释放，她恢复了本名山口淑子，婚后随夫姓为大鹰淑子，现任日本参议院议员，一九七八年，她以政治家、友好人士的身份来华访问。一九九二年，在庆祝中日建交二十周年的大题目下，"李香兰"成为我们的舞台的主人公，日本前首相竹下登专程到大连参加《李香兰》的首演式，中国的领导人接见了四季剧团的负责人浅利庆太先生……

这里我要说明的是，浅利庆太是日中文化交流协会的骨干人物，而日中文交协从毛泽东时代就是中国的老朋友，最可靠的朋友。在他们的话剧中，他们表现了日本侵略军在中国的暴行，表现了中国人民对于日本侵略者的切齿痛恨，至于李香兰，则是作为一个受害者，一个被利用者来表现的。

在天地大厦观看此歌剧时，有一位中共北京市委的工作人员，熟人，休息期间对我说："事到如今，又把李香兰之类的历史僵尸拉出来在舞台上跳跶一番，有什么意义？"他还表示他要给上边写信谈他的观点。

是的，李香兰所代表的那段历史，是中国人民的一个痛点，是"日中关系史"上的一道伤疤。甚至也是大鹰淑子议员的一道伤疤。她多次来华访问，并表示对于名为李香兰的那一段史实，甚感惭愧和痛心。因为，她长期冒充中国人，表现亲日拥日的情绪，服务于日本侵略者把占领中国说成是建设"王道乐土"的强盗宣传要求。

然而，我并不认为面对这样的伤疤只能吐口水或转过头去。"二战"中的日方阵营中除了军国主义分子、意欲奴役中国的侵略分子以外，也有被利用、被蒙蔽的基本善良的人士，也有对华比较友好、不赞成军国主义的侵略战争但又没有勇气反抗的人士。除了坚决的反战人士外，被侵略战争所裹胁的民众与普通士兵，他们客观上也为侵略服过务做过事，他们虽然对于发动侵略战争负有民族责任，他们仍然有他们的悲剧、他们的痛苦、他们的挣扎、他们的人格分裂与他们的历程。他们更有他们的生活，他们的日子，他们的命运，他们的童年与青春。他们也有情感包括负罪感与无力感、被骗与自我欺骗感，当然也肯定有民族主义直到军国主义的影响。历史裹胁了各式各样的人，战争更加强横地裹胁了不同的人。被裹胁的人同样能加害受害者，被裹胁者照样可以做出可怕的为害至巨的事，但是你无法抹掉他们曾经存在，他们的经验与惨痛呼号，他们从另一个角度控诉着侵略者、战争罪犯。他们不同于侵略头子。尽管他们的呼号不能与被侵略者的惨痛相比。而在沦陷区，除了有抗日志士，有狗汉奸以外，同样有大量的中间状态，有男人与女人，有歌曲与歌星，有小菜与老酒，有娶妻与生子，有屈辱也有抗争，有窝心也有尊严，有不共戴天的血海深仇，也有苦中作乐的过一天算一天。历史正面临着严峻的考验，非此即彼，几乎是没有中间道路。没有这样的道路，却有这样的状态。大量的中间状态——也是无路可走、此路不通的状态。甚至在两极的阵营中，各人仍然有多种多样的表现。

我一直在思考一种西方的说法：不承认中间状态是极权主义的一个特点。

至少对于我，李香兰这样的名字，《夜来香》与《何日君再来》这样的歌，它勾起了我对于屈辱的、贫困的、无望的童年时代的回忆。我不能说日本军人在北京的曾经的存在与我无关，我不能说《夜来香》直到反映鸦片战争的日伪影片《万世流芳》与主题歌曲《卖糖歌》的歌声能够被我完全忘却。不管后人怎么样给它定性与批判。

当然要批判日本的侵略战争，也可以"批判"李香兰与她唱过的歌曲，但是你无法批判我的童年日子与童年记忆。

不仅日本与中国的战争中间出了一个李香兰，而且德国著名导演法斯宾德的影片《丽莉·玛莲》，描写了一个欧洲的略类李香兰的故事。同一文章中，我写道：

> 无独有偶。同年五月，我……收看了香港一家英文电视台播放的电影《丽莉·玛莲》。丽莉是德国血统的一个歌女，自幼生活在异国……第二次世界大战中该国为抵制纳粹不准德国血统的人入境，使丽莉……只好回德国。她演唱的一首看来也是"离别布鲁斯"式的伤感的歌曲深受前线德军士兵的欢迎，她也被捧到极高的位置，曾被希特勒接见。她利用她的地位掩护帮助了抵抗运动的参加者，内中包括她原来的情人。为此，她被盖世太保逮捕，只是迫于各方的压力和考虑到宣传效果，才没有杀她。到一九四五年，轴心国失败，丽莉反而成为一个无家可归的、被两方面利用，又受到两方面的猜疑和不满的孤儿。

此次（二〇〇七年）写自传第三部的过程中，经查证，我知道影片所写的主人公真名是维佳，而丽莉·玛莲是她唱的名曲的主人公。维佳是德国人，一直生活在国外，她爱上了一个犹太人，此犹太人与他的父亲是抵抗分子。"二战"爆发时，她适回德国与情人相会，但她的出生与居住国由于"二战"再不准德裔人士入境。她留在了德国。她的歌曲不仅安慰了德国士兵，而且被英、美与苏联士兵所热烈喜爱。维佳参加过抵抗运动，这与李香兰有很大不同。

没有办法，这就是文艺，这就是战争，甚至在黑白分明的战争中，它也有感动双方人员的可能。战争的性质是黑白分明的，战争的命运却对敌我双方有共同性，都面临着生离死别，面临着炮火、毁灭、血腥……俗话说，人心都是肉长的。

根据网上查到的《丽莉·玛莲》歌词，我作了些整理：

在巨大的兵营门旁，
窗下站立着我们双双。
腼腆地互道再见以后，
如今只剩下一个天窗。
最爱的，丽莉·玛莲
最爱的，丽莉·玛莲。

到处都有身影的回想，
歌声似乎依旧款款飘扬。
何时人们才会重聚，
我们将相会在哪个天窗？
最爱的，丽莉·玛莲，
最爱的，丽莉·玛莲！

你吹起了口哨靠近门岗，
我三天未见到你在窗旁。
我们只能挥手道别，
坚信和你的爱将会久长……

熟悉的轻盈步履声响，
从白天到夜晚都在渴望。
我忽然得知要上前线，
谁知能否再来到这个天窗……

不论走上哪一个寂静角落，
你的红唇都是我梦中的希望。
当薄雾将一切淡淡笼罩，
我静静靠拢着我们的天窗……
只和你，丽莉·玛莲，
只和你，丽莉·玛莲。

这首歌甚至使我想起我最爱的苏联卫国战争歌曲《灯光》：

有位年轻的姑娘送战士去打仗，
他们黑夜里告别　在那台阶前。
透过淡淡的薄雾　那青年看见，
在那姑娘的窗前还闪亮着灯光。
前线光荣的大家庭迎接着青年，
到处都是同志　到处是朋友。
可是他总也忘不掉那熟悉的街道，
那里有可爱的姑娘和亲爱的灯光。
…………
为了苏维埃祖国和亲爱的灯光，
打击可恨的侵略者战斗更勇敢。
为了苏维埃祖国和亲爱的灯光。

　　苏联这首歌曲也是我的最爱，它应该是由格拉祖诺夫唱红了的。歌曲里同样也有"薄雾"，有告别，有梦。
　　历史对于人的裹挟，这是西方一大批文艺作品的主题。《大块文章》里提过的《末代皇帝》，怕是主题就有这个意味。歌剧《李香兰》与影片

《丽莉·玛莲》，更是充满着这样的悲悯。这里并不特别牵扯到法学的与道德的主张。依据法律应该判以严厉的处罚的罪犯，仍然有可能成为文艺作品感兴趣的对象。对不起，过分地抱着这种悲悯的心情，过分地以人性论解释一切，人们可能放过一些战争罪犯和严重的刑事犯罪分子。但是从更长远与宽广的眼光来看，人道的与悲悯的情怀，首先是一种宗教情怀，有助于宽恕一切可以宽恕的对手，理解一切需要理解的人士，有助于友爱与和谐。我还是那句话，宁做东郭先生，不做恶狼，宁做农夫，不做毒蛇。尤其在我读了《李香兰之谜》（原题《李香兰——我的前半生》）之后。

回忆中大鹰淑子说，她以中国人的身份参加了中国学生的一个聚会，大家讨论如果日本人杀过来她们怎么办，许多同学表达了她们反日抗日的决心，而时名潘淑华的作者说："我会站在城墙上……"她说，她想的是，双方的子弹都会先打到她，她认为这是相当理想的结局……

没有理由，不相信作者的话。即使这样的话说明不了什么也减轻不了什么，即使她与我们一样坚决地要求把李香兰埋入历史的垃圾堆。日本人编出这样的歌剧主题仍然是不忘历史的痛苦，叫作"日中不再战"。中国有关部门不同意拍李香兰题材的影片，也是为了同样的理念。但是她的书还是出版了，我的评论文章发表了，而且有影响。

曾在伪满"映画"（电影制片）厂与李香兰相识的香港电影导演李翰祥曾有意拍以李香兰的故事为题材的影片，他多次找我访谈，终于没有搞成。他给了我日本NHK（日本放送协会）拍的《李香兰》电视剧。即使是最最对华友好的日本人士，在描写"二战"时，仍然有与我们角度不同、情感不同的地方，当然。

我的文章中同时写道：

> 谁能说"音符是全世界的共同语言呢"？（引自《李香兰之谜》，以下引文亦同出自该书。）

还有《何日君再来》，也说是一首坏歌。这首歌最早是由周璇唱的。看音乐剧时我才知道，李香兰也演唱过这首歌。在李香兰为自己写的自传中，提到："尽管这首歌很受欢迎，但流行的时间不长，后来日文和中文版都禁止出售……理由是任何一首外国的软绵绵的情歌都会使风纪紊乱。"（不仅如此，一九四五年李在上海因演唱这首歌还受到工部局的传讯，"他们怀疑我唱这首歌是期望重庆政府或共产党政府回来。"）她还提到了另一首《离别的布鲁斯》（即《丽莉·玛莲》，王蒙注）因被指责为"颓废且挫伤士气的敌国音乐"而被禁。但这首歌深受（日军）士兵的欢迎，当演员应要求演奏这首歌时，军官就假装有事离开会场，自己也流着泪在一边欣赏。

战争的命运与歌曲——文艺的命运，尤其是侵略者、失败者一方，他们的士兵，他们的尚未绝对灭绝人性的士官，他们的感受……这是怎样的罪孽呀！二十一世纪，我国才有传媒说，《何日君再来》不是汉奸歌曲，作曲者刘雪庵，恰恰是爱国歌曲《流亡三部曲》的作者。

　　音乐剧似乎企图表现李香兰是一个历史的牺牲者，她本人单纯善良，希望日中友好，但被利用愚弄成为日本侵华政策的工具，受到中国人民的仇恨，几乎被杀……音乐剧凸现了一九四五年日本投降后日本人处境之恐怖悲惨，中国人要求惩戒汉奸的情绪之激昂严厉……既承认这些人（包括川岛芳子……）的罪有应得，又表达了他们都是历史的牺牲品，有其极为盲目与可悯的一面。

我说：

　　这种处理与角度当然与中国人不同。哪怕是对日本怀有最友好感情与观点的中国人与对华极友好极进步的日本友人，回顾与解释那一段历史、那时的一些人和事的时候特别是表达自己的情感的时候，也会大有径庭。这倒是过去没有认真想过的。
　　…………
　　按我们的观点，抗日斗争，爱国者与汉奸之争是最无争议的。左、中、右，国、共，许多意见都是一致的。山口淑子可以无罪释放；大鹰淑子可以待如上宾；李香兰则只应彻底埋葬。侵略者，狗强盗，伪满，《支那之夜》与《白兰之歌》……还有什么可说的？

我讲到了这本书的一些有趣的，也有启发的内容，以下是大鹰淑子的一句话：

一个被时代、被一种虚妄的政策所愚弄的人，如果噩梦醒来后，能够有机会对当时的作为反思，或者加以说明解释，也是幸福的。

我的评论提到：

一九四一年，李香兰在东京日本剧场举行个人演唱会，排队买票的人绕剧场三周，发生了混乱。音乐剧也表现了此事。这样，李香兰在日本也大红大紫了起来。这时，她收到了出自当时的外交大臣松岗洋右的长子松岗谦一郎的来信。信上说：

"人的价值……不能用……有无名气来衡量。人的价值并不表现在人的表面……你应该珍重自己。现在是个人价值被愚弄的时代……你必须……更加尊重自己，否则只能被国家时局摆布……希望你永远自珍自爱。"

这话就很耐人寻味了。在日本历史最黑暗的一个时期，战后被定为战犯的松岗外相之子，给一个冒充中国人（或"满洲"人）为日本的远东政策效力的女明星这样写信。这既让人感受到了自由主义的力量也感受到自由主义的软弱。作为一种抵制，它不会绝种——也不会成事。……有一些有进步倾向的日本艺术家，由于战时无法在本国搞艺术，就跑到"满洲"或上海来，钻点空子，搞点有艺术价值的电影。她提到了"纪实性艺术片"《黄河》与俄罗斯风格的音乐片《我的黄莺》。她说她因参加拍摄后者而被苏、日两国的间谍跟踪调查。她回忆后者的导演岛津说："日本肯定战败，但正因为战败，所以更要留下好的艺术电影……"

乍一读，似觉匪夷所思。再一想，那种环境和气氛下，完全可能。一个国家走向军国主义……不等于这个国家变成了铁板一块。还会有松岗谦一郎那样的个人主义与（自称是）无政府主义者，还会有岛津这样的企图证明自己能够跻身欧美艺术家之列的人，这样的艺术家着实可怜，他们无勇无智无力去抵挡军国主义，他们硬是在东条英机等战争罪犯主政的日本，无法忘情于艺术。他们不是反战的烈士，所以他们罪该万死吗？他们想得可能天真呆气，他们做的可能事与愿违，我们可以方便地批评他们基本立场没有转到被压迫被侵略的人民一边。但他们的表现是很自然的，不难理解的。他们毕竟是日本人……他们无意更无力站到当时日本军国主义当局的对立面去。但他们自己不是军国主义分子。颜色并非仅有黑白两种，即使在阵营如此分明的第二次世界大战中。

连李香兰也问："在那样紧张的时局中，为什么要拍这样的……欧洲音乐叙事诗呢……未免太脱离现实了……"

任何现实中，都有脱离者。

我的这句话是重要的。要正视现实，也要正视那少数脱离了现实的可怜的艺术家。我写道：

但即使最反动的日本军国主义这一边，他们全面严厉控制艺术、使艺术成为他们的宣传工具是事实，艺术不可能完全成为军国主义的宣传工具也是事实……

我相当详尽地谈了我评论李香兰自传的文字，当然不仅仅是为了李香兰或日本友人或曾经做过伤害中国人民的事而现在很友好的日本朋友。我只是说明，连最最简明的事，也并不是那么简明的，而读者朋友们往往只知道简明处事，简明论人。不止有一个论者评论我的"复杂"，问题当然不仅仅在于复杂，有时候"复杂"在我们这里还暗含着一些贬义，例如诡计多端、心眼儿太多、手法多变，等等。问题在于深刻与全面，我们的简明法，往往是肤浅的与片面的，其实是谬误的。

一位日本朋友对我说，我写的关于李香兰的文章，大原则毫不含糊，具体事项，则多了一些理解。

李香兰比我大十四岁，她当然仍然打扮得优雅端庄美丽。我们一起在银座吃了饭。她还对于在日本出版我的文集表示关切，可惜，此事并无下文。

12.《失态的季节》与《王蒙文集》

我花了不少笔墨谈及李香兰，是为了一种思想方法，一种对于人类与历史的理解。它是一种情怀，一种悲悯，是"只有解放全世界才能解放自身"的理念；也是地狱不空誓不成佛的普度之心。

它也是一种对于我的童年，对于那些在沦陷区度过童年的人的抚摩与怀念。

它还表达了我对于艺术，对于某一类艺术家的某种同情，哪怕说成怜悯。

我有时候还钻一个牛角尖，作为被侵略的中国的政府，而且是正义的与战胜国的政府，当然有权力审判敌国的战争罪犯，审判本国的汉奸、卖国贼，代表国家民族直到人类处分他们，直到处决他们中的罪大恶极者。但对于沦陷区的老百姓，应该说些什么呢？老百姓交租交粮，当兵当差，服役纳税，养育官员，养育军队，盼望着你们能够保境安民，御敌于国门之外。但是你这个政府未能、或确实没有实力能保护住你的子民不受外国侵略军的占领和奴役压迫和侮辱。你除了审查你的子民们在沦陷时期的表现以外，你不感到自身的责任吗？你没有任何自省吗？你不感到愧对百姓们吗？如果一个人是生活在一个强大的、正义的、无敌的与进步的国家，你怎么可能得知这些沦陷区人民所受到的考验和屈辱之万一！

一九九四年还有几件大事。一个是《失态的季节》——"季节系列"第二部的出版。此前已经有许多反映"反右"题材的作品红极一时了。这些作品的特点之一，就是干干脆脆来它个掉个儿，作品中的被错打的右派分子，是一些悲情英雄，是为人民与祖国背负着十字架的圣徒，是受到了小人暗算，有的甚至是由于小人为了与英雄争夺一个美丽的女子。以至于在一九八三年的中央委员会小组会上，一位中央领导同志参加我们的小组讨论，在谈到意识形态问题时（因为那一次全会提出了精神污染问题）即兴发言说，反右题材当然是可以写的，但是争夺老婆的情节，我怎么觉得没有那么可信？与会者包括鄙人——都笑了起来。

对比一下一九五八年或一九五九年上演的、后来拍了电影的话剧《槐树庄》，此戏里有一名背兴五百年的右派分子叫个什么崔某某的。文艺如此这般为政治服务，呜呼哀哉尚飨！

二十世纪八十年代初期，我在《雨花》杂志上读到一位年轻女作家徐乃建的小说《杨柏的污染》，她写一批"右派分子"在某地劳动，大家相濡以沫，日子也还凑合。这时，忽然传来一个消息，说是要在这些倒霉蛋中评出一定比例的表现好者，可能摘掉帽子调回城市分配工作。一下子就污染大发喽，大家要争这个表现好，这是一个切身利益问题，这也是天下皆知羊之为羊，斯恶矣，皆知表现好之为好，斯坏到了极点啦。于是人人使出了浑身解数，打小报告者有之，无限上纲批评旁人者有之，"火并王伦"者有之……（大意如此）不用说了，这才是小说中更是真实生活中所谓错划右派们的真正惨烈真正恐怖的经历呢。

把一个人错划为右派，这是一个悲剧，这里主要是政治理念问题、政策问题、对知识分子的看法问题、法制与法治问题。这些，小说写了，很好，不写，自有政治学家、党史专家、理论家、法学家、党委的"摘帽办"、组织人事部门等去做去研究去处理。

从某种更深的意义上来说，使一个体面的人、专家、干部、知识分子，变成了抢稻草的落水倒霉蛋，成为有你没我有我没你的野兽，成为被凶恶的逻辑所毁损，于是自身也凶恶化、粗鄙化、无序竞争化即无耻肉搏化的另类人物，这不能不说是更大的人的悲剧、人性的悲剧。政治的悲剧可以用改正平反重用高升厚葬追认抚恤家属后人等方法予以补救，可以补救一部分乃至大部分，乃至超部分。人性恶的唤醒，人性善的摧毁，这样的后果，这样的后遗症却不是一年两年能够痊愈的。人们常常叹息二十世纪五十年代的社会风气是何等的好，延安的作风是何等的好，同时现时的风气问题作风问题有哪些令人触目惊心之处，个中原因当然很多，而且一般地说，一味讲什么世风日下与人心不古，已经讲了百多年了，实在是浅薄与无聊，即使如此，考虑一下，历次政治运动是怎样地败坏着人心，也还是有意义的。

表现这一类问题，正是文学的强项，正是那篇"污染"小说最最打动人心的地方。可惜，没有人注意此作。

本人的《失态的季节》则是事隔许多年之后，是对于所谓反右题材的忠于人生真实之作。我们承认了失态，承认了自己的不高明，我们是在忏悔。

当然更应该反思极"左"。我写了极"左"者是怎么样利用了人们的忠诚与坦直。我描写了极"左"者的上纲有术，那种深文周纳，那种骇人听闻，那种强词夺理，那种语言暴力，语言屠杀，语言血腥。

我写道：

> ……我们的快乐，我们的悲哀，我们在地球上的胡作非为，我们的罪恶和忏悔的泪水，也只有在许多许多万年以后，在除了极少数极少数考古学家再没有任何地球人关心我们知道我们乃至相信我们当真这样生活过激动过哭泣过的时候，才能被那个辽远的星球上的智能人所觉察……他们想帮助我们……他们已经无法帮助我们了。
>
> 我们互为历史，互为博物馆的展览，互为寻找和追怀、欣赏和叹息的缘起。
>
> 我们互为长篇小说。

不幸言中了。中国一日千里，中国日新月异。昨天已经古老，昨天未免沉重，昨天最好忘记。有时候我们选择的是遗忘而不是汲取历史的教训。

一些人的精神生活被歪曲了，失态了。而对于我们的民族来说，更可悲之处在于，一些屁事不懂而自我感觉良好的后生弟弟妹妹，得知了一些真实情况真实描绘之后叹道，原来他们这一代人如此的不中用不英雄不伟大不高耸啊。有一些原来的红卫兵，自幼就很少对不幸的人理解与同情，自幼就充满了自我膨胀，所向披靡，横扫一切，志大才疏，他们有悲情哭泣，有高调入云，有愤怒詈骂，有自恋自怨自吹自我作古，就是从不反省、从不正视自己的失态与尴尬。

一个不懂得反求诸己的人与民族，一个只知道埋怨上一代没有给自己留下足够的物质与精神遗产的民族，一个只会吹嘘自身的无怨无悔而从不反省忏悔的自得者，能是有希望的吗？上一代上几代至少是推翻了旧中国的反动统治，抵抗了日本军国主义，表现了足够的英雄主义，当然他们在如何对待革命自身的曲折与麻烦方面还没有经验，更没有准备。那么，现在，不正好是你们这一代大显身手的时候到来了吗？

是的，我们没有反省的意识，我们没有忏悔的传统，我们接受的佩服的宣扬的是大言欺世，是英雄悲情，是黑白分明，是卑鄙对准了崇高，崇高横扫了卑鄙，最后是自己横扫了国人与世界，是冲锋号与处决令，是鲜花归自己狗屎归对方。我们接受假大空，冲霄汉接着冲云天接着上九天，是最新的时尚与对于时尚谩骂的时尚，是最浅薄的古董与同样浅薄的对于传统的一笔抹杀，最愚昧的迷信与最没有把握的幻想……总而言之，我们可能相对容易地接受一切，除了实事求是。

实事求是，一是太复杂；二是太不解气；三是太带劲；四是表达起来麻烦；五是充满了自身的矛盾；六是显得不够鲁直，不够憨厚，不够听使唤、好糊弄，用起来不那么得心应手；七是实事求是涉嫌态度不鲜明，涉嫌左右都占着理，涉嫌叫受众听着发晕，涉嫌过于聪明，涉嫌叫人扬着脖子看，涉嫌显摆，涉嫌中庸之道，而内容深刻的中庸之道经过了几千年的普及以后，大众化了以后，显得像是不阴不阳，不男不女，无是无非，不忠不奸，两面派，八面玲珑。

最后，也是最重要的，你既然实事求是了，你既然承认自己也干过那么多蠢事错事糊涂事，你既然承认你也伤害过旁人，做过对不起旁人的事，而旁人都是一百个受屈含冤，一百个一贯正确，一百个优良美丽，那就证明你是一个臭大粪，而你以外的人是鲜花、香饽饽。

谁实事求是谁就被小瞧，被轻视。

如果你立志做野心家大佬超人，请注意，万勿"实事求是"。

所以就有人读了《失态的季节》之后，结论是：原来这帮子错划右派不过如此。还有的人说，这些人的苦难本来应该孕育出黄金来，但是他们的没有出息，被扭曲的心灵，使他们生产出来的——下出来的只有败草或者垃圾。

说这个话的人已经年逾不惑，其实，与其因等待不到现成的黄金而失望，远不如自己下两个金蛋试试。与有过下金蛋的纪录的光辉人物相比较，您已经到达了乃至超过了下金蛋的年龄了。等待捡金蛋，因为没有捡到现成的金蛋而埋怨上一辈母鸡与公鸡的人，自己下的蛋能够有多少含金量呢？

其实写书的时候已经想到了：

经验和想象交融在一起。怀念和遗憾难以分析。也许不无夸张。也许不无吝惜……也许忘记了小说不过是小说……也许沉湎在字、词、句的排列游戏里，忘却了郑重的悲喜。也许回顾未免沉重。也许血泪故事已经变为佐餐下酒的谈资。时间的距离使情节变得轻飘和那么易于承受。写作的啰唆使生活益发过期。结构的要求修理着毛刺的真实。虚幻的美丽引诱着作者的操持。对于历史的认真愈来愈显得傻气。崭新的手段冷落了文学的情绪，时间的河流冲刷掉生命的温热，艺术的才华把活着或活过的男男女女变成了儿童手里的橡皮泥。还有猜忌与敌意，还有吹嘘与公共关系，还有乱哄哄的苍蝇蚊子污染了的针头与空中霸王B-52超级轰炸机，还有沸腾的坚硬的稀粥，还有堕落的恶棍，还有随着地球经度的变化而变化的时区，还有从甲型到戊型肝炎，还有令人沮丧的印数，还有终究会有的江郎才尽的皆大欢喜。

一个简单的判断，"季节系列"的写作标志着王蒙的过时，本来他应该写企业家、股市、海龟与土鳖、贪官双规、守候家园、弱势群体、环境污染、同性恋、涉外婚姻……尤其是三陪、按摩女、妓女……

那么岂止是王蒙过了时？还有昨天，还有各种运动，还有那个时代、那些个阳光灿烂的日子。没有什么地方像中国这样突飞猛进，这样各领风骚三五天，这样善于把该忘记的一切统统忘记，大家围成一个圆圈高唱：高兴，高兴，真高兴！！！

我描写这些倒霉蛋怎样种树：

……一路上作着政治动员。他说，前人种树后人歇凉，我们现在做的是最伟大最美好最有意义最幸福的事。杜冲说，专门让最不好的人干最好的事，也就是希望我们这些最不好的人变成最好的人，也就是对于我们的最大关怀最大爱护；太伟大了，太温暖了！钱文说，啊，让我们想想吧，再过十年再过二十年这里会是什么样子！郑仿口占歌谣说：大雁大雁别害怕，这里就是你的家，荒山野岭何处去，处处果香处处花！又占一首曰：今日一滴汗，明日绿一片，松柏四季绿，水果全年甜！费可犁感动地说，我们有机会做这样的好事，不做坏事，党的关怀真是比父母还亲！他激动地一把鼻涕一把眼泪地喊着"我对不起党，我对不起党啊"！众人闻之惨然，几乎一起抱头痛哭。

这里的杜冲，是比较不那么瞎浪漫（王小波语）的一位，他的话里其实包含着反讽，专门让最不好的人干最好的事，另一面就是最好的人反而不做那些最好的事了，读者，你看得明白吗？究竟作者是高估了还是低估了你们的智商了呢？

这一类描写，自己如今读起来，自身也在怀疑它们是否过时，或者不仅是过时而且是恶心了吧？然而这是真实的"后革命"啊，这是革命带来的服膺、崇拜、激情、投入与高调啊。我想起北岛的诗来，北岛的一句名诗是"我——不——相——信！"那么我这一代人的特点就是"我们相信"。我们曾经相信，我们仍然愿意相信，我们最终相信，即使是过分的相信也比过分的不信好，火比冰好，热情比冷酷好，傻乐比仇恨好。至少是对自己好。阴暗别人的人首先阴暗了自己。仇恨别人的人，首先感到的是旁人对自己的仇恨。

回想纯洁正直如华罗庚者那个年代也曾著文谈自己学习辩证法的体会。称自己如同在海边捡到贝壳的孩子，急于向妈妈（党）报喜。后来被树为伟大的孤独者的沈从文也恰恰在此时，在"反右"胜利，"大跃进"开始之时申请入党。中国知识分子的革命化与中国革命的某种程度某些时候的非知识化，这不是值得回味的吗？

我常常咀嚼革命现代京剧《沙家浜》里阿庆嫂请胡司令与刁德一喝茶的情形。阿庆嫂说："这个茶喝到这时候，喝出点味来了。"她指的应该是听出刁德一的话语的味道——找她查核新四军伤病员的下落来了。胡传魁则傻呵呵地说："嗯，喝出点味来了……"到此，剧场观众会笑起来，因为大家感到胡司令的弱智。

我们呢？咱们呢？咱们品出味儿来了吗？咱们当中，就没有人智商不比胡传魁高多少吗？

当然，即使在完全失去了口味的年代，在完全失态的年代，仍然有日子也有生活，《失态的季节》里最最美好的描写是写郑仿"看青"（守护已经接近成熟的庄稼，防止被盗）的一大段。先写的是郑仿在墓地里迎接黑夜：

> ……他可以谛听各种急于下班回家的车辆的声音……车辆声音渐渐沉寂下来之后，他便去欣赏马嘶牛吼鸡鸣犬吠……除了地牛的苍凉沉郁的叫声以外，郑仿还听到过几次夜猫子的怪叫——更像是不知所指的笑声……人生又有几次可以独自坐在坟地里守着死人听猫头鹰的啼叫呢……
>
> 暮色苍茫，安息者没入永恒。三星在天，繁星渐显，树影黑沉沉，一只怪声怪气的鸟叫得离奇而又专注……
>
> 凉风徐来，暑意全消，大地更加迷茫，天空更加贴近地朦胧，亲切而又压迫。你接着想起——毋宁说是忘却自身。你忽然觉得原来认为是那样重要那样要死要活那样刻不容缓的事情其实根本不怎么存在，至少是不必在意。

这倒有点中国文人的传统了，啸傲（注意，不是笑傲，在金庸的小说之前，从无笑傲一词，而早有啸傲之说）天地、与天地一体而忘却人间烦恼，这是中国文人的功夫。

琢磨着自己的姓名，郑仿笑道：

> ……多么装模作样而又狗屁不通的名字！这个郑仿幼年时候居然还娇哥宝贝蛋儿了一阵子。他甚至依稀记得他的奶妈，记得爷爷把他抱在腿上的情景，记得坐着包月洋车，听着叮叮当当的铜铃声去戏园子的情形。他还记得妈妈抱着自己坐轿的高贵与舒适劲儿……然后又成了俊俏的书生，西服革履的大少爷，手画十字的基督徒……

这已经是比较现代带几分西化的功夫了，叫作自嘲。郑仿怀念着也尽情嘲笑着自己的角色推移。

　　然而……怎么可能满足一个热血沸腾、眼比天高的青年志士的精神饥渴！于是有了共产主义马克思列宁主义毛泽东思想地下党领导的学潮学运，于是有了侃侃而谈翩翩而来而往的、无往而不胜的天生革命家学生领袖郑仿同志；后来他又成了儿童文学的权威、权威的儿童文学刊物的主编。郑仿主持编政，评议稿件，生杀予夺，而且他动不动就把一篇儿童文学稿件的取舍与当时的国际形势联系起来（搞儿童文学的人士多得很，但是能够把儿童文学与国际形势联系起来的只有他一人而已）……

　　然后是高天上的风筝一样的一个倒栽葱、嘴啃泥，跌入了臭屎坑烂泥塘，人不人鬼不鬼了。然后是一个每月十八大吊的准罪犯，一个堂舅家的食客，一个被分析得一塌糊涂又能随时把一切人分析个体无完肤的口舌如刀的改造者，一个改诗的"上游"，一个"大跃进"民歌的作者，一个犯了错误才发掘出诗才的新生活的歌者，一个偷大蒜的罪犯，一个被赦免的流氓，一个小寡妇的未婚夫，一个墓地上的逍遥客，一个猫头鹰的知音，一个初夏夜的田园风光领略者了……

　　请注意我所说的他也能将别人分析个体无完肤。我不仅看到了一种可能一种命运，一个立体的某一面，而且看到了另外的可能另外的一面。革人之命者人恒革之，"革自己的命"的口号曾经非常蛊惑人心，非常深刻伟大。大言欺世者人恒欺之，收拾世界者世界恒收拾之。有什么办法？看看一个个冤死鬼一样的回忆录的作者们吧，看看那些审判着历史审判着人众的屹立如松的哥们儿姐们儿吧，他们她们隐藏了回避了多少事实，读者诸君能够知道吗？

　　但是王蒙知道。

　　……而翠柏如斯，土馒头如斯，星夜如斯，猫头鹰啼笑如斯，拔了牙再安装上假牙，瘦了又胖了又更瘦了的百十来斤重的又聪明又愚蠢又高贵又下贱又自私又爱别人又政治又个人又渴望女性又胆小如鼠的那个名叫郑仿或者名叫王八蛋或者大好人其实全一样的暂时还活着的讨厌的家伙如斯。

谁能读懂？谁能接受？谁能获益？

……于是他躺在墓地上哈哈大笑起来！他笑出了许多眼泪。他活到这么大了，还从来没有如此的舒畅过。

……是风，是风把北京城不知道什么人的说话的声音哄笑的声音传送到南郊来了。清风送来的话声如歌如吟，比音乐还动人。

北京城真好。住在北京城，说着北京话，笑得甜甜脆脆可真好。

……他迎着风直挺挺站立着，劈开两腿，解开裤扣，掏出家伙，撒了泡尿，尿得很长，尿得很多，尿得很冲，尿得亮晶晶如桥如练。清风吹起了他的热尿的臊气。

也还生猛呢。他笑了。

"……我操你妈！"

一辈子还没骂过什么脏字的郑仿突然石破天惊地破口大骂了一句，真是山摇海啸，惊心动魄。四面看看，寻找着大无畏的声波震荡四方的迹象，知道自己确是骂将出去了……

好啊，真好啊。

革命人永远是年轻，

他好比大松树冬夏常青！

郑仿唱了起来。本来他不是特别喜欢这个歌儿，他觉得歌词太口号化了。今天，他蓦地体会到了这首歌的好处。

这是什么呢？一半是变态，一半是失态，一半是坚强，一半是孱弱，一半是成熟的过程与脚印，一半是哭哭笑笑，哭笑不得！

这个在深夜野地里站立尿尿的场面与粗口，似乎应该适合第某代导演的口味。

这样写比只写冤屈，只写坚持真理，只写茹苦含辛，不是更真实一些吗？

然后是：

……他一阵迷糊，突然惊醒，醒来时还以为是儿时坐在轿中，只觉得一颠一颠，一颤一颤。他走出帐外，抬头看天，大口吸气，只觉青纱帐里传出阵阵芳香，沁人心脾。从星星位置的变化他知道已是午夜，不由得长出一口气。

海上生明月，天涯共此时……

他现在不在海上。可是午夜朦胧，大田如海，阡陌纵横，起伏如波涛……

此情此景，一片迷茫。

……他走出帐篷，揿动开关把电筒照向天空，只觉如向中天射去了探照灯一般，巍巍光柱，赫赫白焰，似乎将那角天空也照亮了。我欲乘风归去，又恐琼楼玉宇，高处不胜寒……

又想起了东坡先生，高处是太冷了，低处又是太饿了啊。

君不见黄河之水天上来，奔流到海不复回……可不是嘛。襄阳小儿齐拍手，拦街争唱白铜鞮。夜台无李白，沽酒与何人？我醉欲眠君且去，明朝有意抱琴来。一唱一回肠一断，三春三月忆三巴……

李白与他一起看青。

一会儿在帐篷里边，一会儿在帐篷外边；一会儿吟咏徘徊，一会儿赏月观星；一会儿台步如风，一会儿莲花指掌；一会儿摇头摆尾，一会儿顾影自怜；一会儿仰天长啸，一会儿清泪长流；一会儿花旦的尖声尖气，一会儿西洋歌剧美声；一会儿挥舞棍棒，一会儿光射天庭……郑仿只觉如醉如痴，情深意满。他太幸福了！他太满足了！他太丰富了！他太享受了……

请问，谁这样写过那时的所谓右派们的日子与心态！

一九九四年，华艺出版社与云南宏达公司的郭友亮先生合作，出版了我与刘心武的文集，我的文集全十卷，五百万字，截至一九九三年作品为止。文化部副部长刘德有与作协的冯牧同志参加了文集的发行仪式。这当然是一件乐事。

同年，一些作家同行好友为我过了六十岁生日。宗璞撰一联曰：

智圆行方黄钟大吕世相人间金管立
气豪辞锐朗月清风姓名天上碧纱笼

我永远感谢宗璞的好意与她为我写下的努力方向。

文化部的部长助理与一些局级干部也为我的花甲生日小酌，情深意长。

我想起了我一九八六年就任文化部部长，首次参加外文局的一次活动时讲的话来了，上台时并不需要鼓掌，下台时如果还能有掌声，那倒是更珍贵的了。还有几次鼓掌，难以忘怀，永远珍藏。

13.吾心光明，亦复何言？

写到这里我产生了一个问题，我为什么这样快乐？

有一回，我可能是与人第一百次讲到我在新疆的快乐生活。我讲到我在新疆的维吾尔语研究博士后"学历"，讲到由于"文革"中我与邻居——一对青年工人夫妇——常在一起玩麻将牌，三把不和就要戴一个纸糊的高帽子，我的命中本已注定的高帽之灾，就这样被替代与化解掉了。

这也是你（老天爷）有政策（命定、旨意），我有对策的中国式的糊弄凑合法。

甚至我自己的家人也叹道："他说得多么轻松啊。"

我为之一惊，我是一个轻松的没心没肺的人吗？我是老顽童？高龄少男？快乐主义者？革命的阿Q？故作轻松之语？须知我有二十多年基本上失却了公民权，失却了正常的生活与工作。

也许并非那么简单。

我有过如此凶险的经历，美言之曰考验。真正的凶险是无形的，特别是在一九八〇年以后，不会是搞出那么大的光天化日。然而，确实有人在下手下招，在像煞有介事地发射飞毛腿导弹，动员了差不多一个小团体的人马。你能够想得到的方法，他们采用了。你所没有想得到的方法，本来不属于他们的行事范围的方法，他们也采用了。例如，发内参。不是政府部门，不是新华社，不是中央机关报纸，不是地方机关报纸，但是他们自作多情地发了多少内参，而且反复发来发去。风欲静而树不止，树林欲静而几棵树死活不止，这是奇观。

所以我早就体会到，世界上至少有那么两种人，一种人叫作有所不为，一个作家，按理说不好意思跑官要官，不应该动辄告状告人，不适合用通红的眼睛盯着权位，要避讳对同行的恶言，要避讳同行是冤家的嫉妒心理作怪，要像躲避瘟疫一样地躲避低俗的、卑劣的、下作的那一套手段：例如编瞎话，例如造谣言，例如拉团伙儿，例如培植个人亲信……

但另一种人却是无所不为，只问目的，不择手段，只问是不是自己的亲信，不问其他。斗心眼斗上了瘾，抓私权抓成了病，再没有别的了。只求证明自己正确，比谁都正确……这也是一种坚持，一种执着，是不是带几分偏执？

无所不为者十八般兵器俱全，另十八样暗器，十八样毒器，十八样烟雾，也都有。

有所不为者只有六七样兵器，曰实践，曰规则，曰善意，曰实事求是，曰据理力争，曰乐观与信心……就这样，还被无知小儿或哗众取宠者攻击为太聪明了。

正是因为有这样的无所不为者的兵器，我必须轻松，我必须快乐，我必须坦荡，我必须阳光灿烂，万里少云（我不敢说绝对无云），我必须从容不迫，笑口常开，我必须意态舒展，心情畅快，我必须大肚能容，容天下难容之事，笑口常开，笑世间可笑之人。我必须提供一个完全不同的，开阔大度、高尚超拔、无咎无恙，永远是逢凶化吉、遇难呈祥的风格、性格、规格、品格。用李国文的小说《改选》里的话，就是范例，就是"样板"。我必须以我的快乐光明的样板形象来回答愤怒阴暗的您老。我必须用阔大通达的样板世界来比衬您的鼠肚鸡肠。我必须用专心用功、源源不绝的文学劳作来回应吾兄的笔枯文涩江郎才尽。我必须用我的如宗璞所讲的朗月清风、气豪辞锐，不断创造、不断提出新的问题、作出新的尝试的活泼生机来回答您的原地转磨而又明枪暗箭。我必须用高明得多、善良得多、富有建设性得多、用功得多的劳作来回答您的念念有词、气急败坏、千篇一律、败坏胃口。

我相信这个英明论断：君子坦荡荡，小人常戚戚。

我没有别的选择，我"被迫"快乐无双，我"被逼"得乐观无比，我永远一笑了之，我永远对一听到我的名字气就不打一处来的吾兄充满了希望和友谊，可以说是爱，是期待，是单相思。

说实话，本来您是我的兄长，我的朋友，我的老师，我的志同道合的伙伴，这样合适的伙伴未必再有第二个。虽然您不无枯竭，毕竟历史上有过丰满与润泽。虽然您早已狼眼，但毕竟有过天真与偶发的才气。听说您曾经是一个随和与好心的人，是官职给了您不胜的负担，您受不了啦。而且您有激情，爱冲动，用一些二流文学词汇文学范畴包装与引导自己的政治动作，动辄对此对彼有说不完的意见。您实际不懂政治，不见得比我多懂多少。您有点惨啊。我其实蛮喜欢您，愿意成为您的好友和兄弟。但是您的所作所为恰恰成为我的参照，成为另一种样板，成为——对不起——反面教材。我写的《诫贤侄》，我写的处世的二十三条原则，我所指出的需要警惕和避免的各种行事方式，例如弄一些人搜集谁谁说了你什么什么，例如利用职权在本系统的大会上论证自己的正确性，例如动辄向上告急告状求援，这些本来应该避免的行事方式，都是您提供给我的完全现成的生动事例即经验教训。我的那些文章的灵感得自您的示范。您本来可以做得漂亮得多，高明得多，宏伟得多，唉！

让·保罗·萨特的论点，人是自己的行为所打造出来的。说是："人不仅就是他自己所设想的人，而且还只是他投入存在以后，所自愿变成的人。"对于萨特的哲学体系整体，我没有能力进行评价，但是，我的小小的个人经验，却证明，多数情况下，成为自己所自愿变成的人是可能的，是可行的，是做得到的与成功的。

当我选择了用光明回答阴暗，用大度回答伤害，用该干什么干什么回答骚扰，用不予在意回答小动作，用自省——反求诸己来回应误解，用趁机多多积累知识和经验即努力学习来对应封杀冷冻，用另辟蹊径来回答阻挡，用健身强体享受生活正中下怀回答失落排斥冷遇封杀，用打一枪换一个地方天上地下任遨游回答鼠目寸光与少见多怪，用"见怪不怪，其怪自败"回答各种花招花式流言蜚语，用恭敬诚恳回答正派的批评帮助，用有所不为回答无所不为，以有所不闻不言不视不怒不在意回答脏水流言与装腔作势轻举妄动。果然，我变得开阔了，提高了，快乐了，轻松了，"进步"了，胜利了。

尤其是"见怪不怪，其怪自败"，这是中国文化的奇葩，这八个字太精彩了。简单地说，用永远的正常和文明回应一切的不正常与不文明。这个成语可真高明，快活，富含哲理，百用不爽。那年谷建芬老师用我的诗《友谊》作歌词，作了一个曲，由毛阿敏演唱，录下来了。但是说是由于歌词的作者是王某，不可以亮相，不可以播放，谷老师气坏了，她甚至将意见提到政协的会议上。你能查得清这种事吗？查不清的。既然没有人没有机构承认有这样的规定这样的文件，那岂不是很好吗？不好说就是很好，不公开封杀就说明未必真要封杀或真会封杀或者尤其是真的能封杀。不好也有可能变成很好。不但人可能变成你自愿选择的那个样子，连事情也有可能变成你希望它变成的那个样子。在这个意义上说，愿望的出现，姿态的出现，期待的出现就是事实的萌芽。而一切躲闪、埋伏、伪善、借刀整人之计只能使自己搞不下去。您以为谁比您傻？您以为谁愿意为您火中取栗？这就叫种瓜得瓜，种豆得豆，种影子呢？也只能收获影儿。种笑里藏刀只能收获假笑与到处刀光剑影的可怕幻觉。这就叫好人好报、恶人恶报，这就叫瓜熟蒂落水到渠成，这就叫人心向善、葵花向阳、伟大祖国伟大人民天天向上。

这就叫九命七羊。猫有九条命，狗有九条命，同样的说法，在内地也好新疆少数民族聚居地区也好，英语世界也好斯拉夫语世界也好都认同。斯拉夫民族的说法叫作猫有九死。我也有九条命啊——汉语世界一条命，维吾尔语世界一条命，英语世界半条命，写作一条命，工作一条命，翻译一条命，讲课也是一条命，休养生息也是一条命呀，城市一条命，下乡也是一条命，讲学论道也是一条命——九条命就是九个世界，东方不亮西方亮，堵了南方有北方。而不论走到哪里，总有朋友，总有相助，总有好人好心，总有真理之光，总有得学习有得思考有得切磋有得回味有得积累。总有光明在前，快乐在前，意义在前。七羊，就是吉祥，岂止七羊，七祥，到处是希望，到处是吉祥，到处是快乐，到处是健康！只要国家好，人民好，社会好，生产好，王蒙就永远不会吃瘪，王某就永远不会形影相吊，仓皇无主张！

而且，正如我在《大块文章》中已经写到过的，一个人最容易伤害的就是自己，其次是自己的亲人和好友。不平、愤怒、怨怼、冤屈、嫉恨所有的负面的情绪负面的心态，对于你所不满的人和事都不起什么作用，而对你自己对你的亲人友人起大作用，影响你的衣食住行，影响你的吃喝拉睡，影响你的智力运作，影响你的细胞分裂。受了某些不公正，这是对于你的第一次打击，并不是决定性的打击，因有所不满不平而陷入苦海，是对你的第二次更具毁灭性的打击。如果你有信心，如果你不亏心，如果你不是心胸狭隘的白衣秀士，如果你不是嫉贤妒能狼心狗肺的秦桧魏忠贤之辈，你有什么可怕的？你有什么睡不好觉的？你有什么消化不良机能紊乱的？选择生活就要选择快乐，选择正义就要选择快乐，选择真理就要选择快乐！

不是说没有不快乐，没有反感，没有屈辱，没有无奈——有的，都有的。问题是不能沉陷在负面的情绪中，不能在负面的心态中没顶。今天不快，明天就一定要快起来；这条命不快，另一条命一定要快起来；这个角落不快，另一个角落里一定要快起来亮起来。我从小受的影响是历史是在前进的，明天一定、终究会比今天好，坏事是代价，付出了代价就会得到收获。生命是开阔的，事业是阔大的，祖国是辽阔的，世界是雄浑的，历史是丰富的，你有什么可忧愁难解的呢？

何况你能写，万岁，写呀写呀写！能写作，就是能阳光，能说心里话、实话，我喜欢说的话叫作不设防（我看过一个电影：《罗马——不设防的城市》，从此"不设防"三字就迷住了我），叫作能够一吐块垒，一泻千里，叫作敢于敞开自己，叫作不怕检验，不怕鸡蛋里挑骨头，不怕锔碗的戴眼镜——找碴儿，经得住时间与读者的双眼。病从口入，祸从口出，然而，我已经写了一千万字了，祸不祸的也就不过如此了，一千万字居然无大祸，还怕再加三百万字吗？千万言不但无大祸，而且有果实有朋友有同道，吾道不孤，其乐无穷！哈哈！

有话能说，有情能诉，有理能讲，有气能出，有泪能流，有友善能得到呼应，呦呦鹿鸣，食野之苹，著书匪为稻粱谋，书好朋友多，话真读者多，这样的幸运并非人人都有。

而我怀疑，有的人，写得原本不错，任上一个弼马温就再无法动笔了，除了他比我工作专心以外，是不是也有心态上的原因：他太动心眼，太算计，太嘀嘀咕咕，太阴暗和隐蔽，耽于不那么光明正大的伎俩了，他再也回不到性情中人上去了。

我称自己的快活是次生性快活，就像土壤分析上有所谓次生性盐碱化一说一样。我并非做到了如老子说的如婴儿一样地快乐，而且我认为，"专气致柔，能婴儿乎"里的一个能字，泄了老子的底，却原来，婴儿云云，也是能出来、做出来的，努力努出来的。我的婴儿的与万岁的青春的快乐早已经成为过去时了。我面对着、正视着所有的苦难与凶险，面对着正视着所有的坎坷和曲折，面对着正视着所有的明枪与暗箭，我努力做到泪尽而喜，努力做到却道天凉好个秋，努力做到一笑了之，努力做到"小楼一夜听春雨，深巷明朝卖杏花"。

我不是不知道或者不承认厄运、阴毒、陷阱、争拗、不忿儿，和一切出于羸弱与差距过大、由于贪欲和自我膨胀的偏执所产生的近乎歇斯底里的阴暗心理，我见识过了看透了所有的人性恶，我消化了、克服了至少是疏离了、避开了、淡化与柔化了这种恶的锋芒，我从中学习到了反求诸己，学习到了人类的伟大与渺小，成就与夜郎自大，能力与荒谬，理性的清明与丧失了任何现实感的躁闹。我为自己找到了老师，我完全明白我本人与我所不取的各种缺陷之间相差不过一步之遥，我一不小心，就会走进、滑进相同的辙印里。截然对立的两方，如果一直是针尖对麦芒，恶骂对恶骂，片面对片面，怒火对怒火，抹黑对抹黑，就不是没有可能使双方的风格与路数、方法与心态进入越来越缩小差距、越来越趋于类似的地步。这样的内部斗争趋同原理，是我的一个发现。最典型的例子就是夫妻吵架，开始可能有一方境界高些一方境界低些，如果进入了恶性循环的轨迹呢，就肯定变成了半斤八两，乌鸦落到了猪身上。

所以我不怎么赞成"以其人之道还治其人之身"，这种以其道还其身只是在特定的情况下，在最最尖锐激烈不是你死就是我活好比肉搏战拼刺刀的时候才是可取的。而从长远来说，尤其是对于内部的矛盾，一定要以拉开距离之道，以大大不同之道，以高尚高明高雅高境界高姿态高层次即高明十倍百倍千倍之道——也不是还治，而是感化感动疏导点拨至少是比衬其身，予之以新的风格，新的参照，新的光泽。

我也不赞成"要捉狐狸就要比狐狸更狡猾"，即使搁置捉狐狸的必要性问题，捉狐狸的方法也不是依靠与狐狸比赛狡猾，而是依靠完全不同的灵性、体悟、头脑、思维与知识体系、工具体系，就是说要靠科学而不是靠狡猾。

我们只能用正义消除邪恶，我们不能用邪恶去战胜另一类邪恶。以恶制恶，这样的代价是划不来的，那样的话，说得绝对一点，不如败给邪恶。

我懂得君子欺之以方的教训，如果你太酸腐，如果你太愚迂，如果你太天真烂漫，你就会任人割宰，任人耍弄。但是从长远来说，我仍然相信，绝对相信，君子坦荡荡，小人常戚戚，相信仁者寿，相信仁者乐山，智者乐水，相信仁者智者比较能够消化灾难，无视攻击，不理会捣蛋，举重若轻地走过地雷阵，稳如泰山，活如清水。我相信光明将会照亮黑暗，问题是光明本身不要沾染黑暗；相信正义比较容易战胜邪恶，问题是正义本身不要掺和邪恶；相信真才实学容易战胜装腔作势，问题是真才实学不要学装腔作势的样儿。道德的制高点与智慧的制高点常常重叠，到达这样的制高点，就会类似老子所讲的"善摄生者，陆行不遇兕虎，入军不被甲兵"……这是一种境界，一种修养，而不是一种操作方法。而不仁不智不义不才者只会天天起火牢骚埋怨委屈一万年。

一九九四年非常高兴的事一个是夏天住在北戴河河北省疗养院里，河北文化厅长，曾任故乡沧州地区专员的郑熙庭同志帮我安排了此次暑期的生活。我们住在一间盖有年头儿的石头小楼里，底层太潮，闲置着，我们住在二层。是年我的二儿子王石从美国学习归来，还带来了一位定居美国的基本上不会中文的年轻人。这个年轻人一再问我关于住石楼的房钱的事，无法理解它的优惠价与可以报销。这使我更感到了自己的福气。这个楼的古旧令人想起百年前北戴河的创立，附近的杨树林活跃着大批"知了"，从清晨到深夜，啼鸣不已。为此，我写了一批咏蝉的诗：

> 蝉公本树仙，薄翼何飘然？
> 知蜕通渊道，无宅任自然……

当然，这是写蝉，也是自写。老庄还是有用的，对于我这样的人。我又写：

> 想哭恁痛哭，要叫便欢呼，
> 鸣止皆天籁，律节岂计谋？

这可以说是写的蝉与文学，蝉与王蒙。有多少不怀恶意的人，他们最多从智慧上聪明上理解王某，却永远不可能从境界上大道（叫作渊道，叫作自然，叫作天籁，叫作律节）上找到明白与轻松。

我忍不住底下还是说了两句刻薄话，说明我的修养、我的定力还不到家。

何劳糠秕妒，损肺伤肝无？

我说的是实话，我替那些妒恨者累得慌：一、老虎吃天，弄不好会豁了嘴。二、自行车追摩托，连废气都闻不上。三、"卖力气"（据说此言出自张艺谋）的人，打工的人，出产品出活计的人，不像您那么在乎得没得到宠幸或者哄抬。四、被妒者自有道理，九命七羊，阳光灿烂，海阔天空，自在愉快，永远是以阳光回答阴暗，用劳动回答挑剔，以达观连接憋气，用笑容回应您那一脸的阶级斗争、路线斗争。

设想一下，用僵硬与迟钝去追踪电光石火的神思与妙想，用狭隘与贫乏去挑战丰饶厚实的生活的发现与图画，用叽叽咕咕躲躲藏藏去取缔汪洋恣肆的文学与形象，用我我我我的驴转磨去摇撼四梁八柱九层十面基础牢牢的文化大厦，用气急败坏的不断告急去骚扰心平气和的从容劳作，用锱铢必较的怨恨驱散了自身的最后一点真情与才华……您这是自戕，您给自己提出了做不到的任务，您的努力是多么伤气、伤心、伤神也伤情啊。

一念之差，天高地阔，天若有情天亦老，人间正道是沧桑，放下身段，从头学起，与人为善，与人为友，您不会降低一丝一毫，您仍然是受尊敬的前辈，您仍然是一个成果，一个贡献。

连昼夜吵闹的"知了"我也不烦，因为我以天地之仁心理解蝉儿的存在与响动。

蝉儿非烦人，一夏有几月？
能不享生趣？能不热打铁？
爱爱天之伦，生生乃世界。
…………
蝉类苦其多，蝉身苦其弱，
蝉寿苦其短，蝉声苦其烈。
小蝉苦寂寥，嘶嘶聊为悦。
时吟断肠曲，吉他奏小夜。
今宵且为欢，明朝露湿羽。

这一夏我写了不少旧体诗。有句云："我有长生丹，凌风抱月补""暑盛知秋近，天空悦眼明"——这里的天与空是两个词，天是主语，空是谓语，是说天上空无一物，无云无日月星无风筝也无间谍卫星等，就更加明亮。"潮涌心为海，风闲身作舟"倒也是一种不可摧毁的活法。

更主要的是一首古体七言《秋兴》，直抒胸臆，不事雕琢，宁失之于朴拙，不失之于巧饰，写来甚觉畅快：

> 昨日蝉鸣如海啸，今夕蟋蟀啼伤调。
> 促织唧唧天渐清，盛夏未已已秋风。

这就是我对夏天、对万物的鼎盛时期的体会。盛夏正在炎热，早晨醒来，尤其足在北戴河海滨，我感觉到的是秋风送爽，是隐约的凉意，也是季节的嬗变比人们知道的容易得多，光阴的前进，比人们想象的疾迅得多。

然后我像一个穷酸文人一样地诉起苦来：

> 三伏书写汗如雨，头晕脑胀丝无缕。
> 夏天欲过又悲伤，一年何处好文章？
> 冬天下笔亦怆然，雕虫伤目又经年。
> 一天格子两千五，七百万言如粪土。
> 粪土黄金何必分？黄金似土土似金。

这种粪土黄金式的牢骚，我其实与几位精英意识较强的同行老弟台心情一样，问题在于，我不认为任何一个人或一个机构有权裁定何者为粪土、何者为黄金。原因很简单，我早有丰富的经验，当某些精英一心把通俗大众市场之类的消费文学定为粪土并将之排除出去的同时，另一些掌握了一定的话语权的老兄台，想着的却是将各位自以为是精英的老弟台们裁定为粪土，用你们收拾你们所认定的二流作家的手法专门收拾自认为是一流作家的诸君。我表现了一种对粪土的宽容，这使我的最最有才华的老弟台们颇感不快，倒像是我成了粪土的辩护士与催生婆似的。

文屌太多文才少，嗷嗷待哺出口咬。

始而得意吹死牛，顷而怕惧叩血头。

黑马踢蹬也成器？小棍新衣充皇帝。

…………

文深如海风波高，白鲨出没（海）狗夜嚎。

骂骂文坛吧，好在骂文坛是没本儿的买卖，旱涝保收，十分安全，自显清高，与俗鲜谐，而且可以用来掩饰自己的江郎才尽，骗零花钱（稿费）。

事实上，文人力不缚鸡，心多波澜，眼高手低，巧言令色，神思天宇，气接大荒，可爱，可笑，可悲，可叹，而且每个人都自我感觉良好，每个人都看着别人不甚习惯。

…………

也曾自负才与华，漫天遍地织云霞。

也曾夜梦生花笔，闪闪珠玑四十里。

也曾惹祸因文事，摧眉折腰是是是。

像"是是是"这种语言，别人的旧体诗中似乎没有见过，它的来源是话剧对白，而摧眉折腰云云，当然来自李白。

也曾芝麻节节高，一似飞牛上九霄。

这是自嘲，叫作拿自个儿开涮。

急流勇退古来难，心未飘飘身已还。

两岸猿声啼不住，轻舟已破千层雾。

改不了，又吹上了。后两句化用李白诗，其实是受了诗人、作协原外联部负责人毕朔望同志的启发，他问我有关我的处境的一些情况，我表示已经化险为夷、逢凶化吉，他乃在电话里笑着说："两岸猿声啼不住，轻舟已过万重山。"这两句诗实在太好了，太长君子之志气，挫小人之阴风了。

后来我才知道，我们的外事部门早有人喜欢引用李白的这两句诗。不知老毕是不是受了哪位外事首长的影响。

> …………
> 恋恋依依难舍文，不写小说丢了魂。
> 男儿重文轻七尺，语不钻心不如死。
> 钢笔用罢用电脑，电脑通灵催人老。
> …………
> 笑里有哭哭里笑，疯疯傻傻谁知道？
> 梦里寻文文里梦，嚼文掉句已成病。
> 完了又写写了完，我乘小说如乘船。
> 挂帆揽胜到天边，山外仙山天外天。
> …………
> 得失寸心殊堪悲，谁解千年是与非？

一九九四年，我写了那么多文人的酸溜溜的自思自叹。我同意上海一位文友的分析，王某的散文恰恰是在他花甲之时显示了它的平民性、生活性、日常性，颐养天年，享受生活，也上点牢骚遗憾之类。

旧诗也是如此。其他，不知是福是病，我过于追求超拔、高耸、远见、大气与创意——与众不同——了，对于多数读者，我的作品太高高在上，不是说地位，而是说的对于精神境界的预期、自视、眼光、评价与对策……都想得要求得描绘得攀登得太高太高入云天太让常人做不到了，乃惹人产生格格不入感、费劲感、受压感、脖颈酸疼感。

我完全明白，在受到一些读者的厚爱的同时，有些读惯了汪曾祺、贾平凹、张爱玲、李碧华哪怕是刘宾雁、苏晓康的人，会烦我。

> …………
> 问他东南西北风，心静气朗坐船中。

…………

没了作品有了理，逮了机会收拾了你。

…………

反求诸己心方宽，敢遣诗情到笔端。
四季如轮疾疾转，真心真意金不换。

…………

一年豪雨今朝多，文章由心非由他。
仰天长啸复高歌，四顾茫茫心如割。

…………

呜呼，百年一世挥椽扛鼎笔酣墨饱之作能几何？
花甲之年拨心曲，遥想读者泪如雨！

　　我写得真实而且痛快，平易而且亲和。没有想到，这首诗入选《新华文摘》，后来又多次被朗诵。亲爱的写诗人和诗歌爱好者、老少爷们儿们！什么时候能让我们的存在我们的争论我们的日子哪怕是我们的"路线斗争"更诗化一点呢？直抒胸臆，掏出你的心，袒露你的灵魂，亮出你的追求和计较，你的牢骚和得意，你最在乎的和最不在乎的一切一切来吧，让你的真实的喜怒哀乐包括愤懑与怨毒晒晒太阳吹吹清风吧，即使我们的争论没有太多的意义，留不下什么遗产，即使我们的不和有太多的意气，太多的穷极无聊，太多的文人相轻与某种挑拨离间的后果与痕迹，也留下几句押韵的句子、多情的语言、多彩的辞藻、雅致的修辞范式吧，堂堂一个作家诗人，总不好最后把告状信举报信效忠信收入自己的文集之中吧？咳！您哪。

　　而我，每天还有那么多事要干。我喜欢骑自行车，二〇〇六年还买了一辆捷安特轻金属小轮车，有时骑着它上菜市。在雕窝村的别墅（后面细谈），我还有一辆女车，是孩子购买内装修材料时抓阄赢来的。我经常骑上它一小时，上坡到飞龙谷百帝山庄，再轻松地滑下来，下坡时只须紧紧捏住闸就行。

　　我也不拒绝偶尔去挤挤公交车，那可是我的童子功，上中学那阵，我没有少坐过"挂票"——说的是中华人民共和国成立前，由于人满为患，我只好挂在车体之外，靠两臂固定于车上，随车前行。

我喜欢唱歌，得机会就吼两嗓子。有时还模仿帕瓦罗蒂拔一声"噢梭罗密噢"，而且我更爱唱《重归苏莲托》。

我也不拒绝儿时学会的《四季相思》，我最欣赏的是那句词："少年郎，年轻郎，哪能就把良心变！"这样质朴，这样土得掉渣，这样无望，这样天真烂漫：谁能靠良心维系爱情？

我说过，童年时我常常从邻居的话匣子里听到李丽华、梅熹唱的《千里送京娘》，可惜从来没有看过这个电影，也没有近距离听过唱片。二〇〇七年，我终于从互联网上下载了这首歌，我很高兴。

这也是老了的表现吧？更爱怀旧啦。

就不要说苏联歌曲了，我七十好几了热衷于学会用俄语唱《遥远啊遥远》，必须是俄语才有味。

我喜欢自己去排队领号购物，寄信，存款取款，缴纳物业与水电费用。有一次我在中国银行办理一点点外币的事，竟被工作人员认出，并给我办理了金卡（VIP卡）。

我喜欢自己掌握家用电器：空调、冰箱、烤箱、微波炉、洗衣机、电暖气、电钟、电表……更不要说电脑了。

我喜欢学习不同的语言文字，虽然成绩有限，到英语国家、日本、俄罗斯、哈萨克斯坦、伊朗、土耳其我都用该地语言讲了或多或少的话，多少能跟着哄一哄热一热，余愿足矣。

我喜欢与孙儿们一起研究数学题与成语，有时溺爱他们，有时与他们抬杠辩论。

我喜欢各种绝妙好词，例如由于参加安徽师范大学中华诗学中心的活动结识了四川大学的周啸天教授，他的诗令人拍案捧腹：

如《洗脚歌》：

昔时高祖在高阳，乱骂竖儒倨胡床；
…………
银盆滑如涧底石，兰汤浑似沧浪水。
…………

游刃削足技艺高，捏拿恭谨如孝子。

…………

沧桑更换若走马，三十河西复河东。

尔今俯首休气馁，侬今跷脚聊臭美；

来生万一作河东，安知我不为卿洗？

谁也不会想到足底按摩也能入诗，而且写得如此古雅亲和。顺便说一下，我个人极少做这种按摩。我也不在乎这篇诗作的"政治正确"与否，如果新左派认为应该造捏脚丫子的人的反，那也与我喜欢这首诗的绝门没有太多关系。

同样作者有一首为萨达姆·侯赛因问绞而写的诗，也够绝的。题为《代悲白头翁》（前伊拉克总统萨达姆），够意思，头两句也极生动真率：

髭须花白发蓬松，依稀颓龄一衰翁。

还有写聋哑人的《千手观音》的表演的：

天人千手妙回春，族类同痴泪不禁。

失语时分存至辩，无声国度走雷音。

周教授甚至于为"超女"也写了诗：

歌曲一朝惊屈贾，粉丝十万下江湘。

难得的是他的好心情与好词句，他还写杨振宁与翁帆的婚事：

大快人心今日事，春风吹皱一池水。

我为他的诗写了评论，他与我与读者都挺高兴。网上甚至有人说是唐诗之后有了周啸天，当然是激动过头了。

近年我还读过王海写的长篇小说《天堂》，他描写地地道道的改革变化中的陕西农村生活，不像别的作家那样失落和悲凉，读后为之喷饭。

…………

我喜欢这个世界。我喜欢正常的一般的生活琐事。我喜欢的太多，我不喜欢的太少。我最不喜欢的是装腔作势、卖友求荣、乖戾恶毒。我不明白为什么那么多人以自身为标尺为剪刀，试图以之剪裁与否定丰富的大千世界，剪裁与否定磅礴的历史进程。我相信生命的意义在生活之中而不是生活之外。我相信，只能用光明战胜阴暗，而不能用阴暗去与阴暗作斗争，只能用乐观战胜悲观消极，而不能用一种悲观替代另一种悲观。只能用正直战胜邪恶，不能用邪对邪、恶对恶。以其人之道还治其人之身，在斗红了眼的特殊时分可以权宜地一用，却不是长久的战略性的原则。我手中的武器只能是正直、光明、坦荡、宽阔、实干、出活儿，而不是相反。我多么喜欢二○○七年访浙江余姚时自王阳明故居看到的他的名言啊：

吾心光明，亦复何言？

我还喜欢孟子的一个传统说法：仁者无敌。当然，无敌，还需要许多其他条件，需要符合社会的发展规律，至少是不能闭目塞听，自吹自擂，钻入牛角，念念有词。

你呢？

14. 乐极生悲

一九九四年，我的快乐已经成真，写作、出访、会客、游泳、讨论问题，关心社会，自由而又充实。

乐极生悲，此话端的是真理。稍一不慎，就出了小小麻烦。

首先是中国的所谓专业作家体制。这一年我们到承德出席一个由百花文艺出版社主办的有关散文创作的座谈会。台湾作家、出版家郭枫支持了这次会议。

会议中间，上海《文学报》的一位记者闲聊中问我，对于现行的由作协"养作家"（这个养字是从他嘴里说出来的）的体制有些什么看法。我说，这种体制是有一些流弊的。首先是生活与创作的关系，生活是主体，在先，然后是创作，但是对于我们的"专业作家"来说，似乎写作才是主体，生活实践反而成为第二位的事情了。

其实这个话不是我首先说的，而是恰在其时，我看到一篇报道，说是王安忆讲了类似的话。我也看到过贾平凹谈同一话题的说法，他说，喂食吃呢，也行，自己找食吃呢，也未尝不可。平凹就是平凹，他好像在说一群鸟儿。要真是鸟儿呢，就不应该那么怕找食吃啦。鸟儿而只能等喂，就一定要关到笼子里去啦。

我看到过这种情况，例如某地文联，有相当一批专业作家，其中多是老作家，个中也有因为少有新作而感到压力者。继续当专业作家吧，已经长期没有新作品了，名字也被忘得差不多了。不当吧，无合适的新工作，也不愿意放弃专业作家的闲散与自在。这些好人，老革命，由于当了专业作家反而显得有那么点潦倒，有那么点冷落，有点被文场所忽略乃至抛弃。有什么办法呢？中国的与外国的一样，什么文场、什么文坛，才不管资格不资格，级别不级别呢。其实如果他们一上来就当干部，也许早当了什么什么级领导，说不定恰恰来领导也管理专业作家与业余作家呢。

我对在北京市文联相熟相知的古立高同志就痛感此点，他老资格（一九三七年十月参加革命工作，一九三八年四月加入中国共产党），精明强悍，久经考验，一直当"专业作家"，知道他的写作的人并不很多，老了老了，他叫作"享受副局级待遇"。而如果他一直在"仕途"，根据他的品质与能力，他的贡献绝对不可限量。

还有这样的情况，一个所谓专业作家的代表作，恰恰是没有当专业作家之时写出来的，而当了专业作家之后，几十年过去了，乏善可陈。

当然，国家是有任务也有可能来支持作家的创造性劳动的。第一，我主张设立国家文学院，设立院士制，维护一批老年精英文学家的生活与社会地位，优厚礼遇，如科学家然。第二，设立文学创作基金，根据课题与本人创作的记录，申请、发放创作基金，不低于目前以月工资"养"的数额。第三，设立高级别、高数额的文学奖金，以突出对于杰出作品与作家的支持。第四，设立各类比较广泛的文学奖金。第五，大大提高稿费标准。第六，对于因非文学的原因被要求推迟或暂停出版的，应该由有关方面发给补偿金。第七，一些大学，一些大的出版单位，一些大的文化团体与文艺演出团体，一些大传媒，可以"养"一些作家，并向他们提出一点灵活性较强的任务。

其实我这些意见并非新论，早在十多年前，一九八三年一月，我就在《北京日报》上发表过《关于改革专业作家体制的一些探讨》一文，提出了类似的原则性意见。早在那时即二十四年前，我写道：

> 我们的社会主义国家非常关心文学事业的发展，为有能力从事文学创作的人们提供了前所未有的优厚条件……这些专业作家按照他们"专业化"以前的级别照拿工资，却解除了原有的工作或生产任务，获得了充裕的时间去写作、读书进修、下去生活以及旅行参观访问。
>
> ……在我国，作家的专业化是取得了一定成就的标志，专业作家是受人尊敬、受人美慕的……不少有才华、有生活积累、有一定的文学素养与写作经验的同志，一不愁没饭吃，二不愁没时间，得以安心写作，得以专心致志地去攀登文学艺术的高峰，成为出作品特别是出

好的作品的一个有力保证。与资本主义国家的作家生活无保障、受制于出版商和书籍市场的商业压力，为了糊口不得不去从事自己不喜欢的工作或不得不违心地去写一些格调低下的所谓通俗读物的情况成为鲜明对照。

……在充分肯定社会主义国家对作家的关怀以及原则上设置专业作家的必要性的前提下，我们不能不看到目前专业作家体制开始露头的一些缺陷乃至弊端。

一、最主要的是专业作家容易脱离生活、脱离工作实际、脱离人民群众。确有一些同志专业化以后作品数量增加了，但质量不是上升了而是下降了，个中原因虽多，但脱离生活往往是其中一个重要原因。尽管强调深入生活的呼声愈来愈高，并且确有一些专业作家在深入生活方面做得很好，成绩很大，但专业作家的生活方式特别是心理状态往往成为与实际生活的一种距离乃至一种障碍，即使下去了也与做实际工作的干部群众不大和谐。这种心理障碍可能造成作家与生活与群众的关系不是鱼水关系而是油水关系，乃至造成某些作家的散漫疏懒与自命清高。当然，后者主要是作家主观上的原因，也不是说作家的生活方式与工作条件不可以有自己的特点，这些因素都不能忽视，这是正确的。同样正确的是有必要从体制上探讨加以改善的可能性。

二、由于上述原因，某些专业作家的生活面、知识面以及工作能力的适应性越来越窄。一方面，大量需要有一定文学素养和写作经验的人来做的工作——如组织行政、编辑出版、教学辅导等——没有人愿意做，另一方面，某些专业作家把一切上述工作或一切社会活动、社会义务视为额外负担。以致有些同志专业既久，甚至连看校样、画版样、主持会议、讲课或作报告、整理简报这样的一般文字工作或行政工作也做不来了。这就不仅是能力上的缺陷，而且是社会责任与集体主义意识方面的缺陷了。

三、由于编制等原因和各种实际考虑，专业作家人数当然不能太多，应该严加控制。但在目前文学新人辈出的局面下，要求当专业作家的人越来越多，当专业作家越来越难。即使各地作协专业作家编制再扩大百分之二百，这个矛盾仍然不会缓和很多。

另一方面，当了专业作家就获得了终身的"铁饭碗"。这样，一时或相当长一个时期写不出作品的专业作家就很苦恼，感到压力，而想当专业作家又不可能的业余作家就会感到不公平、不服气，以致造成隔阂、矛盾。至于有些迫切想当专业作家的同志四处跑关系、找领导、托人情等，这里暂且不提。

……不可能设想有一种十全十美、万无一失的具体制度或办法。但是我们能否探讨一下，把我们专业作家体制加以改革，使之更完善、更灵活、更具有适应性和更少一些副作用呢？

例如，除了提倡深入生活、加强政治思想工作等措施外，从体制上可以考虑：

1.多设立"有限期"专业作家，少设立"无限期"专业作家。如一般确定专业作家每期三至五年，期满后回原单位或原系统工作，少数可以视情况另行分配工作。回去工作一段时期后，可以申请和办理再次的专业化。对于再次专业化，要从严掌握。少数积累丰富、创作旺盛的同志可以较长期地专业创作。但这种专业作家也应是轮换交替制的而不是终身一贯制的。比如可以规定，长期性的专业作家，每三年应改为业余写作一年，这一年可以深入基层做实际工作，也可以从事文艺单位的行政、教学、编辑出版工作等。这样一个措施既可以减轻目前许多在非创作岗位上的同志不安心本职工作的问题，又可以使专业作家换一个角度去更全面、实际地认识社会、认识生活和文学并得到相应的锻炼。特别是创作和编辑的一定的交流替代，既对作家有好处也对编辑提高业务水平有好处。

2.参照共青团组织行之有效的要求每个团员担任社会工作的经验，每个专业作家除写作外，还应该担任一两项社会工作，直接承担一项具体经常的社会义务工作，诸如教夜校、协助审稿或党团组织工作等，以增强作家的社会责任感与集体主义意识，并增强作家与社会生活的联系。

3.设立文学研究院等荣誉学术机构并建立专业作家的退休制度。一些卓有成就的老作家在不以创作为主要活动后可以进文学院，一般作家到了年龄就退休。

4.专业作家的物质待遇办法应有适当调整。从理论上说，专业作家应主要靠稿费生活。有了这一条，就从体制上有利于保证专业作家队伍的流动性和严格的选择性。当然，这样做也会有流弊，特别是有可能使写作与取得报酬联系得太紧，所以还要有各种辅助措施。如为了保障作家的基本生活需要，可以发一定数量的生活费或按一定折扣发工资，但长期既发原工资并照常升级调资又拿稿费的双重报酬制度是不够合理的，容易脱离群众。还可以设立文学基金、创作贷款来补助、支援进行旷日持久的大部头创作的人。对从事严肃、重大题材的写作，而从商业观点来看难以搞出畅销书的人，可以特别给予支援和鼓励。对年老体弱而又无能力担负其他工作的作家，可有特殊照顾。同时，要调整稿费标准。总之，照顾要有，补助要有，"铁饭碗"最好没有。

以上说的这些，写来容易，做起来很不简单，牵扯到许多实际问题，不是某个文艺团体甚至不仅是文化、宣传部门解决得了的。上述设想，也许确有不现实之处，而且这方面的任何变动，都会影响许多同志特别是现有专业作家的实际利益。因此，笔者应《北京日报》之约写下上面一些文字之时，颇感诚惶诚恐。但是，我们至少可以把这个问题先提出来，议一议，扯一扯，务务虚。笔者不揣冒昧提出这一问题的目的，无非是抛砖引玉，共同想办法、献计策，使我们的专业作家体制更完善、更合理，有利于文学事业更健康、更蓬勃地发展。

这篇文字写得很早，立论比较严谨，堂堂正正，浩浩荡荡，从与生活的联系的角度而不是经济的角度来谈问题，比较能够高屋建瓴，难以驳倒，话也说得全面一些。原因在于这篇是我自己写的文章，我遣的词造的句定的稿。我对它当然负有完全的责任。

而二十世纪九十年代初捅出来的什么"养不养"作家的说法，是记者先生以闲谈的方式与你聊了会儿天，然后按他或她的理解，甚至加上他或她的一点发挥，写出一篇报道，你压根儿就不知道这么一回事，责任却在你，后果却在你这里，这确实是一个严重与悲哀的经验教训。我一辈子上记者朋友这类的当可不止一次了。

一九八三年写的文字引起了一些省市的注意，并且想做一些试验。我当时的身份是新当选的候补中央委员，有人分析说，此文是有背景的。

（王按：并无其他背景，别慌。）有的省乃规定专业作家月工资只发百分之七十，另外的生活补贴则与发表作品情况挂钩，发表作品越多，得的越多。如果自认短期内无写作计划写作意图，可以自动申请转岗。

这样的试验似乎也未能坚持下去。

我的所在单位北京市文联（按：斯时我远远没有当部长，因此说是当了部长再不养才好，不错，我不是因为当了部长撑得慌了才提这个）讨论过此一话题，一上来就遭到了一位名扬四海、经历坎坷的老作家的反对。他先是反对作家退休制度，认为作家是无所谓退休离休一说的，认为作家退休离休乃是笑话。其实这里说的只是工资等属于公务员性质的待遇，根本不涉及你的写作是否退了、离了的问题。其次，他老人家诚实质朴地大谈对于作家们，不要"只看见贼吃肉，看不见贼挨打"，就是说，别只看见作家不用上班而月月拿工资，却忘掉了作家怎么样受批判、受斗争受迫害。这话说的！真实在，真叫人哭笑不得！

与会的市委宣传部一位年纪不太大的同志，一面听发言一面不高兴，向我牢骚说："越是伟大的作家，越自私！"

我不免又想起了那三幅漫画，一说是赞成按劳取酬的请举手，结果是都举手。二说是赞成多劳多得的请举手，只有稀稀落落几个人举手。三说是赞成少劳少得，不劳动者不得食的举手，结果是谁也不举手。铁饭碗，大锅饭，改革人家的是赞成的，而且慷慨激昂；改自己的是不赞成的，而且气急败坏。

《文学报》的记者简要报道了我的对于专业作家体制的说法，却没有详报我的替代主张。这回可糟了，似乎是老王把全国的作家同行全卖了！

先是上海的一位老贤弟说话了，什么？王蒙不让养作家了？王某要端我们的饭碗？你前一段不是蔫了一阵子了吗？现在又活动了您啊。一活动就先害我们啊。当然，当官的人不怕没有人养，当局长的人适合写作，当部长的人写作就更好了，我们平头百姓呢？

（倒像是老王当了部长才具有了写作的条件，才开始了创作的。老王当部长是一九八六年，距开始创作是四十三年，四十三年中有二十年老王不是专业写作而是专业劳动与进修维吾尔语。）

另一位北京的老贤兄，老朋友，好朋友则严正指出，文明的国家都是（？）养作家的，不养作家是不文明的。

于是我后悔不迭。第一，我哪里想得到与记者随便闲谈两句话就成了报道，记者记者，你们都是害人精，是定时炸弹或者地雷！第二，我还以为我的立足于改革、立足于扩大创造空间的意见能受到精英知识分子们的热烈欢迎呢。我甚至还以为我是一直为精英知识分子们说话，为之扛闸门、背黑锅、填陷阱、上十字架的呢。却原来我忽视了人们眼前的最最重要最最现实的利益，一个月好几十块（当时标准）呀。群众利益无小事！太重要太关键了！越是精英越对自己的利益敏感，谁要以为精英脑子里都是大事，以为精英都热衷改革，谁就是大傻瓜，谁就是自找苦吃。这时我才明白我的同乡张之洞所受的教诲：厉行新政之时，还要"不悖旧章"。什么样的旧章都有利益，哪怕是小利大害，你也不能轻易动那个可爱的小利。第三，我还以为，此时我已经不代表领导方面或权力方面，我可以探讨探讨一些事项呢，谁知道人们是这样的赢弱，这样地敏感于自己的利益会在改革中被触动！由此可见，咱们这里的改革该有多困难！

当然，这里还有一个也许不仅是措辞的问题，什么叫"养着"呢？作家同行说，我们缴了那么多税，我们陪了那么多时间和劳作，究竟是人民养着国家呢，还是国家养着人民呢？

也对。这个"养"字我完全是跟着记者走的。老百姓确实就是用养字的。我不慎重也不够精细了，对不起。大概意思却没有差别。

但如我的仁兄，则干脆认定养是一种文明。还有另一位老贤弟，认定这么伟大的国家，当然要养一些"北门学士"之类的御用文人啦。

我想起了这个年代流行的一个歌谣：

> 党是娘来俺是孩，一头扎进娘的怀，
> 咕咚咕咚要喝奶，左蹬右踹不下来！

有点粗俗，然而其情可感，党离不开人民，人民离不开党，母亲的乳汁谁能离得开？哪怕是坏孩子、不听话的孩子，也离不开母亲的奶！

有奶便是娘是不可取的，喝了奶不认娘就更不可取。认定了自己不需要娘的奶呢？简直会引起公愤，危险！

多么真实！多么可爱！多么疼人！多么可以理解至少是不难理解！这也是国情而且是人情啊，谁敢掉以轻心，谁敢粗心大意！外国人也大有羡慕我们的作家者，当中国同行向外国同行介绍有关情况特别是作家有人养、作协有拨款的时候，多少外国作家热烈鼓掌啊！

你王某算老几，你空想的那些原则，那些理念，那些空间，那些改革，那些闯荡与风险，那些新意与创意，值几文钱？党当然要管文艺。国家当然要养文艺，管文艺。文艺人当然要吃党的奶国家的奶，又要吃奶，又要至少是频频声称不失自身的精英性独立思考性还有批判性呢，利要用够，气要绷足，胸要挺高，手要伸出，这正是中国文艺人中国知识分子的妙处，你王某要改革这个？你不是昏了心了吗？

时隔十三年以后，二〇〇七年夏天，老王回忆起这一段，进一步对自己进行了诛心式的拷问，正如上海贤弟所说，你谈养不养的时候，多么清高多么伟大！你反正进入正部级行列了，你作为退居二线的官员，你至少仍然是员外郎，你的生活是有保证的，你的待遇仍然是高于同行的，你有种种优惠所得，你谈起养不养的问题是多么风凉多么理想化呀，敢情你不需要为稻粱思谋了，可人家呢？人有病残的，有枯竭了的，有挣不上稿费的，有级别低的，有家庭负担重的，你想过人家吗？如果是你自己，健康状况不理想，非全劳动力，三两年一篇稿子发表（可能责任不在自己），家里还有病人老人，你能忍心说出"不养"二字来吗？不管你再加上多少背书但书附注……咳，活到老学到老哇！

……后来的作协领导与头面人物，显然汲取了我的教训，他们强调"老人老办法，新人新办法"，至少不让任何人为"失养"而忧心忡忡。他们强调由于法制还不是那么健全（此话微妙，心照不宣），还是不能改变类似"养"的办法的。

大家都需要的是定心丸。没有谁愿意放弃已有的福利。

最大的教育还不是养不养本身，而是清醒了许多，没有人选择你去代表同行，去援助同行，去思量未来，去思考诸多，去规划大局……没有人推选你为他们背起十字架，也没有人欢迎你动不动张开乌鸦嘴。你只是你自己。

此后我对于某些社会主义解体后的东欧国家的访问与了解更使人震动，例如东德，例如俄罗斯，例如匈牙利，体制一变，作家们作鸟兽散，成了失业游民，惨不忍睹，有的退休吃养老金，那倒是真的彻底养起来了，有的改营黄色读物，有的落荒，有的转业，呜呼哀哉。用阿Q的发音，闹"柿油"的人真"柿油化"了，有几个找得着北？有几个养活得了妻儿老小？

然而非专业作家们、网民们还是有各种说法：

前几天……吉林作家洪峰上街乞讨……丢了作家的脸，也打了文化体制的脸，就说明了作协的体制问题，改革开放市场经济到了今天的地步……各地的作协用纳税人的钱，养活了像蝗虫一样多的吃财政饭的作家……

拿着纳税人的钱写自己的书，稿费和名声都归于个人，这种作协体制在市场经济的今天是否合理？还有没有存在的必要？而各地作协全国作协对文坛上的淫靡之风又视而不见……只能成为文化人聚会的沙龙和炫耀的光环。

文学是人学，作家应当是人类自由的灵魂的歌唱者……作协里的作家面对人民大众痛苦的生存状态而少有勇敢的呐喊者。这不禁让我们怀念起那些文学先锋……希望他们的灵魂不会被作协这种陈腐的体制俘虏。

……表示祝贺的同时，提个建议：在你的任期内，解散作协吧！

这是网上的一个名叫钟声的人的文章。

它从反面证明了作协的存在给它的会员们带来了多少利益，一荣俱荣，一损俱损，心连着心，你不可能自我疏离出去。

它从正面提出了这个体制进一步完善和改进的必要，至少要有一个说法，有一个交代，有一个对人民的对所有纳税人的责任。

至于我们要坚持的体制或办法，也要向百姓说清楚，我们需要更多的宣传解释。

此位先生所说的先锋，他提到了顾城、舒婷、白桦，显然他吗情况也不了解。他终将会了解。他还提到了第六代导演，我就不知道是咋回事了。

我还愿意就此谈一下洪峰，由于安波舜先生策划"布老虎丛书"，我得知了洪峰的名字。他给我印象最深的是短篇小说《湮没》，因为二十世纪八十年代北京女作家韩蔼丽有过同名小说。韩蔼丽像个顽皮的男孩儿，说话骂骂咧咧，喜欢光脚丫子穿皮鞋。她的《湮没》是写一位大学生，被划成右派，从此湮没了。比较精彩的是写小说的女主人公，曾经与此人相爱，爱情为政治运动所颠覆。从此这位女子也无法爱另一个人，到了关键时刻，被湮没的男子的形象出现了，她再无生趣。她愈来愈恨这个被湮没者，认为是他毁掉了她的终身幸福。

而洪峰的《湮没》，有那么一点"嬉皮"，一个男青年稀里糊涂地与一女青年轧朋友，女青年逼着男青年示爱，男青年无可无不可，眼看着为考验他的爱情而跳入湖水中的女二百五湮没。

我至今觉得少了一篇文章，比较一下感叹一下这一双"湮没"。居然没有这样的文章而任凭两个湮没的湮没。呜呼，中国的文学评论！

网上说是洪峰由于未被接受为"专业作家"，干脆永远退出了各级作家协会。专业作家的体制问题，看来是不能掉以轻心的，是牵心动肉的。同时我相信，本着构建和谐社会的理念，此事想已得到或正在得到妥善的解决。祝他好。

而韩蔼丽早已过世，愿她安息。

次年即一九九五年还有一件事值得写在这儿，那是西方世界的事，且让我们看一看在那边，文学是怎么样操作、运作、炒作的，除了不知道那边的作家如何劳作，别的"作作作"倒也令人开眼。

一九九五年我应华美协进社与一所大学之邀，在访问加拿大后与芳一起顺访美国。这个协进社（China Institute）在当初是胡适创办的，主要成员是美国主流社会人员。我在那里介绍中国文学近况，哥伦比亚大学的王德威教授充当我的翻译，流畅无比，有时我们俩用中英文互相开开玩笑，如同对口相声一般，效果极佳。讲话极其成功。

也是这次，美国笔会的能干的女秘书（长）专门找了我提问："今年的诺贝尔文学奖将发给北岛，你知道吗？"

答："不知道。据我所知，诺贝尔文学奖的评选进程是高度保密的，别人不可能知道。"

她说："但是我知道。"

答："唔。"（真厉害，真棒，真压你一头，可惜后来证明是假的，是吹牛。）

问："如果北岛得奖，你有什么反应？"

答："诺贝尔文学奖有上百万美元的奖金，无论谁得到，都值得祝贺，如果是你得奖，我也一定会祝贺的。"

问："对此事中国作家会有什么看法？"

答："有人高兴，有人不高兴。"

提问者两眼放起光来了："为什么会有人不高兴？"

答："您不也是作家吗？您难道不知道，每个男作家或者女作家，多半会认为他或她自己才是最好的作家，为什么要佩服与拥戴北岛呢？"

问："那中国政府会是什么态度呢？"

答："现在谈中国政府的态度为时太早。而且，我也无权代表中国政府发言。"

她是多么失望啊。她是多么像一个用诺贝尔文学奖作红布的斗牛士一样，以虚假的红布（因为迄今北岛并未得到该奖，这位美国女作家可真不把自己当外人）逗弄你与刺激你，然后她好看被激怒的牛向前扑打的笑话啊。

我相信，就是这样的处理，一方面会使那位女士似的自作聪明的朋友失望，另一方面会使自以为坚强、坚定的兄长们失望，后一种人只承认一种方式——牛的方式。后一种人一定高兴于又抓住了王蒙的一条辫子：他在这种形势下并没有像一条公牛一样愤怒地冲向对手，顶破对手的胸腔与肚皮。

文学啊文学，你的话题是这样吸引人，这样五光十色，千姿百态；你的话题里包含着多少人情世故，政治经济，撩拨逗弄，纵横捭阖，表演作秀，得气发功，声东击西，色厉内荏；你的话题里又是多么缺乏可怜的文学啊。

如此这般，到了二〇〇七年，出来一个郭敬明加入作协的问题。其实我只知道小郭写过、编过许多种受少年读者欢迎的书，此外一无所知。著名出版工作者金丽红同志问我可不可以充当小郭的介绍人，另一个介绍人是陈晓明教授，我未加思索就同意就在他的申请表上签了名。我相信我是在做一件有利于小郭，更是帮助作协的大好事。

哦，如此这般，我还是那么幼稚，那么单纯，那么好好先生，根本没有考虑到社会之复杂，人心之险殆，事物之麻烦。我又当了一回农夫，当了一回东郭先生。

我本来以为不会有什么风险，我本来以为，相信一个年轻人有可能改正自己的缺点错误，改善作协与八〇后作家的关系，至少是缓和作协、文坛与八〇后作家的关系，有利于构建和谐社会，和谐文坛。我想当然地以为用与人为善的态度去表达对于一个有缺点的年轻人的善意，是正常的、良好的。我本来以为有缺点的作家也是作家，而且作协也好，别的协也好，根本就少有完美无瑕的成员。我本来以为，八〇后的作家郭敬明，申请入会是会受到真诚欢迎的。而郭以外的其他许多年轻作者，他们宁可选择对作协猛烈嘲笑，十足蔑视。早在十年前，七〇后作家就发表过名为断裂的宣言，说作协只是会接电话的僵尸。对八〇后作家缺少凝聚力与吸引力是作协的一个缺憾。我完全知道作协正悄悄地做一些工作，做一些姿态，意在团结与吸引这些新秀、新人。何况近年兴起的是堂皇退出作协的一件又一件个案，更有一次又一次的以退出作协相要挟的个案乃至小群体案。连对郭入会持激烈反对态度的朋友也是以退出作协来示威的。呜呼！我本来以为，有权对小郭的入会、推迟入会、拒绝入会作出决定的只有作协党组/书记处，他们一定会作出正确的审批并对之负责。我从一九八九年就不参与作协的具体工作，尤其是从未参与会员发展工作。我曾受人之托，关心过温州一位电视剧作者的入会事宜，说了几次，直到此位姓汤的先生去世，他也未能入会。这说明，介绍是没有组织效力的，王某决定不了谁当会员。只有组织才掌握了审批的权力与手段，也才具有有关的责任。只有组织才能对有关事宜作出正确的决定与说明。我本来以为，一个领导成员说什么都可以，只是不可能说此事不归我分管。

简单地说，宏观地看，我作为介绍人之一，介绍郭入会是一件大好事，是对郭也是对作协的一个支持帮助。至于他犯过什么样的或没有犯过什么样的错误，有过一些什么具体情节，微观地看应该如何掌握他入会的时机、报道和一些手法，如何做得更好，那应该是批准他入会以后的事。而且，基本上不是介绍人的事。

我本来以为，作家而抄袭，当然是可耻的，如确是抄袭，应该认错和改正。但可惜，有类似麻烦的还颇有人在，其中还有头面人物、优秀作家、我的好友我的座上客们在。他们也陷入过类似的诉讼或关于抄袭、模仿、借用、照搬、参考、启发的语义学争议，多数败诉，个别胜诉，但也留下了公说公有理婆说婆有理的糊涂账。我们完全可以更加理性地与人为善地对待类似案例。我还知道，不仅文学，电影改编、音乐作曲、绘画构图当中，都有过类似的聚讼纷纭，肖洛霍夫、毕加索、霍桑……都受过这方面的非议。人们不会全不知道。当然郭不是肖毕霍，他姓郭不姓肖或毕或霍。

尤其是，我本来以为，一些饱经沧桑的作家会相信一个年龄只有自己的最小的孩子大的有写作才能的后辈人会改正错误，会更多地去关心他的成长，做有利于他的成长的事，致力于消除他身上或有过的污点，像消除自己身上也有过的缺失一样。我本来以为，小有成就的作家们不会一心排斥一个犯过某些过失的孩子，倒像自己多么洁癖似的。我本来以为道德义愤与道德洁癖应该首先表现在律己、表现在自省与忏悔自身上，而不是对一个有毛病的年轻人疾恶如仇，拒之于千里之外。我本来以为作家多读过雨果，知道冉阿让也有过手脚不干净的记录，而我们不该骂他是贼，用一个"贼"字毁灭他的一生，后者是沙威的思维和行事方式，而不该是多灾多难久经试炼以追求真善美标榜的中国作家的性格。我本来以为，作家们是悲天悯人，关怀大局，胸怀宽广的。我本来以为，中国媒体或中国作家必然面对着许多更值得义愤填膺的事情，更值得千夫所指的人和事，而大家都有足够的耐心与涵养，足够的善意与和谐，足够的理性与忍让。我本来以为，如耶稣所讲，我们都有罪，所以我们没有权利对（以下限制词八个字是王某人加的）某些可以教育好的有罪的旁人大动肝火。我相信，一些朋友回想起自己倒霉的时刻，回想起其时趁机对你猛攻猛打的人，会记忆犹新。我相信，作家们思考的时候会首先剖析自身，会不忘记自身的失误、卑劣与尴尬，那才是对读者的起码真诚。知耻而后勇，这个对于勇敢的定义是太深刻了，而我们的一些朋友习惯于知旁人之耻揪旁人之耻以表达自身的勇敢与生猛。我还以为，谁都没有那么天真烂漫，以为中国社会，中国作协，各种团体，直到领导我们前进的伟大的党里，就没有过一些成员具有不比小郭轻微的过失记录，就没有有过失而不愿承认自己有过失的人。我本来以为它不会成为事件，不会成为道德义愤的口水表演场。

我仍然是多么幼稚，多么单纯，多么好说话，多么脱离实际啊！

15.到上海去

那些年，我很喜欢去上海。上海的朋友多，上海人相对比较拎得清，上海人会生活，上海人少有那种一脸横肉一嘴教条一肚子斗斗斗出口就压人的伙计。有什么法子呢，北京老是那么政治挂帅，如广东百姓所说：连活鱼（按：这是不实之词，北京水产市场上早已不乏活鱼供应啦）都吃不上，还整天政治局呢……而北京有人嘲笑：广东人有人不知道总书记是谁，写不对国家领导人的姓名，自然更说不清政治局喽。至于上海，有人形容上海是这样的，需要紧跟北京时便紧跟北京，上海人照样可以集中注意力于政治局。而跟北京（的某些上海人）受挫之时，人们则干脆广东化了，还是更注意活鱼比较实惠。这也算趣谈吧。

二十世纪九十年代开始，当时有一种经验主义的幻觉在极小的一部分文艺人中出现。即认为其时的中国的多数省市的文艺"战线"已经被资产阶级自由化所盘踞，成了"敌占区"，而北方稍偏西的几处地方是"根据地"。例如山西是这样的根据地，承德也被说成了不但是根据地而且是一个革命文艺的"高地""制高点"。此语不知是否学的朝鲜。各项文艺工作比较注意依靠根据地，连调干部也是从根据地往大城市"沦陷区"派。

这样的臆想使得上海一度不被接受。说是上海的"问题"还没有解决，上海带着许多个革命现代戏进京演出，却临时被取消了在报纸重要版面上亮相的可能。上海文艺界的领导人物甚至带着土特产小礼物进京与文艺界联络感情，也未奏效。礼物分几等，连我这样的已不行时的人儿也得到了杏花楼的高档月饼。正行时的则可以得到滩羊皮坎肩。

上海也有老文化人老领导嘲笑这乃是"里弄"工作方式，事实证明，这样的方式更纯朴可爱，有利和谐，皆大欢喜。利益关怀对于执政兴国是有效的，光讲大道理却越来越不行了。

上海领导的与人为善更是令人感动，谁谁要（或已经）著文批谁谁了，好的，干脆安排此二人共到文化俱乐部一聚，饮茶谈心，干果面点，冷食甜品，咖啡则有意大利式、土耳其式、爱尔兰式。和谐谐和呀，我们喜爱你，为什么动不动要那样白刀子进，红刀子出？我的姨妈和林彪，都喜欢讲这样的刺刀见红的话。

这样的臆想只能使自己碰壁。根据地调来的人根本不是己类"战士"，与被臆想作敌人的人相会甚欢。他也喜欢业余创作的呀！高地上的人则更是更愿意尊重各地的风格各异观点不尽相同的老作家。跑到上海讲什么什么文艺机构重新"回到了人民手里"，结果被上海作家询问，这个机构是何时"沦陷"的呢？

制定了许多批判方略，包括什么玩文学啦，审丑啦，"三无"（无主题、无人物、无情节）小说啦，先锋实验啦都在声讨之列，结果却是无疾而终。还编撰了一些很有创意的说法，如说，怎么能把学术问题与政治问题截然分开呢？比如变魔术，他用一块自由化之布，遮掩着变出了一大堆货色，然后说只能否定布，不能追究变出来的东西，这能够说得通吗？毕竟是作家，说得多么精彩，多么富有雄辩症即抬杠杠头的色彩。

同时毕竟不是真正的政治家，其实是缺少政治头脑与大局意识。须知，这已经远不是妙喻的问题、学理的问题，甚至也不纯然是意识形态的问题，全世界没有一个执政党是靠百分之百的意识形态治国的。这里要考虑的是大局，是全局，是人民、全民与中华民族的历史使命，是建设有中国特色的社会主义事业不能半途而废，是改革开放与发展生产力的大事，是全民族的振兴大业，是是时虽然尚未提出但已经在酝酿的实现民族和解与社会和谐。此时已经不是当年毛主席勇于、巧于以文艺为突破口，发动振聋发聩、风云激荡、叫作试看天地翻覆的阶级斗争的大势了。中国经过了事件也好，风波也好，震动也好，紧急状态也好，要的仍然是聚精会神地搞建设，是理顺情绪，化解矛盾，是加强与改善党与群众的联系，是稳定、祥和、和谐、和解，是淡化至少暂时回避某些人民内部矛盾，某些历史公案，是营造健康快乐积极向上向前的太平盛世气氛，而绝对不是趁机大搞整风，哪怕是不叫整风的整风，不叫运动的运动，斗一个赶尽杀绝，人仰马翻，杀一批、关一批、管一批，然后山呼万岁，四面宾服，八方朝拜，十六面红旗飞扬，进军号冲锋号同时吹响。咳，老经验遇到了新问题，而您仍然喋喋不休，至今一条死胡同走到天黑，翻手为斗，覆手为批，还在那里等待新的"高潮"呢，呜呼吾兄，痛乎吾兄，愚乎吾兄也！

邓小平一九九二年的南巡谈话，使我得到了一大启发，极"左"是没有出路的，极"左"的文化专制主义，以"文革"为代表的文化路线政策是没有出路的，极"左"与极右是互为依据的，极右同样是只能头破血流，祸国殃民。从一些人编辑出版《反"左"备忘录》受挫这件事上，我认识到，对"左"不要搞什么大批特批，大批特批的方法与举措本身就是极"左"的产物。人心所向，大势所趋，党的指导思想、社会生活、经济生活、文化生活与老百姓的日常生活都正在发生深刻的变化，极"左"已经没有戏啦，极"左"已经六月的韭菜臭一街了。极右也只能是哭丧与咒骂啦。尤其是社会主义市场经济的提出，已经敲响了极"左"的丧钟，极"左"的朋友们已经是欲哭无泪啦。您老还揪着一个"左"啦右啦的反倾向斗争的话语不放做甚？

我的体会，极"左"只能消解，而不要搞什么大批极"左"。生活是消解极"左"的，市场是消解极"左"的，经济运转本身就是消解极"左"的，执政党的地位是消解极"左"的，小说诗歌散文影片电视剧相声大鼓都是消解极"左"的……同时克服与消解极右。

基于这样的思路，我就不能接受一些精英人物，特别是上海的文友所谓"人文精神失落"的提出。乖乖，计划经济时期反而从来没有哪个精英提出人文精神的问题，吃不饱肚子的时候反而不失落人文精神，越是从物质到精神都严重匮乏的时期，越有高谈阔论，豪言壮语，高屋建瓴，势如破竹，也就越有人文精神。而现在，小平同志刚刚在南方说了几句有利于改革开放不利于极"左"的话，市场经济八字还没有一整撇，封建主义极端主义教条主义与空谈主义还十分猖獗之时，刚刚吃饱了没有几天，已经痛感到了人文精神的失落啦！

实话实说，我太不严谨，太不郑重。我至今闹不清"人文精神"四字的确切含义。我遍查字典，《辞源》与《辞海》上都有"人文"词条而无"人文精神"一词。对于"人文"的解释，二书都说是一指礼教文化，二指人事（区别于自然现象）。《辞海》中有"人文主义"一条，解释是一指非神学的世俗文化，二指人道主义与人性论，《辞海》特别强调，这些都是资产阶级的主张。

我在《人文精神问题偶感》一文中用的英语 humanism 一词也不对，那只能译成人本主义、人文主义、人道主义。后来我才知道，一般我们说的人文精神一词源自 humanity 一词，但《新知英汉辞典》对 humanity 一词的解释是：人性、人类、慈爱、人文学科与希腊、拉丁的古典文学。humanity 一词中确实有人，但没有文啊，而我们的国人是喜欢望文生义的，于是搞文学的人自以为是人文精神的捍卫者解释者承担者与发言人了。是不是这么回事，请识者教我，讲得清楚，骂我一顿我也欢迎。

道一声惭愧，没有弄清词义就评论议论争论上了。问题是，谁又弄清楚了呢？

而且提倡人文精神的人反对宽容，包括周扬同志，我亲耳听他老人家多次讲过，宽容是资产阶级的口号。当然我们的人文精神不是博爱与宽恕的基督教精神，而是斗争的——至死一个也不原谅——的精神了，中国人就是厉害呀！

而且我先入为主地记住了波兰、匈牙利、摩洛哥文化官员对于西方国家缺少人文精神的批评，还有早在清末我国的国粹派对于西学缺少精神文明的批评，还有我国现当代同龄人以精神文明为旗帜反对改革开放的舆论切入点。市场经济的大发展使我们不好说别的话，我们只好死死守住计划经济方才富有人文精神的神话。这是我的大致印象。当然并不全面深刻。这是我个人的简明化一例。

说计划经济更有人文精神，并非全无道理。第一，计划经济做什么事都集体化、团队化，不易出现孤独寂寞个人冒尖一人成功多人失败。第二，加上计划对欲望的克制，计划经济下那种自私与贪婪的人性恶会受到更大的压制而比较不容易泛滥。计划经济的理想性浪漫性人的全能性，更能够满足某类人的要求与幻梦。第三，计划经济需要说更多的话，提更多的口号，煽更多的情，写更多的文字文章文学，比各人自谋自利、各赚各钱富有语言性修辞性思辨性道德性理论性精神性与审美价值，高尚得多了。

于是，我轻松愉快地写道：

  ……是市场经济诱发了悲凉的失落感吗？是"向钱看"的实利

主义成了我们道德沦丧、世风日下的根源了吗？如果现在是"失落"了，那么请问在"失落"之前，我们的人文精神处于什么态势呢？如日中天吗？引领风骚吗？成为传统或者"主流"吗？盛极而衰吗？

有一些失落感是针对通俗文艺而发的。那么，在通俗文艺远不发达的往日，如二十世纪五十年代、六十年代和七十年代，我们是拥抱着或洋溢着 humanism ——人文精神的吗？

……对人的关注本来是包括了对改善人的物质生活条件的关注的，就是说我们总不应该以叫人们长期勒紧裤带喝西北风，并制造美化这种状况的理论来弘扬人文精神。但是，当我们强调人文精神是一种"精神"的时候，我们自古已有于今尤烈的重义轻利、安贫乐道、"存天理，灭人欲"、舍生忘死、把精神与物质直到与肉体的生命对立起来的传统就开始起作用了。毛主席讲的人要有一点精神，也是指解放军战士"不吃苹果"的精神，苹果多了，吃了，又从哪里去体现"人是要有一点精神"的呢？有了苹果就失落了精神，其心理暗示可谓源远流长。"卫星上天，红旗落地"的修正主义要义的心理定式也极有趣。所以说，"宁要社会主义的草，不要资本主义的苗……"

如此这般，我的这些观点并无新奇，也非多么谬误，但是我并没有完全弄清谈人文精神的来龙去脉。在我的心目中，"左"倾空谈主义的分量太重太重。而另一些文友，他们在看到警惕着"左"倾空谈主义的同时，他们在各地，包括在比北京要商业化得多的上海，他们感到了另一种类型的压迫，即拜金主义的压迫、物质主义的压迫，在改革开放开发的名义下巧取豪夺、多吃多占、把超经济的与经济的不公正结合起来的压迫。当然，这里同样有惹不起锅惹笊篱的问题，他们看不清或惹不起这些问题产生的体制性前现代性权力掌控性的原因，却去大骂市场、拜金与通俗文艺去了。

我不能忘记那位定居香港的年轻学人，所谓新左派之一的人士甘阳先生的意见，他说，在美国，百姓真傻，精英真精。在中国，百姓不傻，精英真傻。天机不可泄露，此话咱们先撂到这儿。师傅领进门，理解在个人。

我还说到：

　　……正是由于计划经济的停滞与挫折，使左翼文人们集中批评资本主义的软腹部——精神空虚、道德堕落、吸毒、卖淫、环境污染、社会治安状况恶化，等等。而强大的执政党、强大的人民政权、强有力的无所不包无所不能的意识形态，似乎确实能够扫除或基本扫除或一度扫除人类面临的永无解除之日的精神危机。

　　这样的信息并非人人都能提供，也并非我们的文友我们的读者个个都明白的，相反，他们的青春"文革"背景，他们的一知半解的新蓝入的理论，加上中国的社会环境，使他们特别容易倾向于新左派的高蹈。

　　我的单打一与我的轻率，朋友们的天真与自我良好感觉，使我们一下子碰撞了一个不亦乐乎。

　　这回我一下子得罪了一大批人，恰恰是我最看好、最欣赏、最喜爱的一批创作人与评论人。这就叫一波未平，一波又起，为供养作家问题我已经讨嫌一回了，斯事并未过去，如今又为人文精神问题得罪了那么多优秀的、有影响有威信的、自我感觉极佳的可畏的后生们，而且，直到一九九四年十一月十二日，我到了上海领奖与参加"面向新世纪的文学"的座谈会，我竟然对自己的失误与不妙处境浑然无觉。王某是够浑然的了。

　　上海又给我发奖了，我多高兴。获奖小说是《棋乡轶闻》，是一篇至少在表面上看是"胡扯淡"的小说。郭德纲式的信口开河中写了一个爱下象棋的省区，棋人后裔，即小说的主人公名胡聚旗，我写到了他的祖上三辈都因下棋与大形势的风云变幻而遭横祸。聚旗明白了以争输赢为核心的棋艺，应主大凶。他下死了决心再不下棋，结果为了小而又小的原因——局长女儿的姿色与谁输谁喝凉水的规则，终于下得性起，下得上火，下得投入，下棋下得进入了最佳境也是最险境界了，下得主人公再不是原来的自己了。字里行间，信手拈来，大故事里套着小故事，大幽默里套着小讽刺，大夸张大荒诞里套着小叹息。主题是啥，一句话说不清楚，但是含有一种哲理，关于放得下与放不下的悖论，关于超得过与超不过的两难，关于较真与洒脱的弯弯绕。人生就是这样，你一天活着，一天就摆脱不开入世与出世，无争与有争，计较与不计较，投入与撒手的麻烦。

有些作品我是拼命往荒诞里写，以致一些眼光短浅之人只看见了我的调侃与抡砍，直到封我为网络文学的始作俑者并断言"戏言是王某的唯一语言"。真令人喟然长叹，令人怆然泪下。如果你读过《青春万岁》，如果你读过《组织部来了个年轻人》，如果你读过《蝴蝶》《风筝飘带》《木箱深处的紫绸花服》《济南》《春堤六桥》《秋之雾》《晚钟剑桥》《靛蓝的耶稣》《我又梦见了你》和一批新诗……

可你又怎么能埋怨读者读你的书读得太少呢？到处都是文学刊物，到处都是作家，全国有正部级的中国作家协会，每个省都有一个正厅局级的省作协。人民供养着那么多好作家一级作家特殊津贴获得者，写呀写呀写，歌呀歌呀歌，讴呀讴呀讴，有那么多人知道有个你，知道你会写幽默小说（其时广东原文化厅长唐瑜同志在文联主持工作，一次他邀我为他们的杂志写"肉末小说"，我大惊，后来才闹明白他的客家话——"幽默小说"），你应该知足，应该感谢了。

而我原本是多情的，敏锐的，梦幻的，有时是偏激的，被长者爱护与深情地说成"神经末梢过于敏感"的……曾几何时？曾几何时？浅眼儿们只看得出王某的聪明与调侃，戏弄和豁达了。

其实我的荒诞含有不得已，我必须荒诞得使任何深文周纳者无迹可寻……除了胡扯还是胡扯，如马三立的名段子《逗你玩儿！》再不让它发生稀粥事件或者宰牛事件。后一个事件本卷暂时从略。

我甚至觉得，马三立的《逗你玩儿！》也有泪存焉。马三立二十世纪五十年代居然闹成了右派，"文革"后他改正、入党，他很快被评成了天津的优秀党员，这叫啥呢？反正不叫"逗你玩儿"，反正只能算是"逗你玩儿"。

事物也有另一面，从无奈的荒诞，会发展成收不拢的荒诞，过分的荒诞，不无失控的荒诞。信手拈来成妙趣，随心舒卷含真谛，如我在一九七六年所填《满江红》一词中所写的。那么，我会沉醉于荒诞，玩荒诞而丧志（？）文章得失，端的是寸心难知也。

我高高兴兴地到上海开会、发言，与为养不养问题与我争论的陈村老贤弟握手言欢。公开争论而且真名字发出来的都是好人好友。例如山西的韩石山，至今宣称他在三个关键时期都批评过王蒙，这为他增添了光彩。

我当然乐于作出这方面的微薄贡献。

然而我不识相，这也是标准的上海话。我的关于人文精神的文字已经激怒了不止一位上海的老中青精英，我还跑到上海来说什么保护作家呀，不要文化专制主义呀，不要极"左"呀……什么什么的。而一些文艺人，早已经对左呀右呀活活地烦死啦……如果你能够感觉到、理解到，并不会老有人对于周扬与丁玲争，或者夏衍、张光年与某某、某某某争论感兴趣，那么王蒙与某某争，人家就会更加不感兴趣。一位著名年轻一点的作家兄就说过，王蒙还是某某某当领导，能有什么原则区别？他的话一针见血，他的话能令"臣脑冷如冰"，他的话消除了多少自作多情，他的话让你静静地低下头来。我希望，我完全相信，他不会因为我写到了他的名言而介意。

还有一件蠢事，我在会议的发言中不点名地反驳了南京一位青年评论家的言论。我感到了他的矛头对准当代作家们，过于聪明啦，轻视散文啦，乱开玩笑啦（如说一位年轻女作家在会议上不发言，说是"我家先生说了，不要在人多的地方乱讲话……"），不像活鲁迅啦……我相当反感那种认为中国的问题是由于知识分子尤其是作家中烈士出得太少的各类暗示。"左联"五烈士，雨花台的枪声，郁达夫的被害，王实味掉了脑袋，胡风和他的朋友们，丁陈集团，成千上百的作家划成右派，"文革"中《红岩》作者之一的坠楼，傅雷夫妇的自杀，郭小川在黎明到来时死去……你为什么那样嗜血？你的记录何在？至少这些聪明的作家还留下过杜鹃泣血、以身殉文的记录，你呢？

鲁迅只有一个，废话，莎士比亚、托尔斯泰、雨果与曹雪芹也都是只有一个，作家当然是不二的，能够克隆的作家一定不是好作家。鲁迅有鲁迅的伟大，我们有我们的环境与特点，让学习咱们就学习，向鲁迅致敬！而您用鲁迅、更不要说用诺贝尔奖了压当代作家，岂不笑话？如果说人人可以成佛，人人可以成圣人，那么人人可以学习鲁迅。与其责备别人不像鲁迅，您先生自己就像一回嘛！鲁迅才活了五十挂零，不是说要等到花甲以后才能学习的。一个正当年四十多岁的人，责备六十多的人不像鲁迅，不有点找乐吗？

问题是日子有那么点安定了，肚子越来越吃得饱了，口袋有发凸的趋势，稿费版税看涨，教授与作家都有各种名目的奖金津贴称号职位，是的，平凡有可能取代高潮，日子有可能取代爆炸，轻喜剧与反讽有可能代替一部分指天画地，短信小品是不是正在取代一部分悲情的诗朗诵？于是从小已经习惯了大喊大叫与声泪俱下的朋友们、愤青儿们、愤中儿们失望了！

而且不仅在中国，美国的那位俄克拉荷马的炸市府大楼的愤青儿，也是激昂于美国人的堕落、世俗化，他怀念的是二十世纪六十年代，冷战的高峰，中国的"文革"，全世界都在发疯，谁也做不到面向世俗，世俗化，日子化。这个愤青儿被美国政法机构招待了死刑。

中国总是这么绝门。查阅资料，外国讲人文精神，是讲脱离神学的钳制，承认世俗与人，而中国讲的是脱离物欲的引诱，走向伟大的理想精神，有时否定形而下，否定世俗与经济，甚至视世俗为罪恶。同样叫人文精神，外国强调的是人，人的而不是神的。我国强调的恰恰相反，我们强调的是原文中并不存在的文与精神，而不甚在意于人。绝了。刘心武说了一句"面向世俗"，就被视为背叛了知识分子的道统，我也说了两句世俗化的不可避免的话，也遭到了我所最最尊敬的一位长者学问家的反感，真是无地自容啊。同样的嘲笑媚俗，外国原文嘲笑的是装腔作势，是那种小资产阶级的矫情媚雅，如王小波与王蒙都著文谈过的。而到了中国，人们望（中）文生义地认为，要反对的是世俗性，是市场化与玩物丧志的日常化、非理想化、形而下化。天乎天乎！

对不起，我有这些想法，我并没有改变这些想法，但是我仍然后悔于我的轻忽，我本来应该更加理解，本来不应该有什么人比我更能理解青春的理想主义与愤懑心理，我本来应该更加理解所谓人文知识分子的求真理精神献身精神，我本来应该完全懂得中国一旦放开了市场经济，在解放了生产力的同时也"解放"出了多少罪恶与黑暗。我本来应该明白，人怎么生活便怎样思想，生活在外省的刚刚出炉的雄心勃勃的文艺文学青年一代，是怎样地对当今的文学、当今的作家、当今的小说诗歌不满意、不过瘾，对电视剧、歌星、卡拉OK、咖啡馆等酸葡萄就更愤怒与轻蔑。本来，你也不是满意一切，包括同行，本来你可以跟着骂一骂，你也可以高尚一番决绝一番高屋建瓴一番，没有比骂文艺、骂同行更安全更拔份儿更看好的了，旱涝保收，一本万利，零风险，高回报。我们的社会时兴集体表现自己的道德义愤，表现自己的神勇无畏与生猛，例如站在一个已经跪下的铁人前吐口水，证明自己绝不会做卖国贼。至少在口头上我们绝对不能在道德的制高点前退后……而你要为同行们说话！你算老几？你替谁说话？你在护着谁？你已经早就不是文化部长，不是中央委员，没有任何人觉得你能保护他们她们，你既没有慷慨就义，也没有东山再起，你不代表作家，作家不需要你的代表。上海话就是说得好，你太不"识相"！

16. 腹背受"敌"

一九九四年前后，对于王蒙的批评突然活跃了一家伙。《中流》《文艺理论与批评》以每期一两篇的额度批王，无非是要论证王是党与社会主义的对立面，必须除王灭王才能搞好社会主义。此年两会期间，类似的杂志上刊登了两篇批王的文章，文题刊登在封面的要目栏。是期也有一篇批评张贤亮文字，未见要目，未登封面，未见化名的神秘身份，而是宁夏本省的一位教师所写，署的真实姓名，张贤亮颇觉规格落后于王某，是自己受了慢待，不能平衡。

初夏，由另外类型的传媒，如《中华读书报》上不断发出批王的文章。因为此报发表过长篇小说作家张炜的一篇称为《拒绝宽容》的文章。（张炜告诉我，他并无一篇这样的文章，是编者从他的另一长文中选了这么一段，并命名后发出。）我很奇怪，哪里会有中国的作家拒绝宽容要求严刑峻法的？"文革"的噩梦才脱离了多久？我乃写了一篇文字提倡宽容。虽然此前我听周扬讲过，"宽容是资产阶级的口号"。现在仅靠一个资产阶级的帽子已经不足以服人。我的一篇提倡宽容的文章招来了几乎每周一篇反驳的文字。

这其实是驴唇不对马嘴，我的宽容是讲政策，讲领导的肚量，讲文艺"战线"与整个国家的气氛。而诸小友的绝不宽容，是指他们的疾恶如仇，是讲社会上冒头的污浊与黑暗，是讲他们自身的正义性道德性或者应该说是先进性。

可怜的王蒙，酸溜溜的王某，他太相信宽容的君子之风、民主之风和它的美德意蕴了。他太低估某些精英知识分子的自我感觉与社会良心的代言意识与排他意识了。有些精英知识分子，认为自己已经掌握了话语权，道德审判权，真善美的制高点，还有思想者的桂冠（而且据说是二十世纪六十年代的青少年中容易出思想者，这里居然还有流年与生辰八字问题），因此他们考虑的根本不是自身能否得到宽容对待，自身的精神空间，而是他们能否原谅那些卑鄙者、粗俗者、形而下者、无思想者、浑浑噩噩者、拜金者、行尸走肉者，目前还要加上犯有过错者的问题。他们已经预感到或敏感到，市场经济的复活，阶级斗争的松弦，会释放出大量的通俗、庸俗、低俗、流俗、鄙俗直到恶俗来。他们预感到他们心目中的愚昧有可能与金钱结合，分享权力和社会资源。他们要坚持抵抗，坚持抗战，个别不知道何许人甚至提出了抗战文学的口号，抵抗文学的口号，要坚守精英们的阵地，而绝对不可以媚俗投降。

记得此前一个场合，好像是人民文学出版社组织的讨论会上，我所最最欣赏和喜爱亲近的中年作家之一韩少功就提出，参加争鸣是可以的，但是必须得够格，得够得上六十分。当时立即有人提问，谁来打分呢？少功可能认为知识分子的良心与良知，例如他自己这样的人物有打分的责任与把握。可惜，他的"打分说"恐怕只能受到另一类人物的欢迎。

须知，打分说到了另一类人物那里，他或她首先认为你韩少功就不够六十分。怎么办？

其实我早在一九八七年发表于《红旗》的谈百家争鸣的文章中，就谈过一个观点：言论的放开必然导致言论的贬值，暗淡了一言兴邦的前景，也淡薄了一言丧邦的警觉。百家争鸣的立竿见影的结果不是出现一百家或九十家真理，而是出现了许多胡说八道。许多言过其实，许多人云亦云，许多片面偏激，许多迎合媚俗，更多的愚者千虑之一得，智者千虑之一失，都会随着言论言路的开放而易于涌现。与此同时也创造了有利于出现创见的空间，发明创造的空间，想象力与精神飞跃的空间。同时言路的放宽能使种种谬论彼此制衡，不至于出现一言丧邦的大祸。没有这样的思想准备，不能适应这样的不理想状况，害怕自己的伟大深邃的声音湮没在众声喧哗里，尤其是世俗苍白的市场叫卖里，要求提高言论"入局"的门槛，就先别叫嚷开放，更不要侈谈言论自由。还是先请出一个打分的领导（这很可能）或者干脆由你去打分（这很少可能），搞精英小圈子以及政治上够格者内部开放更让人踏实放心。

类似的问题还出在我对于张承志的"清洁的精神"说的看法。张同样是我最喜欢的作家和友人。他的提倡清洁，我认为与他的民族宗教归属有极大关系。清洁就是，至少是源于清真，就是可兰经文上的 halal，这是一个重要的宗教观念。人应该清真，它的反面就是 haram，就是不洁，就是肮脏，就是污秽，就是无法容忍的邪恶。作为一个重要的宗教的核心价值观念，我对此具有极大的尊敬与向往、倾心与赞美。但是作为对于文艺工作的一个号召或一个规范，这样一提，我当时也不知怎么了，立刻想到了清理、清污、清算、清除、清洗这么一大堆与"清"有关的词儿。一朝被蛇咬，终生怕草绳，这就是我的心态。我们的文学，我们的精神生态，在这样一个大国，我以为首先需要的是丰富、平衡、多样、健康，百花齐放，百家争鸣，大胆创造，尽情发挥，互相补充，互相激荡，双赢共赢，协奏交响，而不是带有排他性的"清洁"。

无论如何，我是太看重"类文革"的思路和说法了，噩梦并未远去，辈肃随时可能。我防之甚严，生怕再来一次"文革"。我又是太把文艺当作一个整体来看来"保护"来支持了。其实文艺不一定是一个整体，种种不同的追求，不同的侧重，门户之分，地域之分，雅俗之分，学院与江湖之分，亲疏远近之分以及高低善恶之分是无法弥合的。你俨然以文艺文学的整体的从业人、思考人、爱护人、策划人自居，其实，却伤害了你最最欣赏也最最对你有所期待的某些同行，例如前面提到的张炜、韩少功、张承志。说得严重一点，你开始制造着对你自己众叛亲离、失望摇头的局面，令不怀好意者快而亲者痛的局面。

作为对于整个文艺的指导，清洁的指标未必可以列在首位，肮脏则必须遏制——我没有说消除，因为洁与不洁的有些判断并非易事。《查泰莱夫人的情人》洁还是不洁？《尤利西斯》洁还是不洁？当年它们都被认为极其不洁。有些作品人们认为显然不洁，不洁当如何？有些作品极洁，极洁又如何？作为张承志的感受与呼吁，他的清洁说其实十分敏锐与感人，现在，在某些人眼里，文坛、网络，甚至还包括许多电视节目尤其是广告，几乎快成了垃圾场的代名词，也许张当年的呼吁还真显出了预见性。

我也始终不明白，为什么这些相当优秀的作家，居然如此不能容忍王朔、刘震云，乃至余华之类的写作。他们的写作的特点之一是低调，这是高调文学的物极必反。文以载道、诗以言志的中国文学高调了多少年，所以稗官野史式的小说与戏曲压根儿进不了中国高调文学的台面。历史上连填词也是比吟诗低一等的，因为诗是言志的，而词是抒情的。"五四"以后的以救国救民疗救国民灵魂为己任的新文学也是怎样的郑重、庄严而且悲情！至于此后，以样板戏为代表，塑造的都是"三突出，四无限，钢铁英雄汉"了。文艺评论上的成功的赶车者曾经正式提出，"崇高"是社会主义文艺的基本要求。于是，在二十世纪八十年代末期与九十年代初期，王朔等一些人，以非精神导师、非国民性内外科医生、非塑造灵魂的躲避崇高的姿态，闹出些另类作品的出现，令人一惊，或者令人反感，更多的是令人捧腹喷饭。这至少值得我们想一想，怎么会出现了这样的调侃与侏儒式精神状态？怎么高大的，叫作大写的人尤其是高大的作家变成了小矮子，常常蹲着的人？怎么像戏曲里的武大郎，演起了矮子功？有没有可能这也是一种反讽，夸张地与偏激地宣告假大空的失败，装腔作势的失败，包括自我膨胀的精英牛皮主义的失败？

甚至于说，这些是追求一种真挚，一种实在，一种"活着"的韧性，一种假面的去除，是不是也或有可能呢？不错，有一种精英是以精英的面目出现的，他们自以为是，他们自恋自赏自悲自叹，他们的真诚同时具有表演的含义，因为他们是艺术家，他们要表现自己的艺术与思想，道德与操守，悲愤与庄严。还有一种赶车人则是以要求别人指导与纠正别人的模样出现的，他们制定规则，然后高屋建瓴，要求你进球得冠军。另一种可疑的与满不在乎的"精英"则特别注意以非精英的姿态表演，可能是由于精英们活得太累，压力太大，也可能是由于他们不但看穿了精英们所痛恨的邪恶，也看穿了精英们自身就凿凿实实地具有着的人性的弱点。他们还有一点中国老庄式的狡狯，知雄守雌，为天下谿，知白守黑，为天下式，知荣守辱，为天下谷。宁愿意以谷溪、工具、坑洼的面目而不是以高峰、导师、领袖群伦的面目活下去。

我给《读书》杂志写的一篇评论王朔的文章名叫《躲避崇高》，这篇文字使我在一定的程度上几乎"名誉扫地"（？）。我起这个文题是太不慎重了。虽然我说的其实是躲避伪崇高而不是一切崇高。我相信有些评论的看法是有道理的，认为王某是中国最后（？）一个主流意识形态的理想主义者。再有，我说的是王朔的作品的叙述策略是躲避崇高的词句与煽情，而不是我本人提倡躲避什么什么。读书人总该知道，什么是评论人的观点，什么是被评介的人的观点。我对王朔的评价是"微言小义，入木三厘"，我肯定了他的作品的意味，同时指出那还不是微言大义，不是入木三分。

然而，人们就是这样看文章的，你无法责怪阅读哪怕是误读，正像王某不喜欢"存天理，灭人欲"的提法一样，你不论作出怎样学富五车的诠释，我看到这个"存天理，灭人欲"就痛心恶心闹心。同样，就这个"躲避崇高"的标题，已经令王蒙无颜见江东江西父老了，愧恨哉！是的，人们就是这样阅读的，他们重视标题超过内容，他们重视一句"怪话"胜过全篇的逻辑，他们重视口碑与议论反映胜过原文，他们重视某篇文字的反响胜过研讨文本，他们喜欢草草地作出判断，而不是由表及里、去伪存真地去辨析。一句话，他们更多的是用耳朵、用鼻子、用四肢和眼角口角，说句笑话就是用脚后跟去感受把握一篇文章的，而尽力少用大脑思考。

岂止是对王某？就是对于党和国家领导人的讲话，他们也只是取其所需，每次能记住一句话就算不错。比如四次文代会，小平同志的讲话，人们记得的只有六个字："不要横加干涉。"

一个激赏张承志、韩少功、张炜的人，能不能同时理解乃至在某种程度上欣赏王朔呢？这为什么会那么难呢？一个欣赏悲情写作、决绝写作、清高写作、思想着写作的人能不能也同时因了另类人物的调侃写作、荒唐写作、佯狂写作、自嘲写作而会心地一笑呢？我一直为此而心焦。顺便说一下，有一位一再给我写信并火热地赞颂我就是当代鲁迅的游吟青年诗人，最后给我写信说是他再也不会理我了，因为他找到了现时的榜样张承志。他并且提出一个口号："我是英雄我怕谁？"

王朔的"我是流氓我怕谁"确实像流氓的语言，当然其出处与含意绝对不像字面上那么简单。至于英雄，会说我是英雄我怕谁？可能吗？打死一个英雄也不可能让他说出这样的流氓话来。

还好，总算到了二〇〇七年，我读到了王安忆的一篇文字，她慎重地、有保留地表达了对于王朔的欣赏、理解与同情，她还说到王朔其实是一个非常软弱与羞怯的人，沾点边。还有好几个最优秀最可爱最走红的男女作家，尤其是女作家，他们（她们）对王朔极其友善。爱惜羽毛的重要的女作家中，只有王安忆公开说出了对于王朔的不失公正的看法。

至于把王蒙与王朔绑在一块批什么二王，那只能说是恶意的胡为，是恶搞。欣赏或者理解或者包容某个人某个现象，与等同于某个人或现象当然是两回事。王蒙与王朔的距离并不比王蒙与朱学勤、林贤治的距离小。不同之处就在于和而不同，而不是与人为恶。就像王蒙欣赏林黛玉与芳官并不等于与芳官黛玉多么接近一样。王蒙甚至也可以"欣赏"一下开"恶搞"之先河的薛蟠，但是如果你因此而视薛王为一伙，只能表示你比薛公子恶搞得还恶劣，还无聊。

如前所说，我对于王朔的热情的评说表现为"微言小义，入木三厘"的评价。各位脚后跟发达的文友们啊，你们看得懂吗？你们看不懂吗？没了治啦。

一九九四年（或一九九五年）初夏，《东方》杂志上，发表了谢泳与丁东的两篇文章，丁文似乎还是两说着，说明王某的贡献与局限。谢文的题目是"内心恐惧……"什么什么，大意是王某的特点是被极"左"吓破了胆，什么东西都用极"左"来对比，只要不是极"左"，他都接受，从而混淆了是非，变成了糊涂虫。这些都不是原话，我现在找不到此文了，只根据记忆写成，如有不实，我自己负责，并请谢先生原谅。

你猜怎么着，他说得有点道理，我此阶段就是以防"文革"的重现为第一要务来着。

同时，年轻人竟然这样小瞧极"左"的曾经肆虐，这样小瞧人们为反极"左"付出的鲜血与生命的代价，不能不令我伤心伤感。我想起了一篇小说的题名：昨天已经古老。是的，昨天已经古老，记忆无法保存，我们生活在日新月异、天地翻覆的中国，我们希望的是向前看，淡化往事，古老的昨天谁还有兴趣回顾？

谢泳更有兴趣的倒是前天而不是昨天。他津津有味地回顾例如蒋怎样礼遇胡适之类的逸事，艳羡之情溢于言表。但是为什么就不再想一想，为什么蒋失败了，为什么中国的知识分子的百分之九十（如果舒乙先生之说可以成立的话）选择了中国共产党呢？前天，人民革命难道是阻挡得住的吗？而革命的激进主义，完成了历史的宏图大业，催生了新中国，才使我们包括谢泳有了今天，以后一直发展到"文革"，难道不是有迹可循的吗？

再说，他毕竟没有在蒋家统治下生活的经验，我有。我知道什么叫暗杀闻一多、李公朴，我知道什么叫镇压学运，我知道什么叫特种刑事法庭，我也知道有多少左翼作家在雨花台等地被枪决……他不会不知道吧？

差不多同时，香港中文大学中国文化研究所编辑的《二十一世纪》杂志上发表了朱学勤先生的文章《城头变幻二王旗》。他为什么那样不怀好意？

一位相对年轻一些的人的批王文字转载到了《中流》之上。

上海与北京都出版了谈这个时期的文学与人文精神争论的集子。一位"文革"中专写批判文章，后来迁到内地江南的新疆老乡，则申报了出版王蒙批判的选题。

有点意思，也有点值得老王喝一壶的了。

第一个思路，我终于看出一些好同行的红卫兵背景。作为政治运动，你可以全面否定，彻底推翻，审"四人帮"，揪"三种人"，在中国的情势下，没有什么人提反对意见也没有讨论争辩的必要与可能。但是作为一种文化传统，（或反传统，我始终认为中国的文化传统包含着二律悖反的正题与反题，玩着命批自己的传统，包含了自我卸载、自我爆破、自我糟朽的预置，正像中国文化有自我更新、自我救赎、自我调整的能力一样。这也是中国文化的一种带有变异性乃至破坏性的传统，中国那么多改朝换代，有几个朝代不否定前朝的文化呢？）文化现象，思维模式，红卫兵的影响将长期存在。高调主义，零和模式，唯意志论，精神至上，斗争哲学，造反有理，舍得一身剐、拉之下马，悲情主义，煽情主义，极端主义，永不妥协、永不和解，自命鲁迅，所谓只身与全中国作战，到咽气那一刻也是一个也不原谅……这些红卫兵精神，在多少人身上仍然存活！包括不同的政治选择的人，进入截然对立的营垒的人，其心态与方式竟然如此相近！

无怪乎二〇〇六年，海外出版的一些媒体上，刊载的谈"文革"四十周年的文章的主调是说"文革"的好话。越避讳就越要说好话。

青少年时期的一切终生难忘。每一代人有每一代人的青春万岁。红卫兵们的红卫兵运动，就正是他们的青春万岁呀。避讳更加成全了他们的对于红卫兵运动精神的怀念与梦幻化诗情化的补充发展，这样的怀念补充我应该理解，这样的怀念正像我的怀念地下党领导的学生运动，只不过他们不走运，青春竟然万岁到千夫所指的红卫兵运动上了。

我们都是历史的人。说得好听点，历史给了我们目标、动力，成就了我们也充实锻炼了我们。说得怨毒一点，我们都被历史所劫持。人渴望自由，这只是人的一方面。人也渴望有个主宰，渴望被劫持，否则，他活一辈子干什么去呢？他需要的主人可以是人格神，可以是观念神，可以是价值判断与意识形态，可以是社会集团更可能是历史和时代。

历史和时代向人提出了使命、内容和意义。摆脱历史是不可能的，就像帆船躲不掉风。无非是走顺风船还是走逆风船或者先顺风再翻船或者先逆风再顺风或者时顺时逆时危时安的不同。

问题在于你对历史的感情。对不起，这有点像奴隶对主人的感情。但我无意像我们批判奴隶主一样地批判历史、与历史为敌，因为任何人都无法像奴隶推翻奴隶主阶级一样地推翻客观的先于任何个人存在的历史。它主宰了你，这是客观实际，是时间与空间的存在形式，而不是压迫或者剥削的结果。曾经的红卫兵难以割舍他们的恋红情绪，这有点像斯德哥尔摩情结：被劫持者对劫持者产生了感情。当然西方心理学家病理学家是以怪诞与变态的精神病理作参照乃至是作前提来谈这一情结的，而且，在文明社会中，劫持人质无疑是一种犯罪。这一点，历史与人的关系完全不同。但它也说明，被劫持者对于劫持者即对于（一度的）主宰者是能产生感情的，宗教感情与政治乃至家族家庭感情都能说明类似的情结。请允许我们先从心理学的角度来看这种情结，而不是从价值的绝对信条的角度来急忙忙地想当然地否定。所以我早就指出《红楼梦》中的丫头们有"不奴隶，毋宁死"的现象：晴雯、金钏都是这样死的。我也借此机会想到了那些大谈无怨无悔的红卫兵——知识青年朋友。你无法打破他们的在这一点上与你同样的对于青春万岁的记忆与怀念，他们永远会依依于那段强有力的历史的劫持。就像我现在唱起苏联国歌与《斯大林颂》仍然感动于它的气势饱满，情绪涨潮，这丝毫也不意味着我至今仍然坚持斯大林主义。

第二个思路是你太讨嫌。你自我感觉良好，掉以轻心，你没有弄清原委就瞎表态。你处处以高高在上的宽容提倡者保护人自居。其实你无权也不配宽容别人，同样也没有哪个有权的与如日中天如日东升的代有才人出的自命代表人物想宽容你。相反地，你带来了压迫感，挡路感，炫耀感。你自以为高尚，实际上就是藐视他人。你自以为智慧，实际上就是压制才俊。你自以为考虑大局，实际上就是忽略了山头的利益，行业的利益，友人的利益，具体的活人的利益。你自以为有容乃大，实际上就是失却了盟友。什么都容，与什么都排斥，能有多少区别呢？

你自以为代表了众文人众知识分子的利益，实际上就是自居领军人物，又有哪个博士学人斗士旗手需要你的代表代言？纯粹做梦！

你的口气仍然太大（你被讥为保持着前部长的风格，而另一位青年才俊被说成是具有候任文化部长的气度），你的标杆仍然太高，你的见解仍然太独特，你对不同的见解又缺乏认真与谦逊的研究，你不是自找没趣吗？

有一件事给我很深的教育，我从小受到的大局教育太多太多了，我老在那里考虑大局，考虑事业，考虑国家民族。别人恰恰不这样考虑。有一次全国政协会议期间，召开一次文艺界的联组大会，中央领导同志参加听取意见。我说的是一九九七年三月，次年政协就该换届了。一位与我关系很不错的作家同行要在大会上发言，他征求我的意见讲点什么"呼声"为好。我提了一条，你可以建议多增补一些年轻些的作家做政协委员。他听后极认真地想了想，然后，又是极诚恳地涨红了脸对我说："王蒙，我不想建议吸收年轻作家，噢，那不是顶掉我自己吗？"

他说得天真可爱，如婴儿赤子。而我，你打死我我也不会这样想。

人们能够接受他那样的人，接受利己与粗俗，接受不加遮掩的低下，而不接受对于大局的责任与义务。或者，他们最多承认："你当然考虑大局啦，你从大局方面已经获得了多少好处！"

第三个思路，你落在了时代后边，现在的问题已经不是打着以阶级斗争为纲的旗号，打着整顿与清理的旗号来抓右派了，现在在各地肆虐的恰恰是打着开发、引进、市场经济旗号的化公为私，巧取豪夺，欺男霸女，道德沦丧。你只知道批极"左"，却不知道批市场经济，是你落在了时代后边了。例如对于批判与争论，我谈它们完全是讲以"文革"为代表的年代对于这两个词的使用与魔法化，而郑也夫等学人，则给我讲批判与争论乃是不可少的常识，这样的鸡与鸭讲话，我只能道一声惭愧了。

有一个问题我始终迷惑，一位老弟台引用福柯的名言说，知识分子的使命在于独立于体制之外的批判精神。这位老弟台还告诉我，全世界的知识分子没有任何人说市场经济的好话。意即，王某说市场经济好，丢了知识分子的份儿了。

对于西方相对稳定基本成熟的资本主义国度的知识分子，我相信福柯的意见的可取性。在我国，你怎么选择呢？你批判了大清王朝与千年帝制，你批判了北洋军阀与国民政府，你批判了帝国主义与霸权主义，还有什么修正主义，你批判了至少是否定了"文革"和各种极"左"政策、极"左"产物，你也否定了计划经济……你一路走着一路批着、骂着、咒着、抛弃着，你现在的任务是批判改革开放与市场经济？不能说市场经济的好话，说说计划经济的好话如何？不要以为这是开玩笑，我亲耳听到过北京郊区农民的对谈，讲毛主席的干部才是为人民服务的，现在的干部只是为人民币服务的。

还不限于批判市场，最新舶来思潮告诉我们：要批判科学主义与科学，要批判发展与唯生产力，要批判（当然，王按）全球化与跨国公司，要批判WTO与别的O（组织机构），这些批判对于我们其实并不陌生，"文革"当中我们已经生吞活剥地搞过，这也说明，其实法国的、德国的、美国的一些著名新左派或西方马克思主义的论点，早在毛泽东的晚年思想中已见端倪。如果中国的知识分子就这么一路批判下去，是不是也太简明太顺手了呢？一刻也不让你踏实，永远需要乱局，需要风云激荡，需要硝烟滚滚，那中国不就得永远贫穷下去吗？几亿温饱线下的百姓，何时才有基本的生活生存条件？是通过批判才能获得民主、法制、文明与进步，还是通过点滴的建设更有希望呢？

我选择了建设，我相信我们的多灾多难的祖国、水深火热的人民，有权利要求知识分子帮着他们搞点建设而不是继续革命翻天覆地慨而慷了。

第四个思路，你辜负了一些人的期待。第一种人期待你的销声匿迹，至少你可以变成汪曾祺与贾平凹，遗老遗少，最后一个士大夫。第二种人期望你受到封杀，期望消除你对于他的中心地位的威胁。第三种人期望着你的冲锋，你的大闹中华、喋血与就义。第四种人期待着你的检讨，最好能够狗血喷头。第五种人期待着你的告老，至少可以患一点脑血管、心血管疾病，少掺和事。一位著名的歌词作家乔羽先生曾经对我说，你还敢掺和年轻人的话题，你还敢找点事！另一位年龄与我接近的作家则说，现在的这批青年人，又敏感又自傲，唯一的办法是别理他们，否则，你不是自找苦吃？

而同时，群众喜欢热闹，喜欢观望，喜欢有戏，喜欢放二踢脚与麻雷子。同样，你让这么多人失望了。

第五个思路，你以为你是啥？你是谁人？你以为你清高，你辞官，你有灵感与才华，你不患得患失，然而你说了半天是什么都成了，什么都得到了。即使是最好的朋友也说，王某人反正什么都得到了。他指的是待遇与地位，头衔与名声。没有得到就钻营，固然不雅，得到了再辞，更像得了便宜卖乖。一位同命运的同行反复自我宣告，早在"文革"刚结束，领导人就提出要他当文化部长，此说死无对证，而且斯时的文化部长是黄镇，是朱穆之等老长征与老延安。没有几个人拿这样的自我宣告当真。另一位纯朴的，什么也难不倒的老哥，突然在风波之后预感到自己要当文化部长，兴奋了一段，例如提出了批判某某的文艺路线问题，又突然明白了此乃自作多情，远远地走开了。还有一位"文革"中大红大紫，"文革"后不免狼狈的同行，风波后说是得到了代理领导的口信，他要当文化部长，最后发现的是他没有当上，而王某仍然坐着专车。他们能舒服吗？他们能不受刺激吗？你再冒充一个普普通通的写作人、酸文人，一个简单的从业者，同行们的权益的维护人，谁信？

你所以觉得不足挂齿，因为你不费力气地具有了，拥有了。你以为旁人都没有感觉吗？你以为他们认为你天生就该得到一切，而他们该在一旁看着吗？

例如一九九四年，你补选为政协常委，对此敏感的不仅是台湾友人。

第六个思路，看来还真有点代沟了。一位优秀的知青女作家说，二十世纪五十年代的写作者，受够了折腾，本来应该产生出思想的珍宝，但是由于他们的性格受到的歪曲，他们在生产黄金的地方生产了一些粪土。本来应该，其实未必，这一类假设的问题是难以讨论的。然而，说这个话的朋友也已经四五十岁了，她为什么向上一代人要黄金珠宝而不是自己去挣、去制造挖掘呢？如果每个有作为的人都只知道骂上一代，涂抹上一代，埋怨别人，而不是要求自己，中国能有希望吗？

第七个思路，简单一句：王某已经引起了审美疲劳。你不早该过时了吗？你躲在一些报屁股上，写点酸溜溜的文章补贴点零花钱还不行？你还写什么长篇短篇，论文见解，你烦不烦呀？

佩服的另一面是反感，羡慕的另一面是嫉妒，专注的另一面是厌倦，九命七羊的另一面是早该过时，逢凶化吉的另一面是观众要求退票。

第八个思路，如一位鲁迅研究专家孙郁先生对我所说，你是一个标杆，超越你是一个人的成就的标志，今后会有愈来愈多的人以挑战你为自己的必修功课。

换一个位置，我也许同样愿意多表现一点对于老王的异议。

第九个思路，这与市场经济有关，人咬狗才有卖点，沙奶奶和阿庆嫂打起来了，才好看而且让胡传魁与刁德一放心。策划酷评是生财之道。

第十，去他的吧。有人说好，有人说坏，绝对正常。更多的读者根本不理会这些笔墨官司。该多少人喜欢你的作品，照样多少人喜欢你的作品，更不需要那些声援你的同行了。闹了半天，谁也动不了谁的半根汗毛。

我不会忘记法国哲学家狄德罗的名言："如果我受到所有的人的攻击，我会感到悲伤。如果我受到所有的人的称赞，我将无颜再活下去，因为那只能证明我是一个伪君子。"

我相信有人批评我争论我是好事，有得有失，有失有得，这是真理。挫折会赢得同情与轻蔑。成功会赢得伸大拇指与怀疑：这个家伙怎么这么走运？他搞了什么鬼？自己萎缩的人怀疑别人吃了太多的伟哥。自己才尽的人攻击别人文思泉涌乃是随地便溺。你不可赢得一切的点数，赢得太多的点数者不祥。你将学到一些东西，去掉一些天真烂漫。谢谢了。

17. 思绪在发酵

上一节我已经讲了十条思路了，其实还没有说完。这说明此事对我影响是很深重的，即使我能做到某种不以为意与笑而不答也罢。

除了作家供养问题、人文精神问题、王朔作品问题、世俗化问题、通俗文艺问题、不争论问题与知识分子的使命在于批判问题即不可重在建设问题、某个青年评论者的文风问题等外，还有一个可笑的却也是不无狼狈尴尬的问题，叫作二十个鲁迅一百个鲁迅问题。

那是在加拿大，一位名丁果的撰稿人问我王朔的作品的事，并说有人担心作家都变成了王朔式的玩世不恭者，中国文学会成为什么样子呢？

我最反感的就是这种提问的句式，即以多了不行为由来取缔个别。都成了什么什么人，那是根本不可能的事。文学差不多都是个案，非文学也首先是个案，其次才可能存在是否典型，即是否有代表性的问题。但我们中国太重视共性代表性倾向性预兆性了，每一只燕子都代表春天，每一声叹息都代表衰灭——因为一个人叹气不要紧，十亿人一起叹气生活就会崩溃。一个人打哈哈无所谓，十亿人一起打哈哈就要亡国灭种。原来每个人都有可能成为尤其是应该成为必须成为十亿中国人的代表，至少是你那个行业或你那个年龄段的代表。这种假定是完全荒唐的。任何一种个性如果成了代表性，成了批量生产的产品规格，成了冷处理和热处理的模具，如果被亿万次哪怕只是千百次克隆复制，这种个性被亿万倍千百倍地放大，那么，它肯定是不能容忍的。就是十亿个孔圣人，也是不可思议的。此种逻辑如果成了事，就只能得出消灭一切个性的结论。

我相信，我要强调，个人性与独特性是文学的品格，当然也有时代的民族的阶级的共同性，有个性出现的社会背景与原委，那是在更概括与更抽象、更本质的层面上。

我回答："都成了王朔当然不行，都成为鲁迅也不行啊，如果出了几十个上百个鲁迅，我的天！"

我是极而言之，我是争辩有术，认为文学的成批成捆，作品与作家的成类成风，人物的批量生产，是很恐怖的。都成了某一小小作家固然不美，即使都成了伟大作家，也没准更可怕。因为越是伟大作家个性越是强，越是不可重复，不可克隆，不可成群出现。

伟大作家的价值全在于他的唯一性，有哪个作家能有另一个备份儿呢？

这里是不是包含了一点觉得鲁迅斗争性太强的因素，都这样斗起来怎么得了？我多次反省，当时实在还没有想到说到这一步。不错，我确有这样的思想，鲁迅有鲁迅的时代，今天有今天的特征。在今天皮毛地学鲁迅、私淑鲁迅更不要说自命鲁迅了，极少能成功者，倒是会画虎类犬，装腔作势，招人厌烦。我不拟妄评先贤鲁迅，但是我敢说，某些以学鲁迅自居的悲情愤青儿、偏执愤老儿，学出来表面的与廉价的好斗、尖刻、自恋自怜、与人为恶的多，学到了鲁迅式的深刻、创意、爱心、关怀后辈与普通人，特别是他的博大沉雄的文化底蕴的人绝无仅有。鲁迅说，到死"一个也不原谅"，你觉得肃然，因为他是鲁迅。换一个极少建树的、精神贫乏的、性情乖戾的愤老儿愤青儿闹腾"一个也不原谅"呢，效果与鲁迅能相同吗？

我也常常为我非常喜爱的一个作家同行的议论而钻牛角尖，难以释然。我的这位兄弟说，鲁迅是一个人与全中国作战。我一下子就噎在那里，半天也打不出一个嗝儿来。一个人与全中国作战，那是为了谁作战呢？为联合国还是火星人？

当然我知道什么叫修辞手段，我知道与全国作战说正如我的二十个鲁迅说一样，是舞文弄墨的极而言之，把事物说到极致，以增加雄辩伟力。我也知道我的老弟台可以解释为"为了中国人民而与中国的陋习作战"。但是这种夸张的孤愤姿态仍然使我添堵，一二百年来，数千年来，中国的"作战"——"内战"包括"论战"已经够多的了，我们这儿文艺也是战线，真不知道如果文艺是战线，"超女"算什么兵种。也许正因如此，"超女"必须先剿灭。

但这不是要点。要点仍然在于能不能用这种模式论证问题：如果中国人都怎么怎么了……凭什么都一个样？谁那里一个样啦谁活该，谁负责，谁该死！我的要点是十个二十个鲁迅是根本不可思议、不可能的荒诞，同样，二十个王朔，或者二十个残雪，或者二十个北岛，或者二十个丁玲，或者同时二十个伟大导师……都是同样的绝无可能。

至于二十个愤老儿愤青儿或者吗卫兵，二十个某某年代的思想者或写作者，当然可能，二百个两千个都可能，所以跌份儿。

早在一九八六年，我在上海宝山会议上，即听到过可爱的老夫子流沙河先生讲过，先锋诗作，不可没有，有可聊备一格。不可过多，过多则成妖孽。然后苏联学者费德林说，他认为中国最青春的诗人仍然是艾青。

我在发言中说道，一种怪异的风格如果普及了，变成通俗化、大众化的口味了，那可以肯定，它已经毫无怪异与先锋性可言了。何必去担心怪异的普及化，或者以怪异的不可普及作为该怪异的软腹部予以嘲讽呢？

但还是有问题，我实不该拿鲁迅打比方。因为，鲁迅在咱们这里是不可以轻易提及的，谈鲁迅应该有足够的敬畏与悲怆。为什么眼睛里常含泪水？因为爱鲁迅爱得深沉。此后王朔谈鲁迅，大冯谈鲁迅，《收获》讲鲁迅，都受到了痛击，至少是干预，有了批示，有关单位还写了检讨。而且恰恰是在咱们这里，鲁迅的深沉、孤独、透彻、悲愤、几近绝望的诅咒与对于未来的全新期待，特别能引起精英意识的共鸣与倾倒。你可以不是鲁迅，但是你不可以没有鲁迅的孤愤与沉重，就是说不能没有鲁迅式的精英意识。毛泽东亲自明确规定，鲁迅是最伟大和最英勇的旗手。是中国文化革命的主将，他不但是伟大的文学家，而且是伟大的思想家和伟大的革命家。鲁迅的骨头是最硬的，他没有丝毫的奴颜和媚骨。鲁迅是在文化战线上，代表全民族的大多数，向着敌人冲锋陷阵的最正确、最勇敢、最坚决、最忠实、最热忱的空前的"五最"民族英雄。鲁迅的方向，就是中华民族新文化的方向。我从来没有见过毛泽东用这样的热情、这样的全称，肯定的词句毫不吝惜地全面地、无保留地称颂任何别人。对马恩列斯也没有以这样的口吻说过话。毛泽东不但给了鲁迅最坚决、最勇敢、最正确的最高级评价，而且在晚年干脆声称他与鲁迅的心相通。这绝非偶然，也绝对不是毛泽东的攀附，以毛泽东的自信与俯视（同时讴歌）众生，他不会有攀附的需要。需要以鲁迅作虎皮的是其他小人物包括"中央文革小组"。

有的精英遗憾于鲁迅只有一个，人们瞪着双眼看能不能多出一些鲁迅。人们有没有说痛快的话，有委屈，有憋闷，有不平，有大炮在肚肠里轰轰隆隆，自己又不敢放或不会放，正期待着几十个几百个鲁迅万炮齐轰，荡涤一切黑暗，释放一切怒气，你却说鲁迅只应有一个也只能有一个，你犯了众怒啦，你又闯了刀山火海陷阱啦，你把自己置于不敬鲁迅的被动位置上了。

再加上你主张过缓行费厄泼赖不等于永不实行，时至今日，在一个消灭了阶级的社会主义国家，提倡一下费厄泼赖有什么不好？进入二十一世纪后，二〇〇四年的雅典奥运会直播，每天都把 fair play 即费厄泼赖大字展示到屏幕上。其后我们的电视节目，为迎接二〇〇八北京奥运而大教英语，其中教的最多的也是这个短语 fair play ——费厄泼赖，即当年被鲁迅主张缓行的。其实鲁迅是正确的，当年缓行，是由于当年是旧中国、旧社会，那时提倡的是打落水狗，宜将剩勇追穷寇，不可沽名学费厄。而现在是主办国际奥林匹克的社会主义新中国了，现在中国已经有了公平游戏的条件了。不公平游戏，还哪儿来的奥林匹克？

而死脑筋们认定缓行就是永不实行，永远对着干，永远往死里斗。于是你被某研究家归入"向鲁迅挑战"的黑名单中。向鲁迅挑战，耗子舔猫，你不是作死吗？还有另一位有影响的诗人，著文表示，现在不是鲁迅太多的问题，而是过少的问题。我一听，真有道理，无可反驳！王某是不是认为当今鲁迅太多了，不好办了呢？其实王某也认为现时无鲁迅，正如无李白，无杜甫，连金圣叹、袁枚这样的也没有。那我为什么说是鲁迅多了呢？且慢，我什么时候说过鲁迅过多了？你没有说过，这个问题又是怎么闹出来的呢？我算全傻了，头脑里全是糨糊。完了，你再怎么说也说不清楚啦。

我想，我一再标榜的不设防方针这回算是出了洋相了。低调的言说，遇到了高分贝的不由分说的回击，孰能无过，孰能免祸？

由她去罢。到了这般境地，只有靠鲁迅笔法：我的所爱在豪家，想去寻她兮，没有汽车（zhà）……爱人赠我兮，玫瑰花，回她什么：赤练蛇（shá），从此翻脸不理我，不知何故兮——由她去罢。

我太忙。我的战线比较长，我正在做的建设性工作太多太多，我只能由她去罢而不能较真儿。我只能难得糊涂，我只能捣糨糊，叫作恕不奉陪。这四个字真棒，能看得出中国文化的经验深厚与颠扑不破来。

事到如今，我干脆再说明白一点，对于鲁迅的苦苦期待也是人民的一种弥赛亚情结的表现。鲁迅是伟大的、深刻的与冷峻的，同时也是具体的时间环境与文化传统文化激荡的果实，是历史、社会与中国人民大革命从酝酿到走向高潮的果实。没有革命背景就没有鲁迅。革命的伟大与不可避免，威严与神圣浪漫，使革命前与革命中，一切的不平、不满、不接受、不合作、不随声附和，一切的愤怒、仇恨、辛辣、尖厉，包括对于中医与"旧剧"梅兰芳的不无偏颇的开火，都被革命的光辉所照耀，发出异彩，形成光环，感天动地，入情入理，融入革命的大潮与光焰之中，构成了批判、斗争、决绝的无敌的革命大方向。同时鲁迅的批判精神大大推动了中国知识分子革命化。为此，他受到毛泽东与充满革命期待的中外人士的盛赞。与一切有成就的大家一样，他是绝对不二的。鲁迅不二，莎士比亚、托尔斯泰与巴尔扎克……当然也只能不二。问题是那些外国大家与前面提到过的中国古代文人的形象都是文学家，而不像鲁迅这样具有弥赛亚的光环。用中国特色的说法，鲁迅是英雄（毛主席亲自封就的）——圣人——北斗星——弥赛亚。鲁迅是经历了有意与无意的，革命领袖与人民包括精英知识分子的造神——圣化过程的。如何正确地科学地全面地如实地认识鲁迅，如何继承与学习鲁迅也许还有待于未来。

而我之阅读鲁迅，我最最感动的是，他批判旧社会批判国民性与人性恶入木三尺，无人望其项背，自不消说。问题是他对于革命特别是革命文学也抱着极其清醒、我以为是同样冷峻的看法，早在革命远未胜利之时，已经绝不"晕菜"，绝不一味浪漫。他的深刻的质疑精神带有天才的先验性。

同时，当然他也有不足。

从表面上看，我一直在说着过多的话，对许多事都有自己的成熟的或者粗糙的见解，言多语失，祸从口出，我的尴尬与被动也都是有的。我还一直在周游列国，与各国人士讨论各种敏感大小问题。然而，这些都并不重要，我的主业仍然是一个字：写。

下面是我一九九四年与一九九五年发表作品的情况，可以与《大块文章》中关于一九八三年与一九八四年的账单作一比较：

> 贺《人物》十五岁《人物》1994-1
>
> 从政治心态到商业心态《新商战》1994-1
>
> 诸神下界《联合报》1994-2-9
>
> 本命年《新民晚报》1994-2-10
>
> 恭喜声中话轻松《南方周末》1994-2-11
>
> 美国人傻吗？《南方周末》1994-2-18
>
> 从"话的力量"到"不争论"《读书》1994-2
>
> 怀念刘力邦同志《北京政协》1994-2
>
> 在小绒线胡同《中国作家》1994-2
>
> 先锋文学失败了吗？《今日先锋》1994-2
>
> 在《汴京梦断》研讨会上的讲话《无名文学》1994-1/2
>
> 我的写作《解放日报》1994-3-10
>
> 心灵深处的对话与冲击《读书》1994-3
>
> 穷与富（等三篇）《中华散文》1994-3
>
> 我的另一个舌头《随笔》1994-3
>
> 贝拉吉奥的"形式主义"《南方周末》1994-4-15
>
> 美国人更胖了吗？《南方周末》1994-4
>
> 文学与地理《读书》1994-4
>
> 官场无政治？《文学自由谈》1994-4
>
> 王蒙谈中国文学现状《桥》（中文版）1994-4
>
> "头朝下"漫议《读书》1994-5
>
> 湖《散文》1994-5
>
> 人文精神问题偶感《东方》1994-5
>
> 文化市场一议《北京政协》1994-5
>
> 做好你自己的事《南方周末》1994-6-3
>
> 关于敬业《南方周末》1994-6-10
>
> 静下心来《南方周末》1994-6-17
>
> 不争论的智慧《读书》1994-6
>
> 漫游这个世界《散文》1994-6

圈圈点点说文坛《上海文化》1994-6

我的处世哲学《东方》1994-8

无语《芙蓉》1994-8

夏日杂咏《新民晚报》1994-9-3

咏蝉八首《新民晚报》1994-9-19

"洛伊宁格尔"与他的眼睛《读书》1994-9

关于散文《文汇报》1994-10-23

秋兴《新民晚报》1994-10-24

珍重生命《南方周末》1994-10-28

我读《红楼梦》《解放日报》1994-10-30

旧梦重温《读书》1994-10

珍惜家庭《家庭》1994-10

文学生活的新格局《中国西部文学》1994-10

开拓研究文艺心理学《解放日报》1994-11-8

艺术属于人类《羊城晚报》1994-11-30

不成样子的怀念《读书》1994-11

关于北京话《知识与生活》1994-11

劝善说《新民晚报》1994-12-2

微笑与金钱《劳动报》1994-12-19

雅与俗《劳动报》1994-12-26

名士风流以后《读书》1994-12

感谢读者《中国青年报》（日期？）

科摩湖里游泳《大公报》（日期？）

《夜莺和春天的对话》序

爱国主义的内容

也说歌星种种

焕然一新喜亦忧《北京晚报》1995-1-4

关于晚报文体《解放日报》1995-1-5

我写《暗杀-3322》《新民晚报》1995-1-9

善良《文汇报》1995-1-10

好戏还在后头《文学报》1995-1-12

杂多与统一《劳动报》1995-1-12

我喜欢幽默（等二篇）《文汇读书周报》1995-1-14

黑马与黑驹《新民晚报》1995-1-17

清明的理性《羊城晚报》1995-1-26

冤屈的魅力《解放日报》1995-1-26

说《走出男权传统的樊篱》《读书》1995-1

寻湖《北京文学》1995-1

沪上思絮录《上海文学》1995-1

关于转型期文化《东方艺术》1995-1

没有《芙蓉》1995-1

祝愿和希望《当代》1995-1

单纯《劳动报》1995-2-13

往日情歌《今晚报》1995-2-23

《三国演义》里的"前现代"《读书》1995-2

夏衍的魅力《三联生活周刊》1995-2

"不可救药"的幸福《东方艺术》1995-2

为老友诗集作序《北京政协》1995-2

宽容与疾恶如仇《中华读书报》1995-3-1

追求艺术《今晚报》1995-3-1

美丽的红罂粟《中华读书报》1995-3-8

说真话的风波《南方周末》1995-3-10

写作的快乐《人民政协报》1995-3-14

欢乐的文学联欢《羊城晚报》1995-3-23

后的以后是小说《读书》1995-3

文学与世界《随笔》1995-3

混沌的心灵场《文学遗产》1995-3

致胡辛信《星火》1995-3/4合刊

原子弹、健美操与精神食粮《新民晚报》1995-4-4

三点建议《文学报》1995-4-8

阳光与荒原的追求《文汇报》1995-4

想起了日丹诺夫《读书》1995-4

自由与质量（等二篇）《文学自由谈》1995-4

小说面面观《作家》1995-4

行板如歌《爱乐》1995-4

与意大利记者桑德罗·维奥拉的谈话《知识与生活》1995-4

文化性格漫谈《芙蓉》1995-5

全知全能的神话《读书》1995-5

探寻中国文化更新与转换的契合点《书与人》1995-5-8

大愚若智话阿甘《新民晚报》1995-6-19

钟鸿的诗《今晚报》1995-6-21

《在伊犁》台湾版小序（等二篇）《解放日报》1995-6-24

难忘冯牧《中国作家》1995-6

妙喻如舟《今晚报》1995-7-12

随感与遐思《作家报》1995-7-15

我们这里会不会有奥姆真理教？《海口晚报》1995-7-21

作家——医生毕淑敏《今晚报》1995-7-27

精神家园何妨共建《读书》1995-8

中国当代文学的新话题

《失态的季节》人民文学出版社1994年出版

《王蒙评点〈红楼梦〉》漓江出版社1994年出版

《忘却的魅力》中国华侨出版社1994年出版

《暗杀3322》春风文艺出版社1994年出版

《活动变人形》（德文，高力希译）

　　德国Roman Waldgut出版社1994年出版

《我又梦见了你》（法文，傅玉霜译）

　　法国Bleu De Chine出版社1994年出版

《坚硬的稀粥和其他故事》（英文，朱虹译）

　　美国George Braziller出版社1994年出版

《王蒙小说精选》太白文艺出版社1995年出版

《诸神下凡》中国华侨出版社1995年出版

《王蒙幽默小说》漓江出版社1995年出版
《王蒙海外游记》华文出版社1995年出版

这里包括两部长篇小说《失态的季节》与《暗杀3322》，短篇小说一题《寻湖》。

我写得太多了。宗璞有一次见到我，急切地说："王蒙，你写慢一点！"她当然是好意，她叫我"老弟台"。我也承认如果我少写一点，可以更高明，更清纯，更矜持也更精到。十余年后的今天，我自我审视：王某人是否有一种不能算是十分健康的心情？有点写作狂。不知道写作狂里有没有迫害狂的因素。已经被"封杀"了二十年，目前仍然面临着必欲除之而后快的煞有介事的小圈子和你怎么还写还不快快老掉的愤青儿。你必须发出自己的声音，作为对他们的回答。

不，这样说不对，夸奖的、喜欢的、鼓励的、知我爱我的读者与同行是那么多！一九九四年春节，我收到北京广播学院一个宿舍的全体女生自制的贺卡，她们全部用我的作品《风筝飘带》《春之声》《海的梦》里的语言，编织了纯美的贺词。此情可待成追忆，只是当时已潸然！我的写作是快乐的温暖的舒畅的与绝妙的！

我的一系列论说杂文受到了热烈的欢迎，尤其是《读书》上的专栏"欲读书结"。我仍然文思如潮，话语如瀑，我仍然不无锋芒，批日丹诺夫，批全知全能的神话，提倡善良，提倡正视与承认文学生活格局的变迁，研究李商隐与红楼梦，怀念刚刚离世的夏衍、冯牧与陈荒煤，走向世界，评说世界，从《白蛇传》说到《巴黎圣母院》，后来又从《莎乐美》讲到潘金莲与巴别尔。我念念于拓宽一点我们的眼界，我们的精神空间。我提出一个概念，叫作无文化的传统，即焚书坑儒、"坑灰未冷山东乱，刘项原来不读书"的传统，老粗的传统，娘希匹的传统。我觉得批判封建主义文化、资本主义文化、修正主义文化的结果，可能是干脆打倒一切文化，只要野蛮。我左冲右突，我东谈西撼，我谈笑风生，我亦谐亦庄，我指点江山，我纵横文艺，我回忆、记叙、描写、议论、质疑、嘲笑也自嘲。我就是这样迎接自己的花甲之年，迎接各方面的关注与厚爱，风风雨雨与风言风语。

从这些资料中也可以看出各传媒，各出版单位，各有关方面是怎样地支持我、欢迎我、期待我、厚爱我的。我要特别提出三联书店、《读书》编辑部与人民文学出版社。值得一记的尤其是三联的沈昌文先生，他三教九流，他广交文友，他周旋有术，他日理万机，他联通三方（官方、学院、江湖）、三道（请你自己去想）、三面（大陆和港澳台地区、美欧等国家），处变不惊，他永远自有道理。他自居阁楼人，有时住都住在堆满书报纸头的编辑部。而且，他一天至少有两顿餐饮在馆子里吃，他的饭局调剂了、丰富了、温暖了、充实了多少海内外作家学人活动家代表人物的头脑、心灵与肠胃（他自称三陪：陪早餐、午餐、晚餐，有时候还有夜宵）。他做到了以食促文促学促思想促友谊。他甘心做嫁，他牵线搭桥，他成人之美。他本人虽然著作不丰，然而他是朋友们工作与生活快乐的一个不可或缺的源泉，他日研究这一时期的中国文学史思想史出版史学术史，不可忽略这样的人物。我应该感谢，我应该知足，我应该感到满意温暖而绝对不是牢骚冷落。

我一直想建议北京市餐饮管理部门发给沈先生一张荣誉食客证书，并给予终身特价优惠待遇。

我同时相信，见解归见解，真正做文学的朋友、真正懂文学的朋友，只要不是那种出口伤人的 Fresh Ph.D（新出炉的哲学博士），绝对不会因为个别问题上的见仁见智而反目成仇，恩（双方的、互相的）将仇报。我与张承志有歧见，但他还是公开地表达了他的友好与谦让心意，我请他来家里谈（我更多地去过他家），请他到新疆风味的阿凡提餐厅用餐。我参加了一家文化公司为他颁发的爱文文学奖活动并致了贺词，他也参加了给我颁发同样奖项的聚会并致了祝词。

夏天在烟台，张炜多次来看我，谈文论书，交谈甚欢，颇多共识，尤其是他高度评价我的《在伊犁》系列，溢美有加。也有一点作品他表示看不太懂，想是婉转地表示保留的意思吧。我去海南签名售书，见到韩少功，更是多有交谈。当地人称他为"韩主席"，他称我为"王蒙老师"。

顺便在这里说一下，文学这个"行子"（犹言东西，是河北话），牵情带绪，各有见解，亲爹亲妈，也有相悖看法。我从来不隐瞒自己的观点，因为谈文学我得罪的人多了去了，但是我没有恶意，没有个人关系或山头关系的因素，我从不与任何人结私人的梁子。其后若干年，由于批评一位女作家的新作，我知道我是如何开罪了作者。我不可能由于友谊放弃见解，我也不会因为见解而记仇任何人。我的对于文学与朋友的愚傻的忠诚，使我在谈文学时不会将之变成私人关系。说实话，不能免俗的是，我会因为私人情面而对某某说一点溢美的好话。但是绝对没有因了个人的情绪作文学的批评责难。越是好友我越要真实地告诉他或她，我对于他或她的某些作品的见解。近几年我梦到过不止一次被我开罪的作者，总算不止一个人从我的文章中看出我的关切和好意。我仍然坚持我的看法，同时相信我的直言忠言诤言终将得到作者与读者的理解。虽然现在是一个做恶人和俗人才显得真实可信的时代。

曾在《世界文学》任编辑部负责人的申慧辉斯时写过一篇文章，讲传媒在文艺上的作用，她以美国的两位作家的争论为例，说明市场经济条件下，一些传媒起着无事生非乃至挑拨是非的作用。这使我想起一件小事。有一家报纸曾经用电话采访我，谈到作品在国外出版的问题，我表示，我一般分别情况，有些不大的国家，首次介绍你的作品，可以在版税等事宜上放宽一点，先开拓市场，再考虑经济效益。他们另外采访过江苏的一位青年作家，该作家强调了作家权益问题。于是该报用耸人听闻的说法报道王某与这位可爱的青年作家在碰撞较力。太无聊了。

我也想到，连年的动荡，我们的人也许有着太多的急躁和浮夸，太多的恶毒和凶猛，太多的排他与野蛮，太多的情绪化和意气用事，太多的零和模式。同时，太少的温良恭俭让，太少的绅士风度，太少的通情达理，太少的双赢与共赢，太少的人际文明。特别是在思想理论问题与文艺问题上，我们动不动用恶骂代替说理，用滥情代替理性，用粗粗一看代替分析思索，用远远一瞥代替透视镜与显微镜，用性恶论的想当然代替对于不同观点者的尊重与体察理解。用咒骂、牢骚、埋怨、抹黑和各式粗话脏话下流话……代替深度的与善意的考量，用歇斯底里的念念有词代替从善如流的倾听和吸纳。我们的学风文风有时候可真是够呛！

还有一个特点，我们的学人一张口就是涵盖全局的大范畴，不是讨论人文精神，就是知识分子使命，要不就是坚守或者抵抗，要不就是反现代性，要不就是与时代同步或者反时代的潮流（反潮流，这是伟大领袖毛主席提出来的，愤老儿、愤青儿请不要以为是自己的发明）。日本有学者研究从维熙作品里的花，王某作品里的颜色与海，还有学者在做我的年表，并来信提出许多疑问。然而，我们自己的学者倒少有这样的研究者。中国文化是本质主义、概念主义的文化，概念是越大越重要，越大越显水平，又好吹又好辩又好斗。上纲上线上到最后，凡人文知识分子都成了舵手、旗手和精神领袖啦。

请问，您有没有旗手情结?

按这些大而无当的文学人的意见，中国作家有两个致命短处，中国作家实在抬不起头来：一个是没有得诺贝尔文学奖；一个是不是鲁迅，不是旗手与精神领袖。

有时候我还想，对不起，此话一出一定也会出现哗然效应。是不是我们的文学太多了? 全国那么多靠政府补贴过日子的纯文学刊物，那么多文学机关团体（有好几个作家向我抱怨，他或她们那里，真正有影响的作家超不过三名五名——王按，全国各省市都是这样，多数一两个，少数三四个，极少数有五至六人——但号称为他们服务的其实是指导他们的人士，倒有了一大堆），那么多报纸文艺副刊。那么多文学博士硕士教授副教授讲师，课不多，气不小。那么多专门的文学出版机构，那么大的文学队伍，全世界再无第二号。规模越大文学越少，会员越多好作品越少。争论越多见解（更不要说什么创见了）越少。声浪越大，价值越小。文坛越热闹离文学越远。大佬越多，经典越少。就这样还满腹牢骚地抱怨自己的文学事业从中心滑到了边缘，您到底要怎么个不边缘法? 或者用艾青老的一句名言吧，著名作家与官员越多，著名作品越少。会不会是这样的呢?

我确实已经记不清，是陆文夫或是张贤亮，我想他们二人都会这样看并对别人讲过：一批盛年与青年作家，敏感而且自视甚高，少招惹他们!

我想可能他们是对的，我太多管闲事，我太评头论足，我应该低下头来。我应该蹲在自家门口。我应该眯上眼睛，本来视力就不好嘛。

我想到了报纸上报道的一条消息，最最当红的四位盛年精英作家到某地签名售书，来者寥寥。签售在冷落的气氛中结束，然后四位回答记者提问，一致谴责中国读者的素质太差，宁可去买通俗读物，却不买他们的优秀新著。

我们的通俗确实需要规范，尤其是网络，捕风捉影，郢书燕说，无事生非，添油加醋，张冠李戴，以低俗之心之语说高尚之心之事，我个人就多次受害。这是一个方面。另一个方面，我以为，俗非罪，就一个大国而言，你的文化生产文化创造文化服务不能不考虑到俗人的需要。你是精英，你收获的是美名、高望、门徒、社会思想影响，导师式、先行式至少是格言警句出品式的效果。你是通俗，你收获的是市场，是"粉丝"，是公众情人、活宝贝、为大众解闷、为大众欢迎的效果。帕瓦罗蒂与猫王谁碍得着谁呢？相反，一九九九年，帕公还专门与各式通俗歌星同台联袂演出。我们这里呢？动辄有精英抗议通俗出场在场。我在香港谈到内地精英对于通俗的反应时，香港的学人普遍反应是："我们井水不犯河水嘛，有什么矛盾的呢？"

而中国直到今天还在埋怨着是通俗妨碍了精英，是引进妨碍了民族，是歌星或超女超男妨碍了声乐艺术，是金庸或者厚责金庸的王朔降低了文学的品位。二〇〇六年一位精英作家以越过了底线，骂了母亲（也不知从哪儿来的例子），来勾画当今世界的与中国的通俗文化，另两位自我感觉毫不逊色而且言辞力量略胜一筹的精英与他理论起来。

为了不骂通俗甚至有时为通俗说两句话，上海几位长者也著文大骂我的捣糨糊。关于捣糨糊的含义，我与上海文艺出版社领导郏宗培同志多次探讨，他说此话并不完全是贬义，也不等同于北方讲的和稀泥，他认为，有时捣糨糊是必要的，例如，编辑新文学大系，就离不开捣些糨糊的啊。甚至捣糨糊是有利于和谐的呀。是吗？

我有时想，是不是我们压根儿就有一个"破字当头、不破不立"的思维定式呢？我们只承认零和模式，并且以把别人"搞零"作为自己和一把"大满贯"的前提。在别处，你是精英，你的主要任务是出你的精品，显你的英姿，救援庸众，提升俗人，建设精神的乐园。我们这里呢，你的精英意识则首先表现为一脸的苦大仇深：咒骂市场，轻蔑通俗，鞭挞卑微，痛恨庸庸碌碌，向肉体凡胎的世界开火。我们的某些精英张口，不会是说"人们，我爱你们"。"爱"在中国，早已经批倒批臭了，至少，"爱"是阳痿与无用的代名词。我们的精英要说的是："人们，我恨你们，我要与你们全体，与全中国、全世界血战到底。"

八十年代，人们热衷于为中国知识分子鸣冤叫屈，当时有一说，是中国知识分子物美价廉，经久耐用。我也将保护知识分子、为他们效劳看作自己的使命。但恰恰是在九十年代，我看到了真实的图景：中国是一个整体，有有中国特色的社会主义，有有中国特色的政权和官员，有有中国特色的工业和商业，就有有中国特色的知识分子、有中国特色的文人作家诗人。豁唇子吹灯，谁（肥）也别说（佛）谁（肥）了吧。

比如《读书》杂志，堪称网罗了一大批优秀的人文知识分子。想想他们是多么纯洁多么精英多么自恋多么高雅多么可爱可喜，而一九九七年与二〇〇七年两次更换主编，尤其是后一次，却造出了那么多谣言，那样狗血喷头，显得那么恋栈不舍，恨不得闹出一点故事来，多么丢份儿啊，多么狗屎啊，我的朋友们……我还知道一个大出版社的故事，那一年物色了一位从来只管业务不管其他的白面书生担任了第一把手，而他最后越学越差劲，他学到的是掌权者最坏的那一面，他成了一个赤裸裸的官迷，死活不撒手，对继任者百般刁难。他们在这一类事情上的表现还不如职业官员。那些长期当干部的人毕竟还受过一些训练，知道一些厉害，相当多的人还不敢太胡作非为。而那些活了大半辈子突然尝到了权的滋味、官的滋味的人，只如饿狼扑食一般……我想起了二十世纪六十年代农村"四清"时的一个故事。农民甘愿选举一个有过多吃多占记录的四不清者继续当干部，不愿选一个记录干干净净的新人当干部。农民说，某某虽然曾有多吃多占，毕竟是饱狼啊，如果选上一个饿狼，我的天！我们的洁癖的知识分子，一旦掌上一点点小权，会不会显出饿狼的嘴脸来呢？

难讲。

说起有关故事，我如数家珍。

18. 混战与自得

不但国内有混战，还有国际与伪国际的混战。

一九九四年，我得到瑞典科学院终身院士马悦然教授的邀请，希望我对瑞典作一次访问，作一次演讲，并提供一份英语的推荐材料：可以提出若干名中国作家，作为诺贝尔文学奖的候选人，材料不得少于十五页，将列入瑞典科学院的正式档案，我将得到两千美元劳务酬金，信中还特别强调，我的推荐范围可以包括我自己。

我觉得这是一件好事。马悦然先生是瑞典科学院对于诺贝尔文学奖有投票权的人士中唯一懂中文的一位。北岛与马教授一直保持着极密切的来往与交谊。同行们普遍认为马教授是一个极讲友谊重感情的人，获得马教授的友谊是重要的。人们早已猜测北岛将获得诺奖，根据之一是马教授对他的看好。据说一九九五年曾盛传北岛的获奖。故而美国笔会的秘书苏珊女士特别到纽约华美协进社去摸我的反应。据说该年宣布诺奖时，北岛到了斯德哥尔摩，各大媒体的记者云集北岛家中，摄像机镜头已经调准，只等一声宣布便开拍。结果，宣布的是爱尔兰的诗人希尼。各记者旋即离开，剩下了北诗人自己。诗人走到街上，看到了一条同样孤独的宠物狗。后面的事说是北岛自己写过。

都说是马教授多次提名北岛，未获得足够的票数。现在，马教授想从我这边获得一些信息，更多地了解一下生活在中国本土的作家的状况，岂不甚好？

我认真做了准备，并写下了推荐材料：韩少功、铁凝、王安忆、张炜（以姓名汉语拼音的第一个字母为序），我以个人名义，专门请后来任外文局副局长而时任外文出版社副社长的黄友义同志将之译成英语。写不写我个人，我在犹豫之中。我要坦白：如果一切进展顺利，我不会不自我提名的。

斯时由于我的原部长身份，出访需要经过国务院批准，一般这类事送国务院前需要有文化、外交两部的审核会签，更靠前，则是文化部办公厅与外联局无异议后征求我驻外代表机构的意见。这第一关如果过不去，底下的手续就很难办下去了。我的一切出访都经过这样的程序，没有碰到过什么困难，包括台湾我都去过了，别处还能有什么更复杂的状况呢？

但是，我驻外有关代表机构认为，王某接受马教授的邀请到访是不适宜的。为此，文化部领导进行了认真研究，极少先例地再次致函我代表机构，指出王某有足够的经验，可以应对任何可能出现的情况与问题，建议使此次访问成行。我认为文化部领导的态度是负责的、认真的、恰当的。

未获首肯。

我迟迟无法答复。瑞典方面乃改为由萨斯航空公司总裁出面邀请，并由瑞典驻我大使具函相约以示郑重。

我有关机构堪称火眼金睛，立即指出，萨斯公司不会有什么交道与王某打，总裁后面立着的东道主仍是马教授。对此，他们的态度仍然是断然否定。这个情节甚至使我想起孙悟空三打白骨精的故事。

瑞典有一位相当活跃的汉学家，曾任或仍任斯德哥尔摩大学中文系主任，他的中文名字是罗德弼。他正在中国逗留，他受马教授的委托前来打探虚实，到了我家。我只能说是手续尚未办好，可能无法成行，我当然不能将我们内部运作的一些细节向他详述。此人回到瑞典，便想当然地，也是强不知以为知地作了非善意的解读，他告诉马教授：王蒙不想来。

看来马教授也是一位性情中人，可能是汉学研究得深了，受华人的情绪化作风影响。他立即大为失望、光火，并公开发表声明：既然王蒙对于与瑞典科学院的文学交流不感兴趣，他也只好放弃他的与中国大陆的交流计划。

对不起，请马教授原谅，我认为您的声明中包含着作警示性解读的可能：从此中国本土作家将与诺奖无缘，"后果自负"，或后果由王某负。

也不完全怪马教授，第一，我们本身工作上有许多不足，有令我本人也颇感无奈无言之处。第二，罗德弼教授任意作了非事实的与不负责任的报道。第三，恰恰此时有一个韩国的文化论坛的活动，我没有西去瑞典，改成了东赴韩国。马教授乃想，他不来北欧，偏去东亚，岂不气人？

同时我认为马教授借重瑞典科学院与诺奖之威力、公信力、吸引力，加上他本人对于中国文学的熟悉与热爱，作为欧洲人研究中国当代文学，他是做得很不错的，他也是很自信的。他具有对于中国当代文学的相当的熟悉与热爱。他走到哪里都是（尤其是）华语作家巴结与示好的对象，他走到哪里都是众星捧月，指点江山。他可能有一种不习惯被拒绝的锐气，一碰就上火，一火就怒到了具体人身上。其实，他完全高估了王某的代表性与权威性、自主性、重要性。

弄得相对多了解一些情况的瑞典驻华使馆也很不快，他们的文化专员尼尔斯先生特意在香港媒体上发表声明，指出马教授对于王蒙的指责完全没有事实依据。我还要补充说，不知是否与此事有关，此后我知道尼先生与罗先生的合作也不是那么愉快的。

直到一九九六年我在香港作研究，有友人告诉我马教授如何生我的气，后来终于与马教授见了面，握手言欢，共进晚餐，并无芥蒂。此次浅水湾的晚餐是由我的在港的一位亲戚陈鹤友先生做的东。饭后走路，发现马夫人，原籍四川的陈女士落下了东西。陈表弟在把我送回中文大学后跑到浅水湾，取上东西连夜送到马教授处。陈表弟说他要向瑞典朋友显示香港人做事的精神与效率。

现在马夫人——陈女士已经因病辞世，祝她安息。

一九九八年我访问斯德哥尔摩时，马教授请我吃了北欧美味的鱼肴。原来的事成了一个笑话。许多往事，其时闹闹哄哄，过后只配一笑。

人性具有普泛性，中国有的人际关系问题呀，传话不准确呀，拉长舌头呀，不了解情况就下判语呀……美好的、社会民主主义的典范的瑞典王国也照样有。

这里还有一个后续插曲，更是阴差阳错，哭笑不得。说是瑞典的一位女副总理访华时会见我国一位外交方面的高层领导，谈到了邀请王某到访事，我高层领导乃指示此事可行。外交部为此商文化部，此时文化部下边负责有关具体工作的同志反而火了，我部以如此罕见的郑重的方式提出王某访问瑞典，你们竟不予注意，现在剩了不多天了，又说行了，让我们来一个赶三关，你想说行就行？算了，我们不办了，王某人不去啦。

这个情况我同样是事后很久才知道。

这样，就失去了我们这边一个改善与加强跟瑞典科学院与他们的诺奖评选机构沟通的机会。此后我国有关方面与马教授的关系日益恶化，我方曾有一段时间不同意他入境。近年这个政策又有了大的调整和改善。我得知，他目前对中国作家的兴趣，集中在山西作家李锐与曹乃谦身上，二〇〇七年书市上，马教授曾为曹作家站台助兴。据说曹是李推荐给马教授的。马已先后表示这二位够条件得到诺奖。祝这二位同行好运。

高行健得奖时有一位有关部门领导曾想找我问问情况，因为多数人根本不知高是何许人也。我时在远郊区农村，没有联系上。从另一位具有领导干部身份的作家兄身上，得到了严厉批判的强硬反馈，认为必须予以反击。此后对诺奖的看法日益两极分化。

一些无知小儿认为中国作家得不上诺奖是由于作家胆量与生存环境造成，从而责备作家没出息没本事或干脆埋怨环境。

有纯洁年轻的朋友认真研究每次的诺贝尔文学奖获得者的情况，并以幸运的得主为文学尤其是道德标杆，要求中国作家对照反省，照此攀登，对中国作家的这第二项原罪提高认识，幡然醒悟，走向世界，为国为民为作家同行争光。第一项原罪是中国当代作家中没有再出鲁迅，当今作家的模样都不像鲁迅。其实中国作家早已获得了诺奖，高行健先生就是，只是不好从中做太多的文章就是了。还有一位欧洲得主，大讲他从嫖妓上得到的快乐和灵感，这样的经验也难于在敝国推广。

亲爱的朋友，你是多么天真！

另一类相当正式的意见，是认为这方面的诺奖乃是为敌对势力的西化、分化图谋服务的。

后面一种说法恐亦嫌简单，诺奖确实喜奖社会主义国家的不同政见者、流亡者，如索尔仁尼琴、布罗斯基，等等。但也奖过苏联当红的肖洛霍夫。而且，更为重要的是，诺奖常常奖给西方国家的左翼批评者，如葡萄牙共产党员萨拉马戈，意大利剧作家达里奥·福，德国的海因里希·伯尔。看看历史，诺奖还是比较严肃的，有别的奖无法比拟的影响包括奖金数额。诺奖很喜欢特立独行，力排众见，不在乎舆论，常常爆一些冷门，例如奖法国的西蒙，奖意大利的达里奥·福，也包括奖德国的伯尔。更不在乎某个国家的政府的反应，毋宁说此奖是以向一些政府叫板为得意之光环所在。诺奖本身也是活的北欧人评出来的，不可能满足中国的社会主义核心价值观的要求，它没有这方面的义务。同时它具有一定的可塑性，与之对抗毫无必要，也不起作用，视若天神文学弥赛亚则同样是无知幼稚的小儿起哄。我们与诺奖评审机构应该互相尊重，求同存异，加强沟通。另外与其批评诺奖，不如改善我们伟大中华人民共和国的文艺评奖，增加它的权威性、公信力与影响力，也增加它的奖金数额。王朔有一次面对提问"为什么中国作家没有得到诺贝尔文学奖"时，他的回答妙极，他说，是由于中国作家忙于争取茅盾奖。可惜的是茅盾奖只有人民币数万元，而诺奖是欧元百万。

至少，我建议，我们应该建立一种真正文学性艺术性权威性的被公认的世界华语文学大奖。我们现在不是很喜欢谈软实力吗？这样的软实力，我们应不应该具有呢？我们应不应该尝试构建呢？

再有就是，一九九四年春，有一本叫作《第三只眼睛看中国》的书受到关注，作者署名为洛伊·宁格尔，说是德国汉学家，书中讲了一些相当吓人的"左"的意见。如说，中国历朝历代都怕游民，游民作乱是许多朝代灭亡的原因，而毛泽东的一大功绩就是把农民死死固定在自己那块土地上。书里甚至提出，不压农民，就无法使中国的现代化伟业起步。这与中国改革开放的取向基本上是背道而驰的。但由于一些原因，据说此书曾经颇受青睐。我到北京医院看望夏衍，顺便看望赵朴初同志，赵老曾为我的天津百花出版社版《王蒙选集》题写书名。我去时赵老恰不在室内，但是他的床上摆着这个"第三只眼睛"。

我读了此书，甚觉狐疑。这种观点出自德国人？德国汉学家我是知道一些的，怎么从没有听说过他老？德国人的论辩是最讲究形式逻辑的严密性与程序性的，怎么从此书看不出来？有些观点与词语运用，怎么更像是假扮洋人的中国人写的？还有，出一本翻译著作，怎么可以不写作者姓名、原文与原出版社原版本？版权页上连一个外国字都没有。

这时驻北京的歌德学院院长是阿克曼先生，一次我向阿先生发问，在场的还有一位好友作家，阿先生拿了书翻阅良久，他说德国没有这样一位汉学家。我乃断定了这是一本伪书。

为此我写了一篇提示此书真相的文章给《读书》，沈主编大喜，决定以头题位置发在九月号上。但是八月，沈先生叫起苦来，因为号称笨人某老大的那位先生（见《大块文章》一书），在港报上率先指出了此书的伪造性质。我只好改了文章名称，并改发三题或四题。这使《读书》与沈昌文先生与我都感到了扫兴。

（按：我始终认为，这是在场听到我与阿克曼先生的有关谈话的那位作家好友告诉某老大的。这是一个小小经验，谈什么新题目的时候，不能当着"第三者"。我的那位作家友人不久即赴美探亲去了，他与那位先生的私交尚存。杂志比时效是比不上报纸的，此事也算一段伪国际风波吧。）

《读书》与我，就这样吃了一下哑巴亏。

还有一件事不妨请读者协助分析。一九九五年我访问加拿大时接受了华裔专栏作家丁果先生的采访，在这次采访中，我进一步发表了我的关于文化整合的观点。我觉得近代以降，各种不同的文化形态与价值观念，汇聚于多灾多难的中国，互相斗争得很厉害，例如传统文化与现代文化，资本主义文化与苏式社会主义文化，列宁、斯大林、毛泽东、胡志明、格瓦拉式的左翼革命文化，胡适式的自由主义与个人主义文化，后现代后殖民后工业以及其他各种"后"的文化，有中国特色的社会主义文化，通俗大众波普文化，市场化的次文化，还有什么"新左派"、新自由派、新古典乃至带有原教旨色调的不同文化。这些文化形态与价值取向，互相斗了一个不亦乐乎，互相骂了一个狗血喷头。

我在《文化传统与无文化的传统》中写道：

（我们）不但有批判的武器而且有武器的批判。不但消除了地主阶级而且粉碎了帝国主义、封建主义与官僚资本主义的统治机器。不但消灭了"变天账"也消灭了诸如家谱、宗庙……但传统文化的阴魂似乎仍然不散。阿Q主义没有散。假洋鬼子的"不准革命"没有散。赵太爷的"不许姓赵"也没有散。正在出现新的腐败现象。大力"破四旧"的结果恰恰是"四旧"的全面高涨。

于是觉得批得还是不彻底，没有"彻底、干净、全部"地把传统文化斩草除根。于是进一步批爱国主义批集体主义。批长城批龙批黄河。批李白批屈原一直批到鲁迅。批民族性国民性、中国特色……这种激进的批评再加上无孔不入的唯钱是图的风气，简直称得上是地毯式的轰炸。我们的传统文化的一些劣根性似乎未见消除多少，我们的文化传统却已经或正在被非文化反文化无文化的愚昧野蛮所冲击。我们非常重视与不同质的特别是不同意识形态旗号的文化争斗，却不重视与愚昧野蛮斗争。于是愚昧与野蛮就趁着各种文化之间进行拉锯战的时候扩大了自己的地盘。

这也是我在台湾讲过的"轰来轰去只剩下了一片焦土"的意思。

这也是我后来，在二〇〇七年全国政协常委会全体会议上所讲的，要构建和谐文化，先实现文化和谐的含意。

我要说的是，在文化上最好不搞有我无你，势不两立，而是博采众家，取长补短，多元互补，双赢共存，实现正确导向与多种文化的生态平衡的良好格局，而不是轰来轰去心灵变成了一片焦土。

这是我的一个梦。

采访者很有兴趣于得知我的近况、我的处境。看来，不仅在中国做到"能上能下"并非易事，让生活在外国的朋友相信你是"能上能下"了，也并非那么容易，他总是忧心忡忡地试探着寻找你的被"迫害"啦，被"排挤"啦，被"封杀"啦的蛛丝马迹。

于是我强调正面的积极的东西。我强调，我的写作正在活跃热烈地进行。我强调，我的新作不断，新书四面开花。我的作品仍然有不小的影响。我强调我还是政协委员、常委，有参政议政的权利与方便，我强调我虽然不当文化部部长了，仍是中国的重要作家之一。

这回可一下子让《文艺理论与批评》之类的刊物逮着了，王某自称"重要作家"，岂非可笑可厌出格离谱乎？从此，"自称重要作家"便成了王某的一大把柄。

然而，我们要不要考虑一下语境，考虑一下针对性呢？要知道，在北美洲，在紧靠美利坚合众国的加拿大，我不能妄自菲薄，我不能缩头缩脑，我不能小鼻子小眼，扮演一个受气的小媳妇，我必须站出来，必须理直气壮，信心十足，勇于负责，敢于承当。我的出访是经过中央、国务院的审批的，我身负重任重托，当然是重要作家，一个不重要的作家，自己办一个旅游护照，想什么时候出去就去签证，然后走人就行了，何劳中央国务院审批？你怎么能以学习小组会、党的组织生活会上的谦虚谨慎、忍让自责、诚惶诚恐的姿态对待一个加拿大媒体的撰稿人呢？一次又一次地就此做文章，不觉得穷极无聊吗？

二十世纪九十年代初、中期的混战，由于越来越不具有行政权力乃至暴力的背景，其杀伤力也就有限得多了。口水是淹不死人的，没有也不可能出现跪倒一片、哭爹叫娘、心悦诚服、山呼千岁的场面。也没有出现宣布过时、威信扫地、黯然失色、销声匿迹的效果。我则小有过招、多有调笑、基本不予置理，同时抓紧机遇、享受生活、大力写作，漫游世界与伟大祖国，乐在其中。应该算是颇有情致地、在我一生中不那么多地逍遥自在了一段时间。

有一位小朋友叫路东之，住家离我很近。他喜古文、书法、诗词、金石、绘画与搜集古玩文物。他常常来找我交谈，给我刻了名章，又应我的要求刻印了"无为而治""逍遥""不设防"三枚闲章。他后来在传统文化传承与收藏古物特别是陶器方面成绩斐然。

小路给我刻了"大道无术""大德无名""大勇无功"三枚我的自撰格言章。对于一个写作人、读书人来说，一定的语言与一定的生活方式是互不可少的，是相得益彰或者互相拯救的。无为无术当然与我的无视各类小动作小谎言小伎俩的经验有关。我总不能降低自己的身段，去搞一些针尖麦芒、妇姑勃谿、蝇营狗苟、拉团结伙的低俗事务，更不要说是阴谋诡计。与使计取胜相比，我宁愿意不设防而一败涂地。所以我经常是嘻嘻哈哈，笑话连篇，心宽意广，一笑置之，一笑了之。

我在香港认识了一位画家姜丕中，他送我两枚印章，一个是"直钩去饵五十年"，一个是"一笑了之"。福建书画家、文联主席丁仃先生给我写了他最拿手的大篆书法，辛弃疾的《清平乐·独宿博山王氏庵》："……平生塞北江南，归来华发苍颜。布被秋宵梦觉，眼前万里江山。"塞北江南云云或有会心，华发苍颜，则尚未至，斯时我的头发仍然浓密与漆黑，我是二十世纪末头发才变得花白的。万里江山，如果说是漫游，不止万里了，现代人有飞机，与南宋时期不一样了。至于胸怀，达不到的。

与江山万里相比，我经常关注的不过是一个小小的院落。我自己花了钱，也在文化部有关工作人员支持下，修整了北小街四十六号的厨房饭厅卫生间，安装了瓷砖、护墙，搭了一个小小凉棚，还整修了门口边的一间三角形房屋。最伟大的是我买了乒乓球案，先是放在院子里，用厚厚的塑料膜保护，不行，进了水，鼓起了包，我乃把东屋打通，迁入乒乓球案，还举行过若干次家庭赛事。

有一件事也还有趣，我从亲戚家移来了两株树，一是柿子，一是石榴。由于原有的大枣与香椿已经覆盖了全院，此二树的生长十分艰难，而且常有病虫害，幸亏东四街道办事处支援市民家里的绿化，及时派员前来打药，我也采取了一些措施，为新树争取阳光。最后两树都长得不错，我也吃到了自产的石榴与柿子。守护石榴，使我增加了对于李商隐诗"浪笑榴花不及春，先期零落更愁人"的诗句的理解。

而最好的柿子是高高在上，够也够不着的。这个令人心痒与痛惜的经验，我写到《尴尬风流》里了。

而《尴尬风流》的写作缘起是一九九八年在香港大学讲"通识"课时，阅读一些佛经故事的启发。一开始，我追求类佛学的玄思，写着写着，摆脱不了对于现实的尴尬感与风流感了。韩小蕙对此作的评价是"真好玩"；而铁凝的评价是，王某对于什么都感兴趣，王得算是个高龄少男。

我在小院写《雨在义山》一文，讨论李义山对于雨的描写时，恰逢此院淅淅沥沥地落着春雨。"红楼隔雨相望冷"的诗句令我泪下。"一春梦雨常飘瓦"的句子使我迷茫。一心阳光明朗的王某却又那么迷雨，赏雨，悲雨，从小就这样，什么问题呢？

而河南的评论家鲁枢元送我的则是请书法家写的"论万世"三个大字，并用小字写上王夫之的名言："大丈夫行事，论是非，不论厉害。论顺逆，不论成败。论万世，不论一生。"境界高远开阔，非我所能达到。但万世的说法我仍觉得太过，谁论得了万世？谁知道得了万世？能考虑到三世四世就不简单了，就差不多算神仙了。当然，意在长远眼光，阔大胸怀，则是无疑问的。

记得二十世纪八十年代第一次在法国大使馆的酒会上见到吴祖光老师，我说："您看着精神很好。"他答道："我们这些人，皮实嘛。"我后来有一次向他解释我对"皮实"二字的心得体会，什么叫皮实呢？就是旧京卖布头的人所说的"经拉又经拽，经洗又经晒，经铺又经盖，经蹬又经踹"。这时髦的"经"字读如"今"。

二十世纪九十年代，吴老给我题写了"皮实"与"生正逢时"的条幅。

可感的是，不止一处书画机构，支持我多练写字，给我送来了碑帖、字典、大全之类书法书籍。还有朋友送来了文房四宝。不止一个朋友要我给他们写"大道无术"四字，可惜是没有一张写得好的。

还有陕西的、东北的一些书画家，其中有许多我素未谋面，也送来了他们的书画作品。

至于无名无谋无功，我终于体会出来了，真正的大德是不可以吹嘘乃至不可以公示的，大德是一时看不出来的，有时是与时尚、与集体无意识不相同的，有时是更容易被误解的。大勇大智是不做在表面上的，是深层次的，是常常遭到误解乃至遭到诬陷的。我既没有掌握大道，也没有大德，谈不上大智，更没有大勇，但是我只是微微地体会到了不可轻举妄动，不可朝思暮想，不可整天玩心眼，不可设局使计，不可气迷心，不可牢骚满腹，不可对人记仇怀恨的那点意思罢了。

不这个不那个不可这个不可那个，那么你去干些什么呢？诗书，写作，学习，生活，自然其乐无穷。我写过两首打油诗，描写这一段生活的情致，一叫《自嘲打油》：

> 潜心创作当然好，偶受撩拨亦意中。
>
> 小试身手成一笑，且尝米粟煮香羹。
>
> 携妇将夫来旧友，谈文论事会新朋。
>
> 江河南北文如雨，驿道东西意似风。
>
> …………
>
> 人间最妙爬格子，世上无双耍狗熊。
>
> …………
>
> 搓麻略知中发白，遣韵不谙东冬咚。
>
> …………
>
> 纸虎何需劳武二？好龙仍应推叶公。
>
> …………

这里边说到了煮香羹，是由于河南原阳县听说我喜食稀粥，专门给我送来了原阳稻米。

耍狗熊则是指俄罗斯的大马戏团，香港媒体以为我说的狗熊确有实指，与当时的作协有关，非也。凶了半天，不过是纸老虎，当然不需武松出马。而叶公见真龙而惧，也不必笑话，本来画龙赏龙与养龙伴龙抚摩龙就不是一回事，艺术的虚拟性，不应该有什么疑问。

另一诗名《自画像》：

> 身高不足一米七，体重徘徊六十七（kg）。
> 头晕皆因爬格子，腹健不辞冷扎啤。
> …………
> 枕高来劲得海梦，粥烂去瘟养肝脾。
> 波斯猫亮夜的眼，日本钟分时之区。
> 曾有壮志挥椽笔，更无闲情争骡皮。
> 神清何惧演而变，气爽随他裁与批。
> 笑看纸虎旋成鼠，敢嘲灰狼充牙医。
> 植树枣椿石榴柿，为文长短散论诗。
> 皱眉更添读书结，微笑且流意识稀。
> 客至忙煮牛百叶，铃响我称（chèn）绳无机。
> …………

总之，我喜欢生活，我喜欢日子。生活是无法剥夺的，夸张的与自恋的张牙舞爪，抵不住平常心的一行小诗，一杯清茶，一首小曲。

我自磨豆浆，每逢磨好煮沸，我与我的大孙子就大喊大叫"喝豆浆啦"！叫着所有的院落里的人一起喝，一边喝一边感觉到营养与精力正随着豆浆进入口腹，进入血脉，进入肌肉与骨骼。

我排队买炸油饼，并趁机与诸邻里寒暄。

我每天都要找机会在东四三条的自由市场来回走那么几次，购买蔬菜、鱼肉、山药与其他副食。拐到二条处有一家个体书店，名为"修齐治平"，我去了一下书店，立即被店主认出，多有交谈。

我喜欢自己去邮局和银行办事。我愿意排排队，听听交谈，看看邮局与银行的业务员是怎样工作的，体会一下日常的生活。作家中杰英找我在小院近处吃爆肚，我去了。他又约我凌晨去东郊钓鱼，我喜睡觉，没有下这个决心前往。

一天早晨我购买炸油饼回来，碰到英若诚骑车经过，他是拿着小锅来买面茶的，那时他家住在朝内南小街。面茶是糜子面做的，加上芝麻胡椒盐与芝麻酱，美味至极。

我相信北京的小康生活是喝得上面茶与豆汁，吃得上驴打滚与艾窝窝的。

我每年都要找机会坐两次公共汽车，眼看着车子的质量与设备越来越好，车上的年轻人越来越时尚与大胆，票价越来越贵，觉得人生真是风光无限，前景无限。

二十世纪九十年代中期，我们家安装了两台空调，有高消费之感。至于冰箱与洗衣机不但早就有了，而且更新过了。所以要更新，都不是机器的问题而是我们使用上的问题。济南产的什么小鸭牌洗衣机，根本没有坏，不知道自来水龙头被谁关上了，我乃自作主张换了新的，把旧机当废品卖了。而一台日本日立牌冰箱，由于我放置的地方冬季太冷夏季太热，不符合它的工作环境要求而报废。

我的家与此期间中国城市的许多家庭一样，进入了家用电器飞速发展时代。电视屏幕越来越大，音响质量越来越高，微波炉、电磁灶、电烤箱、各种影像产品一应俱全。等到有了这些以后，才想通了：这又算什么呢？这样普通，这样简单，这样方便，怎么会原来羡慕别人的家电用品呢？这就是所说的发展是硬道理呀。而那些侈谈精神的人，他们有什么权利轻视对于普通人的物质要求的关怀与满足？

我注重锻炼身体，每周至少游泳两次。有一阵天天起早去景山，可惜未能坚持长远。只是有一次大雪，我在忙于写作，芳一人独游雪中北海公园，太棒了。

至少有两年，我经常去首都剧场看文化部为离退休干部放映的电影新片，有两三部描写毛泽东的片子，我看得泪眼蒙眬。还有一批美国的警匪片，看得我走火入魔，我写了一篇文章，并提出了"虎头蛇尾是万事万物的规律"的命题。

忘了是从哪一年，我再也没有去看过一次给老干部放的电影了。

人生就是这样，有时闲适，有时忙累。诗曰：

累累闲闲累，闲闲累累闲。

累闲闲累累，闲累累闲闲。

忙人勿嚣嚣，疲累休唠叨。

要人勿倨傲，事多难做好。

闲适不空虚，岂愁未扰扰？

忙闲皆有味，卷舒自长啸。

敲字兼读书，三餐防过饱。

爬山复戏水，四十赏琴箫。

朋友多交流，享受在思考。

得失不屑言，优游弹古调。

寒暑重健身，浮沉成一笑。

宵小或巨测，丈夫何必焦？

有酒只半杯，有肉贵精少。

有诗应背诵，有言供探讨。

如镜勤擦拭，如室勤打扫。

心如秋水清，心如明月照。

乐在忙闲中，不知老吾老。

吃在干稀间，自嘲聊一笑。

这里的第一个"老"，不是老（lao）吾老以及人之老的意思，而是承认已老的意思。不知老吾老，就是未感觉到自己多么老的含意。

我也就此想起了毛主席谈粮食问题时所说的"忙时吃干，闲时吃稀"的话，吉林话剧团演一出农村喜剧《啊，田野》的时候，硬让一批长寿老农民接受记者采访介绍养生经验的时候加上了一句："不忙不闲时吃半干半稀……"

如果我总结我的一生，总结我的活法，不如就干脆写："此人忙时吃干，闲时吃稀，不忙不闲时吃半干半稀……"

一笑。

19. 我才不忧"会"呢

二十世纪九十年代初期，刘绍棠曾经总结"苏东波"的经验，说是苏联东欧的"变天"是由于"作家煽动，学生闹事，政府让步，共产党垮台"。有人特别欣赏这样的总结。有人特别强调文联尤其是作协在意识形态领域乃至全国政治生活中的作用。即使你认为是不经之论，它也能起某些作用，甚至是大作用。

一九九〇年前后，中国文联与其各协会作了全面的人事更迭。新"领导"上任，文联党组书记林默涵，副书记孟伟哉。作协这边，书记马烽，副书记玛拉沁夫。也有的省里的比较有志升迁的文联作协干部赶紧称他们或他们中的某人为"中国文坛领袖"。

巴金曾经收到主持作协工作的同人的信，说是要开作代会了，要改选作协的主席团，他们希望巴老继续担任主席，但不知巴老本人意见如何。

希望得到什么样的回答，您会不明白吗？

巴老未予回信，其实，早在二十世纪八十年代巴老就提出过，他应该退下，请年轻一点的作家当主席。此时，他反而没有说什么——也不准备说什么。

都知道，巴金是一个真诚的——我要说是天真的人，但是，他也锻炼出了一身必要的功夫。活在中国的人都有功夫。我们整天讲国情，什么是国情？需要随时留意。

二十世纪九十年代初期，巴金向我提出召开作协主席团会议学习贯彻小平南巡讲话与十四大文件事，我代为反映了，未果。

巴金还说过一些极富政治气度与经验老到的话，当然没有人认为他老想当政治家。他说到对某些事的看法不一时，他说，不要老等着给你平反，看准了，自己给自己平反嘛。他老的话使我为之一震。

巴老不是一个话很多的人也不是一个爱开玩笑的人，但是约在一九九三年，在上海他的寓所，他有一次说起："张洁的小说《上火》……"带点轻度结巴地说着，他嘻嘻笑了。他还说拙作"稀粥"，成了"世界名著"了。他的四川口音把世界读成世盖，增加了幽默感。

至于张洁的小说，是发表在《钟山》上的，主编刘坪，为此受到善意的规劝，但刘说起此事只是呵呵地笑，觉得张洁的小说有趣，开开心，乐一乐，并无大碍。

这是唯一的一次，我感觉巴老说起事来比较不那么认真和沉重，多少受了点张洁的调侃的影响。

此前我最放肆的一次是一九九〇年，我看到巴老太沉郁，便胡说八道起来，我说我有救国良策。巴老重复了一下："救国良策？"他的"策"的发音是上声的"踩"。我说，我建议一个是在广场举行现代舞大赛，优胜者可免费去西方发达国家旅游。二是在文坛内部举行麻将大赛，谁赢了就让谁"领导"一年。

我还忘了一句妙语，四次作代会上，冯骥才早就说过，以后作协主席由作家们按大小个儿排队（天津话叫"挨个儿"）担任。这里，用挨个儿，更出彩。

大冯身高两米多，他想当主席，已经昭然若揭。

与巴老谈完话后，我很后悔，这套侯宝林式（现今则应说是郭德纲式）的语言（丁玲早就指出过我的"说相声"了），怎么可以用到巴老这里来？

我给巴老的女儿小林电话检讨。小林说，那天，是她爸爸近年来最高兴的一天。

这也是"我的所爱在山腰，想去寻她山太高……随她去罢"之一例。

有人为我的这方面的表现生气。对不起，我们总得活下去，我们必须活下去，我们有权利活下去，历史也需要我们活下去。此前我已在本书中说了，过于爱生气的中国人早已经被历史所淘汰，现在弘扬着的精神是铜豌豆的基因，如关汉卿所写的那样：

我是个蒸不烂、煮不熟、捶不扁、炒不爆、响当当一粒铜豌豆……锄不断、斫不下、解不开、炖不脱、慢腾腾、千层锦套头。我玩的是梁元月，饮的是东京酒，赏的是洛阳花，攀的是章台柳……尚兀自不肯休……

这其实就是鲁迅讲的韧的精神。偏偏我们的朋友只知鲁迅的急切与喷火，不懂得韧的战斗。尤其是韧的建设，而不是只知道斗。

一九九三年年底或一九九四年年初，改由时已任中宣部副部长的翟泰丰同志担任作协党组书记，并吸收了小说家陈建功、散文家高洪波、彝族诗人吉狄马加等人参加作协书记处的工作。

翟泰丰调整了一个时期以来不与作协主席团打交道的做法，他来了以后就为召开新的主席团会议、全国理事会、代表大会而奔走，而努力。斯时作协主席团的组成人员，死的死，走的走，大致剩下了巴金、张光年、陆文夫、邵燕祥、朱子奇……与我了。

老翟原在北京总工会工作，曾任六一八厂团委书记，后到中宣部任秘书长、副部长等职。他的到任为作家团体创造了新的经验，即不由作家担任作协主要"领导"，与作家间恩恩怨怨无关，与文坛一切历史纠葛无关，与文艺业务诸说无甚瓜葛，他的工作一切按上级指示办，一切按正规的机关部门团体来办。

原来说作协是"副部级"，老翟来后考证出作协是正部级，这也是很令作协机关同志感到鼓舞的事情。从此作协干部正副部、正副局、正副处……堂堂正正，有声有色。作协的全国理事改称全国委员，工作机构改称厅、部（这最后一点是翟来前已经改过来了），领导同志办公桌前挂上五星红旗（与国务院各部一样），日益正规化机关化政务化了。联想到孟、玛时期，他们也都关心过文联作协的干部包括他们自身的级别待遇问题，但是没有取得成果，令人叹息。

包括林默涵同志这样的被认为"左"一些的领导，毕竟是知识分子，有一种清高，据说正是他本人扣下了向上写的报告，并对此事提出了批评。此报告要求把他提成正部级，把另一同志提成副部级。

这里顺便说一下"官本位"的事。我在岗时，说到和尚尼姑要分级，有处级和尚，也有局级尼姑，领导同志觉得不无荒唐。但实在想不出别的办法。咱们这儿，官位就好比硬通货：美元、欧元……而其他，专业啦、职称啦、企业中的岗位啦，好比软通货，只要能兑换成硬通货，就好用了，也只有换成硬通货才好用。工资、住房、配车、医疗、差旅、丧葬，都是有区别的，不按官阶分又按什么掌握呢？科学院院士为什么受人尊敬，一朝院士，就享受副部级待遇了。水涨船高，一通百通。

当时大家叹息，商品经济再发展一点就好办了。这也对，例如，原来安装电话完全是按官阶办事，现在电话怎么安，完全是人民币决定的了，最多是级别不同，电话费补助不同罢了。但还有别的事，淡化与改变官本位或者究竟需不需要改这个官本位，我也还糊涂着。

作协变得这样官事化，可能有不同的看法，但从此作协工作好"抓"了，顺了，不用费力、不用担忧、不会出娄子了，也是事实。领导就是领导，作家就是作家，彼此支持是好的，互相瞎掺和，则是无益的。领导走到哪里都是送温暖、致关怀、多鼓励、常引导、提计划、作总结、发简报、表拥护、礼贤下士，你好我好大家好。而作家们，则是感谢领导的辛苦、受照拂、得实惠（如医疗补助），心情舒畅，精神愉快，同时彼此保持着文明礼貌的适当距离。

一九九五年，在翟泰丰同志奔走呼号努力之下，时隔六年，终于又一次召开作协主席团扩大会议。为了突出对巴老的尊重，此次会议在上海开。倚重巴老，这也是老翟来后的一大举措。

巴老与上海市领导（时亦是中央政治局委员）黄菊出席了会议开幕式。巴老是坐轮椅来的，他委托我宣读了他的发言稿。就这样，作协结束了半瘫痪状态，我也又成了作协的一名副主席，至于原来讲过的"常务副主席"中的"常务"二字，从此无疾而终。好便是了，了便是好，这也叫一笑了之。

然后又开了几次主席团会议，我曾经特别提出，新参加书记处工作的同志，尤其是指陈、高、吉等"现行"的作家，除参与作协工作外，应该得到一些时间的保证，不放弃写作，以加强与广大作家的联系和亲近感。我对他们说，我发言时讲到这里请你们鼓掌。但是届时无掌声，说是会议气氛太严肃了，他们未敢鼓掌。后来的事实证明，第一把手并不期望他们保持写作状态，他们自身对此也未见期待，反而是我狗拿耗子，自作多情了。

此后我又针对作协领导提出走到哪里都要看望那里的老作家的说法，

提出建议：不但看作家，也看看他们的作品。这个意见使领导一怔，未有下文，可能是冒失了。王安忆后来提出过，能不能让作协的文件的文体带点作家特点？她的这种发言，与我的上述说法近似。似有道理，可供参考，难以操作，不合会情，录以备考罢了。

光年、文夫、我等对于老翟的工作表示了全面的尊重与支持。燕祥基本上是请假，有过一次书面发言，令有的人不快。还有的作家则忙于告状，签名点名，上纲上线，斗争正未有穷期（这是一些同志爱引用的鲁迅语录，与鲁迅原意无关），批得还正起劲。老翟由于一心强调团结，不甚致力于斗斗斗，也收获到了相当的指责与抗议，明枪与暗箭。

不管挨了多少驳儿，一九九六年春，在老翟与作协党组书记处的努力下，开了第五次作代会。汲取了四次会的经验教训，采取了许多有力措施：各省市由宣传部门领导带队，增加了团体会员的代表，增设了中央国家机关的产业协会并成为团体会员，直接由中央有关部门向大会提名候选人名单等。从此，会议再无悬念与出现令人尴尬的局面的可能（在此次作协代表大会上还有差额选举，可能效果被认为不理想，此后，全部是等额选举，而且未当选者的姓名与票数也不公布了，文联那边则是公布的。说明作协这边更是第一等的万无一失）。然而，就是这样，部分同志的告状活动仍然未能停止。此前作协曾提名我做创作委员会的主任，也是被告状信干掉了的。后来有过任命陈建功为《人民文学》主编的报批，也被告状拦截。

老翟上任后数次到我家，交谈得很好，翟的特点是对谁都一盆火，嘻嘻哈哈，贯彻上级意图。他对我说，作协一老同志提出，我们要忧国忧民，也要忧（作家协）会。我声明，我才不忧呢，爱咋样咋样。

此一时也彼一时也，原来计划在作协的新的代表大会上作一个洋洋洒洒的大报告，带点周扬风格的。后来，还是降了调，也回避了某些理论问题。例如人道主义，二十世纪八十年代批过的，一直有争议。原来的草稿也想批批人道主义的，我力劝回避。巴金果然在征求他的意见时说，他一辈子是信奉人道主义与爱国主义的，要不要跑到作代会上讲人道主义的问题呢？绕开更好。

精品战略问题也有争议。那时到处都讲精品，故而文学上也大谈精品力作。但是文学上的精品与力作不完全是一回事。陀思妥耶夫斯基的作品，没有一部是精致、精到、精心经营的，他的作品向来是一泻千里，泥沙俱下，力透纸背，震撼灵魂。是力作，不是精品。日本俳句多是精品，但不是力作。巴老也对精品说有保留，后来还是写上了。反正体会它的意思吧，反正就是说要有更好更好怎么也不嫌好的新作品。

文艺问题谈深了，谈具体了，有令人钻牛角尖处。例如"优秀的作品鼓舞人"，那位说了，古往今来，许多优秀的作品并不是鼓舞人的。我在政协会上听过这方面的发言，又能说什么呢？也是暂时放在一边，不争论为好。

这里边有一个角度问题，你把文艺当作一个业务、一种行当来研究，具体而微的问题多了去啦，叫作永远聚讼纷纭。如果你是作为建设有中国特色的社会主义全局中的一环来讲文艺呢，还有，你如果不完全把文艺问题看成文艺本身的事，而是看成党组织在文艺方面的工作呢？那会是另一套语码。希望出精品，希望鼓舞人，不需要争执的。至少不能随便出残品次品，或都是平平之作。也不能说鼓舞人固然好，让人泄气也没啥。你还可以绕几个弯子解释，陀氏力作，归根结底也是精品（道理略），悲伤迷茫情调的作品，归根结底也是对人生意义、对真善美的探寻（道理略）。现在，对此钻牛角尖的事儿已经不多了。

此后文代会作代会，不大讲文艺理论问题了，说的是协会工作，讲的是党组、书记处与主席团、全委会，成绩几项，问题几条，安排若干，清楚明白。

一九九六年的文代会作代会上还有一事，就是原文联主席曹禺老师在会前五日因病去世。据说曹禺在一九九三年政协会上，与领导见面时提过解散什么什么文艺团体的意见，语焉不详，我当时因出访新加坡提前离会了，不在现场。但他毕竟是德高望重。他之后，谁当主席？后来提名的是周巍峙。还有作协选上了铁凝担任最年轻的副主席，这两件事，我都极赞成，都投了我的一票。

从文联作协的"干部"人选上，我对于我国的民主程序有了一些体会，我们不是绝对的自由选举，而是民主集中式的有领导的选举。在民主的基础上集中，然也。例如曹禺老师去世后，上面确实并无成见，而是在一定范围内搞小民主，搞票选或者民意测验。我这方面屡提屡中，十分满意。相信是充分考虑了众人意见，确定了候选人。再如五次作代会，增加了宗璞为主席团成员候选人，这里没有任何权力或活动的背景，而完全是由于人心所向。宗璞是一个与世无争、独善其身的人，同时又是一个有正义感与是非感的人。她的当选令人感动和拥护。我们的民主是有的，坚强的领导也是有的，舆论、民意、实绩、背景、本人与他人的活动与绝对不活动，都起作用也都不起决定作用。在我国推进和完善社会主义民主是完全有可能有前途的。关键是寻找最好的结合点，领导与民意，实绩与舆论，德才与背景，稳定性与创造性，开拓与承受，对不应有的风险的回避与对于不应有的停滞的回避的结合等。五次作代会的情况使我乐观而不是悲观。

此次会上，我得的票不高，一个可能是由于在人文精神讨论中对我失望的小贤弟们。鲁枢元对此极不安，他甚至提出俄狄浦斯弑父情结的说法，令人解颐。河南张宇也关心此事，我乃表态，停止争论三十年。后来张宇著文说，我的说法一听就是毛主席教育出来的。

一个则是有那些坚持不断告状的老贤兄。《中流》杂志还在此期间发表《王蒙其人其事》的专文，一心树王为敌。文中有将王某定性为"党内不同政见者"之说。时任文化部领导的同志劝我"一个巴掌拍不响"，就是说不要理它。其时《中流》还大骂社科院一位领导刘吉，此同志见我后便说，我们是"同案"。这一时间段被该杂志批评的还有胡绳、韦君宜、深圳市委书记厉有为等。

文化部原办公厅一位担任秘书工作的女同志，与林默涵同志联系较多，有些林老的谈话，是此位同志帮助整理的，她的文字功力不错。她对我极友好，她特别希望我与林老能有更好的沟通与合作。她告诉我，此文在林老那边压了颇一段时间，后来杂志方面催得太紧，林老才没有再说什么。

他们非要把我搞成中国共产党与中华人民共和国的敌人，这究竟是怎么回事？

一个可能是由于时代与文化环境文化背景的隔膜，我一说话，一做事，他们就觉得气味不对，不符规范，像那位倒霉的被撤职的林业部长一样，也像我一九五八年听到的那种话一样，鼻子一闻，就知道是不是自己人了。就是说，他们确实认定，王某是敌人。

其二可能是，他们在改革开放、经济建设与市场经济的年代有失落感。他们看不惯当前，他们停留在辉煌的与理想化的过去，他们痛恨在新的环境下如鱼得水、能写能说能成为头面人物的人。

我是知道嫉妒的滋味的。一位极出色的女作家，不久前还津津乐道地夸赞铁凝，一旦铁当了副主席（还不是主席呢），立马变成了骂骂咧咧。其言也不堪，其情也不雅，唉，你还说吗好！

我被忌恨得这样咬牙切齿，是无论如何也没有想到的，但事已到此，躲也躲不开了。你恨你的，我活我的写我的干我的，好在，你不可摧毁我。

第三是老翟来后，王某有再起的危险，他们有危机感。

第四是，最可笑的是争文坛的领导权。读者还记得严文井老师给我讲的"梦寐以求了"吧？

第五是，有些人对改革开放十分反感，十分疑虑，他们不敢公然地批领导人，便抓住于光远、厉以宁、厉有为、刘吉、王某之属，穷追猛咬，死活不撒嘴。两三家杂志，这方面显得很破格。

而文艺上尤其是文学"战线"上闹得最凶，还有一个看来不重要实际未必不重要的原因。计划经济期间，几乎只剩下了搞文学创作基本不是靠指标分配而是靠自己选择竞争。如我所说，拥挤在文学这条小路上的人太多太多，竞争多，非透明非正当非文学的竞争更多。连卓有成就的老作家姚雪垠都要求中央对他与刘再复的争论表态介入。那些写不成诗歌小说散文戏剧电影的文学人，则只剩下了热衷于姚文元的榜样，通过大批判扶摇直上。而且一荣俱荣，一损俱损，功夫在"诗外"，全靠关键时刻冲锋陷阵，站好队，赶上车，拥戴好某个人，灭掉某个人的对立面。《中流》杂志是作家办的，但更热衷于政治斗争，比政治家还热。

这家杂志越骂越兴奋。骂贾平凹，其实是刺翟泰丰。因为此时发生过贾的《废都》事，有一些说法和做法。老翟一直很看好贾，与之为善，安排他到张家港深入生活，希望能出现一个作家明显进步的事例。后来，贾写了一本《走虫》，讲述这个故事。别的内容我都忘记了，但有两点十分生动，一个是贾到北京，老翟与张锲请他吃饭，他说张是愈来愈忙了，同时也是长得愈来愈像毛主席了。张长得像毛主席，怎么我从来没有想到过？怎么贾平凹一眼就看出来了呢？还是平凹的形象思维发达呀。

另一个是贾在杭州接受省委宣传部沈部长宴请，沈部长送他许多好笔，他乃想，宣传部部长要都这样多好！

我想，那他的笔就装不下了。

其实在中国搞改革开放四个现代化社会主义市场经济，谈何容易？有点争论，谁也把谁怎么样不了，是好事，不同的意见其实是有益处的，专挑你的毛病也有助于自身的严谨。往者已矣，我今天回顾这些，绝对无意再争论什么，只是我们相信实践与时间，有助于厘清是非真伪，而大言欺世，恶语伤人，最后不过是口水随风飘散。

我相信《中流》对于开阔言路也是有贡献的，可惜它后来去反对"三个代表"重要思想去了，自己挖了自己的陷坑。我一开头对"三个代表"重要思想的认识还比较肤浅，但《中流》的态度，促使我进一步思考它的丰厚内涵与深远意义。

迎接党的"十六大"时，文化部曾经召开过一次小范围的座谈会，一位中央领导同志前来，在事前安排好了的发言结束后，该领导同志要我发言，我说，影响中国未来的决定性因素是中国共产党，影响中国共产党的成败治乱的决定性因素是她的执政理念与执政理据，"三个代表"思想在回答这个问题，非常重要，非常必要。

后来，在"十六大"以后，我在作协主席团会议上又明确地说，"三个代表"重要思想的提出与贯彻，是中国人民之福。

有些事就是这样。中央提出一个东西，大家都说拥护，但是你并没有弄清楚就里。而反对的人反而很明晰，他们是有的放矢地在那里反对着的，于是，随大流拥护的人从而得到了启示，知道为什么要拥护啦。

此前出现过多么危言耸听的说法：除了作家煽动……之外，还有更大发的说法，说是"国际共产主义运动"的经验证明，文联作协之类组织是靠不住的，靠得住的是某部某某局、某报某某部。其实真正靠得住的是"三个代表"。我从《参考消息》上读到，曾任哈佛大学亚洲与太平洋研究中心主任的傅高义教授在香港讲，有人对于中国共产党的执政的合法性质疑，目前，如果中共能够做到，一不断改善中国人的生活，二有条不紊地进行政治改革推动社会进步，三有效地维护中国的民族利益与国家利益，它的执政就是合法的。他用的语言当然与中共不同，然而其思路与"三个代表"思想一致。把作家说成主要危险的同行，显然不妥。

这是扩大开去，对于背景与有关话题的我的一些想法。下面回到一九九六年的五次作代会前后。一些告状者的穷斗不舍，使我积累了新的经验。无欲则刚，无私则平，无争则莫能与之争，无妒则莫能妒。我得到的已经太多太多，我不埋怨什么人。我的心情平和。

至于小贤弟们，自己慢慢消停了下来。人文精神失落了半天，现在也不像已经复归的样儿，也不见激愤的呼喊了。我早就说过，调子太高，一个是难以为继，一个是容易自我重复。祝他们有新的思考，新的作为，新的进展。

五次作代会后，察言观色，感觉掂量，还是两便的好。我告诉作协同志，我已经年逾花甲，视力明显减退（我后来还做过一次眼睛的小手术，太好了，我更有理由对某些活动请请假了），写作未有穷期，我只参加作协的类似春节联欢之类的活动，外事则是参加有外宾提出要求要见王某的活动，只参加宴请，不参加会见。简单概括就是吃与玩的活动可以考虑，其他则请假，以求皆大欢喜，请他们谅解。

在老翟主持工作期间，在五次作代会结束后，我对所有主席团会议、全国委员会会议都请了假。一次几位老作家在作协北戴河创作之家暂住，老翟邀集座谈。我亦请假。

此次是谈艺术规律问题。李準说你们搞的什么什么评奖就不符合艺术规律嘛。陆文夫说，艺术规律是不能搞得太清的，搞不清的人还能写作的，一搞清楚了，再也写不出来了。曾任上海市委宣传部副部长的徐俊西说，艺术规律谈不清，倒不妨谈谈过去我们违反艺术规律的经验教训。

后来老翟抱怨我不出席该座谈会，我说，两便就好，如果加上我，也是那样谈意见，一定好吗？

其时我已经明白了一个道理，不同身份的人会说不同的话，最好的情况是做到和而不同。又和又同难以坚持，反而谁也念不好自己那份"经"。同而不和，如孔子说的"小人"那样，是恶劣的，表面上亲如兄弟，实际上心怀鬼胎，一个个乌眼鸡似的。又不同又不和，则是危险的啦。

后来二〇〇〇年，金炳华同志前来作协主持日常工作，有领导同志对我家访，要我支持老金。我稍稍改变了不参加作协正式会议的做法，前后五年，我参加过少量会议。其中翟、金交接时的一次会议有个插曲。

针对一时有人认为中华人民共和国成立后缺少大作家的说法，前后已经有领导同志引用周总理的话，说明我们不能妄自菲薄。还有人列了一个名单，说明中国古代，几千年著名作家不过那么百十个，而中华人民共和国成立后已经出现了著名作家某某某某某，一大批了。相信这是某个局处级单位为领导准备的名单，古代作家中提出了萨都刺，不像是领导同志自己列的。但这个比较法略显牵强，因为几千年淘洗后的留名著名，与现当下的留名著名没有可比性。不必妄自菲薄，我则是赞同的。至少，在文学问题上，是需要更长的时间考验与时间淘洗的，何必急着说东道西。责备一个当代诗人不是李白，一个当代小说家不是曹雪芹，或一个作家不是鲁迅，与责备一个英国作家不是莎士比亚，一个美国总统不是林肯，一个中国将军不是成吉思汗一样的不可思议。但同时，改善我们的人才生长环境，进一步学会尊重知识，尊重人才，可能也不完全是多余。

后来在作协全委会上再一次谈起这个话题，宣读了一回一直延伸到当前来的作家名单，这回可有了事，一些曾在或正在作协担任工作的确系作家的同志未上名单，议论起来了。包括老翟，都很不平，怎么能够没有某某某呢？他是非常仗义的。

需要做一些弥补工作，于是由作协自身的领导出来说明，本来另有一张"纸头"的，后来讲话时临时没有找到……

列名单的事是最麻烦的，各级领导务必充分注意，切切不可粗心大意。

相反，此期间我参加政协的活动是很投入的，二〇〇三年至二〇〇八年，我担任全国政协文史与学习委员会主任，这属于现职也是实职，我的工作得到了支持与鼓励。我越来越看到了政协在中国社会政治生活中的积极作用。

20.像海一样宽广

　　吾兄气成了那个样子，招数用成了那个样子，好得很，我乐得不必参与那么多作协的活动，听那么多颇为无趣的讲话指示，走那么多形式。政协这边，文化部这边，还有一些外事团体这边，尤其是各高校各文化出版机构这边，有我的许多公差，有我的满足不了的期待邀请安排，还有我的许多好领导好朋友。我已经够忙活的了。与五次作代会前后脚，我参加了政协的二十一世纪论坛，我是组织委员会的成员之一，我参与了有李光耀、竹下登、施密特、基辛格、舒尔茨等人参加的高层国际政治对话，并得以与俄罗斯科学院远东研究所所长季塔连柯、美国哈佛大学费正清中心主任傅高义这样的对本国外交政策有影响力的高层专家相识。再往后，季塔连柯出面给我授予荣誉博士学位。而傅教授陪同曾任克林顿政府财长的哈佛大学校长来京访问，在晚餐场合，我们再次见了面。

　　谁说中国是铁板一块呢？在作协，吾兄的一些"自己人"与王某拼了老命，甚至以退出作协相要挟——这使我想起当年丁玲的"罪状"之一，私下说过要退出作协。这也使我想起吴祖光老的一句话，他说中国资产阶级胆小，不敢搞自由化，真正敢搞自由化的是无产阶级，需要警惕的是无产阶级自由化。他老此言几近笑谈，却使我对几个人要挟退出作协的事增加了幽默感——你们在区区作协千方百计地要"顶住"王某的同时，王某在政协却如鱼得水。

　　此后和作协的交道有一点点外事活动，二〇〇一年，我曾率一个作家团访问印度，对印度文化印象极深，回来也写了文章。此行能够与湖北的熊召政，河南的年轻散文家、评论家何向阳等同行，也是愉快的。何向阳的父亲南丁，我们共同参加过新中国第一次青年创作者会议，又同期落难。新一代人已经成长起来，无法阻挡。

这段时间是我外访的一个高峰：美国许多次，包括哈佛的特邀学者三个月，三一学院的高级学者一整学期，此外，日本、俄罗斯、捷克、斯洛伐克、法国、荷兰、瑞士、意大利、喀麦隆、南非、埃及、突尼斯、韩国、英国、奥地利、西班牙、墨西哥、加拿大、不丹、尼泊尔、新加坡、马来西亚、德国、比利时、瑞典，以及后来的伊朗、菲律宾、越南、印度尼西亚等国家，一直到国内的港澳台地区……都跑遍了。绝大多数是与芳一起去的。好啊。

印度的甘地，确实是一个伟人。他的陵墓上写着他的格言：simple living，high thinking，即"朴素的生活，高远的思想"。这里，我把high译成了高远，而不是高、高深、高尚，我觉得我译得不错。还有，nature can satisfy all of our needs but none of our greeds，"自然能够满足我们的所有需求，但不是我们的任何贪欲"。这也是很精彩的话。

印度的泰姬陵堪称世界第一的艺术型纪念型建筑，其完美与迷人都达到了化境。只是缺少起码的旅游服务，没有规范的导游，没有纪念品商店，一群儿童包围着游客用十倍百倍的漫天高价兜售着自己的商品。

阿旃陀石窟里的壁画与石雕，都令人叹服，唐玄奘便记载过此窟，而且相信我们的敦煌受了这个石窟的影响。

印度古石雕使我多少得到了一点关于印度教的知识。印度教信奉三位尊神，一位是生命之神，一位是创造之神，一位最伟大的是毁灭之神，即称阿湿婆之神的。万事万物最后归于毁灭，这太耐人寻味了。

神像还给了我一个重要的知识，我们知道所谓女性的曲线美，三围。但石窟中的神像体现了印度人喜爱与欣赏的另一种曲线，即身体呈S状的线条。这是我长了这么大从来没有想到的。包括对于身体的审美，也是这样充满了文化。

印度人喜欢讲哲学，什么都是哲学。对于性器官的图腾崇拜，舞蹈与音乐，政治与商业……都是哲学。越是物质上并非那么富裕充足，越是有大讲哲学的空间和高度，你不能不思考哲学的充饥或转移饥饿感的作用。哲学是人的一种自慰手段。而物质上的极大满足，确实更凸显了我等人类的庸俗。哲学家当然不能是脑满肠肥的人。大脑与肠胃竟是不相容的吗？我的印象确实是，哲学家里少有饕餮者，也少有大胖子。

加尔各答的名声极大，长期在那里执政的是印度共产党，到处飘扬着镰刀斧头红旗。只是巨大的垃圾堆发出了刺鼻的气味。那里的泰戈尔故居则是一个巨大的花园，是另一个高雅与富裕的世界。泰戈尔身高两米多，声音洪亮浑厚，对于当地人，他首先是民间的歌手。他是另一种人类，虽然他是爱人民的。

我们的驻印使馆给我们提供了交通工具，接待我们的印度文学院的汽车抛锚于中途，幸亏有使馆的车我们才独立地访问了泰姬陵。使馆的司机雇自当地，每月工资不过百十美元，使馆还有点奖金。他任劳任怨，十分辛苦。已经长期在中国使馆做事了。

要了解世界和寻找中国的参照，仅仅到美英法德日俄是不够的，印度的一切令人思索借鉴。这里也有发展的悖论。印度实行了许多英国式的政治制度，民主自由，三权分立。同时它的文化尤其是民间的一切价值观念与生活方式不可能大变。他们不像我国人那样勤俭经营苦干苦熬。它充满民族宗教的冲突。而从总体上看他们的人民非常和善和随遇而安。从当前看，他们的经济增长速度略逊于中国，虽然也大有希望。中国改革开放的初期，两国 GDP 基本持平，现在，中比印，有说是两倍的，有说是三倍的。也有人更看好印度的，因为印度接纳并照收了西方的政治制度。我很欣赏印度前任驻华大使、现任外交部国务秘书梅农阁下的话，印度与中国各自按照自己的方式寻求发展进步，发展进步的目的是满足各自人民的需要，而不存在两国比赛的格局。

同样是东方的大国，印度被英国直接统治了近百年，加上东印度公司时期，间接统治又有二百年。而中国始终以命相争，始终没有成为哪个西方大国的殖民地。除其他原因外，与中国文化的自尊自信与反抗精神有关。

此后我参加了两国元首确定的两国名人论坛。我相信两国的交流大有助于我们认识世界认识旁人也认识自己。

有一个世界性的段子，我获悉这样的故事首先来自联邦德国作家诺贝尔奖金得主海因里希·伯尔的小说，后来在印度，再后来在喀麦隆又听到了完全同样的故事。故事说一个渔人在河边捕鱼，近旁有一个小伙子在树下睡觉。渔人叫他来劳动，他问为什么要劳动，答可以挣钱，那么为何要钱，答可以过幸福的生活。小伙子回答，他在树下睡觉就是幸福，为什么要放弃了这样的自由自在的幸福再通过辛苦劳动挣钱去创造靠不住的另一种幸福呢?

伯尔的故事命题为《一个关于劳动生产效率下降的故事》,我设想这样的故事出自"二战"后的德国,这是一种"后二战"的消极情绪,正如德国朋友对我所说,现在德国不像早先那么讲绝对的清洁了,这是德国的进步。我相信,在德国,本来是最最不会有人产生对于生产、工作、科学、财富、文明与幸福的链条的质疑的。至于印度与喀麦隆,他们应该早就有这样的疑问。类似的疑问其实在老子庄子的书里已经写到。

而且,我说实话,我不知道该怎么样回答这样的问题。这是人类的困境之一:发展主义与对于发展主义的批判乃至超越。

我——不止是我——在欧洲旅行时有时疑惑他们的效率与工作精神,他们用到休息享受上的时间太多了。但是也有人告诉我,欧洲已经这样发达、这样成熟,不需要特别勤奋了。中国发展到这一步,也会变的。为什么要拼命发展、苦苦奋斗呢?

我是一头雾水。

同时我也相信,对于生活来说弄清道理并不是第一位的事,你搞得清搞不清生命的意义你都要好好爱惜自己的与他人的生命,你都希望生活得好而且有意义。对于一个教徒,宗教并不是一个道理问题。同样一个爱国志士,他的抵抗入侵与英勇献身,也不仅是一个道理的问题,不需要靠逻辑论证来寻找结论。即使你从理论上讲不清楚发展与文明的必要,人类是注定要发展下去、文明下去的。作为思想者,你尽可以质疑直至大骂发展与文明。这样的质疑对于使这方面的自命优胜者清醒而使落伍者差堪自慰,都是不无意义的。

我也介绍作协与挪威作家举行了互访与会面活动。挪威驻华大使白山(Sverre Bergh Johansen)先生对于文学十分感兴趣,曾多次宴请我谈加强两国作家交流的事。一九九八年,挪威外交部邀请我与芳对挪进行了很好的访问,白大使回到奥斯陆迎接我。是年我不久前访美归来,闲谈中我说到在美时看到电视新闻,一位众议员批评中国,什么 good guy 呀 bad guy 呀,语言简单,怎么像是农民?白山说,他们本来就是农民嘛。我们笑了半天。

后来一九九九年挪威作家来了一批人,与中国作家交谈得活泼热烈。

其中有一个担任过司法部部长三个月的女作家，现在专写犯罪题材的作品。她对中国没有所谓犯罪文学很感奇怪。作家出版社的蒋翠琳副总编辑说，在中国，那不叫犯罪文学而叫法制文学，她一说，我也是恍然大悟。这里有文学观念的问题，我们强调作家是灵魂工程师，作品是人民的教科书，如果谈犯罪文学，说不定会被认为是教人犯罪的，现在叫法制文学，太好了，是健全法制遵纪守法的榜样作品啦。

挪威还有一位当过部长的作家，是不是就是这位，我记不清了。我们在奥斯陆见面，我说，您现在不从事政府工作了，很好，我们可以更好地写作。她回答不，我是被政敌搞下来的，我还有机会，我一定要再把对方搞下去，我还要重新掌权的。不同的体制，不同的政治文化，不同的说话方式，极有趣。你能够设想一个中国下台官员这样说话吗？她这样坦白地直说，有什么不对劲的吗？

中国作家王安忆、冯骥才、徐坤、刘恒、张胜友与我等在二〇〇〇年回访了挪威。

奥斯陆人喜欢步行。他们的外交部部长会见我时，我也是在白山大使陪伴下走了二十分钟才到的外交部。

我两次造访了卑尔根。那里是矮个子的音乐家格里格的故乡。格里格的故居在海滨，是最浪漫、最富有情调的一个地方。第一次去卑尔根是坐火车，第二次是汽车，经过冰山。陪同我们的挪威作协的朋友在路上竟唱起了国际歌。我们也唱了同属斯堪的纳维亚国家丹麦的歌曲：

> 那森林和原野是多么逍遥，
> 这是多么美丽呀多么美丽呀，
> 鸟儿们呀在歌唱，
> 鸟儿们呀在舞蹈，
> 少女呀你为什么苦恼又悲伤？
> 摘下一棵开花结果的树呀……
> 只要心儿不曾老，
> 幸福的日子就要来到了。

我是在中华人民共和国成立前的学运中学会这首歌儿的，这首歌没有包含革命与战斗的内容，但是"幸福的日子就要来到了"的唱词包含着一种期待，一种暗示，就像说曙光就在前头，黑暗即将消散一样。而曙光与黑暗，这是革命的语言句式。一九五〇年冬，我在区里参加一个中学党支部的党员学习班，女中的党员，一拨矢志革命的少女、大孩子，休息期间拼命地唱这个歌。我觉得她们都那么美。后来，这首歌几乎忘记了。

时隔半个世纪，我又在挪威的盘山公路上，重温这首美丽的歌曲。

往事常常再现，重温已经不是当年，往事实堪回首唱歌中。

这些年来，有趣的是逢日本作家团来访，多半都要到我的"自宅"拜访一番。过去是每来访都到夏衍家，夏老去世后我在那里充了数了。

一九九五年三月，东京发生奥姆真理教投毒事件，数千人中毒，十余人死亡。夏秋之际，一个日中文化交流协会的代表团来访。我问到他们此事，他们说，根据日本的法律，该教教主麻原彰晃一案，要审理清楚，大约需要十年，我说，中国的法律可能不那么完备，像这样的重大罪犯，早枪毙了。

想不到的是代表团诸君，虽然不懂中文，但都熟悉"枪毙"一词，我说完了，他们男男女女，纷纷点头哈腰，异口同声、你唱我和地不断重复道："枪毙，枪毙，哈依，枪毙！"显然他们也是同意乃至赞赏我的枪毙论的。此后这成了我的外事活动的一个"段子"，给谁讲，包括给极严肃的资深外交官们讲，他们都笑成一团。而且经切磋，似乎我这样讲话并无不妥。

日中文化交流协会的白土吾夫、佐藤淳子、横川健等都与我极要好。他们研究了我的口味，此后每当有团来拜访，都给我带点含有红豆沙的小食品，有时候还带各种羊羹，后来发现了更受欢迎的食品：腌咸萝卜。日文写作"大根"，真叫实在，萝卜，不就是大的根吗？软包装的日本大根，美味无比。他们热心日中文化交流，半个多世纪以来，包括"文革"中，从未停止，他们太熟悉中国了。白土吾夫就会学"四人帮"的言谈举止，他学周扬的笑声更是惟妙惟肖。日本朋友的特点，他很少与你公开争论什么，但是仍然流露出他们的倾向：有时候现出一个微笑，有时候眼皮微微一眨，有时候是更深的九十度鞠躬。他们不可能了解得太深，但是他们对中国政治中国文艺所知甚多，他们不表态，但是他们多半会倾向于常识常理常情，这一点与中国老百姓无异。

我以作协名义宴请过一次以色列作家团。以色列作家告诉我，他们的领土只占世界的极小百分比，但是他们那里发生的事情，上CNN（美国有线电视新闻网）头条的却占惊人的大比例（具体数字忘记了）。我乃在祝酒时祝那里的上新闻头条的事情迅速减少下来。

同样的祝愿也适合巴勒斯坦、伊拉克与伊朗。这是一个例子，出镜呀，上头条呀，广为人知呀，未必都是好事。人其实更应该有权安安静静地过自己的日子。

一九九六年，我收到伊拉克驻华使馆的请柬，邀请我参加萨达姆·侯赛因的小说集的发行式。因时间与出访英、德冲突，未能出席。今天回忆，不免感到沧桑。我从网上查过，这位原伊拉克总统，后来被绞死的人物，他的小说构思还真沾点边，如他写一个酋长，打算电贺一个军官发动政变取得了胜利。斯时的伊国，正逢下雨，发一封电报要走两天。到了才知道，政变已经平息，军官已经被枪毙。酋长立马决定改为将贺电发给国王，祝贺陛下平叛成功。分析家说，萨达姆的意思是从中证明伊拉克必须实行独裁统治。怎么会得出这样的结论？不详。

作协工作走向正常以后，对于我来说主要有一件好事，就是夏季到北戴河创作之家休息与写作。我多次说过，我不思也不善消费，更不愿挥霍排场，我没有花天酒地的习惯，我对于生活的最高理想，就是盛夏到海滨一待，上午写小说，下午大海里游泳，这就是我的天堂，我的共产主义！

进入二十世纪九十年代后，我一半盛夏到烟台的文艺之家（文联的下属单位），另一半在北戴河打游击，包括总参三部疗养院、国家环保局培训中心、河北省的东山宾馆等地与西山、东山、冶金、煤矿、外专局浴场，都留下了我与家人的愉快记忆。一九九七年，我来到了作协在北戴河的点。一九九八年又到河北省，然后一九九九年以来，年年到作协的创作之家。

作协的点始建于"文革"前，"文革"后作协"砸烂"，该地被一家线圈厂占用。唐达成主持作协工作时想收回此点，不好办，找了我，我乃找到时任河北省委副书记的高占祥同志，终于将之收回，并翻盖了一幢二层小楼。

一九九七年我在这里，陆文夫刚刚代表作协参加香港回归大典回京，心情正好，带着孩子们也来了此地，另李准夫妇也在，他的腿脚不太好，住在一楼。

我与李凖互为"一字师"。他曾经抱怨，由于李准同志是文艺界头面人物，又因他担任文艺局长，常常要发表一些导向性文字，外面以为是他写的，他觉得很不安。我说，这个好办，以后你就用繁体的凖，把简体的准让给李准局长用好了。他从善如流，立即在报纸上发表了声明，从此凖化。

我在一九九七年的北戴河，写了一些旧诗，有一句叫"身轻涛可枕"，李改成了"身闲涛可枕"，我觉得很好，闲则闲矣，闲时吃稀矣，却未必轻也。

这一年写了多首五绝，后来发表时被排列到一块儿，读者还以为是长诗呢。有句云：

> 骇浪孰无惧，清波吾欲怜。
> 怜怜还惧惧，牵绕又经年。

这是一种矛盾的心情，这样的矛盾心情占据了我的大半辈子。

> 聚散薄云意，沉扬巨浪心。
> 弄潮九万里，不负未凋身。

我不是宝玉，不会喜聚不喜散，也不是黛玉，不会喜散不喜聚。聚也自如，散也逍遥，只要此身平安，此身干净，只要胳臂腿还能动弹，就可以浮游于沧海之上，弄潮于风浪之中，还挺牛呢。

> 轰轰风口恶，炸炸霹雷悬。
> 未疑东海怒，且在浪尖眠。

诗的措辞不理想，但可以会其意的。有什么办法呢？此生需要与浪共眠，与狼共舞，与恶同窗，与雷电共歌一阕。

> 老大游沧海，翩翩非少年。

身闲涛可枕，稳坐未须船。

我喜欢这一首。有船没船，有浪没浪，都可以稳稳当当地枕涛而眠。只要不大患于身，自患于身即好。

下面的几首有些伤感，"文革"结束二十多年，回北京已经十八年，中央委员已经当过两届，下来了。部长已经当过，上去了又下来了。一些老友已经去世，叫作天人相隔。乃有诗曰：

年年河北戴，岁岁关山海。
潮涨又潮消，朱颜可已改？

当然改了，去一次北戴河，就是一年。而且我怀疑，虽然游泳有益健康，天天被海水浸泡与用香波润丝洗浴，有伤头发。几个夏天过去，我的头发已经花白了。呜呼。

已无白马志，犹有碧波愁。
天海苍茫处，几多是旧游？

一九九七年小聚于北戴河的文夫、李準，都已仙去。海水依旧，故人何堪？

下面的几首写鱼的，也有兴观群怨：

已无奔马志，犹有美鱼情。
戏水汪洋里，观潮起落中。

观潮派，是当年"大跃进"时批判过的一种观点。我现在则承认自己是观潮起落中了。人不要老想自己演给人看，其实更多的是看别人演。要礼貌地、文明地、善意地观看表演。要关掉手机，也不要交头接耳……即使太乏了睡着了，也不要发出打搅旁人的不雅的响动。要睡而无鼾，睡而微笑。

　　鱼戏澄明里，鱼游无定意。
　　一朝入网镬，都道鱼肴美。

　　我多少接受一点距离美学，不但与大潮、与人众、与时尚也与权与利保持一点距离，还要与自己保持一点距离，要时时对自己抱一个观察推敲与探究设计的态度。当食客们称赞你的味道的时候，你是不是已经被烹调完成了呢？

　　美味已难尝，汤羹百里香。
　　渔夫多妙计，浪阔可深藏？

　　风高浪阔也不一定是坏事，隐于浪涛之中，不一定比隐于茅庐更危险。黄宗江兄有句云：小隐隐于野，中隐隐于市，大隐隐于朝，特隐隐于×。就此打住，不过是老九们的穷酸笑话，不可较真儿的。

　　君在江湖中，君栖盘碗里。
　　缘机略有别，都是萨其米。

　　"萨其米"是日语对生鱼片的称呼。当然这是谑语，一笑亦复一叹。吾有自我欣赏感。

　　独游非寂寞，佐酒亦辉煌。
　　随遇成滋味，何必费葱姜？

　　高洁宜冷拌，富贵赖红烧。
　　岂敢充名菜，莫如海上漂。

　　佳人喜活鱼，鱼喜佳人否？
　　愧谢庖厨恩，仓皇逃远处。

　　前两首是我有感于某些知识人的姿态，姿态太多，实际太少。用陈建功的话，有的人的文章更像是思想健美操。其实正像最高的技巧是无技巧一样，最好的姿态是不摆姿态。不要充"名菜"，不要浪费那么多葱姜蒜辣椒。是红烧还是冷拌，并不重要。

最后一首又是笑谈了。佳人越是喜活鱼，活鱼越是怕佳人了。于是敬谢不敏，于是仓皇逃遁。世间诸理是多么有趣呀。

我很关心作协北戴河创作之家的建设。尤其是它的二层屋顶，毫无隔热性能，夏季晚上，室内比室外热多了。一九九七年天气炎热，我在这里长了一身痱子，是告别童年时代以来首次重温盛夏的滋味。张锲曾戏称这里为"水深火热"。

一九九九年，我去创作之家时，便准备自费安装个空调装置。后来，作协给北戴河创作之家各室都安装了。我其实无意以自费安装作姿态施压，我觉得你没有经费，我可以自己搞，作协机关的办公设备都是齐全的，包括空调设备也都有，而创作中心是招待各省市的老作家的，其条件反而较差。这也是一个现象，机关号称服务作家，但优先将资源向自身倾斜，首先还是服务自身。

二〇〇〇年，我带着一个二十九英寸的电视机前往作协创作之家，此前那里只有十四英寸的只能收六或八个频道的电视接收机。此年八月四日至十四日我还与铁凝、张贤亮三人一起参加了中央国务院邀请的北戴河疗养。这个阵容也不无趣味。疗养中出现吃海鲜拉肚子事件，搞得中央国务院领导前来检查慰问。所有中央领导见到我的第一句话都是："噢，你没有拉……"其实我是后来出现症状的，总算当时没有发作，似乎优越了那么一小点。

这中间有一次比较正规的座谈，我只有便服，只好临时借了一件创作之家的负责人李记同志的黑色西服穿上装样。

从国务院的疗养所回来，发现创作之家各室已更换了电视接收机。

次年，东面小院的房子改善了一下。这个院落里有许多柏树。还有长得奇形怪状、干与根扭结在一起的四株木本丁香。原来这里是北戴河老式的住房，中间一个公共活动室，一大间公共盥洗室，周围几间住房，很嫌潮湿。改成两套套房，加了石板地与地板砖地之后，潮气被阻住了。

我每年都在这里居住一个月以上，几部"季节"、《尴尬风流》《我的人生哲学》《青狐》《半生多事》《大块文章》《九命七羊》……都是在这里定稿或完成了框架、完成了主体工程的。这儿心要专得多，干扰要少得多。有几次说是作协开主席团会，我就藏在这里假装没有时间不得参加。"猫"于作协躲作协，多谢大家的高抬贵手，其实也是两便，也是对我放宽政策之意，中国毕竟是一个充满人情味的国家，是一个相对灵活机动的国家。在中国只要不违法，不违背牛顿三大力学定律，没有什么事绝对办不成。我非常感谢这里的工作人员，李记、于辉，还有小孙、小安、小韩、小王、小武，等等，他们对我的照顾与帮助都是难忘的。于辉并且常常陪我游泳，年逾古稀之后，游到深水区，旁边有个熟人与游泳好手，并不是不必要的。有了于，我的游泳才能共于——如鱼得水。

我要在这里说明，我很注意规章与纪律，费用都是注意缴纳的。

我有我的死板，用芳的话说是死教条的一面，认定了夏季应该游泳，便再不能改变。只要天气允许，下午进入海水之中，一下，两下，一百下，一千下，就这么死死地游起来。有时候感觉我的游泳就是人与海的拥抱，人与海与自然的亲密接触。有时候想，人生能有几次游？我想起了黄秋耘给我写的信中的话，叫作畅游难再矣。我算是游运极好的，有住地，有海水浴场，有时间，也暂时还有体力，胳臂腿还都能动弹。近七八年以来，浴场选择了政协，能在游泳后及时在那边洗上热的淡水澡。这样的条件谁还有？这样的条件一年也不过一个多月。用于辉的话，就是说每年期待着那个美好的季节。

最初一些年，我每年都带着两个孙子下海畅游。他们长大了，不再热心于游泳。子女们也都会游，但已经没有我的热情与死心眼劲儿，传统云云，想一成不变地传下去，是不现实的了。

我准备坚持游下去，直到游不动时。

感谢作协的北戴河创作之家，每个夏天，我在这里打好两个基础，健康和写作，然后精神奕奕地干他一年。

二○○七年我又增加了一项活动，上午大体写作，下午游泳，不游泳时玩保龄球、乒乓球、克郎棋，晚上在滨海道上散步，回室后用电脑听在线歌曲，听百度和谷歌 MP3。多少老歌儿呀，苏联歌曲《遥远啊遥远》《纺织姑娘》，门德尔松的小提琴协奏曲，柴可夫斯基的《悲怆》，舒曼、布拉姆斯、圣桑、肖邦……钢琴王子弹奏的各类小品，以及帕瓦罗蒂、胡里欧、蒋大为、李谷一与邓丽君的歌，直到周璇与李丽华，《四季相思》与《渔光曲》，民族音乐与"红太阳颂"，古琴与洞箫，尤其是《在中亚细亚草原上》《旋律》《在森林和原野上》等多年没有听的歌曲乐曲，我算是听了个美。

奇怪的是，通过听老歌，我对我的审美记忆进行了新的洗牌。《列宁山》《海港之夜》与《卡林卡（雪球树）》都是我青年时代最喜爱的苏联歌曲，这次多次听它们，觉得还是《纺织姑娘》《遥远啊遥远》《灯光》更恒久、更自然也更民间。听马友友的大提琴令我的心收得很紧。听布拉姆斯与门德尔松，当然包括被称作奶油的E小调。那种和谐与清新都达到了极致。柴可夫斯基的《意大利随想曲》、钢琴曲《四季》与《如歌的行板》，都是当年的最爱，此后多年阔别，二〇〇七年在北戴河又足听了一回。曲中有泪，曲中有叹，曲中有悲。曲中有人生世界时间，有过往的那么多伤口——真好，我用五笔字型打"作品"二字，出来的却是重码的"伤口"。伤口当然就是作品，这是电脑给予的启示。而民族音乐中的《平湖秋月》《渔舟唱晚》《梅花三弄》都使我回到了童年。我还要说，包括《采槟榔》与《夜来香》之类的流行歌曲，也自有其感人之处。通过百度MP3，我还听过河南坠子、京韵大鼓与河北梆子。可惜的是迄今没有下载出梅花大鼓来。

一下子听了那么多老歌，我想起了十年前，三十年前，五十年前与七十年前。原来听了又失去了那么多歌曲与乐曲。我甚至悲从中来。我在二〇〇六年写过一个中篇：《秋之雾》，写一个老人在大雾中坐了一夜的慢慢挪动的汽车，听了一夜他小时听惯而后久违了的"桃花大鼓"，然后，死了。我运用了我头一年去天津的经验，我到天津听了北方曲艺学校毕业生的曲艺表演，在南开大学讲了课并受聘为该校教授。我参观了反映天津的工作成绩的"三、五、八、十"展览，受到市委书记、南皮同乡张立昌同志的接待。回京路上适逢大雾封了高速公路，我们在辅道上走了八个多小时，凌晨四时才到达北京。一路上只做了一件事，听梅花大鼓，听了《西厢》《探晴雯》与《葬花》。我充满了幸福与无奈、柔情与麻木、奇妙与晦气的混合感觉。人生是何等出奇制胜？连误车也给你以体会，连恶劣的天气也给你以启示，连有家归不得也给你以温柔的灵感……可惜的是我忘记了描写，大雾中伸手不见五指，你只能看到前面一辆车的尾灯，而红色的尾灯被大雾所过滤，呈现的只有惨白色。

　　我曾经在美好的歌乐声中度过青春。我曾经在强横的与夸张的引吭高歌中困惑地迎来中年。我期待着盼望着苦笑着在时而陌生时而兴奋的歌声里度过了夏天。我在一片大合唱中迎来了新的季节。我期待着大雪纷飞，我期待着在最美好的音乐中度过秋天，走完自己的人生之路。我运用现代技术CD、MP3、互联网等为自己举行了、还要多次举行几次王某七十年纪念音乐会，《半生多事》《大块文章》和《九命七羊》的怀旧音乐会。虽然简陋，仍然深情难忘。

21. 我是一条鱼

游泳对于我，究竟意味着什么？

我的父亲之对游泳，带着一种病态的狂热，带着一种崇拜、热爱、死心眼……这几乎是他的最后一根稻草，使他一无是处的人生还不至于在社会与家庭的浪涛中完全灭顶。

他追求爱情，得到的是零；他追求事业、学术研究，做到的是基本上的零；他追求健康和快乐，得到的是大于却也近于零……他甚至早在一九四七年就去了解放区，追求革命，他的革命的历程与成果也并不比阿Q好多少。他追求现代性和欧化，维新与接轨国际，他得到的大于零，因为他实现了游泳。只有在游泳中，他才证明了自己的存在与个性的自由，证明自己是新派，是新文化运动的受益者。"五四"前，有几个良家子弟会去学游泳？夏天，他甚至一天游两次，上午一次下午一次。这更像是抗议，像决绝，像悲情表演，像拼了命。命运不让他得到爱情、幸福、成绩、哪怕是能多吃两次馆子的零钱，那么他也不想或实在无法尽任何对于家庭和社会的义务，他只有游泳自娱，游泳忘忧。而游泳的有益健康与有助快乐似乎是无可置疑的。游泳属于新文化也是无可置疑的。过去的中国只承认作为一种类技术操作的凫水。过去旧中国根本没有"游泳"这个词儿，或者干脆将游泳看作"洗澡"（至今多数中国滨海滨河地区，老百姓仍然称游泳为"洗澡"）。在一个变化得令他目瞪口呆的时代，作为一个热情与幻想多多、实力与门路少少的失败者，游泳成了他的寄托，成了他的麻醉，成了他的唯一的喜爱，成了他的唯一的自欺欺人的喜悦与骄傲。他曾经得意地向我介绍某某某一下水，就嘭嘭嘭嘭，然后是气喘如牛，然后根本游不出十米二十米去。他吹嘘，仰泳其实是一种休息，他可以在仰泳时睡上一小觉。如果我给他立一个墓碑，我也许写上，这里长眠着一个热烈的人，他游了几十年的泳，他大约游过千余公里。我的依据是只要不受干扰，夏季的每一天，他都会游一公里以上。平均每夏游三十公里。他至少游了四十年。

游泳的第一个基本矛盾就是不管你多么棒，你怎么游过去的还得怎么游回来。当然张健式的横渡渤海湾与英吉利海峡例外。如同我写过的：

> …………
> 浴场如彗星轨迹
> 一个黑点
> 扯过去一条长线
> 扯回来一条长线
> 几个回合生死
> 大海依然大海
> 流星已无痕迹

这有点悲哀，甚至也有点讽刺。多数人不是张健。是张健也还要回到陆上，城市公寓或者别墅、工作单位或者家中。人在大自然中的遨游、人与大自然的亲近，其实是知其不可而为之。其实只是一个梦。

游泳的第二个矛盾是你学会了游泳以后，它的动作极其单调，重复，少新意，少创造。大海令你忘忧，波浪令你慨叹，天空使你向往，而游泳，总是一下，再一下，再一下……游够半小时以后，我会发困，而发困会使我紧张，我总在期待着也恐惧着海里睡去后的下沉。

显然的，我的游泳与上一辈人有关。我从一九五一年快十七岁了才学游泳，胆小，体力不佳，不耐冷水，游一会儿，嘴唇发紫，身上起鸡皮疙瘩。工作忙，没有时间游，又舍不得牺牲午觉去游。我迷信各种游泳须知，知道游泳前两小时后一小时不该吃东西。而且中学时代的失眠教训了我，我始终认为睡眠是生命之本，精力之本，总不可以牺牲了睡眠去游泳。一夏天过去了，没有学到什么。

一九五二年，我仍然是笨手笨脚，哆里哆嗦地在人如煮饺子一般多的什刹海游泳池那里学游泳，忽然，头抬起来了，游几下，动了，同时气喘吁吁。我立即将学习重点转入呼吸，我必须按照游泳教程之类的书上要求，头埋入水内呼气，抬起头来吸气，而且是口吸鼻呼，后来又看到一本书，说是口吸同时应是口鼻同呼，也有说口吸口呼的，这一点我至今理论上没有完全弄明白，但我的蛙式呼吸完全正规合格不费力气。

为了练习呼吸，我按照书上所示，用一个洗脸盆装满冷水，把头强按进去，咕嘟咕嘟咕嘟，与其说是吐气，不如说是在吹泡泡。这其实是很难适应的，比当真下水游还难。原因之一是你的身体不得舒展，低头的结果是压迫着胸、肺可能还有气管。

为了能熟练地自然地合乎标准地游泳呼吸，我应该算是前后练了二十五六年，直到一九七八年首次到北戴河，有较长时间连续游泳的机会了，我才练得比较自信了。在纠正姿势方面，至今仍在学习调整。

刚刚做到了漂在水面不会沉底，我又练开了跳水。第一步，比赛跳水，跃入水中时呈二十度角，就是这样，我跳前心脏的跳动也如敲鼓一般，乒乒乓乓，面无人色，还是非跳不可。每次都跳，每次都怕，越怕越跳，越跳越怕，因为越跳越高，从池边跳到一米跳板上忽悠着跳了……终于越跳越不怕了。上一米高的跳板上，轻轻跳起转身，头向下保持垂直，落入水中，轻轻在水下转身，哧溜，吐一口浊气，人出来了，一切安全无恙。一直发展到在新疆红雁池水库跳五米高的悬崖，在墨西哥城海洋公园跳四米高的跳板。

我其实自幼孱弱，我不壮实，甚至于是不健康。我的胆子也不大，我常常在体育课上完不成指定动作。我深知自己这方面的不足，所以我要好好学游泳，我要挑战自己，学会游泳对于我来说意味着胜利、健康、勇气与自主征服。

其实我的跳水姿势也极难看，腿是半蜷着的，更没有任何姿势，燕式或者镰刀式。但是我必须跳，与其说是体育或者游戏，不如说是一个既然规定了目标就必须达到的形而上的理念。跳水与游泳一样，是我的功课。我自幼就是一个重视功课的人。

我从小生活在北方，在缺水的地方，江河湖海对于我来说是伟大与新鲜的世界，是一种危险也是一种抗争。也许弱小者更富有一种冒险精神。不论某些读者怎样根据自己的思维格局认定了王某是精明的、周到的、圆通的与滋润的，其实王某自幼就有另一面，二百五的一面，二愣子的一面，二杆子的一面，渴望冒险的一面，你只要去看看那五米高的悬崖，你敢往下跳吗，哪怕是蜷着腿？还有王某的一九六三年主动举家到新疆去，谁会这样干？

而江河湖海，尤其是大海，早年就从普希金的诗里体会过这"自由的元素"，就从《一千零一夜》的故事里体味到了它的惊骇雄伟。它们是我的题材，是我的心胸，是我的无尽的诗。

我不追星，但是我追海。我不是粉丝，而是海带。黄苗子兄为我书写一联，曰："白鸥海客浑无我，黄鹤山樵别有人。"黄鹤云云是元朝画家王蒙的别号。此王蒙不是那个王蒙，此王蒙是白鸥海客，浑无我的海客，白鸥一般。妙哉。

我写过《海的梦》与《光明》，都是小说。我写过《冬季》，像小说也像散文诗。那是写我在冬天到海南岛南部城市三亚游泳的经验。在非盛夏见到海，我的心情像旧友重逢，旧梦重温，像追悼，像怀念，像邂逅老友，像意外的欣喜。我写过《在科摩湖里游泳》，讲述意大利的一个似河似湖的水域。我尤其写过许多有关海的诗。除了《大块文章》中提到过的《畅游》与《致西西里的浮标》以外，我这里要特别提到写于一九九一年七月的《温暖》：

> 美丽的年华奔向你，
> 四面八方奔向你。冰冷
> 无物的恐惧。影子
> 动用肌肉的紧张。相逢
> 使回忆遥远：好像
> 美国，苏联，越南……

同时游泳意味着青春的记忆，青春的挽留。意味着恐惧与挑战。相逢使回忆遥远，我喜欢这样的句子。是说时隔一年之后又到了夏季，与海的相逢吗？怎么会想到国际政治，与美国与苏联与越南，都有相别与相逢的经验。其实一九九一年七月，苏联已经是前苏联了吧？

也许我的意思是：重新与美国相逢，意味着与美国互视为死敌的年代已经过去了。与苏联，与越南，都有旧事，都有回忆，都变得遥远了。与海的相逢也是这样，与海的相逢让你遥化远化一些往事。往事如潮，往事如波涛，转瞬成为陈迹。相逢的另一面是对于分别的酸苦的遗忘。

海让人想到世界。想到苏联、越南与美国。想到狂暴与敌意，平息与模糊，沧桑与距离。也有一种悲哀吗？相逢了就忘记了离开，离开就忘记了相逢，然后什么都忘记了，什么都遥远啦。

这就是你曾经膨胀过，爆炸过，吃瘪过……终于平静了的人生。

> 而你涌动漫长的冷淡。
> 涨潮了么？在落潮时刻
> 汹涌跳跃，守望者、
> 气象学、表格莫名惊愕。
> 思念的月亮，朔望
> 偏离初中欧几里得。

这是什么意蕴呢？涨潮，落潮，月亮的朔望，不是都应该很明确很准时的吗？

不，有许多事物不是初中那点几何学能够解决与论证的。

要观沧海。谁能看出点什么来呢？

朔望偏离初中的几何学，这是一个忠言。忠言作用于懂得它的人。

> 于是放弃彩色幻想船，
> ……太平洋、大西洋、南极
> ……到达的钟点与预报无异。
> ……天空飞翔快乐的苹果，
> 削下一半果皮卷曲潇洒。

这最后两句写得难得。请想象一下飞翔的苹果与削了一点的果皮。没有人能想出这样普通而又这样奇异的意象。如果你是画家，请为我画一个图。

> 而你静卧于温暖的波浪，

等待下沉。或者——
帆。蓝鲸静静驶去，
疲倦的鲨鱼咀嚼
白色沙砾。

当时没有见过蓝鲸静静驶去的情景。是想象。可以先有生活后有追忆，也可以先有想象后有亲见或者亲历。二〇〇二年，我访问南非的时候，在走向好望角的高速公路上，我看到了海上的鲸。我为什么写它是静静的呢？大。大了就静。

我的诗有点平静，有点寂寞，有点趣味，也有点感伤。也许还有等待，有沉醉，有温暖的疲倦与疲倦的温暖。海洋给我的启示与榜样是多样的。

而在一些时间之后的《冬季》里，我写道，

我拒绝了飞行。我躲开了前呼后挤……在我们坦然相对的时候，只有我和你。

海也是我的恋情，我的依依，当然。

甚至，在接近你的时候我抛弃了名字和姓氏。一切的争夺，一切的贪婪，一切的穷极无聊的阴谋诡计都来自于名姓。而且，你就没有姓名。当你没有姓名的时候，我为什么要有呢？
……你为你的符号而干脆失去了你自己。

我始终不能理解，一个人五人六、一个有一把年纪也有一些影响的人，怎么能张口闭口都离不了谈自己，自己的正确，自己的怨愤，自己的冤屈，自己与某某的口角与分歧，甚至利用自己的权力在自己主持的会议上自说自唱自辩自吹自我表功自怨自艾……多么不得体！

我知道您心胸狭隘。那么请您把握着一点，哪怕是假装上一点，您就装扮一次心胸宽广，作一次境界高蹈、眼光远大状……不好吗？哪怕只是装两次样子，也会有正面的效果的。

我只能继续写海：

　　……当然，你也有你的边际，你的边际总是与同样苍茫的高天在一起。

　　在我走近你的时候，我看到了你的欢喜。

　　我的悲哀在于你的无所不在的微笑。由于我知道一些与我模样相似的人是多么粗鲁和卑鄙。他们到来的目的是为了侮辱你与伤害你……渴望品尝那种躲在人众后面的不受追究的尽情糟害他人的快意。他们害怕光明，害怕大度，渴望那种在享用以后把一切弄脏的成就感。

海也是一种向往，人法地，地法天，天法道，道法自然。王蒙法海。

　　……你本来完全可以扼住他们的喉咙，翻转他们的船只，把他们送到爪哇国去。而你宁愿闲置自己。

　　你照旧……给他们以生命以营养以抚摩以洗涤以闪烁的光辉和清新的吐纳……又能说什么呢？他们也是向着你来的，无论怎样的中伤也无法改变他们追求你的事实，他们无论如何害怕事实，也无法掩盖他们是靠着你和得益于你。他们无法损伤你的一点一滴。你注定了不会计较他们，正像他们自信不会放过你。一笑而已。

　　他们也奔向你。谁都可以奔向你。只此已经把一半罪恶赎去！

　　……我要说有时候是相当感人地憎恶对方与爱恋自己。

　　……没有拒绝也就没有侵入。没有追求也就没有挫败。没有占有也就没有丢失。没有防御也就没有退却。没有处心积虑也就没有败坏气急。

　　……拒绝，拒绝才是你的就里——你的恢宏，你的神秘，你的魅力。

这里讲了点类似人生哲学的东西。我与某些人相反，他们想着的永远是斗斗斗，是自己正确别人犯有政治错误，是自己冤屈，等待时机（所谓等待高潮）。忙来忙去，累来累去，他就知道一句话，我是正确的，我那个讲话正确，我那个会议正确，他要的是整个部门整条"战线"承认他正确。这是病，很厉害的心理疾病啊。

　　……那时在火热的蓝天与白云下面，我躺在你的心上。你的心托举着也戏弄着我……随时都有沉没的威胁，随时都有容纳的慰藉，随时都有触摸的温柔，随时都有簇拥的忘我与富丽。

　　……我是什么？我是谁？是一条鱼？一艘船？一朵浪花？一只海鸟？一簇转瞬即逝的泡沫？

　　……似有，如无，如烟雾，似闪烁，是一个愈远愈小直至失去踪迹的小黑米粒。

　　我融合于一块木片，一只鸥鸟，一抹夕阳，一幢楼房的倒影，一只可怜的被儿童捉住的寄生蟹，一角失去了生命却仍然留存着生命的呜咽的海螺。

　　这时候我找寻风，风是你的臂膀，你是风的手掌。风是你的灵魂，你是风的流露。风是你的随意，你是风的深情。而我，我只是风里的一片树叶，你心里的一丝忧愁，白云下面的一粒灰尘。我过去不是今后也不是而且我讨厌是一面战旗一幅标语一头秃鹰一支火箭发射筒一枚曳光热核弹头；也不是一朵白玉兰一串雕花象牙项链一支天竺香一粒速效定魂丹一只不敲不响的木鱼。

　　……多么幸福的晕眩，旋转起伏，飘摇沉迷，轻如无物，飘洒如昨日星辰，如今日的陨石雨。

　　这危险因为自由而变得甜美，这自由的解脱由于危险而变得更加诱惑……已经看到了那黑色的永恒，那冰冷的终结……

　　"跟你逗着玩呢，玩着逗呢。"你说，一笑就把我高高地举起，使我如同在一个花腔高音里、被天才的激情和灵魂托举起来的音符。

　　我羞愧，因为我言行不一，我渴望沉下去，永远属于你，但是每到关键的时刻我就逃脱上来，离开了你，背弃了你——不如一条小鱼。

　　一、二、三、四、五、六、七、八……

　　一、一、一、一、一、一、一、一……

　　这是危险的信号。你只有离开我才有你，你只有离开我才能再来，你只有离开我才能避免灾难，你只有离开我才不会留下永远的诅咒和恐惧。而离开了你和没有遇到你的时候一样。我什么都没有长进，什么都没有学会。依然故我，乏善堪叙。仍然是一样的污浊，一样的沉重地下坠，一样的焦躁，一样地为无聊的名姓符号、为不值得理睬的人和事而陷入污泥，一样地向讨厌的人露出笑容，向愚蠢的人献出花束，向聋子侃侃而谈，向骗子举起茅台酒杯。

"祝您健康长寿！"

说着说着带上了愤青儿口吻。

……而在落下了第一次雪以后，我不再想起你。

其实你还在那里。

……然而你宁愿擦边而过，不留痕迹。

……这一次你是明亮的，更白，更灰，更蓝……你是一片光辉，鲜活而不刺目，纯净而不孤高……像一块丝绸，随意地展开和卷起。你像一支乐队，所有的提琴一起颤抖不已。你像一个梦境，愈是要清清楚楚地审视你，你就愈是晃动迷离……满眼都是泪迹，却不承认自己有任何的心曲。

你仍然无语。

你的迷人恰恰在于你的无语。

……无语而又亲切谦和，默默地温柔，静静地倾听，微微地颔首，怅怅地回忆，轻轻地飘摇、拥抱、合而为一。

……丝毫也不理会哪怕是沉迷爱恋的吟咏，哪怕是谬托知己的盟誓，哪怕是英勇豪迈的冲浪表演，哪怕是死而复生的荒唐与离奇……更不要说误解和抱怨，挑战和冲击，叽叽喳喳，喳喳叽叽……

我又是你的了。经过了一段糊涂，经过了一段穷忙，经过了一段耽于耍戏。

然后是一片迷蒙，一片无垠的往事，一片永远的耐性……几行渐渐老去的文字：对于你……的皈依，对于你的博大、沉着、静穆和随意的永远达不到的向往，也就是永远克服不了的距离。

这里充满了海，充满了一年四季，充满了王某，心情、斯时斯地、何时何地。也充满了掉文转句，对不起。

也有煞风景的感受。我数次坐海船。一九八九年八月底，我从烟台坐头等舱海船到天津新港，那是我部长任上最后一次行旅。我往四面看，看到了无遮拦的大海，由于没有参照物，海反而不显大了，圆圆的海，活像一张炊饼。

此后，济南的朋友送给过我山东武大郎牌炊饼，很脆，很香。

到夏天去，到海滨去，到浪涛里去，这里也有一种逃脱和回归。我太忙了，不是说时间表日程而是说心力与头脑。我没有童年。我十四岁时已经是中国共产党员。我入世极深。我懂得也必须懂得，敌我友人，上级下级，党内党外，国际国内，纵横捭阖，前进后退，虚实曲直，无极太极，欲擒故纵，先予后取。我还那么没竭没完地热情于文学，我无时不在感思、构思、飞翔、罢笔、延伸、遐想、推敲、叹息、会心而笑、转身而泣……我多么需要有那么一个时期，有那么一个盛夏的节日，穿着T恤、短裤，赤条条换好泳装，在阳光中，在沙滩上，在大海里，在海蜇海草与小鱼的包围之中，徜徉、漂荡、浮游、乘风破浪、弄潮前行，如一条笨鱼，如一截木桩，如舟如葫芦如泡沫也如神仙，仰望蓝天晴日，近观波浪翻腾，承接清风骤雨，倾听潮头拍岸，无宠辱，无得失，无上下，无左右，无成败，无贫富，无真伪，无正误。无山头，只有浪头，无圈子，只有波纹，无咋呼，只有呐喊低吟，无装腔作势，只有起落自然，无谋划，只有随遇而安，无区分，你就是海，你就是沙，你就是鱼，你就是风，你就是一个快乐的大傻瓜！人生在世不称意，明朝散发弄扁舟。人生在世随它便，今朝束发（以便戴泳帽）如鱼游！

王蒙是蝴蝶，您老还当真以捕蝶人自居，还著文宣布过捉住蝶了呢。王蒙是隐形炸弹。王蒙是永远的少共。王蒙是招了安的宋江。王蒙是过于聪明的中国作家。王蒙是意识流食洋不化。还有一位学界大人物梦眼惺忪地说王蒙的作品像香港人写的，也不怕香港人吓死。我再给你等补充一条，王蒙前世是一条傻鲇鱼，鲇鱼炖茄子，撑死老爷子！

没有比在水里尤其是在深海里更本真的了，你只穿一条小小的紧臀的泳裤，你戴一顶紧头的泳帽，你不论有多少伙伴、救护、保镖，最后还得靠你自己划水蹬水抬头低头转身呼吸，你的丑陋的或者不完全丑陋的身体暴露在光天化日之下，你的衰弱的或者不完全衰弱的四肢运动在波浪之中，你的糊涂的或者不完全糊涂的头脑将要接受风浪的考验。你承认，你不过是你自己。

而且最最动人心弦的、最最引人入胜的是在深海里那种与死神共舞的感觉。什么是生命，生命就是与死同行。什么是万有，万有就是与无同在。许多朋友与子女劝告我，你已经老大不小，你已经今非昔比，何必去深海呢？就在靠近浅水区的地方来回穿梭地游不就行了吗？你照样可以游八百或者一千两千米嘛。然而不行，感觉不行。

一九八五年夏。从青岛我们又到了烟台。这一天下着小雨，刮着三四级的风，下午我打算去黄海明珠浴场游泳。本来我的秘书王安是会陪我去的，他是新疆作家王玉胡的儿子。他的游泳体力与技术极佳，有一阵他每天游个至少两三千米。但这一天他闹肚子，他没有去，我打了个的独自去黄海明珠。这次我当真遇了险。我一边游一边默默地数数，一般游一个蛙式的动作前进一米，我游得很慢。我往深海处已经游了近六百米了，我开始往回仰泳，又游了差不多五六百米了，我以为快回岸边了，一回头，天啊，我到了那颗大球代表的"明珠"下边来了，那里离真正的岸边还有四五百米，而"大球"那边，栈桥壁是直上直下的，水底通通是尖利可怕的残破的贝壳片，你一碰，就会如利刃一般把你割个鲜血淌流。风雨越来越大了，浪头渐猛，大海像沸腾着的开水锅。我想到，我王某就完结在这里了，我想起了聂耳，我的头皮一阵发麻，我的全身一阵痉挛，我的后背上扎进了无数小针……

我把这样的经验用到了小说《青狐》的第二十三章里，复旦大学出版社编选的《蝴蝶为什么美丽》（副题是《王蒙五十年创作精读》）中，特别选了这一段。

  ……尤其是当把头埋到水里呼气的时候，越是往下看往水深处看越是感觉到那种不可测的令人毛骨悚然的漆黑……静谧不是因为没有声音，而是因为清清楚楚地听到了每一响水波、海涛、风和浪花，听到了……自身划水、蹬水、吐气、吹动水花和吸气的声音……也听到了大海的呼吸，大海的轻鼾，大海的梦话，风儿的摇篮曲……

  可怕的是后来风渐大了，海有点急躁了，风有点憋闷了。浪花起伏与成灭的溅溅声、沙沙声、扑扑声超过了"我"划水与蹬水的声音。这种状况使小说里的"我"感到了自己的渺小。这渐行渐强而又节奏分明的声音反过来也激励了小说里的"我"的游水动作，浪花形成、推移、连接与破碎的声音像是交响乐团的指挥棒，"我"按照这个指挥棒的指挥手、腿、腰、头、脖子联合运动不已。

人生能有几次游？

……夜游者流下了泪。与海水相混合的，一样咸一样苦的眼泪。

……翻过身仰泳，仰望半个月亮与刚刚升起的一天星斗……波浪打湿了眼睛，水花反射和过滤过的月光星光千变万化……但见条条道道光线追逐、缠绕、摇摆、荡漾、旋转。用眼睛的余光看去，海面上也是道道片片点点银光如针如米、如花如火、如轮如绸缎。"我"的身体在这一片璀璨中起伏运动，徜徉逍遥，乌波万顷，身作轻舟，银团迸裂，神游河汉，沧海一粟，天地穹庐，年近半百，心犹炽烈。"我"要游远些再游远些，要永远与风浪鲸鲨为伍。"我"已经变成了一条大鱼。"我"的身上已经长出了鳞甲。"我"已经变成了一朵浪花。"我"的思念已经粉碎为无数的光斑……飘飘悠悠，浮浮游游，独自面对着天海，独自面对着星月。"我"感到了一种肃穆，却又轻松。"我"感到了一种虚无，却又庄严。去矣归矣，消散于疾风星月中矣。"我"不回来了，大海是"我"的永远的家园，永远的归宿！

……世事如海，你可有一次尽兴的畅游？

……在海中遇到了涡流，豪情无限的"我"终于决定回游，"我"调整好自己缓缓向岸边游去。游了一段以后，略感疲劳，便再改成仰泳……如此这般，"我"接近于精疲力竭了，估计也快到了岸边了，"我"改作蛙泳并且抬起头来。

不好！"我"一抬头看到的是作为航船的标志的一个圆球形浮标，这个浮标离海岸很远，平时如果不是天气特别晴朗，在岸上用肉眼是看不到的。现在，这个圆球离"我"是那么近，球变得那么巨大、明亮，发出类似荧光的青光。休矣！大圆球是一个恐怖的符号，是歧路和死亡的标志。"我"的生命中还从来没有出现过这样的标志，浑圆、静默、严密，没有缝隙也没有端倪，无始无终无边无缘，这边与那边并无任何区别。圆球像是一声凄厉的不谐和音，令"我"心头吃紧：谁想得到"我"仰泳时游偏了方向，"我"在水里绕了一个大圈，"我"仰泳了一个小时，不是离岸近了而是更加遥远了。

略略一转头，"我"看到的是已经落向海面的半个月亮，月亮和海水的反光令"我"睁不开眼。

已经过了几个小时了呢？"我"亲眼看到了半个月亮爬上来再落下去。

一阵痉挛传遍了全身，"我"想起了聂耳，《中华人民共和国国歌》的作曲者在日本海游泳时不幸出了事。"我"想起了麦尔维尔的《白鲸》与杰克·伦敦的《海狼》，浪漫的想象与浑身的痉挛浑身的"小米"。"圆球"的态势十分危险……就这样再见了，呵，能够把自己的心情告诉谁去？大海也是有生命有意志的吧？也许大海需要"我"？天空也有意志有心情？也许天空等待着"我"？长风也许有自己的安排自己的喜怒？也许长风要带走"我"？从此以后，"我"的小说就是海涛，就是波浪，就是星月，就是夜风，就是鱼虾龟贝……然而"我"的生命，"我"的感觉，"我"的痛苦，"我"的常常像弄错了型号一样总是对不上口对不上（螺丝）"扣"的命运啊，你就注定了这样销声匿迹吗？伟大的造物主，我的老天爷，为什么又是"我"轮到了这个路径，获得了这个密码，抓到了这张"大鬼"……

也许游泳的最大的魅力就是它的危险？它是生的证明，也是死的威胁。它让你快乐自由地面对你必须面对的而不是、也许恰恰就是，也是你被裹挟着非面对不可的——死亡的危险。

王蒙是一个游泳者。王蒙是写作者、工作者、言者、唱歌与听歌者，尤其是一个傻游泳者。王蒙的一生分为几个阶段，二十世纪五十年代是初学游泳，积极学，但游不好。五十年代末到七十年代末是不便但未放弃游泳，包括在砖窑旁取土的大坑里游，从悬崖上往下跳。七十年代末是畅游却终于顾不上游泳。八十年代末到今则是舒畅的鱼儿一般。我爱过了也爱着。我写过了，还写着。我做过了也还做一点。我看过了，听过了，还在看着、听着、感动着、流着泪而且大笑着。我游过了而且游着。我爱在海里游泳，我是大海里惊涛骇浪里的一条小鱼。

同时我是一个最最普通的生活者。我的第一爱好是写作。第二是学说读写其他语种的语言。第三爱好是游泳。第四爱好是唱歌听歌听音乐。第五是睡觉，我是睡眠爱好者。第六是读书。第七是登山与散步。第八是与少年儿童包括自己的儿孙一起游玩。第九是做饭特别是熬杂豆粥与烤饼、拉面条。第十是看电视。第十一是电脑上网。第十二是浇花种树移树苗嫁接树苗。第十三是操作家用电器。第十四是打乒乓球与打保龄球。第十五是逛公园。第十六是讲演，特别是当众回答不好回答的挑战性的问题……

我说的不合逻辑。我把很大的事业——对于我来说——写作、讲演、回答难题与日常生活的吃喝拉撒睡并列，自然不妥。排序带有随意性，颠倒一下未尝不可。这只是一个写作修辞的方法而已。一二三四，第一第二第三，说起来顺口也包含着搞笑的意图。

把睡觉说成爱好，不知道算不算我的胡来。如《半生多事》中所述，我十三四岁就有了失眠的经验，我乃认定失眠是人生最大痛苦之一，乃至痛苦之最。认定睡得好是健康与幸福的源泉。我戏称悠悠万事，唯睡为大。我说"睡眠可以冲击其他"。我与芳至今保持每天睡足七小时以上，在床上静卧八个半小时以上的指标。我并非没有负面的情绪，没有沮丧、窝心、失望、无奈与愁眉苦脸，但是只要睡好了，睡后的情绪就会大大好于睡前，好睡后的自恃、洒脱、超拔与大度大大优于睡前。身体方面的某些不适也常靠认真睡一觉来调整。我的经验是，"睡补"好于食补药补。

有一次谈起对睡眠的重视与爱好，一位外国朋友建议我写一本关于睡眠的书，按我说的，内容应包括随时入睡法、延长睡眠法、顶风入睡法、睡眠治疗法……他说全世界尤其是西方发达国家有太多的人苦于失眠，如果我此书写好了，定能在全世界畅销，能获得巨大的社会、人道与经济效益。

一方面是嗜睡，一方面是抓紧时间，分秒皆争，追求效率，追求优选法，力求单位时间的最大利用率，同时毫不迟疑地拒绝一切不适宜我的活动。游泳，到了就游，游完就走，绝不拖延。购物，直奔主题，目不旁视。订好约会，绝不迟延。我其实脾气相当急，芳说我经常是"催人泪下"。就是说我爱催促旁人，为此得罪过不少人，包括在新疆"五七干校"当炊事班副班长时和当部长时。出门也好，出国访问也好，我尽量

"合并任务"，一上午可以去四个地方办六件事。我喜欢别人对我的一个评价：什么都不耽误。活也干了，玩也玩了，书也写了，国也出了，该当的都当过了，该见的都见过了，该去的都去过了……

我最反对的是一味加班加点。我最高兴的是效率与节奏。

我喜欢喝牛奶和酸奶。喜欢吃黏的糯的甜食。喜欢吃豆类，可能是由于小时候家里没钱，我又教条，相信豆类食品是物美价廉的好东西。我喜欢煮掺杂了绿豆小豆芸豆花豆大麦高粱糯米大黄米小米薏仁米与莲子红枣特别是出产于西北山区的蕨麻的"万物皆备于我"的稀粥。

我喜欢摆弄烧煤的炉火，生火，催火（包括用嘴代替风箱吹风加氧），封火。后来我喜欢掌握微波炉、电烤箱、烤面包片机、意大利式咖啡壶与法式咖啡过滤杯。年轻时也喜欢饮酒，后来身体不行了，喝起来也索然无味。我喜欢和孩子孙子瞎逗着玩。我喜欢说笑话，有时显然是过多。后来找了麻烦的四次作代会闭幕词中，我强调团结的同时，不忘记说两句哏词儿："作家整作家，一整一个大马趴。"

我一度热心于每天自己磨豆浆。为此艺术研究院的党委书记刘颖南送给我一个小罗，小罗上写着两行字："挤压成正果，漏网是精华。"联不算完全工稳，但是思路实在有趣，怎么会想出这样的句子？这适合于磨豆浆，也适用于磨咖啡与煮法式咖啡。

直到二〇〇七年了，我有时候还在家参加新疆式的拉面即抻面的制作。我们有时做的面条过于粗壮，粗于手指，但仍然比切面轧面好吃，有劲儿。

所以我是王蒙。

22.浮槎四海

孔子云，道不行，乘桴浮于海。真正无道的情况下，浮槎出游恐怕难以实现，至少是改革开放之道在实行，吾人才好浮槎四海。

这段期间我可真走了不少地方。一九九一年新加坡。一九九二年澳大利亚。一九九三年，新加坡、马来西亚、美国，以及台湾地区。一九九四年，美国、日本。一九九五年加拿大、美国、韩国。一九九六年中国香港地区，英国、德国、奥地利。一九九七年，中国澳门地区，马来西亚、新加坡。一九九八年，美国、挪威、瑞典，中国香港和澳门地区。一九九九年，西班牙、法国、德国、奥地利、韩国、意大利。二〇〇〇年后则有挪威、爱尔兰、瑞士、新加坡、美国、墨西哥、印度、日本、韩国、不丹、尼泊尔、毛里求斯、南非、喀麦隆、突尼斯、法国、埃及、荷兰、瑞典、菲律宾、印度尼西亚、越南、伊朗、俄罗斯、英国、乌克兰、爱沙尼亚、立陶宛、捷克、斯洛伐克等国家和地区。

在这些国家和地区，我已经看到了一九八〇年首次访问美国时诗人秦松所幻想的全世界到处都有华人旅游的情景。例如加拿大，华人真多。在温哥华，来自大陆、台湾和香港的人三一三剩一，对加国此城的发展作出了巨大的贡献。在这里可以喝到粤式早茶。临近的维多利亚港是鲜花与海浪的城市。在爱民顿，我得以与梁丽芳等当代中国文学专家交流切磋。在萨斯喀彻温省的首府里贾纳，我们与一心向着祖国的谢教授见面，得知这里的小麦生产得益于向中国出口很大，这里的居民极其"亲华"，绝对不允许任何人对中国说三道四。可惜此后不久，谢教授因车祸罹难。我在这里买了不少服装：两身西装、三件皮夹克，本来说是离境时可以退税，结果手续繁杂，退税成了空话。我的国际旅行经验是，只有北欧国家退税方便。里贾纳是一个冬季极其寒冷的城市，购物中心连同通向它的地下道路，都置于室内可调温的环境。国家图书馆名誉馆长任继愈教授的女儿在这里做博士生，她研究梵语佛经中的诗篇。我们给带去了老父对她的关怀。她给我们做的白菜粉条烧肉，令人觉得如在北京。

从蒙特利尔，我们坐大巴去加国首都渥太华，一路上欣赏着白桦林。我与加外交部主管中国事务的官员共进晚餐，广泛交谈，气氛融洽。最后顺访美国：纽约和康州。美国的入境手续竟是在加国的国际机场办理。

在温哥华我见到了滞留美洲的古华。我觉得古华写得好的是《爬满青藤的木屋》。《芙蓉镇》的影响很大，其中写到"文革"开始后由于恐惧使亲人反目一点是有震撼力的，但影片后边写到那一男一女两个投机分子类三种人王秋赦与李国香的时候，专门写众人怎样抓奸，怎样撤走了王秋赦偷情用的梯子，这个水准与趣味实在太低太土太前现代。古华在外边靠写作迎合性的相当不堪的通俗读物为生，买了房子和车子。如果他留在湖南，恐怕会多搞几年文学的。其实中国内地的作家也多有购买房子和车子者，有的还有田园，有的开着宝马。他的样子是富有乡土气息的，我还记得当年在北京开一次座谈会的时候，他发言说愿为中国的现代化略尽绵薄。他选择了移民，叫人好生纳闷。一个人的乡土气息泥土气息越浓，越容易受到洋荤洋五光十色的吸引，不知有没有这个成分。

在加拿大，我还会见了当地一位华人二级部长，外交部下面还有一个部，叫作亚洲及太平洋部的吧。他很年轻，原是大陆留学生，一九八九那年是热心学运的，后来无果，他改为热心于与中国做生意。后来当了二级部长，加拿大用人倒是真放得开。

他说，他参加加拿大政治活动的经验证明，两国的政治生活的距离并不像想象的那么大，有许多可以互相借鉴的地方。关键在于程序，他认为中国的许多事情程序需要完善。我没有完全理解他的意思，但又似乎不无启发。

在蒙特利尔。我参加了大学的欢迎会，全部讲法语，蒙市属于魁北克省。兴趣与程序都显得如此古典与庄严。后来我与法国友人说起来，法国朋友说，那边用的是古老的法语。说同一种语言的人们，分手后，各自发展各自的语言，只有最古老的部分，先于他们的部分，保持着共同性。

一九九六年的出访一个接着一个，先是春季到香港中文大学作一个月的研究交流，同时在港做了去德国和英国的签证。这次也与一九九四年的在纽约做去日本的签证类似，在出发赴港前夕，我的赴英、德的国内方面的手续刚刚办下来，就是说此行已获国务院的批准。时间太少，无法在京办理有关使馆的签证，我把护照带到香港，在我驻港新华社有关同志的关心下，由我外交部驻港签证处协助到英、德驻港领馆签，都顺利完成。走到哪里，不论中外，帮忙的人太多太多，这是我不能不感谢多方的。

回到北京，时隔两天就出发去伦敦了。是由英中文化中心与苏格兰中国友好协会邀请的。在伦敦作了一次讲演，玛格丽特·德拉宝主持。会后格林主任在一家匈牙利馆子宴请，二〇〇七年终获诺贝尔文学奖的、早在意大利就结识了、后来又在伦敦与北京多次见面的朵丽丝·莱辛也来了。格林本来还要请拉什迪，没有找到。我们在一所精致古雅的匈牙利餐馆用餐，玻璃窗与灯光都是五颜六色的艺术品。

后来我们与苏格兰中国友好协会会长秦乃瑞教授与夫人陈小滢一起去了苏格兰高原。高原湖泊之美如梦如画。我看到了湖边的天鹅，早在《夜的眼》里写雷哈尔的音乐的时候我写到过的。火车之后是汽车。我们经过一个小小的礼品商店。我们与店主闲聊，他告诉我们，他的小店从经济上看是没有什么意义的，但是不开这个店他也没有什么事情做，而且他雇有一名工人，如果他的店关张，此一人就只能失业，所以他宁愿开店，还能与过往的游客有所接触。这种营商的心态堪称超脱自在，万不可以为资本主义制度下的百姓都是掉到钱眼里的。

英国是早早"走向世界"了的"日不落帝国"，但是苏格兰同时又是在民族文化上十分保守即注意保护自己的特点的。男人穿裙子；风笛，风笛很奇特，是向空气袋里吹气，再用这气奏响管乐器；苏格兰威士忌；特殊的大方格呢；吃羊杂碎；等等。

苏格兰高原上有一个著名的维多利亚山谷，是由于维多利亚女皇喜欢那里的风景而得名，那里确实风景如画：如西洋画而不是国画。西画与国画的区别似乎不仅仅是作画颜料、画布或纸张与技法问题，是不是双方的绘画的取材，双方的大自然也有了区别呢？看到中国的山河与植被，看到石头、松树、山岭，我联想到的确实是国画，而西方的树木也显然更入西画，我闹不大清。

我到剑桥大学作了一次演讲。这次的经历很难忘。

剑桥是一个小镇，在细雨中若有若无，如灰如绿……不高不大不新的房子，不宽不大不拥挤的道路……好像和这阴霾的天气与寒冷的春天一道，打老年间就是这个样子。

……贵宾馆在另一所古老的楼房里，木板楼梯窄狭弯曲，走在上面吱吱扭扭……打开一扇厚重的门，是一个黝黯的小过厅，按动墙上的电门，高高地亮起了昏黄的灯。再用那笨重的铜钥匙开开房门……褐黑色调，古朴的大写字台曲背软椅式样老旧的硬背沙发，墙上悬挂着一张带镜框的风景水彩画，更多的则是空白……

就在这个时候钟声响了。教堂的钟声悠远肃穆，像是来自苍穹，去向大海。我一时停在了那里，等待着，倾听着，安静着。

首先由书院院长带领做祈祷，然后进餐。服务人员也都有一把年纪。主人解释说，由于"疯牛症"的威胁，今天没有牛肉可吃，改吃羊肉。其实头三天我已经吃过牛肉了，如果该染上，恐怕本人已经是潜在的疯牛症患者了……一切陶冶性情的程序认真完成，并没有用多少时间……难得的是这种数百年不更易的坚持。这与其说是吃饭不如说是吃饭的仪式，也许真是一种展现和怀念剑桥以及整个英国的历史、保持和（为什么不呢？）炫耀剑桥及英国的光荣传统的典礼……一些人饭后很可能有约去进行另一顿晚餐……历史的必须之后肯定还有现实的快乐。当然，这种保守的庄严与珍惜的认真劲儿也令人感动……什么时候我们中国也有这种古色古香的演示与咀嚼呢？

……雨后的绿草如油，映衬于四面的苍茫的建筑，显现出一种生命的滋润与新鲜。我看到了我们下榻的那间房屋的窗子，也看到了房后的教堂尖顶十字架。我想起了幼年时读过的有关欧洲的一切……我假定绿草坪是欧洲的一道经久不移的风景……我的感动是一种不胜其美不胜其静，不胜其古老，不胜其空空如也，不胜其平凡而又妩媚的风格的感觉。按照徐志摩的描写，也许这里是应该有几条牛的，但我也没有注意到牛。我说没有注意到，是因为我是如此地融化于这剑河边的草地的静谧之美……

天也就这样黑下来了。楼里照旧杳无人迹。绝了。今夕何夕，此地何地？虽说已是五月下旬，阴雨天仍然寒冷。好在房间里的暖气可以调节，拧一拧螺旋开关，发出咔咔的响动，一股子温暖就过来了。洗洗脸，用电壶坐开水沏上一杯红茶……书柜里码着的都是棕色皮面的精装旧书。时光似乎倒退回去了不少，我们与世界也两相遗忘，一种少有的随意与松弛抚慰着我们的心。

这时钟声又清纯亮丽地响了起来。满屋都是钟声，满身都是钟响。咚咚当当，颤颤悠悠，铺天盖地，渐行渐远，铿锵的铜声与一波未平一波又起的嗡嗡余韵互为映衬，组成了晚钟的叠层堂室。我们放下手中书，我们谛听着饱含着爱恋与关怀、雍容与悲戚的钟声。我们的心我们的身随着这钟声而颤抖而飞翔而化解。我重又浸沉到那种……爱不自胜愧不自胜的心情中……

这是我写得比较好的散文之一。在一个与我们太不同的地方，得到了太不同的心情，感受，记忆，梦。你是你自己，你又有可能体验世界的其他角落的一切；你是中国人，当然，绝对的，同时你又有可能为英国与欧洲，为剑桥与苏格兰高原，为它们的古色古香的历史积淀而倾心，而感动得没有办法。

在英国我再次看了原版的音乐剧《猫》，伦敦是《猫》的出生地。看此剧时碰到了我国的舞蹈家贾作光。观看演出前演出团体的老板请我吃了饭，又在这个疯牛症肆虐期吃了一回牛肉。老板对于把《猫》推向中国，很感兴趣。若干年后，此剧果然来到了北京、上海，堂而皇之地上演。

邀请我们访英的陈小滢是曾被鲁迅痛批的陈西滢与作家凌叔华的女儿。凌叔华曾在英国居留，回国受到周恩来总理的接见。后来她落叶归根，回到北京。二十世纪九十年代初她病逝于京，我参加过她的遗体告别仪式。不论是陈小滢还是秦乃瑞，都对中国抱有极大的认同。

从英国的希思罗机场飞往德国的科隆/波恩。机场的德国边防很费了一番脑筋，他们习以为常的是中国客人自法兰克福空港入境，一位女官员见到了我们的护照竟不知道该怎么样好，找来了另一位资深一点的工作人员，与我交谈了几句放行。

这次赴德是由于海因里希·伯尔（Heinrich Böll，1917—1985）遗产管委会的邀请。先是伯尔基金会邀请，被我方某机构认为不宜，因该基金会的政治倾向有某些问题。后改由伯尔的家属组成的管委会邀请，才成行的。原来想邀我来写作六个月，我说六个月恐怕不行，六个星期吧，乃改成了六周。

海因里希·伯尔是德意志联邦共和国小说家，诺贝尔文学奖得主。他1939年应征入伍，直至第二次世界大战结束回来。他负过伤，当过俘虏，对侵略战争深恶痛绝。

最早传到中国来的是他的小说与电影《丧失名誉的卡特琳娜·布鲁姆》，也属于"反面教材"，我是在"文革"中接触到的。此小说骂西方的传媒。后来我读过他的《女士及众生相》，写一个普通女人在战乱与动荡中的不幸。书中一上来写女士对于孤儿院孩子们的大便的认真研究与保存档案，很有德国人的特点。龙应台就写过，德国的标准马桶，都留下了一个"平台"，让你的大便先停留在那里，供便主分析研究后再冲走。在中国的小说中，我写到大便就算是多的了，为此还受到过朱寨老师的善意劝诫。人们也常常引用鲁迅的话，意思是你不能欣赏大便、不能画毛毛虫之类。关于大便与文艺的问题，"大跃进"中更有绝的，《人民日报》副刊上曾经登过这样的文章，说是由于阶级感情的变化，过去以为大便是不能欣赏的，后来知道作为有机肥料，它是值得欣赏的。后来有另一文章出来，说是太过分啦。

伯尔对于西方社会有极火辣的批判，对于环境，对于道德，对于文化，他都极其关注。他的存在与获奖肯定有一种道德的冲击力。他被某些人包括我国的同胞，视为知识分子的一个典范。我常常在阅读张炜的时候想起伯尔。张的小说有一种对于地上的众生作道德审判的使命感。苏联作家索尔仁尼琴被逐后，头一个得到的也是伯尔的接待。

一九八五年我与一大批作家访德参加西柏林地平线艺术节时，访问日程中本来有到伯尔家中做客，而且他提出由于住房面积有限，我们只能去四五个人。为此我们还需要在团里"做些工作"。临到了波恩，他的病情恶化了，他的儿子、画家伯尔来到住地向我们致歉。待我们回国后，我特别致电祝愿他早日恢复健康。不久，他去世了，我也致电表示哀悼。想不到的是一九九六年到他的别墅住了六周。

我们住在离科隆一小时驾驶距离的朗根布鲁赫村的伯尔别墅中。略刷清漆的原木地板、天花板、墙与窗。果然，这里的马桶就是设有回视与研究的平台的。

我用的这一套房子共三层，一层是厨房饭厅与卫生间浴室，二层是住房，三层阁楼是书房。几株月季，当地同样被称为"玫瑰"的，攀缘到了阁楼的窗口。我带着一个 AST 笔记本电脑，在这里写"季节"。我很喜欢这里的电暖气，开关与调节温度都很方便。一楼与二楼的木制百叶窗很坚固也很严密，调节好了，室内一片漆黑。户外是一大片草地，几株高大的樱桃树，结出果实红里透紫，紫里透黑，黑里透亮，个儿也大。欧洲欧洲，不但人高马大，樱桃也如海棠般大小。

草地上有一匹马，老马无事，徘徊与闲吃草而已，有些无精打采。周围都是农田，最多的是菜籽，正逢花开，一片金黄。

我在这里参加了两次德语学习班，学会了拨电话用德语叫出租汽车，到杜林市。也有时候是步行到近一点的小镇购物，提着塑料包回程时刻，不少驾车的农民主动停车邀请我们搭乘。这一种文明与善意，不能不令人感动。

在科隆，画家伯尔特别带我走了半天，边走边讲他的父亲的生活故事，在哪边活动、在哪个教堂做礼拜、在哪里生活……

在朗根布鲁赫，我听到一个有趣的故事。伯尔获诺奖后，时任西德总理的科尔先生前来拜访祝贺。伯尔对西德的政治权力虽然批判得狠，还是以礼接待。伯尔在朗村村口树立了一块牌子，上写"朗根布鲁赫·自由邦"。按德国规矩，每个行政区划单位挂牌，必须说明其隶属关系，朗村的牌子，应有属杜林市管辖字样。有关人员与伯尔商议，挂自由邦的牌子是不合法的，会引起麻烦，不如暂时摘掉，等科尔总理拜访完走掉，再挂。后来就是这样办的。素以认真、"一根筋"著名的德国人，也有这种中华式的权宜对付之计，令人一粲。

这同时也说明，变通与妥协总是常常出现的。

在德期间，出于老大使魏克德的关心与建议，德联邦共和国外交部新闻局专门招待我们旅行一周，我们提出愿到原东德的一些地方看看。我们到了海德堡、魏玛、德里斯顿与柏林，我专门到原东德的洪堡大学讲了演。那也是二十世纪五十年代授予周恩来名誉博士学位的地方。在那里，我见到了舒婷。到处都有中国人中国同行了。

洪堡大学的汉学家们有一些名言，说的是东部一些人对于"统一"的反应。第一，他们说，西边的人现在对他们进行殖民统治。学校领导，都是西边来的，把原来的教学方针基本否定。例如洪堡的汉学系，原来是要培养中文翻译的，但是来自西德的领导，立即把翻译的任务取消，而只搞研究学问。再有，他们很精彩地说，在东德，你可以骂老板，但是不可以骂总书记昂纳克，现在，你可以骂总理科尔，但是你不可以骂老板，因为现在的老板有炒你的鱿鱼的权力，而民主德国时期没有。这就是资本主义的民主与社会主义的民主的区别。

我在国外的经验也是重要的，对许多事情的看法，我有时与众不同，除了独树一帜的自我表现的因素之外，和我的二十年的挫折经验有关，和我在新疆农村的经验有关，也和我周游列国的经验有关。有太多的知识界朋友，既不切实际，又心胸狭隘、孤陋寡闻、眼光短浅，看什么都是想当然，还听不进任何不同的说法……对不起，我说的不一定是你。

有人说我写了许多游记，我一怔，我不认为我写的仅仅是游记，就和不能将中国的开放仅仅说成招揽游客与外资一样。脑子里有没有世界，经验里有没有世界，胸怀里有没有世界，见闻与知识里有没有世界，你能不能进入世界，你能不能让世界进入你的头脑与心思，你能不能面向世界、理解世界、参照世界，这可不是玩的，这是一个事关真伪正误的，我要说是生死攸关的大问题。让我们回忆一下国人对于世界的认识与接触过程吧，够得上说是惨烈、曲折、艰难。

这里废除了死刑。这里不再那么重视边界。这里并不出产最先进的武器，但是出产最热门的思想和艺术。这里出产了那么有名的疯子和天才、酒吧和餐馆、鲜花和美食。这里休息享乐特别是性放纵——也有人认定，这里的性观念是全世界最先进的观念——似乎比工作还重要。这里的午夜比白天热闹。这里有一种懒洋洋的气息。以至于一九九六年德国的科尔总理号召他们的人民要像中国人日本人韩国人那样工作。也有国人与欧洲人谈起这个问题认为科尔的号召是不可能有效的，原因就在于，人为什么一定要苦苦工作、苦苦奋斗？人生为什么不能放松一些？如果中国人的生存有欧洲人那种条件，我们会不会也放松一些或更多呢？

于是，这里的人有时候会用毫不腰疼地站着说话的方式谈论中国，也会提出"何不食肉糜"之类的清高伟大的疑问。

当然，也有伟大的理解、尊重与善意。例如，一九九七年，法国总统希拉克访华时，在原绒线胡同四川饭店旧址的"中国会"宴请了一些在京的知识界人士，法方有画家赵无极在场，中方我是主宾，还有陈凯歌、三联书店老总董秀玉等。在这次宴会上，我听到希拉克用极其正面的语言谈中国文化的不以个人为本位，而以家国集体为出发点的价值理念。

而中国对于欧洲呢？我们拿来了马克思，使他中国化了。我们一边倒、学苏联、以俄为师，然后跟他们打起来了。我们这里也时兴福柯、海德格尔与法兰克福学派了。但是我们这里没有几个人敢于正视与分析福柯的性经验史。我们还有人提出要学瑞典了。还有对于苏联与东欧的事变的各种针锋相对的说法。如此这般，都带着中国式的遥远、粗疏、简明、皮相照搬、一厢情愿、望文生义……近十几年更多的还是学了美国，从美式英语发音到麦当劳，意大利比萨也是美式的经营与口味。至于苏联，我们与苏联的关系曾经恶化到那般地步，而当曾被我们批评为"社会帝国主义"的、"新沙皇"的苏联瓦解的时候，我们曾经感到了巨大的失落。

在德期间我还与友人利用周末游历了荷兰、比利时。我连护照都忘了带了，但是毫无问题。在这里，国家与疆界的概念与别处必然有所不同。用欧盟的观念处理别的地域的事，或者用别的地域的标准去判断欧洲，都是犯糊涂，如果不是别有用心的迎合或出卖的话。

在荷兰，我到了女儿学习过的海牙，我很喜欢那里开阔的海滨疗养地。英语发音将海牙读作"黑格"，而德语与荷兰语发音是"拖哈克"，太妙了。荷兰是西方中的西方，自由主义中的自由主义，比如吸毒，比如卖淫，比如同性恋，比如安乐死，比如堕胎，这些都是能让美国人都吓得嗷嗷叫的。更不要说咱们的同胞了。

在德国有一位朋友是来自台湾的热情的女性，她正在和她的德国丈夫打离婚。她的丈夫是汉学家。她对我说："王蒙，你知道什么叫魔鬼吗？就像我丈夫，他已经能读老庄了，把中国的权谋与德国人的冷酷无情结合起来，这就是魔鬼了！"

她的儿子和我谈过，在德国绝少看到一个成年男子流眼泪，他无法理解东方影片上男人流泪的场面。

同样她的儿子看到中国人在停车场不遵守规则在单行线上逆行，吓得睁大了眼睛说不出话来。

在杜林市我看到过一条街道上的污物。当然我更喜爱他们的农贸市场，手摇的音乐箱演奏着人们熟悉的乐曲，其构造类似一个大的八音匣子。在杜林，即使是最大的购物中心，也只有个别售货员会讲英语。当我与德国知识界的朋友们谈起杜林的街道的不理想的卫生状况的时候，他们告诉我，"二战"前的德国才是最讲卫生的，现在，这方面放松些了，说明德国社会有了进步。我听得似懂非懂。

这次的德国之行适逢定居北欧的维吾尔族歌唱家迪丽拜尔在波恩演出。我们观看了她的《塞尔维亚的理发师》。我看到了她在准备新的演出之时手里拿着一大摞五线谱与文字材料，其厚度与重量绝对不比一个博士研究生准备论文所需要的阅读材料少。一次共吃日餐后，我们坐着我国使馆一等秘书李克新的车子回伯尔别墅，听德国足球队与捷克队的欧洲杯决赛的实况广播，车速开到了二百迈，迪丽拜尔叫了起来。

更激烈的其实是半决赛，德国对英国。有这么一说，说是德法世仇，其实德国人更不喜欢英国人。老年间在德国有一句俗话，大意是早晚拔开一个橡皮塞，干脆把英伦三岛冲到海里去算了。我在电视里看了德英比赛的实况，此次比赛的地点就在英国，英国是势在必得。双方打平。加时后仍然是平。然后点球大战。英国运动员罚进一个，动作夸张，兴奋若狂。德国运动员罚进一球，不动声色，果然"冷酷无情"。我对芳说："这样，赢的将是德国队。"果然。

第二天我与一位德国学者见面，我说，英国队败就败在他们太想赢了。这位德国学者说："你这是典型的中国式思维。你跟欧洲人讲，他们不一定听得懂。"

我在一位德国汉学家的公寓房里住了一个晚上，最大收获是读到二十世纪二十年代一位德国学者写的记载北京俚语的书籍。我考证出了"吃葡萄不吐葡萄皮儿"的原文是"您吃葡萄就吐葡萄皮儿，您不吃葡萄就不吐葡萄皮儿"。原文是合乎逻辑的。那么是侯宝林更改了它，使之荒诞化，彻底地文字游戏化。侯宝林也够另类的了。我也见到了"面茶锅里煮电灯泡——说你浑球儿你还有火""乡下人没见过樱桃——小杏（性）儿"这样的今已不多见的歇后语。

当中国发生了太多太快的变化因之使你找不到昨天，至少是找到了昨天也再没有前天的时候，也许在某个外国，关于中国的前天与大前天的记录，还静静地躺在那里。

到了一九九八年，我与芳访问瑞典的时候，我们有机会在迪丽拜尔位于马尔默市的寓所小住，我们一同乘双翼船从瑞典的马尔默到丹麦哥本哈根的国际机场。回想我也有过机会在陈佐湟在堪萨斯州的寓所逗留，想到更早——一九八五年——在德国听留学的石叔诚的钢琴演奏，我感到我确实是挺世界的啦，中国的艺术家走到哪里，我竟也走到了哪里。我够得着他们。同时我也常想，出生于新疆喀什的维吾尔女孩迪丽拜尔，在北京完成学业，在芬兰获奖，在瑞典长住，又经常回国唱唱看看，除了歌唱时要唱意大利文、德文、法文等外，生活主要靠汉语与英语。而陈佐湟的绅士风度令人增加了对于把伟大祖国建设成为一个文明国家的信心。世界与中国，个人与群体，谁也离不开谁。

23. 浮槎四海续

　　至于一九九八年的美国之行，是一次迟到了的安排。早在一九八六年一月，我在纽约参加过国际笔会年会后，到了康州的三一学院。三一，trinity，来自基督教的三位——圣父、圣子、圣灵——一体之说。三一学院的一位汉学家李文玺（Michael Lestz），是台湾背景的旅美诗人郑愁予的学生。一九八六年在他的安排下，我到三一学院作过一次讲演。一九九一年，李教授邀请我去该校作研究交流一段时期，未能办下手续，未成，他给我准备好的房子与汽车也闲置在那里。

　　到了一九九七年年底，他又从一个基金会搞到五万美元，作为接待我们一行的经费，邀请我去以 Presidential fellow（犹言校长职务的、校长级的人士）的身份访问一个学期。一九九八年年初，新年甫过，我与劳动身乘美西北航空公司的航班飞机直达底特律，转康州。由于预定航班机的取消，我在底特律机场多待了四个多小时，而且是在长途飞行十余小时以后。

　　所以后来当我国民航领导提出误点给乘客补偿时，我根本不认为是可行的。这样提出问题的结果增大了乘客与民航方面的矛盾。中国乘客的这种心理，不但在中国出事，而且发挥到了国外，造成了中国乘客动辄与航空公司对着干、闹矛盾的负面形象。

　　我到达康州首府哈特福德艾伦街十四号我的住所三十几个小时以后，时差还没有倒过来，第三天一大早，意大利国家电视台数码博物馆摄制组派的车自波士顿前来接我们。离开北京前，他们要求我向他们推荐中国典籍并发表讲话，录入博物馆。我推荐的是：

　　《诗经》《道德经》《论语》《孟子》《庄子》《楚辞》《史记》

《唐诗三百首》《苏辛词》《西厢记》《红楼梦》《孙中山文集》《鲁迅全集》《毛泽东选集》以及《中国哲学史新编》（冯友兰著，七卷本）。

推荐完，意方要找我采访与录制我的讲话，我说没有时间了，我即将赴美。意方说更好了，他们就先期派人到了波士顿等我。

如此这般，便有了一到美国就被接到波士顿去的一幕，而且最最巧的是，出租中巴的司机是乌兹别克人，服兵役期间曾在台湾"驻防"，他能讲点中文，可惜的是，他几代人生活在美国，反而讲不了乌兹别克语。他喜听爵士乐，而对我更喜听乡村音乐觉得不理解。他在路上告诉我，美国警察收入极丰，比大学教授高多了，倒是没有听说过美国闹倒挂，他们的逻辑是谁工作危险性大，谁就应该多挣，所以消防队员的工资也极高。

我与芳被接到了波士顿希尔顿大酒店，然而，意方的工作人员全部在睡梦中，干等了两个小时，乌兹别克司机烦了，才把他们叫醒。然后一合儿说是这样安排一合儿说是那样安排，他们的负责人笑容可掬，极其随和。一天就这样过去了，他们屡屡建议：我们先喝咖啡吧。最后明确次日再开始工作。

多么可爱的意大利人，包括节目主持人，一位美丽的褐色皮肤小姐和节目负责人，极其诚恳地不断地叫着我"Professor Wang Meng"，他们的发音是：王格闵格教授！

第二天搞得紧紧张张，与麻省理工学院的一位经济学家对谈，又讲了我对我所推荐的经典书籍的看法。我们签订了合同，一年后劳务报酬才到位，到位时由于汇率变化，折成美元已经贬了值。

我不知道意大利朋友的工作是否属于"慢热型"，他们竟然急急忙忙把刚刚从北京到来的我接到波士顿，喝了一天咖啡，看了一场电视节目中的《007》，第二天才进入情况，然后忙个不停，废寝忘食。

这次有趣的与意大利方面的合作，我还捅了一个小娄子，我们在艾伦街的住所上有一个温度控制阀门，我想我们去波士顿两天半，不需要耗费那么多能量，便把室温调到四五十度——在美国都是讲华氏，没想到的是我这个阀门同时管着一楼，是另一家在那里住，调得如此寒冷，令他们叫苦不迭。

这里我还想顺便说一下宗璞的父亲哲学家冯友兰。他以耄耋之年奋力完成了《中国哲学史新编》的写作，努力写出了七大部完整的、基本观点符合社会主义的意识形态要求，而材料翔实、见解深刻的，堪称经典的哲学史。他曾表示他所以要活着只为完成此书，书成后他尽可以撒手而去。他因"批林批孔"时受到毛主席的青睐，也跟着说过一些批林批孔的话，而被某些知识界同人乃至更多的知识分子所非议。别看中国的某些知识分子对于祖国与领导来说是"物美价廉，经久耐用"，对同人、同行却是睚眦必报，口下无德，同行冤家，绝不手软的。当然冯老也肯定会获得了自己的痛苦的经验教训。

我毅然将此书向意大利国家电视台数据博物馆推荐，当然首先是从学术价值出发，同时希望发出一个渺小的信息：希望中国的知识分子为"反党"的帽子而受了几十年罪之后，不要再为听过毛主席的有缺失的话而还要代领袖受过。

我在康州从长计议，办了银行开户，办了支票本，办了几种信用卡包括带照片的卡，办了学校的ID（身份）卡，办了有线数码电视与机顶盒，办了一些商店的会员卡。没有比这样更能学习英语与学习美国人的生活的了。

说是一学期，其实也就四个月，美国的大学假期甚长，有利于学生打工与调剂生活，但假期中教师是没有工资的，这么说，他们的教授的工资实在不算高，何况还有那么高的税。那时的他们的顶尖教授，月收入四千美元左右，一年九个月有工资，折合成十二个月的工资则仅三千美元或略多些，因为有时年底会发双薪，刨去所得税，每人的月收入也就两千美元上下。即使从绝对数量上说，他们的收入也低于国内香港与台湾地区，也低于新加坡，加上物价因素，也许不如大陆现今的某些顶尖人物——例如科学院院士。我们的院士年度津贴有十万元人民币，而且免税。

老师非常辛苦。三一学院是一个收费不菲的私立高校。美国是不讲尊师重道的，相反，这种私立高校，学生是出资方，老师才是劳方，老师极其紧张，如果老师讲得不好，被学生炒了鱿鱼，下一步就难免被校方炒掉。

在爱荷华，在哈佛，我都待过数月。此次最为独立。在爱荷华，是一个小集体活动。在哈佛时，我的老二王石在美，他指导我的许多事情，最重要的是办了SSN（社会安全号码），加上我的J-1即访问学者签证，我可以免税，可以办许多事，例如使用信用卡。美国的这个SSN，起的作用太大了，没有这个号，你是寸步难行尤其是难以收取讲演费、稿费等。同时通过这个号，官方很容易掌握你的财政收支、存款取款、旅行迁移、购物花销的信息。这既能掌握很大一部分经济活动的是否合法，又以钱财为纲，掌握你的一大批信息。

我在本校作过四次讲座，最后一次是用英语讲的，校长、教务长都参加了，会后校长宴请，上了龙虾。这里对于吃龙虾也不无兴奋。

平常我们有卡，可以免费在学校的三个师生食堂与一个教工食堂用餐。同时，我们也自己做一些中国口味的东西。有一次诗人郑愁予夫妇一同前来，给我们带来了澳大利亚出产的炮制好的密封软包装羊半只，放到我们的烤箱里烤，按规定要烤三个小时，我便建议切割成几块，烤了两个小时。喝酒缺少酒菜，郑太太"资深美人"梅芳从我们的冰箱里找出两根买自亚洲店的炸油条，拌上葱花，放点酱油，我们就喝起茅台来了。

此澳大利亚烤肉极棒，只是我们的房间连续十余日弥漫着浓鬖的清真型食物味道。

此期间我到耶鲁大学、哈佛大学费正清中心、匹兹堡大学、爱荷华大学、纽约州立大学，尤其是得州首府休斯敦的莱斯大学贝克学院等地与纽约华美协进社作过讲演与参加学术活动。我讲的内容偏于介绍中国大陆的"价值歧义"，主要是"新左派"的崛起与他们的论点引起的讨论。

冰心的外孙陈钢在这里的康州大学读经济管理，我们常有机会见面闲扯，听他的京腔，他说他时有收到威胁亚裔移民的电话。来自福建的作家冰凌住在不远的纽黑文，也在耶鲁大学所在地，我们也多有来往。那时他虽然很辛苦，仍然花费了大量时间精力财力从事全美华人作家协会的工作，接待来访的中国作家，建立中国作家之家，等等。我多次赴纽约也是借他的车载，得到他极好的照顾。这时候与近二十年前我首次访美的情况已经大不相同，有越来越多的来自中国大陆的各色人等生活在美国，有人取得了很好的成绩，除少数人外，大多并不喜欢那种一味地对于中国的妖魔化喧闹。例如那时有一个英语名字叫亨利·吴的人，他的有关中国的尖厉的声音就常常受到大陆背景的华人的抵制。他到爱荷华大学讲演，有人提出反驳，他就拿出照相机把对方照下来，扬言对方要吃官司。

在三一学院，我参加过欢迎一个乌兹别克音乐演奏小组成员的接待酒会。还有一个来自尼泊尔的喇嘛访问团。他们表演沙艺，用沙子做出亭台楼阁，花花世界，完成后一家伙把一切推倒，用以宣扬佛法，宣扬寂灭与空无。

此时正值克林顿总统的绯闻事件。从电视中每天都要看到十回二十回克林顿与莱温斯基拥抱的镜头。有一位加州女性还状告克在加州时对她进行过性骚扰。证据是她知道克身体某部分的特点。然后白宫医生宣布，总统的身体某部分并不具有那种特点。然后媒体讨论，白宫医生的证词不能作数，应该找更加独立的医师鉴定。呜呼，总统的老二也置于众目睽睽之下。而美国老百姓中，包括男男女女，不乏同情总统者。还有女性告诉我，她们认为那个状告骚扰的女人，根本不配。我校的男教师私下对我说，克是男人的骄傲和偶像，甚至说克是男人的上帝。《大块文章》中我已经讲到，此期间我与芳听过希拉里女士的讲演，她是谈儿童保育问题的，她说话干脆、决断、自信，也有相当的魄力和威严。听完希拉里的讲演，芳说，她有点同情克林顿了。

这一类的事，我们无法理解美国人，美国人也不理解我们。记得当年水门事件时，周总理就表示过，一个郑重的政治家，怎么可能去搅什么水门事件呢？至于绯闻事件，不但中国人理解不了，连欧洲也够呛。网上出现了大量的有关笑话、奇谈、发挥、解构，真是难得的机会，大家都趁机发泄一下素常不好出口的那点坏水。这更像是大众娱乐与娱乐大众。讲民主而反大众，那是不可思议的。大众化，在这里，另有一套法则。

（其实中国的大众化，包括革命理论革命文艺的大众化，既取得了感天动地的成绩，也付出了天晓得的代价。）

世界真奇妙，关上门咋知道？有美国朋友向我详细解释此事的重要性：美国人最重视的是在法官、检察官前的宣誓，宣誓有假，责任如天，整个美国的司法制度就是这样建立起来的。有视法庭证词为神圣重大的责任感、郑重感，才有无罪推定的原则与实践。问题在于克总统宣了誓，称他与莱无性关系。这里态度问题比事件本身严重一千倍。我大致听懂了。当然还有争议，再写就超出我国出版事业所允许的范围了。

在艾伦街，我数次接到一个电话，称我为"弟弟"，说他曾经是河北高中的学生，我们是校友。他热情相邀，我到他的住处去过一趟，他还有另一位校友包饺子给我们吃。他们确实是直爽热烈，像火焰一样温暖。这二位校友都是虔诚的基督徒，在国内的政治运动中受到过冲击，这也是令人同情的。他们一直滔滔不绝地向我讲解基督教的教义，批评达尔文的从猿到人的进化论，几乎没有我答话插话的余地。我乃表示，我十分尊重基督教与基督教文化，我接触过《圣经》，在初中和一些别的场合，都听过基督教神职人员的传教。至于我自己，我有自己的选择和道路，我们应该互相理解与尊重。然而这种表示没有任何效果。

这种传教的热情，使我想起十几岁的地下党员王某。与佛教相比，基督教是富有"己所欲、努力施于人"的愿望的。《圣经》中将没有皈依"主"的人视为迷途的羔羊。佛教则是普度众生不在意你是否相信它。道教，则应强调自然而然的本性，主张"万物自化"，主张"圣人处无为之事，行不言之教"，主张"上善若水，水善利万物而不争……夫唯不争，故无尤"。它根本不在乎不赞成强烈的信仰。了解这一点，会帮助我们了解美国，了解美国与我们的文化传统、行事方式的不同。他们中的某些"热心"人硬是以为推倒了萨达姆，伊拉克的那一群"迷途的羔羊"，就会回到民主自由的非此莫属的伟大羊群里，这其实更像是做梦。

在此期间，陈小滢专门从伦敦飞到康州这里看望我们，并在这里与刘年玲相会。她们知道许多高高在上的大陆文人先生的底细，曾经身临其境，有些事碍难出口，但是告诉了我们。同时她们具备足够的幽默感与开放程度，所以不大会上当受欺，也不会因为小小的趣事而搞个一百八十度的大转弯。陈小滢送给我一条极好的英国领带。我们一起到纽约出席纽约友人的宴请，夏志清对这条领带赞美备至。他见到小滢便说起她的父亲陈西滢来，夏教授说，陈西滢的英文极好。夏教授还说，他为美国孩子越来越笨而担忧，老大的人，只知道打游戏机。我听了他的这句话，有一次与一位美国学者谈起这个话题来，发现对方不太高兴。我知道，不要以为美国人惯于听各种高论，有些话还是不那么直言的好。

归国途中我在夏威夷逗留了一天多。本来是两天半，由于起始飞机误点没有赶上去夏威夷的航班，住到了一个破门上补着一块三合板、饮料售卖机损坏的假日酒店里。我总算见识到美国也有类似我们的"文革"中的县级招待所水准的旅馆。有一条，美国旅馆是信任住客的，我在二楼自动售货机上投入钱币，购买可乐未果，当我就此事询问总服务台时，工作人员马上问，你投入了多少钱？我说是多少多少，她立即从柜台上拿钱偿还。其他事例也极多，他们的商业立足于对顾客的相信，着眼于顾客的方便与权益,不像我们的某些地方,一切规章制度更多的是立足于防范,立足于杜绝漏洞。

在夏威夷,我乘车经过了宋氏家族的楼邸,回想宋氏三姐妹与孙中山等人,国运家史,盛衰兴亡,业绩辉煌,历程艰难,百年一瞬,往事烟云,仍然难以释怀,无限感叹。

在美国待了四个多月,回到北京,是年秋天,又应挪威外交部的邀请对她进行了首次访问。

加上二○○○年后的那一次,我三次造访北欧,那里是我所见的相对最和谐的社会,虽然北欧的法子我们不能照搬。虽然令人羡慕的瑞典一次是首相被杀,至今无法破案,一次是外长被刺。北欧有一种理想主义,我们这里有一种北欧梦,就像从前有苏联梦、美国梦乃至日本梦一样。

奥斯陆的人都喜欢步行,挪威外长会见我的时候,也是由驻华大使白山先生陪我走了二十分钟到了外交部。我在那里参加了易卜生戏剧节的某些活动。听人们议论着当年诺贝尔文学奖未敢奖给笔锋激烈的易卜生,而是奖给了他的竞争对手比昂松的故事。

也是白山大使陪我们步行到剧院观看了易卜生的晚年名作《罗斯莫庄》。虽然我看懂的有限,但是仍然感到了一种压迫的气氛。罗斯莫在当地是一个重要人物。他的妻子死于自杀。一位年轻的女人吕贝卡,看出了罗斯莫的潜质,相信自己能够协助他实现梦想,创造一个属于"快乐而高尚的人"的世界。可能与吕的鼓动有关,罗一度相信自己已经作好了走向社会、积极参与左翼政治的准备。吕则在关键时刻承认自己应负诱使罗妻自杀的责任。最后罗与吕携手以与妻子相同的方式,在同一地点自杀。

这出戏相当阴沉,角色不多,也没有什么大的高潮。我觉得它在相当程度上反映了欧洲文化的强调忏悔、强调责任、强调自省的精神,也发出了对于政治争斗、政治价值、人的使命感的质疑。罗的家庭危机与他个人在政治上、宗教上的信仰困惑是分不开的。为什么非死不可,我则至今一头雾水。希望有识者指教。

我第二次访问挪威时坐汽车翻山到卑尔根,途中也经过了由于曾向希特勒致敬而在战后销声匿迹的克鲁特·汉姆生的荒凉旧居。他也获得过诺贝尔文学奖,他的旧居更像一个石头堆的洞穴。卑尔根的格里格故居位于海滨,曲折蜿蜒,风光如画。卑尔根的旧房子、旧鱼市与到处跑着的猫也令人难忘。

北欧几个国家都是海岛，她们的海岸线曲折细碎分割缠绕，海进入了陆地，有时像湖，有时像河，却总在某一点联结着大海。

第二次访挪威后，到了爱尔兰。爱尔兰是一个文学的国度。首都都柏林有一个奥斯卡·王尔德的公园，单只看一下王尔德的塑像你已经为他的相貌与风度倾倒，那是一个风流才子加超人智慧的形象，说是他的极盛时期，不但作品风靡欧洲，而且连穿衣、发型等也引领着时尚。可惜后来因涉嫌同性恋的事情被判刑然后郁郁死去。我过去最迷王尔德的童话，他的童话《快乐王子》，流露着几近社会革命的观念，它是我少年时期追求革命的文学驱动元素之一。

我们参观了詹姆斯·乔伊斯纪念馆。我看到了一种文化衫，上有乔的语录："对付这个世界我有三个办法：沉默，逃避与耍一点花招。"最后一个词 canny 也不妨译作小心谨慎、活席与灵活。据说这样一个说法与他的杰作《尤利西斯》发表后被认为伤风败俗而大受攻击有关。

爱尔兰有一个"尤利西斯节"，此后二〇〇二年我应邀参加了爱驻华使馆举行的此项活动并用英语讲话，我说到了中国的屈原与端午节，我并且说到了乔伊斯的这三招，我说我还以为乔是中国作家呢。我还说，希望作家同行生前能受到更公正的待遇，而不是留待死后成为明星，成为可以开发利用的旅游资源。我不知道中外有几个人能听懂听进我的讲话。

二〇〇一年我率作家团访问印度。这里的文化、宗教、哲学、造型艺术、电影、歌舞都极迷人。

而一九九七年我的第二次马来西亚之行，《星洲日报》的社长、号称木材大王的张晓卿，实现他的诺言，用他的直升机搭载我们，一起去了东马来西亚沙捞越的热带森林。我们与半裸的原住民一起跳舞联欢，一起用餐，我还得到了一杆大扎枪作为礼物。我们在森林住了一晚上，回来时停在半空欣赏了一回落日，听了一回与我们这边不同的蝉声。可惜的是自印度尼西亚方面时时飘过来一些森林烟雾。

二〇〇四年年初我与芳到了菲律宾。从北京到厦门飞了两小时四十分钟，而从厦门到马尼拉，只需五十分钟。马尼拉的海岸向西，正好观赏落日。菲律宾保留着二十世纪四十年代使用过的吉普车式样作为公交车，并制作了以此为模型的玩具，令人相信"人之初，性本玩"（于光远语）

是有理的。菲国曾是一个激烈的战场，"二战"中美军与日军在此激战。为此，为美国战死者修了一个公墓，白色的十字架遍坡遍野，人名录长存墙上。菲国女总统阿罗约，很注意表现她的慈爱，原先，马尼拉市区有一些进城务工农民搭建的临时建筑，本来政府是要拆除这些在我国肯定叫作"非法"建筑的。但阿总统由于体恤打工者的困难，就保住了这些临时房屋。当然又妨碍了观瞻。世上诸事，能两全或万全者少，顾此失彼或顾彼失此者多。

据说菲律宾是这个地区最自由的国家之一，但由于政治的动荡，又影响了稳定，近年的经济成长不怎么理想。有人说菲国原有的优越性每况愈下了。不知是否属实。

我作了一次文学讲座。在一位华人作家家中用餐，她邀请或者说是雇用了一位原住民弹着吉他为我们唱歌。我们也乘船游了海。我建议他们要邀请舒婷去，舒诗人住在厦门，一个多小时的飞行就能到马尼拉。

菲律宾与印度尼西亚的作家都是纯粹的文学爱好者，在那里写作，无名无利，倒贴钱。那里的作协也是真正的清贫的群众团体。回想我们的作家与作协，我在感到幸运的同时又感到脸上发烧，无颜以对读者与世界上的同行。

越南毕竟是同志加兄弟。他们提坚持五项基本原则，有四项与我们讲要坚持的差不多，另加一项爱国主义与国际主义。我想到我的正在编辑的新书《苏联祭》除本国外恐怕只能在越南找到读者，因为俄罗斯人更愿意抹掉苏维埃社会主义联盟的那七十余年历史，而西方也少有人愿意祭奠苏联。我在越南作协的宴会上一说我的编书意图，立即引起了他们的极大兴趣。他们尤其欣赏我的说法：苏联是我的初恋，我必须出一本书纪念她。他们为我的话而动容。我对伊朗—波斯文化的倾倒与对伊朗人民的友好之情，尽情写到我与彭、朱二位先生合作的《伊朗印象》一书中了。

在乌克兰的克里米亚我造访了契诃夫的故居。在立陶宛，我亲眼看到了类似列维坦的绘画的风景：湖泊与桦树林。二〇〇六年秋天的陪同出访，不但完成了任务，增长了知识，也大大冲淡了这一年的晦气。我的所爱在山腰，想去寻她山太高！回京后重读了契诃夫的《带小狗的女人》，这篇小说的取材就是克里米亚海滨，至今仍是同样的售货亭，同样的防波堤，同样的黑海的雪白浪花。而我看到的只有带大狗的老妇。

二〇〇七年再访俄罗斯参加中国年、书展的活动。俄罗斯此次出的新的中国当代文学译作中，有三本与我有关，一个是《活动变人形》的全文，一个是托洛普采夫编的我与冯骥才的合集，一个是华克生编的小说选，内收我的五篇作品。此次访俄还使我得到了一个新的说法，即说我是俄罗斯的老朋友。中国有关领导是这样说的，俄罗斯人也是这样说的。

访问完了捷克与斯洛伐克，我不停地听着斯美塔那的交响诗《沃尔塔瓦河》，不断地回看我们二〇〇七年九月八日晚在此河泛舟的照片。沃尔塔瓦河一直在我的睡梦中流淌。我也重温了德沃夏克的乐曲，更加发现了他的温柔。

捷克从一九五九年就翻译介绍了我的作品《冬雨》，斯时我在北京门头沟区潭柘寺一担石沟为绿化山野而贡献青春。我与捷克同行的友谊也算源远流长的了。前后他们翻译了我的六篇作品，这次都找了出来复印装订后送我。在捷克与斯洛伐克也都举行了小型的我的中文、捷文、斯文、德文作品展示。这些作品的译介时代令人百感交集，令人一笑莞尔。

还有印度尼西亚巴厘岛的海浪，在沙滩上烟熏火燎地大吃烧烤。当然也不能回避这个旅游胜地上发生的恐怖袭击，出事地点有一块石碑，上面刻着所有无辜遇难者的姓名。我们离开此岛后一个多月，又发生了第二次袭击。这个地球上怎么偏偏有那么多麻烦！

还有在新加坡功德林主办的讲座上讲文学。我讲演的讲台背面是一尊大佛像。我讲了母亲是怎样在孩子入睡时给孩子讲故事的，我讲《一千零一夜》的故事是怎样战胜暴虐与死亡的。我讲文学是一种对于死亡和暴力的抗争。评论者说，在新加坡，这样的给孩子讲故事的母亲已经不多，而带孩子入睡的差事，已经转移给菲律宾女佣了。声东击西，这样的评论实在引人入胜。

一九九五年、一九九九年、二〇〇一年、二〇〇七年我四次访问我们的近邻韩国，从北京飞到首尔，比飞到上海还要近些。韩国知识分子对于中华文化的尊敬与兴趣都令人感动。最后一次访韩，我听一位中国留学生说，他过去对中华传统文化知之不多，是到了韩国之后，受了当地学校师生的影响才开始学习查找有关中国传统文化的资料的。在首尔的高丽大学，二〇〇七年十月二十五日，举行了我的作品的研讨会，由高丽大学讲师高点福与大田市的培材大学教授张允瑄作了重点发言。高的讲题是"一生坎坷铸就历史"。张的题目是"中国文学的大师——王蒙先生的足迹"。大师（master，英语中亦可作工匠、硕士解，而我的理解在英语中讲master，与北京人称呼谁谁"师傅"并没有太大区别）这个在外文里没有什么特别恐怖的词，在中国当代这些既没有获得诺贝尔奖也没有变成鲁迅二号的文人中，是会引起打碎脑壳式的争论与公愤的。中国的思维定式是，大师应该具有弥赛亚的光环与苦情，十字架的高耸与"血染的风采"。现在确实有这样的抱怨，觉得国人流的血太少，作家的血流得太少了。故而我要说明，我介绍了张教授的论题，并非笑纳"大师"的掉脑壳桂冠，而只是就此说明韩国学者对于中国当代文学的敬意。我们不敢妄自菲薄与消磨志气。我们也无须在非诺非鲁非弥赛亚三项原罪前再也抬不起头来。

（顺便牛一下，莫言老弟也曾以"大师"的打油说法相赠，这位被大江健三郎先生最为看好，据我所知，他是当今作品被介绍到国外最多的当代中国作家，题诗赞曰："莫道中国无大师，转看矍铄王南皮，跳出政坛归大海，横扫千军如卷席。"有老莫夸着谁贬损得了？）

主持这个研讨会的是高丽大学中国学研究所所长崔溶澈教授，发言的有各地各校的专家高旼喜、金河林、李旭渊、金炅南等。

第四次访韩，使我更加感触：韩国与我过去到过的朝鲜，真正是满目苍翠，移步换景，高低错落，令人神魂萦绕。你觉得上苍创造了这个美丽的半岛，不仅是为了生存栖息，更是为了让人赏心悦目、心旷神怡、流连忘返。它适合生存，更值得欣赏、珍惜、热爱。它最最不应该的就是变成战场。

韩国的既迅猛地进行着现代化的经济建设，又致力于保护、展示与发扬传统文化的努力令人感动。韩国的古老文化中有很大的中华文化影响，许多古诗、古画、古文、古代书法以及名胜古迹的名称，都是用的汉语。韩国是用一种相当的高调与拔份儿的姿态来讲这些传统文化的遗产的。相反我们国家，文化遗产虽然丰富，却有些没落大户的败家子习气，他们是不是觉得我们的古董太多了？所以不知道遗产的珍贵，任意挥霍着、糟践着、冷淡着乃至丢弃着祖宗留下的文化瑰宝。多罪过！当然近一二十年情况有了很大变化与改善。

韩国的朋友热情直爽，心直口快，起码我接触过的多人，友好亲近。

　　韩国的朋友与同行，也十分注意强调文化精神、人文价值。我讲话后与他们的互动中，他们十分强调这一点。

　　还有一件小事，在韩国旅行，我极少见到太胖的人。原因可能在于"韩定食"（韩国套餐）的习惯，少油，多蔬菜，还可能由于韩国人的辛勤劳动的传统。

　　到韩国旅行，是一件舒适快乐的事。

24.政协委员

一九九三年八届政协以来我担任政协委员，一九九四年以来是八、九、十届常委，二〇〇五年以来，是全国政协文史和学习委员会主任。

开始我多少以为政协委员是一个安排人事的闲职。有说政协是"不说白不说，说了白说，白说也要说"的地方。还有说政协是摆样子的"花瓶"的。

当然也不坏，也是一种地位角色，是 somebody ——人五人六的标志。

我的政治生活的经验告诉我，不要看不起程序、形式、摆设、花瓶之类。有程序，注意遵守程序，就比无法无天不知道前进了多少。有个合理的与适当的形式，即非虚伪非过度非纯然作秀的形式，也比赤膊上阵、粗鄙野蛮好得多。知道讲讲观瞻，讲讲摆设与调剂，也算有了文化礼仪，无愧周公孔子等先人，无愧进入二十一世纪的文明世界范畴。我曾与政协的工作人员闲说过，花瓶也好嘛，江青他们连花瓶都要砸烂嘛。从砸花瓶到好好地摆花瓶、护花瓶、赏花瓶，也是进步嘛。事实证明，多一点文明，多一点民主与法制的程序，多一点广开言路、进言纳言的形式，多一点民主生活的讲究，绝非不值得注意之事。只有那些一心拔份儿登天者才嘲笑王某的这种低调逻辑：与坏相比，有进步就是好，有进步就大有希望。

我写过一首旧体诗《少年》，表达了一种看法：

少年慷慨笑嫣然，挑战鲲鹏搏九寰，
审父应知观火易，捐身岂畏弄潮难，
隔靴议痒可益智，信口搬山容焕颜！

代有才人脱颖疾，千红万紫是春园。

审父成了隔岸观火，否定前辈的献身，连隔靴搔痒都谈不到而是隔靴"议"痒，据说愚公移山并不符合经济学与科学原则，但总不能以为说说大话就能移掉贫穷与落后两座大山吧？我的诗或有刻薄，但我仍然讲代有才人，脱颖而出，万紫千红，寄希望于未来上。

其实政协的事情比想象得要好得多而且越来越好。政协的事情是越办越好。

政协有它的不一样之处。让我们从一些小事说起。政协开常委会，也是依姓氏笔画排列座位。但是每次它都轮换，前一次是姓氏一画（政协有常委一诚法师）两画三画的委员前排就座，下一次就是四画五画姓氏的委员坐前排，底下的顺势往前挪，一至三画的排到最后。

我最最感动的是，不论是常委会还是全体会议，都由秘书长将各小组讨论情况向与会人员作一个综合汇报，原汁原味，不避锋芒，有的发人深省，有的令人惊诧，有的全新思路，有的语重心长，基本上带棱带角，绝不是泛泛之谈。

我们的各种会议相当一部分意见是靠在小组会上讲，大会人太多，不会有太多人即兴发言，而小组会的气氛是比较放得开的。问题在于，作为一名与会者，你很难知晓别的小组会上有些什么高论、有些什么鸣响。但是参加政协的会议能行。我多次建议把秘书长的历次综合汇报出版，哪怕仅仅是内部出版，希望此事能做得成。

政协有大会发言，这也是政协特色，只此一家了。虽然由于行业太多，有时一方面的发言，引不起不同行业委员的兴趣，但毕竟给了普通委员一个在人民大会堂讲坛上参政议政、发出自己的洪亮的声音的可能。在这里，我听过委员们讲建筑业问题，讲行政成本问题，讲腐败问题，讲环境、人口、能耗、教育、文物保护、计划生育、老龄社会诸问题的发言，言之有物，尖锐泼辣，振聋发聩。我相信等到各个重要的代表大会、全体会议、委员会议上都有这种严肃认真、畅所欲言、启迪民智、强化参与的大会发言的时候，我国的民主生活将出现新高涨、新局面。

我前后在政协全体会议上作过四次发言。一九九七年我讲过建设文化大国刍议。二〇〇五年讲文化与和谐社会建设。二〇〇六年讲创新的关键在于人才。二○○七年讲同一个世界同一个梦想。我的发言频率如此之高，效果越来越趋于热烈：最近两年的发言，都是只用了六七分钟讲，同时获得了六七次打断讲话的掌声。对于实际工作的作用也越来越明显。"同一个世界同一个梦想"的发言，与其他两位体育界委员的有关发言一起，被中央领导批给了有关机构。网上也有热烈的反响。当然也有反对的，如说对运动员不应如何如何挑剔。其实只要稍稍用一点脑筋，多一点知识，人们就会知道王某的发言根本不是针对运动员。我说得很清楚，是讲宣传的是讲文明的讲我们决策人与掌舵人的理念的。

再明说吧，我讲的是爱国主义与国际主义的结合兼顾的问题，讲的是舆论导向的问题。我们已经很久不提国际主义了，我必须讲得稳稳当当，必须谨慎从事。我只能从具体赛事，从媒体对于运动明星的报道说起。只有习惯于用脚后跟思考而不是用大脑思考的娃子才会认为王蒙要挑战令我们为之骄傲不已的宝贵已极、可爱已极的运动员，例如刘翔。

仅从大会发言一点上，也可以老老实实地承认自己的政治参与的积极性得到了相当充分的发挥，也从一个小侧面表现了至少是思想与言论的逐步开放。需要知道，我的发言并不都是无一句无来历无一字无出处的，我的发言有骨头也有肉，有针对性也有锋芒。而多年来，我们养成的文风会风领导作风，恰恰存在着上面说的两个"无无"与有肉无骨的问题。

我在作这么多次大会发言的同时，对发言稿进行了整理，差不多全部以文字形式发表在《人民日报（海外版）》的"望海楼"、《文汇报》的"文汇时评"等栏目中。

在政协，说了当然不是白说。大量的事实证明，我国的政协事业大有可为，对于我国的发展进步，其潜力还大着呢！

尤其是政协的机构使一些并不处于社会政治生活中心位置的人士——如宗教神职人员、特殊界别的代表人物等——成为政协的重要角色。还有一些从领导岗位上退下来的人物，包括遭遇了一点小小曲折的同志，在政协都得到了足够的倾听和重视。政协的这个特点使我想起"批林批孔"中所说的那个"举逸民"来。就是说，有了政协，多少积极因素被调动起来了，多少消极因素转化成了积极因素。

至于政协的小组会上，言路之广，空间之大，气氛之和，态度之善，应属首屈一指。政协是一个政治文明走在前头的地方，希望这种文明有浸润熏染扩展的作用。

统一战线思想是中国共产党的一个重要的政治贡献，它具备着丰富的内涵及广泛的可能性：它承认阶级背景、阶层、界别的多样，思想认识、关注重点与具体利益的多样，承认人民内部矛盾，承认不同的观点、意见出现的不可避免；更承认和坚持中国共产党的领导地位，承认和确信中华民族与中国人民的根本利益的一致性。它提倡民主协商，凝聚各界人士的力量，不搞封建的家长制，也不照搬西方的多党纷争与对决，而是实现中国共产党领导的多党合作以及与无党派人士的合作，统筹兼顾，各得其所，各得其利，万众一心，殊途同归。

在我国的政治生活中，人民政协把协商提升到了特别重要的地位。协商是个宝，我们要通过协商检验、补充、校正并丰富领导的意图与决策，使国家的大政方针与各方面的工作照顾得更加全面，实现应有的动态的平衡与稳定。通过协商，我们可以不在人民内部搞你胜我负、谁吃掉谁的模式，而代之以双赢和多赢的模式。我们拒绝在内部搞恶性政治争斗，避免像中国这样一个古老的大国陷入混乱无序。同时我们警惕和防止滥用权力与一言堂，警惕像"文革"那种极端主义的事态。那就得重视协商，多多协商。

协商是我们党、我们国家创造的一种政治文明，是文明执政的表现……协商是一种发扬民主，解决人民内部矛盾，自我调控的方法，是我国的政治生活的一个规则一个特色。

协商体现着广泛团结，重视人才，调动一切可以调动的积极性的原则，最大限度地包容了各级各界，五湖四海。承认差别，顾全大局，代表多数并且照顾少数，以求获得最大程度的凝聚力与向心力，这正是我们的民主理念。中国共产党的领导与全国各族各界人民的政治协商，有可能做到保证这样一个时时面临新的课题与挑战的国家的建立在社会主义民主与法制基础上的稳定与团结，统一与效能，生气勃勃与政治渠道的通畅……

人民政协把各行各业的代表人物、带头人直接吸引到这个机构里，建言献策，群策群力，化解矛盾，理顺关系。它不具备立法、行政、监察、司法的权力，不承担繁忙的日常管理任务，但又有极强的代表性与极高的威望，有重要的功能和自己的人才、智力、思想与言论方面的优势……它宏大而不滞重，灵动超脱而与各方面的实际工作息息相关，集合了各方面的专家的智慧而又不影响他们坚守各自的专业岗位。这就与西方由职业政客为主体组织起来的代议制区别开来了。万物生于有，有生于无。有之以为利，无之以为用……政协的机制体现了中华文化的生命力和社会主义中国的政治想象力、创造力。

中国作为坚持走自己的道路的社会主义的发展中的古国、大国，如何实现现代化、民主化与法制化，如何处理好民主与法制、民主与集中、民主与稳定、民主与效率、民主与发展、民主与民族尊严与国家主权，特别是民主与加强并改善党的领导的关系，这是我们面临的一个意义极其重大的历史课题，又是一个复杂的必须坚决而又谨慎地因应工作的艰巨任务。我国的政治体制改革十分重要，十分敏感，也时常会引起国内外一些人的关注与争议。

但至少我们可以说，在党的领导下发展与加强人民政协是一个好办法、好答案，是政治体制改革的一个重要组成部分。在推进我国的民主建设方面，人民政协承担着巨大的责任，可以也应该大有作为。政协的存在与运作符合中国国情，有利于民主，团结，求实，鼓劲，有利于把改革的力度，群众的承受能力与国家的稳定发展的需要结合起来。

……我们希望今后政协的工作更加规范化和制度化，我们要更好地为经济建设这个中心，为物质文明、政治文明、精神文明的建设而贡献自己的力量。同时，我们希望政协在继续发扬敬老尊贤的传统的同时，补充新的血液，焕发新的活力，并摸索一套政协委员与本界别的群众加强联系沟通的办法；使我们的人民政协，与时俱进，拓宽思路，面向社会各界，在我国的政治生活与社会生活中，在各行各业的人民群众与各类精英、骨干、代表人物中，发挥更大的作用。

以上是我在纪念政协成立五十五周年座谈会上的讲话的一些段落。确实，有一个政协与没有一个政协大不一样，政协是中国的民主政治的带有实验性的先导者。有一些文人、艺术家，各界人士，很乐意担任政协委员。

但是我的实际经验也说明了参政议政谈何容易。有一年政协的工作报告中，号召政协委员每年至少提一条提案，或反映一条社情民意。我听了觉得不是滋味，从理论上说，领导的这一条号召够苦口婆心的了。但我觉得不大好听，这等于承认：我们的政协委员，有不止一个人（如果只是个别人就根本不需要提这样的号召了）一年是不提一个意见，不反映一个情况的。这太对不起人民叫作纳税人的了！想想每年的"两会"，采取了多少措施保证会议的开好，提供了多少便利让委员们来开好会议，最后却原来有的委员是一年不做一件委员应做的事情的，这怎么向人民交代！

我参加过的九届政协好几次小组会谈委员面临的官司即法律诉讼问题。诉讼当然都是个案，一幅画，吴冠中委员不承认是自己画的，却以自己的名义在那里拍卖了。这也绝了，我知道有关法律规定了不可以侵占创作者的知识产权包括署名权，却不知道应该怎么样解决硬替你署的名。我完全理解才华横溢的画家的愤慨与激动，他老人家甚至表示如果官司得不到满意的解决，他会上天安门自焚。但是，说实话，我不认为这是一个适宜于由政协过度介入的事情。最后这个官司果然得到了使吴老满意的判决。

另外的官司也是如此。北京有一家超市，非法对他们怀疑偷窃的两个女青年搜身，吴祖光老为此写了文章责备那家超市，被那家超市以侵犯名誉为名控告。而那家超市的负责人的母亲是一位领导干部。当然这里又有了悖论，政协应该关心委员帮助委员，无法说委员的官司与政协无关，那么究竟怎么样关心和帮助委员更好呢？委员与非委员在司法问题上，其权益怎么样能够得到平等的对待与保障呢？而当一位委员与一位领导干部的子女发生了司法纠葛以后，能不能认定就是该位领导干部女同志的责任呢？我们不是不大好搞株连吗？

类似的意见的发表使我得罪了人，我们的习惯是既然是朋友是一个政协界别的伙伴，就应该同仇敌忾，一致对外。于是另一个资深愤青儿在外国广播中宣称，王某如果当权，也是会搞一场"反右"运动的。迹近哄闹了。

我不认为我们的民主已经足够已经充分，同时，也要看到：我们的层次很高的"精英"们中间，也还没有足够的法制观念、起码的是非规范。更不要说那些言不及义、那些清谈忽悠、那些哗众取宠了。民主政治、自由言论、依法治国，大家——不仅是他或她也包括你我，不仅是旁人也还有自己，都还需要一个学习与实践的过程。我在主持小组讨论当中，没少干打补丁、捣糨糊、堵漏洞，在保护中防范，在论述中绕行的活儿。

我在一九五八年的少年宫建筑工地上学到过一些词儿、一些活儿：灌浆、腻缝、抹光、齐不齐一把泥……在某些特定情况下，在政协小组会上当小组长需要这方面的训练，一九九七年会议上，在一位老哥大放厥词之后，我勉为其难地做了这方面的活计，并为此得到了"感谢"。

他的发言第二天就被同组委员汇报到有关部门领导那边去了，好险！幸亏我的泥水活儿做到了头里。

看来我被称为捣糨糊并非偶然。至于将此"捣"作什么样性质的解读，则全看你的心地、动机、效果、后果。我费了什么样的心，使了什么样的力，收到了什么样的结果，有目共睹，历历在目。化名骂一声王是混世者，对此作不堪的下流解读，则只能显示解读者的无赖、肮脏与鬼祟。

有一位善于总结的领导，告诉我，手上使劲的人，应该去当劳模，心里有劲头的，可以去当领导，嘴里出彩的，应该到政协。当然这也只能算是一笑。

在政协有机会领略了那么多文人艺术家的风采。丁聪从二十世纪五十年代第二届就是委员，至第八届，他当了四十多年委员，他厚道而且谨慎，善良而又自足。漫画家毕克官也算颇有道行，历次发言都很犀利沉痛，同时又是那样的与人为善、忠心耿耿。鼻烟壶内画专家、河北的王习三，同样地痛砭时弊，为民执言，同时心存忠厚，顾全大局。陈祖芬既是来开会的又像是来采访"采风"的，言谈话语，一颦一笑，都成就了她的潇洒散文随笔。张贤亮爱发惊人之论，如说要"改造共产党"，先吓你一跳，然后得意扬扬地拿出根据：毛主席在延安"讲话"中就讲过，小资产阶级要按小资产阶级的面貌改造党，无产阶级就要按无产阶级的面貌改造党。幸亏有一届李希凡也在我们组，他是时时不忘记住与强调自己的共产党员身份的，有他在，我们的小组会的发言不会偏于一面。

按惯例，冯骥才、张贤亮、傅庚辰、陈晓光等是常常在文艺联组讨论会上作有准备的发言的人。有一次组里安排的发言人没有张贤亮，但是他自己提出，没有他发言是不可以的。他就西部大开发问题讲了一些颇不外行的意见，受到了国务院领导同志的肯定，并说："过去只知道贤亮同志成就在文学方面，原来他对经济问题也是有见解的……"这是贤亮议政的一个高峰，此后他再不要求在联组会上讲什么话了。大家开玩笑说张的"发情期已经过去了"。但是据说他仍时有将一个上午或者下午的小组会时间包圆的情形。

冯骥才的发言集中在保护民间文化遗产方面，他已经成为这方面的专家了。政协为他施展这方面的才能提供了平台与讲坛。

冯骥才、邓友梅，有时候还加上我，我们得空便修理修理张贤亮，打一打他的威风与野性，而贤亮兄的一大可爱之处就是接受修理、欢迎修理，没有人修理反而会寂寞得闹腾。有一年是在二十一世纪饭店开会，他一报到就入了两个骗子做的局。二人先找他打听一个大单位的地址，然后佯装时间赶不及，一批旱獭皮只好廉价处理，而才高八斗的张贤亮居然把六七块所谓旱獭皮草买了下来。就在他像一个倒爷似的提着倒爷包儿进旅馆的时候碰到了我，问明情况，一看，我太熟悉了，这就是我的头一个孩子王山上幼儿园时穿过的兔皮小大衣的料子，他可真够天真可爱的。一个没有什么弱点的人绝对不如一个有着明显的拙笨与糊涂的人可爱。知道受骗上当以后，他仍然情绪良好，说是可以将它们送给他担任董事长的公司女职员。相信这些女职员也不会错把董事长送给她们的礼物当成旱獭皮草吧？

个子不高的魏明伦也极热心，差不多所有的联组会议上他都要发言。他讲过缓称"盛世"的意见，讲过为我打抱不平的意见。还讲过"扫皇"——即如今的以皇帝为主角的电视剧目恶性膨胀，应该扫一扫——的意见。次年我在发言中也讲过这个话题，被媒体炒为魏某王某联手抨击皇帝剧。其实更早是张中行老师著文讲过这个问题，我记得他文章结束于：与其看皇帝戏，不如看《动物世界》。毕竟是经受过"五四"洗礼的一代知识人啊。

还有发言认真态度庄重的戴爱莲，她致力于提倡民族舞蹈，抵制西方大众文化的影响，可惜她的中文是后学的，口齿不易听懂。口若悬河的是李燕，他是画家李苦禅的儿子，滔滔不绝，情理（材）料俱茂。美协主席靳尚谊对城市建设上的缺乏民族特点痛心疾首。一九九八年九届政协第一次会议时我在美国三一学院讲学，故我不是小组召集人，也不是组长。一九九九年我回来了，召集人之一靳校长，在会议上临时发难，硬把他的组长角色转嫁给了我。傅庚辰的发言条理清晰，口齿清楚，正气浩然，有时还哼一下革命歌曲的旋律，给人留下了深刻印象。韩美林是极其性情中人的，他有时在发言中对一些坏人坏事破口大骂。有时他得罪领导。他有一句名言，政协政协，半正半邪，令人喷饭。他有数次在全体会议期间招待众文艺界委员到他家晚餐，他把宾馆的厨子请到自家，搞得规模巨大，气势磅礴，一个又一个的"部长"级领导讲话，为他的辛勤劳动与出色创造赞美不已。

一九九六年，我参加了政协的二十一世纪国际论坛的筹备工作与论坛。李光耀、舒尔茨、基辛格、竹下登还有许多各国政要出席了论坛。我也结识了俄罗斯的季塔连柯、美国的傅高义，这些本国的权威中国研究专家。我与一位法国名人还有一点小小的交锋，他的书面发言中提出希望中国宣示不再搞马克思主义。我则提出，关键在于对马克思主义的理解与把握，从归根结底是一句话"造反有理"，到精髓是"实事求是"，这证明我们在认识与实行马克思主义上，实现了巨大的飞跃，同时保持了最大的稳定性与连续性。这里，我们可以看出中国文化的开阔性同适应性，以及应变能力与消化能力来。与中国文化的这些特点相比，有些西方朋友的见解未免太机械、太非此即彼了。

二〇〇〇年与二〇〇一年，我参加了有关"不同文明间的对话"的准备活动与国际会议。

二〇〇三年年初政协换届时，我与其他委员一起，就文艺界的政协委员进退事反映了一些具体意见，居然这些意见被上面百分之百地接受，我很高兴。

自二〇〇五年我担任政协文史和学习委员会主任以来，这方面的工作得到了政协领导的极大支持。这是一个现职也是实职，我自己也没有预料到会有这么多干头。委员学习研讨班最初一次与最后一次的开班式或结业式，都有贾庆林主席、王忠禹常务副主席、郑万通秘书长出席。我们对此提出的设想，得到了政协领导同志的肯定的批示。我们编辑的《政协委员一日》首发式，贾主席也来了。二〇〇五年，我随贾主席视察了湖南。次年，我又作为主要陪同人员之一参加了对于英国、乌克兰、立陶宛与爱沙尼亚的访问。我在政协的处境与工作状况与在作协的某些境遇成了鲜明的对比。这也说明了生活、社会、人事关系以及组织机构运作的多样性吧，谁说我们是铁板一块呢？

25. 性本爱丘山

一九九六年，也是政协会议期间，与张贤亮曾同在宁夏共事的中国华侨出版社社长金宏达博士请几个作家吃饭，这样我们与金社长和他的夫人——新闻出版署的骨干与儿童文学作家、评论家，被称为出版界美女之一的于青得以结识。并从他们那里得知了平谷县（现为平谷区）黄松峪乡刁窝村的事儿。

其实事情应该从更早说起，有一次张抗抗约我与芳同去怀柔山区，说是那里有许多画家安了家，至少是建立了他们的别墅。我们去了，果然奇峰异水，环境极佳。有一位电影艺术家在山洞里修建新居，也非常浪漫，被称为新时代的"座山雕"。怀柔的水凉，那里是养虹鳟鱼的一个宝地。最有趣的是，远在德国的伯尔基金会，竟然在怀柔山区购置了一处老旧的房屋，挂上了"伯尔草堂"的牌子，与我居住过的朗根布鲁赫的伯尔别墅遥遥相对。

我没有想过我也可以在那里搞一个住所。原因之一是，那里的民房相当破旧。第二点是那里其实离北京市区一点也不远，但道路不是最好，绕来绕去，给你一个进入深山老林的感觉。

也是由于老金与于青的热情友好，我们应他们之邀先是到雕窝——我就不信这里的地名会是"刁窝"，我主观认定是人们讨厌"雕"字不好写乱简化成了"刁"——他们的住所玩了两次，爬山、逛水（黄松峪水库），享受清洁的空气与清凉。欣赏平谷的口音，把第一声发成第二声，把第二声换成第一声。看满山的柿子、山楂、板栗、梨、杏与花椒。尤其是欣赏那里的石与土山峰，既有奇石峭壁，也有郁郁葱葱。那里的山不论哪一块都是李可染画出来的。

很可能我还受了作协唐达成患上了癌症这一事件的触动。当唐达成的夫人马中行说到"好人活不长"的时候，真是让人难过呀。难道我们的生活就容不下一个比较善良也比较软弱的人吗？我想起了《李光耀回忆录》里说的话，他说到中国的一些人物都极其"强悍"。我缺的也正好是强悍。我毕竟还有几分豁达和开阔，九命七羊，东方不亮西方亮，这边绝缘了那边闪光——说不定还鸣雷呢。我的速度与广度也帮助我占据了主动，多数情况下，那些盯住我找碴儿的人，根本够不着鄙人，比如追一辆车或一匹马，连吃车扬起的或马踏起的尘土都甭想，我早把他们甩到两千公里以外去啦。

回忆二十世纪八十年代以来的写作，是有面过宽、战线过长、不够精雕细刻的地方。原因是：一、自己的偏于急躁的个性。二、五行山下压了二十多年，如今一旦释放便收不住了。三、要说的话、有感触的事实在太多。四、如前所述，有一种莫失良机的紧迫感。人生能说多少话？谁知道啥时候又被封冻起来呢？

最后一个原因，是说有心怀恶意的人伺机而动，有头脑简单的人不理解王某，例如连续三篇创新之作就足以吓坏一批、怒坏一批、忙（于批判）坏一批。那么我必须第四篇给你一篇古典，再加一篇慎重，一篇高头讲章，一篇高屋建瓴，一篇势如破竹，一篇白描。问君能有几多招？你跟得上吗？你够得着吗？你看得过来吗？在下的作品是有（忽）土有（忽）洋，有（忽）简有（忽）繁，有（忽）正有（忽）奇，有（忽）进有（忽）退，有（忽）笑有（忽）哭，有老实有调皮……人民大学一位老师在某个时间段曾经领命批王某的，后来却只能敬谢不敏，他的结论是王某不好批。报告文学作家理由半玩笑地说过一次，说我的写作打一枪换一个地方——有点麻雀战的意思。

从达成、高贤钧（人民文学出版社副总编辑）、作家叶楠等的身患肺癌，我感觉，北京市的空气质量实在是太差了，我太需要一个能够逃离城市的地方了。如此这般，一九九七年，我在雕窝村购买了一处农家房屋的使用权。

我又多了一条命，一只羊啦。

这不仅是一个别墅，这代表了我的一个生活方向，一种新的乐趣，躲开是非，多多写作。如我在一首七言诗中所写：

归去山中敲柿枣，新茶陈酿好涂鸦。

我写了一首相当长的五言古体诗《山居》，写在雕窝生活的情况。不知为什么，"下乡"的一个自然成果，是多写了一些旧体诗。

这首诗非常写实，基本上记录了那里与我的生活的情况：

出门百十里，叠嶂有山峦。
水库水长绿，山坡山径弯。
遍地核桃树，满山花椒田。
春来山桃绽，春去楂花鲜。
夏至黄杏熟，秋起白梨酸。
采柿在深秋，柿子是主产。
男子爬高枒，攀登似猴猿。
妻儿展布接，柿落整而圆。
一车复一车，收购付现钱。

这是早先的情况。我说是"柿落整而圆"，应属佳句，因为是大实话，因为它很形象。

相信读者看出来了，我在追寻着一种单纯的自然的活法。

山民多纯朴，教育亦发展。
你会开汽车，我会拉电杆。
你盖淋浴室，我砌白瓷砖。

我毕竟当过副大队长，也是村干部出身。我理解村里的干部与骨干，起码他们都是劳动能手，管工电工瓦工木工油漆工司机拖拉机手，他们都必须拿得起来，否则，你就站不住。农村的人喜欢将白瓷砖贴在户外的墙上作装饰。记得当年梁思成先生就批评北京市委的楼房的形象如澡堂子反穿在身上。

> 雨季山洪吼，夏去留潺潺。
>
> 巨石垒险要，野草铺青毡。

我写的是留潺潺，不是流潺潺。夏天山洪暴发，所有的山都泻下了瀑布，农民称之为"开了河"。夏天去了还有潺潺水声。在农村，季节就是一切。

> 旅游成胜地，小村仍静恬。
>
> 乡音未曾改，羊群咩声甜。
>
> 人家四十余，果树或几千。
>
> 有风无尘土，有火无黑烟。
>
> 有电无花绿，有车无闹喧。
>
> 有客无诃谇，有酒无疯癫。
>
> 有官不常至，有商无大款。
>
> 有牌无豪赌，有炮任放鞭。
>
> ………………

这也是过去的情况，现在繁华多了。诗文往往更喜欢写一种不发达状态。把实际生活的追求让给了发展发达，让文学去留恋不发达，把不发达留给了文学。这也是分工吗？这里是不是也有一种言与行的不尽统一呢？

我有时候想，生活在别处是一种理想、一种想象力、一种追求和幻梦的能力，是一种生命的不安与躁动，是挑战也是自我折磨……也许没有生活在别处的固执与痛苦就没有文学。反过来说，没有文学与生活现实的适当距离，你就很难活下去。尤其是，你的最最美好的文学情愫，就可能变得荒谬绝伦。是不是？

> 小院方方正，砖房四五间。
>
> 核桃院正中，山楂秀而偏。
>
> 从此乐农家，自动下乡山。

这是说的我住处的那个农家院的情况，原房主魏德祥曾说他的这套房子是长城以南盖得最好的农舍。

> 偶有老鼠客，或来松鼠玩。
> 杏核叼入室，存我枕席间。
> 想是为过冬，入枕好度寒。
> 大笑弃之去，另请觅家园。
> 积存颇辛苦，毁之我心惭。
> 核桃搬运走，所剩皆劣残。
> 松鼠时回顾，笑我已老年。
> 我亦笑松鼠，跳跃实堪怜。
> 青蛙不甚闹，蚊虫亦悄然。
> 壁虎陈胴体，飞蛾伴灯眠。
> 蝈蝈秋深叫，蛐蛐猛奏弹。
> 鸟鸣甚异样，声声断复连。

　　这里的小动物实在可爱。我们室门外有一盏电灯，突然拉线电门不灵了，最后查明是由于一只飞蛾往电门内部甩了子，而飞蛾卵是不良导体，隔断了电路。村里发生过一次自来水停水事故，经查，是由于一条小蛇咬断了电源线，停电造成了水"叫"不上来。至于那里的虫声、鸟声，尤其是虫声，绝对是盛大的交响乐。那是一个天籁乐队！鲁迅在《鸭的喜剧》中曾引用爱罗先珂的话说，缅甸那边的虫鸣如交响乐队，而北京是何等的寂寞！认为北京是沙漠一样地寂寞，我想主要原因是没有到郊区来。其实旧北京也时有蝈蝈与蛐蛐、黄鹂与乌鸦的鸣叫的，旧北京的虫鸟鸣叫比新北京是更加热闹的。

> 风铃多欢愉，风后便凄然。
> 雨来再雨过，草长再草干。
> 庭芜草丛深，朋友乃戏言：
> 蒲松龄如在，狐鬼当进前。
> 通灵便妖魅，快乐自神仙。
> 有酒当共酌，无事乐无边。

> 望山待明月，月迟望星天。
> 始知南与北，斗柄转半圆。
> …………
> 有雨亦可人，持伞雨中行。
> 阴云添柔美，流水响叮咚。
> 跳石以避水，自慰尚年轻。
> 身手颇矫健，诗心正透明。
> 树叶滴雨水，树摇作多情。
> 脖颈灌冷冷，逃离乃匆匆。
> 有伞仍湿透，别有乐无穷。
> 人生几场雨？树高几阵风？
> …………
> 忽而云略散，夕阳对彩虹。
> 怅惘大自然，无往不感铭。

这是实写我与金宏达的一次举伞雨中漫步，从村里到"飞龙谷"，来回当有十四五里地。人生能浇几次雨？而树高招风，你又能吹几次八级风？风风雨雨，不也正是人生的趣味吗？

> 无伴亦可也，孤独情有钟。
> 多食方便面，再写季候风。

一九九八年深秋，我多次独自一人住在雕窝写《狂欢的季节》，有时晚饭只吃一包方便面。

> 初时无常水，隔日晨供应。
> …………
> 水来齐欢呼，湿遍足共颈。
> 遍体水淋淋，泼水乐如童。
> 今春修管道，现代设备增。
> …………

> 召之水即到，挥之水无踪。
> 不须起凌晨，嗒然反若空。

在你"发展"了以后，再怀念不发达的田园风趣，如成人之怀念童年，尤其令人神往。这样写诗，蛮好，建议恢复限时供水，当然不可能也无法叫好。就是说，如果一个散文或诗歌作者把这种情绪演化成认真的社会学理论主张，就"天晓得"了。

文学离不开一点点或更多的荒废与荒谬。否则，一切与你母官的施政纲领看齐，谁还来读文学呢？

得了便宜卖乖，这其实也是人性，与记忆有关，与天生的怀旧情绪有关，也与对生命的珍惜与依依不舍有关：旧日的事，不发达时期的事，总是和你的童年、青春、壮年联挂在一起。在这个意义上，端起碗来吃肉，放下碗后骂娘也有人情之常的成分。当然不仅是人情。

> …………
> 闲时便登山，放眼山村小。
> 怪石引巨石，败草接新草。
> 乔木骄灌木，无道胜有道。
> 清晨叹四季，黄昏怜归鸟。
> 天地有盛意，笔墨多奇妙。
> 挥洒寻常事，吟咏亦凑巧。

雕窝的石头确实是我的灵感的源泉。好几次入冬之前，我欣赏赞叹着遍山遍野的怪石，体味着寒风渐起的肃杀，观看着归林的倦鸟，心中无限感慨，无限惭愧，超脱，纠缠，忘记一切，却又难舍悲哀。

无道胜有道，是指山路小道，不是指什么大道，道德或者路线，为了押韵，没有写"径"而写了道。

> 天寒难取暖，一冬未光顾。
> 梁上君子来，窃我家电去。
> 我曾枕无忧，虚掩窗与枢。

木质有缩胀，实难严闭户。

"君子"君子风，秩序全不误。

条条复井井，我不知失物。

我初进室中，但觉空间数。

心静始察觉，不知去何处。

拿去三八六，其实早落伍。

拿去放像机，像带全无趣。

庶几可称道，拿去葡萄酒。

呜呼亦哀哉，"君子"少收获。

"君子"常如此，恐有碍难处。

失物成一笑，修墙再修屋。

坏事变好事，羊亡牢可补。

高我四面墙，空我起居屋。

邪不压正气，我不避小鼠。

常来人气旺，安全靠长住。

山间万事好，不怕与"君"晤。

这是实写我在村里失窃的一次经验，几经考虑，我坚持做东郭先生，我保护了这位破门破窗而入的小子（很快就破了案）。这也是我的为人的一次试炼与表现。

才叹残冬冷，忽惊夏日炎。

山山皆绿染，大树尽参天。

遍地旅游客，遍山笑红颜。

山村装路灯，山下农亦贩。

枕头绣老虎，野菜团子馅。

凉拌花椒芽，热炒香椿蛋。

烧烤虹鳟鱼，贴饼手擀面。

欢迎住农家，请用农民饭。

村民赚钞票，学生新经验。

五一黄金假，人流游忘返。

你钻大溶洞，我走山头看。
你登碎石沟，我爬龙王涧。
旅游再旅游，游罢都不见。

现在，这里的旅游已经火爆，用我的比较夸张的语言来说，雕窝的村口，正在变成王府井大街啦。

············
最喜是攀登，回回寻新鲜。
登山阔胸襟，爬高知宏观。
俯视思良久，鸟瞰识大千。
地面皆历历，代代又年年。
知大解渺小，知苦解甜甘。
高处可通天，日月皆为伴。
道路通远方，河流绕村边。
住屋连成片，黑瓦砌红砖。
世界何相亲，人生何喜欢。
万物尽可爱，尤其爱山川。
尚有腿脚力，策杖急攀缘。
石与石相近，谷与谷相关。
众石皆骇异，众景皆天然。
参差便适意，曲折更牵怜。
树与树比香，草与草相连。
············
荆棘织锦绣，花开遍地艳。
青蒿有佳气，蚱蜢跳可见。
蝴蝶大而黑，螳螂绿而尖。
独爬深山里，策杖敲山唤。
无琴亦长啸，有歌更浩然。
············

我自己也纳闷，我可以出席不同层次的党的会议，不甚外行地提出自己的有关政治运作的意见。我可以处理各种俗务，世态人情皆在眼底，虽有冒失，大致合卯。我可以朝朝暮暮地写作苦吟，咬文嚼字，如痴如醉。我可以出入美利坚德意志港澳台，谈笑风生。而最后，最是踏实的是来到雕窝，与松鼠老鼠蝈蝈蛐蛐壁虎螳螂蝴蝶柿子山楂酸梨花椒香椿荆蒿为伍，清清爽爽，天真顽皮，土话土说，锄草种菜……就像吗事没有一样，就像从来没有当过右派，更没有当过部长，没有当过作家也从没有浮槎四海一样。

我在农村的家紧靠大山，虽然现在雕窝已经红火起来，我那里仍然保持僻静。出门走几步是两株大核桃树，我常常在树下与老乡闲聊天。与在巴彦岱时期一样，我的名字是"老王"。一次与贾庆林主席闲话的时候，他提起了我在大树下与乡亲话桑麻的事儿，恐怕他是在北京市委主持工作的时候听到了汇报的吧？

有一年五月二十三日，《在延安文艺座谈会上的讲话》的周年纪念，我与金宏达、于青等在雕窝再往深山走的塔洼村散步，我与芳还在那里试推了推石碾子。我们非常高兴，同是下乡，又有多少连续，多少不同啊。

在雕窝过中秋赏月是人生快乐的极致，我有句云"明月落山中"，受到沪上友人的好评，我乃大写特写起"明月落山中"来：

> 明月落山中，世界经水洗。
> …………
>
> 秋月升玄镜，星辰近可语。
> …………
>
> 皓月正当空，高居临广宇。
> 高洁自无言，含羞更岑寂。
> …………
>
> 月清不自骄，月满不自溢。
> 高处不胜寒？冷暖知而已。
> …………
>
> 观月复观星，若闻天外曲：
> …………

阴晴复圆缺，月事清如许。
缘高方能清，落低始得趣。
能清无所思，能高无所虑。
能缺无所失，能洁无所惧。
…………
或思童年谣，或忆浣纱女。
或思昨日非，或忆旧时雨。
月下皆清幽，愧怍从心底。
…………
秋月让疏星，悄然不欲举。
星众亦安然，各怀各区隅。

写月亮也是写自己。以月为榜样，以月为风格，对月而十分感动。这也算有点不一样的吧？

也常常夜晚观星，感觉没有看月亮深。

还有一首：

老来甚贪睡，浑忘春夏冬。
已梦北柯去，忽然醒而惊。

早就不是南柯了，一笑。

满窗月光明，满地月光青。

这个"明"和"青"也是非常实际的。

披衣觅明月，明月落山中。
…………
明月高而远，月光近而清。
夜空如碧海，银河游天鲸。
月气如白练，浩然贯宇中。

…………
物物皆有定，事事岂无通？
…………
我望月洁爽，月照我朦胧。
遥遥可相对？脉脉宁有情？
有情本无意，无情胜多情。
皓月无遮蔽，喜极泣从中。
不知悲何自，涕泪不可停。
或谓月美甚，感极发悲声。
或谓秋殊爽，甚爽已近冬。
…………
远望人境静，近听草丛鸣。
午夜歌睇月，睇月欲何从？
应有天外天，应知东海东。
…………
依依赏月罢，明月梦魂中。

　　雕窝最最引我入胜之一是那里有我的一个较大的风铃，那好像是我六十岁时贡淑芬送给我的礼物。风铃是五个音，多来米骚拉，一旦有风，响起，常常成调，有时像《苏武牧羊》，有时像《三六》……我吟之曰：

不知风何自，镇日响铜铃。
红果果方赤，秋山山更青。
几番晴雨后，一季炎凉中。
电脑敲孤叟，三生未了情。

　　这首诗里有一点悲哀，更多的是得意，是不无吹嘘。文人略悲，含悲，晴雨炎凉，皆成往事，过往的是浮沉，剩下的是小说……然后以"孤叟"的名义敲出点三生未了之情来，不正是求之不得的吗？
　　我也喜欢这里的夏天：

> 浓荫郁绿映山光，树盛苗肥草亦香，
> 雨雨风风全自若，生生已已总奔忙。
>
> 蝉嘶蝈叫鸟声声，万象涌腾炽热中，
> 绿碧连天石亦染，欣欣盛夏恁多情。
> 树下闲蹲无话奇，长空云淡逝依依，
> 咔啦噢嘅嗷嗷叫，农妇欢歌甚解颐。

我注意字意字音，也注意字形，我写的"咔啦噢嘅嗷嗷叫"一句，每个字都带一个口字偏旁，给人以七个口的感觉，可惜首发此稿的《解放日报》编辑不了解我的苦心，给我改成了"卡拉OK"，从此再无"咔啦噢嘅"了，唉！

> 一年之计在初伏，满目生机似画图，
> 蹿山越涧凌空走，最是白羊豪兴足。
>
> 草密虫啼好梦酣，一腔平淡爱高山，
> 怡然叹咏晴空夜，欲枕星辰抱月眠。

"一腔平淡爱高山"，我写得多么好！其实我完全没有做到。也许没有做到"一腔平淡爱高山"是我此生的最大遗憾。我写过一篇短文：《渴望平静》，发表在《南方周末》上。生活实践中并没有做到的，我在诗歌中毕竟达到了，我毕竟还有这一面，我毕竟写出了这样的诗。这也算是我的精神胜利吧。初冬时分，山沟沟雕窝这边，一到下午三点多就太阳下山，黑影凉气了。我写道：

> 攀援无路踏山石，滚滚楞楞各有姿。
> 应让天工千部巧，须知人事百年期。
> 梯田侧细蒿疯长，涧谷曲弯柏未直。
> 魂断黄昏归鸟处，扑扑落落入冬时。

下面两首写我在雕窝的独自写作，说的是"季节系列"：

独坐深山忆旧时，心如明月笔如痴。
曾因激越多佳句，岂敢轻狂已烂泥！

落叶飘摇风送雾，长图裁制血抽丝。
惘然街市迷嚣色，流水高山未可期。

古典文学专家、加拿大科学院院士叶嘉莹教授曾数次说到她喜欢我的"心如明月笔如痴"句。

我还要坦白一句，街市嚣色啦，未有知音啦，我是学样儿清高直至悲愤而写出来的，读起尾联来还真有点沉痛。其实我个人早已经习惯了，早已不当一回事，一笑了之。人生得一知己足矣，何况我还火着呢。明白被糊涂所不容，高风遭低俗嫉恨，坦诚为阴暗讥嘲，涵养成为野蛮的眼中钉，分寸成为猛人的绊脚石，智慧当然是愚蛮与浅薄的天敌，愚蛮与浅薄必须除尽智慧而后快，这样的事我经历了七十多年，又岂止是流水高山未可期，信口雌黄，乱棍打死都有份儿！

也都不过如此尔尔。

好在这些最终也不过是背景中的一点聒噪罢了。

也许在这里引用波斯古代诗人哈菲兹的诗是合适的。翻译家邢秉顺，原文化部外联局副局长，读着《大块文章》给我电话，向我提起了这样的诗句：

哈菲兹的意图
只有真主知道
……我驰骋在想象的天地
编织如此多的魔术游戏
但愿有识之士有朝一日
会欣赏这令人深思的诗句
……人们只能凭智慧，
去理解你的深意。

好极了，至少有一个人，就是邢秉顺兄，把波斯大诗人的几句诗用到王某头上了。岂是高攀哈菲兹？曾经浅妄渐深知。人生毕竟多苦涩，一笑深文周纳时。

我的另一首七律是：

> 山石如洗月如银，北地秋风冷意侵。
> 褐叶凋零千树立，红尘绚烂一心存。
> 文思断续哀风雨，笔力奔突叹鬼神。
> 漫笑书生徒字纸，杜鹃啼血也惊魂。

这些是雕窝的生活的悲壮面，更多的是亲切和放松，是平静和优哉游哉。

有一次在中国香港遇到黄苗子与郁风，他们刚刚从《新民晚报》上读到我的这几首诗，夸了我几句。

农村的豆腐好吃。每天早晨有来自上面塔洼的郝满先生前来卖豆腐，同时电话预订后他也供应豆浆。他的豆浆的口味，对于我个人来说是优于"永和"的。他的豆腐也极吸引人。或谓这是由于郝满的豆腐是用盐卤点的，比石膏点的好吃。那么豆浆呢？还没有点卤吗，为什么也好喝呢？待考。

我与朋友们多次在那边登山，寻找与开辟了一号、二号、三号三条进山线路。二号还分 A 线与 B 线。曲里拐弯，越走越深，地形险要而且神奇。三号线走到头是一个大深坑，内有积水，使人心惊。二号线从来没有走到过头，据说可以一直走到金海湖去。一号线走着走着变成了下泻的碎石，再走就到了河北省的兴隆啦。

雕窝的我的农家院里，有一块土地，在目前家家利用住地多盖房屋发展旅游的时刻，几乎已经找不到谁家里还有一块地了。我主持拉了两车水库的淤土来改善土质。头一年，我托人种了些草，结果那草并非观赏用的草而是货真价实的牧草。我废掉了牧草，改种蔬菜、玉米，后来在原支部书记何金义的帮助下种了一片草莓，太棒了，不但结果而且蔓延扩展，又不用经常管理，我的计划是把它发展成草莓田，我在一担石沟期间也管过草莓，对之并不陌生。谁想得到，一年由于风大天冷，冻水没有浇够，次年草莓全部冻死了，我则越来越没有足够的时间到雕窝"务农"了，我乃下决心把我家的农业变成林业。除原有的核桃与山楂外，从遵化东陵移来了两株梨树、两株黄杨、一株香椿。自然生长出两株黑枣，我都找人嫁接成了柿子。一株长得很好，另一株已经嫁接成活，母树黑枣又发出了大芽，时逢"非典"（SARS）那一年，我去得不及时，使嫁接好的柿子枝最终夭折。第二年又嫁接一次，我极不放心。

即使不在北京，即使出国到了菲律宾，我还惦记着自费打越洋（IP）电话给孩子，嘱咐他们把母树上出的芽摘除，保证柿子的成活。

此外还有一株杏树、两株小核桃树。不论走到哪里，当我想到有几株树是我所惦念的，我感觉很好。有树木可以越洋挂念的人是幸福的。树木就是亲人。我早写就了小说《无言的树》。一位年轻的国画家以拙作中的句子为题跋，画了　批树画。

不幸的是，那株我最最惦记的柿子树终于还是没有成活。命啊。

26. 中国海洋大学

"有趣"，这是一个非常耐人寻味，而又什么都没有透露的词儿。英美人，当他对你的讲演、主张、作品不想作什么评论，并非那么感兴趣，却又要表现出礼貌与友好来的时候，他就会说："very interesting——很有趣。"

就在"吾兄"（白话文就是我大哥）的一些人提高了批王的分贝以后，似乎头一项效果是一些大学加快了聘请王某做他们的教授、兼职教授、名誉教授、名誉院长的步伐。有的就是针对吾兄的那些动作的，如《……其人其事》的发表，使得南京大学立即决定聘王。但当时我不能及时去宁，结果我得到的头一个名誉教授的头衔来自解放军艺术学院，是我们的"最可爱的人"的艺术学院。这期间，我数次到军艺讲课，讲过小说创作，也讲过《红楼梦》。

此后南京大学、浙江大学、中山大学、北京师范大学、南开大学、上海师范大学、上海交通大学、西安工业大学、华中师范大学、东南大学、鲁东师范大学、新疆大学、新疆师范学院、重庆师范大学、海南师范大学、河北科技师范学院、温州大学可能还有别的高等学校，都聘请我担任了他们的教授，有的加上了文学院名誉院长，有的是学校顾问或高级顾问。我还担任了国家图书馆顾问、上海东方讲坛顾问。此外去讲过课的就更多，包括国防大学、装甲兵学院、西安解放军政治学院、南京解放军政治学院、中国艺术研究院、南京邮电大学、浙江师范大学、安徽师范大学（我被聘为他们的诗学中心顾问）、北京大学、清华大学、上海大学、延安大学、社会主义学院、鲁迅文学院、国家图书馆文津讲坛、上海图书馆、上海东方讲坛、南京图书馆、光明讲坛、宁波讲坛、现代文学馆、

301医院研究生班、青年政治学院、香港大学、香港浸会大学、香港中文大学、香港科技大学、香港中华文化促进会、香港作家联合会、香港作家协会、香港图书馆、澳门基金会、凤凰卫视《世纪大讲堂》等。

这个发展确实"有趣"。

从中也可以看出，我不是隐士，不是酒仙，不是所谓闲云野鹤，不是甘于寂寞的小草或者沙砾或者泥巴，不是一个完全省油的灯。我不会长期让那些不学无术、装腔作势、拉帮结派、与人为恶的猛人们太如入无人之境的。同时我又绝对不是一个钻营者、一个官迷或者级别迷，或者一个市侩。很简单，如果中国的市侩能急流勇退辞官不受，如果中国的市侩能坚守自己的做人的底线而不惜付出代价，如果中国的市侩能研究李商隐与《红楼梦》，如果中国的市侩能够写诗写小说写《夜的眼》与《木箱深处的紫绸花服》，写《活动变人形》与《青狐》，如果中国的市侩能够讲遍国内外境内外大学研究院，不仅用中文而且用别的文，中国就一定是最清高最伟大最神奇最有智商最有激情的赛过柏拉图与黑格尔的设想的理想国了！

进入二十一世纪以来，作学术讲演已经逐渐成为我的生活的又一个组成部分，每年都要讲个十几二十次（不包括境外），二〇〇八年后达到六十余次（不包括境外）。除大学外近年各级党委宣传部门与政府部门也很注意组织人文讲座。演讲的内容也在逐年开拓新"产品"。这些年我讲得较多的有"文学的悖论""文学的挑战与和解""小说的可能性""语言的功能与陷阱""《红楼梦》中的政治""《红楼梦》的文化情怀""放谈《红楼梦》诸公案""全球化视野中的中华文化""门外谈诗""说无端（讲李商隐的无题诗）""当代文学语言的资源""中华文化中的忧患意识""关于大国风度"等。

我越来越多地对每次讲演做好准备，包括幻灯投影教学片。但是我的习惯仍然是即席发挥，同一个题目，但每次讲的和过去都有不同。讲话和写文章感觉不太一样，有更多的直接交流，听众的每一个表情、声息、动作都直接地感染着与启发着我，激励引导或制约着我的话语。我始终感觉得到与受众是息息相通、亲密关系、及时交流、立即反应，哪一点讲得成功，哪一点讲得生涩，哪一点不妨乘胜拓展，扩大战果，哪一点需要即刻换一个说法，以免人家听不明白对我都起作用。写作的过程是一个思维的过程，当然，我写过一篇文章："作家是用笔思考的"，讲话的过程也是一个思考的过程，你边说边寻觅，边整理边发挥，边造句边反问，边注意反应边调整，一个问题你讲过三遍，就比只讲一次的时候体会深刻得多，再讲十遍，你自己也被自己说服了，感动了，觉得一个思想、一种论说、一番道理正在往完美方面发展。

最初，我一讲话就沾点激动，讲到近两个小时，心跳有点加速。慢慢我也练出来了，掌握好节奏，调整好呼吸，一泻千里中有停顿也有反刍，有充电也有瞬间的节能保护待机"睡眠"。如此，讲话便不成为伤气耗神的单纯消耗，而是变成一项有氧运动，讲两个小时，出点汗，脉搏趋于有力，能消化食物，排除废料，心情愉快，也如跳了三十分钟绳或游了七百米泳。

最早是中央编译出版社出版了我的讲演集《王蒙说》，然后是上海连续出版了我的《王蒙讲稿》《王蒙新世纪讲稿》。我收到过读者反映，说是愿意看讲稿，因为讲稿通俗，好接受。

当然不是全部根据，但至少占有一小部分，《中流》《文艺理论与批评》上的那些批王文字，促进了我在高校的影响，帮助我获得了太多的教授头衔。一位寡言少语的体验派女作家说，如果请八〇后读读《中流》上批王的文字，他们肯定会对老王肃然起敬。

我更重视的是二〇〇四年，由俄罗斯科学院远东委员会授给我的荣誉博士头衔。在莫斯科，举行了正规的仪式给我授学衔。年轻时候我一直为自己没有受高等正规教育而遗憾，后来（二十世纪六十年代）我到高等学校执教，而如今我也忝列教授与博士之列了，我得到了相当的安慰。也是此年，夏天我应邀到荷兰莱顿大学讲演，我国驻荷兰女大使与该校校长参加了我的演讲会，并在会后举行了招待会。此次的荷兰行我与芳还有助手崔建飞先生顺便参加了女儿王伊欢在瓦格宁根大学的博士论文答辩。在一个德国、一个美国、一个墨西哥和两个本地的教授的主持下，她获得了成功，得到了博士学位。她的先生和七岁儿子也自费前来参加这一盛典。没有穿博士服装，使我的外孙刘铜河有些失望。但开始时有号角吹奏和举校旗入场的仪式，差强人意。此前我的弟弟王知，不久前从民航局计划司长的职务上退下来，和他的孩子们正计划前来欧洲旅行，说是也要参加伊欢的博士化手续，我开玩笑说，要不咱们干脆包一架飞机来吧，让欧洲人看看现在中国的发展和实力！虽然只是说笑话，也反映了那么多沧桑、感慨和欣慰！

在答辩委员会主任宣布伊欢获得了博士学位以后，我想起了父亲，他一辈子那么向往欧洲、向往学位，尤其向往欧洲的学位，他的在天之灵应该会怎样地为伊欢而高兴呀。

我家毕竟有了两个博士了，对此还有争议，女儿伊欢说，她那个博士是真的——潜台词是我那个不算。但是俄罗斯的季塔连柯院士、远东所长向我保证，俄罗斯的博士含金量更高，他说西欧的博士到了俄国，只能算是副博士。

而更严重的是青岛海洋大学，现名中国海洋大学。他们隆而重之地非要我去当顾问、文学院长（现是名誉院长）、首席驻校作家与教授不可。其情可感，其礼遇非我敢当。

海大校址为原来的山东大学，在这个兼有德国与日本风格建筑的小鱼山校本部，梁实秋、闻一多、朱自清、老舍、洪深等都教过课。江青与王度庐（1909—1977，原名王葆祥）都曾是这里的图书馆管理员。他们渴望恢复过往人文课程的传统，他们在丁玉柱老师的力荐下想到了我。

青岛当然是一个极具魅力的城市。从西到东，滨海的一个狭长地带成为它的精华。除了海大的传统，海大的领导尤其是它的校长管华诗院士的热诚以外，青岛本身的魅力也吸引了我。你觉得青岛市是一个艺术品。老栈桥是一个公园。八大关是第一次世界大战前德国统治与德式建筑、德式城市规划的遗迹。五四广场是一个成功的建筑群，蓬蓬勃勃，迸发活力。雕塑园相当超前。石老人开阔却又带几分怅惘和迷茫。崂山的景物一层又一层，沿海的别墅住房千姿百态。

海大建立了王蒙文学研究所，由市委书记与我揭了牌。在二〇〇三年召开了王蒙文学创作国际研讨会。参加会议的有陈骏涛、森冈缘（日本近畿大学）、张学正（南开大学）、贺兴安、曹玉如、章子仲（湖北大学）、樊星（武汉大学）、王文初（湖北孝感学院）、托洛普采夫（俄罗斯科学院）、严家炎、王春林（山西大学）、林建法、李玉明（《山东社会科学》杂志社）、龚举善（湖北郧阳师范高等专科学校）、黄世中（温州大学）、曹赟（郧阳师范高等专科学校）、王安、毕光明、夏冠洲（新疆师范大学）、谢春彦（画家）、顾永梁、梁丽芳（加拿大艾尔博塔大学东亚研究系）、叶书龙（南皮县委宣传部）、任芙康（《文学自由谈》）、顾彬（德国波恩大学）、王科、周大新、程克夷、韩石山、解正德（《名作欣赏》杂志社）、金进（武汉华中师大文学院）、陈美华（新加坡）、孙泽宇（新加坡）、王爱松（南京大学）、夏义生（湖南省文联）、古远清、卜键、沈悦苓（文化艺术出版社）、刘瑞琳（山东画报出版社）、南帆、张宇、舒婷、张学军（山东大学）、张炜、徐芳、何镇邦、冯尚（汕头大学）、金良守（韩国东国大学）、谭振江（江西高校出版社）、林云（江西南昌大学）、何静、鲁彦周、徐岱、艾克拜尔·米吉提、陈建功、铁凝、陈柏中、阿斯木·阿拉提、都幸福、李子云、郜元宝、蒋山青、王震坤、王造云、梁淑珍（韩国《当代文学》杂志主编）、顾骧、陈染、巴堤雅（印度）、吉腾德拉（印度）、何西来、金宏达、杨柳、王万森、潘凯雄、刘玉山、王干、张抗抗、陈晓明、张颐武、吴泰昌、王山、王颖、张锲、焦宝森、冯其庸、张戈辉、孙毓霜、郑宗培、许子东（香港岭南大学）、黄维樑（台湾佛光人文社会学院）、吴志良（澳门基金会）、田瑛、姜桂欣、贺立华、徐浩渊、黄孟文（新加坡）、刘年玲（哈佛大学费正清中心）、白佩兰（墨西哥）、童庆炳、白烨、徐坤、张志忠、郭宝亮、张贤亮、汪晖、朱自强、川西重忠（日本樱美林大学）、王安忆、赵玫等一大批同行文友。还举行了以王蒙的作品为内容的音乐朗诵会。

这里有一个趣谈，张锲发言中说王某是一位没有绯闻的"名人"，贤亮听后抨击说，一个作家怎么能没有绯闻呢？并扬言要批倒无绯闻论。等到他发言的时候，他却改了口，他说，王某呀，鲁彦周呀，他们都得到了世界上最好的女人了，所以他们不需要有绯闻。而一个人，如果被女性所忽略、所冷淡、所抛弃，再没有一点绯闻，让他怎么活下去呢？他居然讲得悲情莫名，意气旺盛，我也就叹为闻止了。

创作家同行们没有准备什么严整的论文，而是漫谈一番。徐坤激情满怀地朗诵了《青春万岁》的序诗。宗璞寄来了书面发言《耳读王蒙的旧体诗》。金庸、冯骥才都寄来了题诗题词。铁凝说到我的某些马大哈。一次在社科院与大江健三郎座谈，我的一件购自澳大利亚的上衣商标没有撕净，她无论如何向我使眼色做手势我一无察觉。

其实这里铁凝的冤屈大了去啦。说是大江健三郎回去写了文章，说是王某如何虚怀若谷，亲切憨厚。说是铁凝向王某指指画画，不甚礼貌，而王蒙全不在意。

铁凝还说王某打电话只知公事公办，说完话就挂上，太干了。

舒婷说王某任部长后她不准备再与王打什么交道。但春节期间连续两年收到王的贺岁电话，乃改了观念。其实这只是表面的说法，此前舒诗人与陈村谈话拿王某调侃一番，调侃完了不让陈发表，陈考虑到那一段的可读性，便釜底抽薪，找我审稿，我哈哈大笑，凭君糟践，估计舒诗人乃有恻隐之心，不忍之心，一改一贯对王的"恶毒攻击"态度，居然在大会上说起老王的好话来。

作家间的唇枪舌剑也极有味道。一次（可能不是研讨会这次）张炜讲起他的一贯理论，胶东人吃海鲜多，大脑发育良好，所以齐国当年抗秦一直抗到了最后，秦国在横扫六合之余，久久攻不下齐国来。看得出他作为齐人后代的咸有荣焉的得意之情。他正讲着，被何西来听到了，何是陕西人，长相如活脱脱的秦俑。他听到哈哈大笑，他说，不管先后，反正最后是吃海鲜的齐人被吃锅盔的秦人征服了，而不是吃海鲜的齐人将吃烙饼的秦人征服，这说明，你吃海鲜再多，没有多大用处嘛。

冯其庸老师年高一点，但是仍然热情洋溢地讲了对于王的《红楼梦》评论杂感的好话，颇有会心处。他急急忙忙，说完话就上机场，还要赶到天津南开，去参加叶嘉莹教授的祝寿大典。而就在此次活动中，文怀沙教授的慷慨陈词忽悠被数学家陈省身批评，说是"老年人不要说那么多的话……"

许子东讲了一个看法，《活动变人形》中似乎认定，家庭成员的矛盾与冲突似乎是丑恶的与难以忍受的，而革命会结束这些悲哀。但是从另一个角度来讲，这种亲人间的纠葛，比亲人间的革命同志情谊更恒久也更正常。他的原话如何暂且不表，反正类似的说法使我一怔。人有时候是需要跳出去想一想的。

温州的黄世中教授的发言也使我晕的乎儿的。好像我在李商隐研究上还真有点什么货色好讲。

沃尔夫冈·顾彬以他那德国人的特有的认真劲儿讨论王作的幽默，这样一个题目的考证与论述与其说是幽默的不如说是严厉的。他一丝不苟。他论证中世纪的学者是如何否定"笑"的，真令人耳目一新一惊。

王安忆的发言一个是说她喜欢我写新疆的作品，一个是说写小说不宜太清晰。当然对。

陈祖芬的发言本身就是一篇活泼率性的散文，宛如天成，天籁，天趣。

奇怪，为什么男作家的发言我就没有记住多少，除了张贤亮声称他是坐拖拉机（形容飞机之颠簸）来的，他为了朋友几乎献出了一切……之外。

张宇本来是说话最幽默的人，这回可能受了点什么拘束，表现得乖得要死。

张锲一年前在讨论"季节系列"时说过，王某仍然是我国当代文学的一个重要的代言人，后来被媒体报道为"发言人"，为此他受到某杂志与某人物的质问与施压。但此次他仍然用最美好的语言谈论了王某的文事。

与会朋友与青岛本地作家学者聚会了一次，我发言中盛赞青岛啤酒，人们普遍认为我是在给青啤做广告，并为青啤公司无人在场而跌足长叹。

文化部长孙家正发来了贺词，由副部长陈晓光宣读，后来孟晓驷副部长又在《王蒙文存》的发行会上讲话，两个讲话都收入《多维视角下的王蒙》一书中。至于陈建功与金炳华，虽然同样各在研究会与发行会上有讲话，但都不愿收入书中，亦殊有趣。作协这边似乎多了几分畏缩，如果不说是恐怖的话。

说到这种畏惧让我举一个例子。人民文学出版社成立四十五或五十周年，开了一个庆祝会，除中宣部、新闻出版署有关领导外，我由于代表获奖作者发言，也坐在类似主席团的那排位子上。前辈老作家刘白羽老师则坐到了听众的头一排中间。后来刘老提前走了。作协传出，出版社捅了娄子，怎么可以不让刘老师上主席台？后来我问了一下，啥事没有。由于那天的会场是一个宾馆的多功能厅，根本没有主席台的设置，坐不下几个人，所以，出版社领导请示了各领导机关，与刘老作了沟通，请刘老坐在了那个位置。而刘老由于年事甚高，要提前离开，也是早在电话里就说好了的，与府位席次无关。没有任何人觉得这样如何可惧，除了作协某同志。

二〇〇五年，管校长邀请了马俊如（外国专家局原局长）、成中英

（夏威夷大学教授）、刘光鼎（中科院地质与地球研究所、院士）、张国伟（西北大学、院士）、秦伯益（军事医学科学院、院士）、梁昌洪（数学家、西安电子科技大学原校长）、欧阳自远（中科院国家天文台地球化学所、院士，我国航天计划的首席科学家）、管华诗（中国海洋大学校长、院士）、文圣常（中国海洋大学、院士）、冯士筰（中国海洋大学、院士）等科学家。我请了韩少功、唐浩明、张平、方方、毕淑敏、陈祖芬、陶东风、赵长天、张炜、邱华栋、张锲、熊召政、查建英等来参加与科学院士一道的"科学·人文·未来论坛"。由于一些作家在这里批判科学主义，使科学家们大感意外，也开得十分热闹。同时我不能不说，与科学家相比，我们的同行立论显得太轻飘、太随意，也未免廉价了。目前从全国来说，除王小波学过（自然）科学以外，有哪个作家认真研究过科学？没有研究为什么就批上了呢？无非是来自西方的新"左"思潮的皮毛。但是中国的主要问题仍然是愚昧无知迷信啊，更应该批判与解决的是蒙昧主义，是迷信、邪教，是对于科学的无知。不是吗？

后来龚育之同志专门来过海洋大学一次，也讲了他对于批判科学主义的保留意见。

闭幕会上，我讲了一通，我说"智慧也是一种美"：

> 非常高兴，也非常兴奋，能够在短短的这么些时间里聆听近三十位科学家和我的文学同行的演说及相互之间的提问与讨论。这样的好事、这样的快乐并不是我们经常能够得到的……孔夫子总结的快乐一个是"学而时习之，不亦说乎"，一个是"有朋自远方来，不亦乐乎"……另外就是"三人行必有吾师"，还有就是"如切如磋、如琢如磨"。

> ……由于我是一个没有受过完备教育的人，所以我听到我们的科学家的讲演、瞻仰到他们的风采，看到他们的身怀绝技的那种自信，那种富有冲击力的知识，我就感觉到，知识本身就是一种光明，一种提升和丰富，一种美，就是一种善。我觉得正是知识里充满了人文的精神，而无知才是扼杀人文精神的……

> ……那么，第二点呢，我们除了学习以外也有一些碰撞，也有些质疑，我觉得质疑是所有的学科前进的一种动力。人类的历史是一

个不断质疑又不断解决和改善自己的知识能力与道德自觉的历史。也许可以说成是一个发展的进化的历史。但是，人们对发展和进化这个词也充满着质疑。科学上好像是在发展的、进步的，而且先进的东西在取代落后的东西。譬如说，好的电灯可以取代煤油灯，但是文学和艺术就看不太清这种发展和进步。我们就无法说我们今天的作品可以取代《诗经》，可以取代李白、杜甫，或者可以取代《红楼梦》，不但取代不了，我们仍然自惭形秽，觉得对不起我们的祖宗。人们不但质疑科学，人们也质疑文学，如果说科学主义是值得反思的，那么文学主义呢？我觉得陶东风教授（也许他不是故意的）不无讽刺地提到了我们国家也有文人进入领导核心的时候，他举的三个人，就是张春桥、姚文元和陈伯达，如果再加一个艺术家的话，就是江青……甚至可以质疑历史，历史到底有什么意义？历史是不是进化的？譬如，我们谈到"满意"，我刚说到量化……还有一个什么词叫"满意度"……

有时候我觉得人会被自己的能力、被自己的创造、被自己的革新和自己掌握的手段和可能性所吓住。质疑科学，对科学感到恐惧，古已有之……科学的成就往往使胆小者、保守者、自以为是者精神崩溃。人们也会被文学吓住，譬如说，当雨果的戏在巴黎歌剧院上演的时候，由于他创作的新的形式，由于他被认为是伤风败俗，就引起了游行，引起了游行群众与警察的冲突。有许多好的作品也是吓人的。我在参观爱尔兰詹姆斯·乔伊斯纪念馆的时候了解到，就是他的那本《尤利西斯》，《尤利西斯》写出来以后是一片骂声……那里在卖一种文化衫，文化衫上是乔伊斯语录，他说对付这个世界，有三个手段：第一个手段是"silence"，即保持沉默；第二个手段是"escape"，是逃避；第三个手段是"canny"，就是谨慎和精明。我当时看了以后，就对爱尔兰友人说，乔伊斯也像是某个时期的中国作家。《红楼梦》也是吓人的。《红楼梦》是禁书，几大才子的书都是禁书。

……我并不主张克隆人，现在全世界大多数政府都是禁止克隆人的，但是克隆技术的发展我们必须正视，如果说它挑战了伦理，那么，我们的伦理道德体系难道就经不住一个小小的科学、生物技术的考验吗？我们的伦理道德体系是何等的脆弱，我们难道不应该重新建立和更新或者想方设法强化加固我们的伦理道德体系吗？我们怎么能反过来抱怨科技走得太快！（鼓掌声）如果我们的浪漫主义只停留在幻想月亮上，我们经不住登月科学进展的考验……浪漫主义也仍然可以重造，我相信人们在知识进展的过程中他却越来越发现自己的无知，越有知识的人越是感觉到这个世界的伟大与神奇，越来越发现世界上有很多东西不是用科学所能解决的，不是用技术所能够达到的。所以，我们完全可以构建我们新的浪漫主义，我们新的理想主义，新的梦幻、神秘，我们新的小概率和无概率的那一切。（按：此是针对西安电子科技大学原校长梁昌洪教授关于概率美的发言，梁教授曾经为王爱讲的三三二二说列出算式，并纠正了王的说法的不准确处，梁校长还以数字方式为王画像与画王的讲演海报。）

作家有时候是爱找事的一些人。说老实话，在我们的讨论当中科学家没有去出击、嘲笑文学家的，但是我们的作家频频向科学家发起声讨。但是，这才热闹呀！难道他们不需要声讨吗？（鼓掌声）在文学已经处于边缘化的今天，我们干不了别的，还不能当一回"搅屎棍"吗？！（鼓掌声）允许"搅屎棍"，这就是学术民主。学术民主并不是说只允许经典、只允许结论，只允许达尔文这一级与李白这一级的人说话，或者是爱因斯坦这一级的与鲁迅式的人发言，同样，也允许不成熟的、不无片面的发言……我完全赞成管华诗校长所讲的，人文和自然科学完全可以携起手来，谁也代替不了谁，它是你中有我，我中有你，我觉得这讲得特别好。我尤其佩服冯院士的对联，它太完美了。

……所以，数字里头有诗，数字里头有情感。福建社会科学院的一个研究员林兴宅先生提出一个命题："最高的诗是数学"，他被很多人骂了一番，我就是觉得它好，但是我无法证明，因为我在极低的水平就是初中的数学里头，我享受的那种精神遨游的快乐，那种在一个自己的符号和数字里头来选择的那种快乐，那种从一团乱麻里寻找诗意和光明，那种多向思维的快乐……我到时候就硬是把它证出来了，没有一个题是我证不出来的，我觉得这充满着诗意。

为什么呢？因为不管是科学还是文学，都是来源于生活，来源于这个世界，就正如我们论坛上一个教授讲的：科学来源于人的本体，我觉得这说得太好了，太对了！科学也好，诗也好，文学也好，都是对世界、对人生的一点发现，一点关切，一点探求。这种发现从不同的角度上可以启发我们的思维，启发我们的认识，也开辟我们的心智，在这一点上我常常觉得智慧也是一种美。不是说光是形象美，我当然非常喜爱，但是智慧美有时是非常吸引人的……我们在这种关切人生，关切世界，在发现这个世界而且在寻找创意、寻找智慧和光明这一点上文学家是科学家最好的朋友，科学家是文学家最好的老师，我这样说老师并不想助长科学家高高在上的气焰，而是因为我是搞文学的，毛主席教导我们，谦虚使人进步，骄傲使人落后……

我的即兴讲话令全场倾倒。事后想起来，也许我有某些花言巧语，有点听不暇接。我习惯于多向的、平行的与立体的思维，既说到 A 也说到 BCD，说了 AB 就要说 BA，然后是 ACBCDC，然后是 CDCBCA。我喜欢作多维的立体的翻过来掉过去、打开再叠起来的讨论探究。我最最倾倒的是瞎子摸象的故事，我们经常上演这样的故事，扮演一个又一个瞎子。我只不过是想同时扮演八个瞎子，这样就多了一点光明。这里边有一些观点，并非即兴而是经过了长久的思考。关于科学与文学的挑战意味，令人恐惧的意味；关于科学对浪漫主义的毁损与创造出来的新的浪漫的可能性；关于科学的局限与文学的局限；关于质疑与对质疑的质疑；关于学问的对象——人与世界的本体的统一性。关于知识与智慧的美与愚昧的不可取。顺便说一下，中国朋友现趸现卖的对于科学主义的声讨，弄不好会与中国的迷信与愚昧传统，中国的源远流长的反智主义的传统结合起来，画虎不成反类犬，追求后现代的结果是回到前现代回到原始巫术、回到傻子功——如金克木教授所说——这样的例子多着呢。那几年流行过一种气功，叫作傻子功，练"功"的人天天念几十遍"我是傻子，我真傻……"早在我国处理"法轮功"事件之前，天津作家冯骥才与蒋子龙就对我说过，这样下去，什么唯物论什么五四精神就全完了，不知道上头想明白了没有？

我也常常佩服冯士筰院士的对联，他说：

文化人不拘乎山形水色画中显山诗中流水
科学家有得于画意诗情符号乃画数字也诗

　　他还讲到科学上的抽象，叫作玄之又玄，众妙之门。他的举例是牛顿与爱因斯坦。当然，天才的科学家与文学家是能够相通的，二流的科学家与文学家却容易互相不理解。

　　前后我还请过童庆炳、袁行霈、柳鸣九、朱虹、严家炎、何西来、黄维樑、龚育之、叶嘉莹、余光中、白先勇、金圣华等来授课。请余华、迟子建等来写作。请了冯骥才、黄济人、叶辛、张炜、纪宇与军事医学科学院原院长秦伯益院士、将军等来参加海洋大学作家楼的命名仪式。几位教授作家各有风格。童庆炳旁征博引，丝丝入扣；袁行霈仁心诗心，感人至深；柳鸣九高屋建瓴，神交法兰西；何西来豪情如火，情理并茂；严家炎精细缜密，百发百中；龚育之心平气和，真理在握；黄维樑纵横驰骋，思绪如电；叶嘉莹诗话曼妙，引人入胜；白先勇至诚所至，金石为开；余光中学贯中西，隽语妙悟；金圣华亲切条理，循循善诱；冯骥才博闻强记，见多识广；叶辛绵密动听，娓娓道来。

　　余华灵敏有加而且有一种厚道，单纯至性，同时也极丰赡。他原是牙医，由于烦了治牙，才想活动到文化馆去。先是作曲未成，乃改务小说。他用自己的心去接近与掌握文学，他的文学生命中绝少那种外加的半吊子的胡说八道与非文学反文学的病毒感染。迟子建则同样有一种对于文学与生命的善良与真诚，有一种大爱与大欢喜。有机会与他们接触，向他们请教，对于我来说也是极愉快、极有收获的事情。

　　但我常常想到需要小心一点，不可得罪余华，否则他可能半夜撬开你的嘴，拔光你全部牙齿。

　　迟子建两次驻校写作。我们有一次雨中共游崂山，有一处景点养着一些鹩哥，见到迟子建就叫道："真漂亮。"语音清晰。开始迟子建告诉同游的我们后，我们不信，迟要鹩哥再说一遍，鸟儿不肯说，她佯装生气回身要走，鹩哥大声叫道："真漂亮。"

　　我请海大校友李希凡与德高望重的冯其庸先生，以及艺术研究院副院长张庆善等来参加了"红楼梦月"活动。我听希凡回忆了他的山东大学岁月。

台湾背景的最最优秀的作家余光中与白先勇都来到了这所学校。我们举行了余光中的诗歌朗诵会。他也用中英文朗读了诗歌。白先勇来的那一次介绍了他主导的昆曲《牡丹亭》的有关情况。恰恰此次我邀请了胡芝风来讲中国戏曲，算是一次有重点的活动，也是一次艺术欣赏。

由于海洋大学希望我参加他们的校庆，二〇〇四年的十月我是在青岛过的，恰逢我的七十岁生日。文化部领导关照给了青岛市文化局，海洋大学乃与市文化局联合为我贺生日。局里派了民族乐队来助兴。《彩云追月》《娱乐升平》《步步高》《旱天雷》都是我最喜欢的曲目。学校不但组织了晚餐，还组织了一些师生演出文艺节目。学校毕竟是充满青春活力的地方，师生们的热情令人感动。我至今觉得对不起朋友们对我的厚爱与为我付出的辛苦。前来母校（原山东大学）参加"红楼梦月"活动的李希凡等参加了我的生日聚会。

能过这样一个梦境一样的快乐的生日，已经超出了我的预期。对于人生，对于世界，对于祖国，我的感激、感恩永远多于抱怨与委屈。我相信一贯诅咒的人自身必有值得被诅咒之处，觉得谁都对不起他或她的人必然对不起旁人，不是鲁迅而声言一个也不原谅的人，完全不具备鲁迅的深邃与清醒而单单学会了恶毒的人，只能毁掉自己，而且不值几文。可怜人多有可恨之处，这是一个残酷的真理，虽然不可说得太绝对，但也实在发人深省。

我在海大一个相对固定的住地是在麦岛校区的五十四号楼，三室一厅，设备（尤其重要的是电脑、宽带、电话、电视……）一应俱全，向阳房室，从窗户中看得到海波浪花。这里有一个大好处，出门向东，可以步行四公里到雕塑园，再走个三四公里则到了石老人浴场。我曾多次散步来回走，沿海徐行，其乐无穷。如果讲什么九条命的话，那么肯定青岛这里、海洋大学这里也有我极美好的一条命存焉。四海为家，心系八方，天南海北，处处是朋友、是学问、是课堂也是漫步的花径林荫大道，是安度晚年的享受也是犹自切磋精研的自习室。我的老年生活丰富而且健康。你怎么能不快乐？

许多朋友、作家同行、教授专家，都曾住在这幢楼里，来人的时候，一楼的一间房便成了我们的临时厨房与餐厅，留下了我们多少共餐时的欢声笑语。

　　而与白先勇余光中共游崂山时，余先生买了好几件水声风笛，我们几个老头老太太每人吹个不住，像回到了童年一般。

　　同时我也相信，古今中外，这样的大学绝无仅有，能来过这么多优秀的作家、文学家、文学史家、学者，老的与少的，男的与女的，大陆的与港澳台的，中国的与外国的，共一百多人，在中国海洋大学的校园里留下了他们的身影，在中国海洋大学的讲坛上留下了他们的声音和高论。除了前面提到的二〇〇三年与会的人以外，也应该提到龚育之、曹文轩、秦文君等，他们有的来作过讲座，有的来开过其他研讨会，有的还应聘为海洋大学的驻校作家。即使只排一排名单，也够你高兴一阵子的啦。

　　许多老作家都爱说作家宜散不宜聚，我无异议。但散的当中偶有相聚，也是佳话，也非易事，也委实难忘。确实，美丽的青岛市、热情的中国海洋大学是一个全国的乃至世界的作家会面的地方。我感谢这些文友的好心好意好说话支持捧场。我爱你们！

　　二〇〇七年，这幢五十四号楼被海洋大学正式命名为作家楼，原校长管华诗院士撰写了《作家楼记》，连同到海洋大学来过的当代中国作家姓名，勒石刻碑为念。海洋大学还在图书馆内设立了斯文学堂，悬挂着这些作家与人文学者的照片与简历。

　　二〇〇九年，澳门大学授予我荣誉博士学位。

27. 养猫与狂欢

　　近三十年的中国，变化得实在太快了。我问过许多外国人，他们对近半个世纪所属的国家的变化也有感触，但同时他们都认为本国不像中国这样大起大落，一日千里，昨天已经古老，新潮将旧浪不断前推，时尚转眼间吞噬了习惯与记忆。

　　二十世纪八十年代美国有一部纪录片《寻找毛》，意思是中国大地上的"毛时代"的遗迹已经难以寻找。当然，事情远远没有这样简单，在中国，历史的顽强与时尚的席卷往往都超出预计。中国日新月异，中国与时俱进，中国永远是中国，中国万变不离其宗，以不变应万变。

　　二十世纪八十年代后期我下决心把一九四九年后的中国人的特别是革命知识分子的心路历程写出来的时候，我以为这是一件激动人心的工程，我以为它能引起回忆与重温，旧梦与旧痛，哭号与长啸，怒吼与狂笑，叹息与流连；我以为它能针针见血，字字入木，句句含情，章章搅他个潮涌浪溅……

　　然而，当它写出来的时候，从一九九四年到一九九八年，社会的关注早已经是别样了。市场、公司、股票、公务员晋升、购房、购车、惩治贪官、连环杀人案、买断工龄、打工仔、"鸡"与"鸭"、托福、高考、一等公民、二等公民……"三陪"、足浴、医疗改革、黄金周旅游……有些自命精英的作家与自命唯一正确的革命家痛骂改革开放时期的人们的精神面貌精神生活，然而，越是夸张的痛骂越是一文不值。你说望"洋"兴叹望新兴叹吧，用毛泽东的话，你就向隅而泣去吧，您老，时不我待，过去的不再来。人们竟然这样快地丧失了对于例如下面的话的感觉：

……确实是充满了对于翻天覆地的渴望。中国人的不平和愤懑，屈辱和痛苦……几千年百余年的积累、压缩、增温与变形，最后必然召唤起嗜血的天翻地覆。中国的几千年的文明史与百余年的战争史、奋斗史、失败史与革命史……准备着这翻天覆地的一页……活着也好死了也好，只要能把中国翻一个个儿，再翻一个个儿就好。人们又恐惧又兴奋，因恐惧而更加兴奋，因兴奋而更加恐惧。

这是我对“文革”的解读的一部分。再没有第二个人这样解读了。有人彻底否定“文革”，并认定了责任人是四个人，是四个人的野心与非法勾当构成了历史的与革命的大倒退。有人对“文革”讳莫如深，希望大家忘掉历史。有人——特别是这两年——悄悄地将“文革”包装上反体制、民主、创新、后现代的外套，拉上切·格瓦拉以及实不相干的福柯什么的做抬举革命婚纱的伴童，大声地或者小声地唱着怀念“文革”与追挽“文革”之歌。

而且也是对革命的部分解读。革命充满激情、煽情，哪怕是正义之情、神圣之火，它也是充满兴奋与恐惧、粗糙与武断的。

你没有理由反对革命，像某些学着张爱玲的《秧歌》的样干脆把土改全部否定的作品。你不可能制止革命。你不能一劳永逸地以革命的名义到处颐指气使、以势压人、为所欲为。你应该了解革命、温习革命、反思革命同时跨越革命的火烧火燎，创造新的生活新的思想新的幸福。

从谭云兰他想到那个脸上长黑记的丑女，没有她，本来局面不至于发展到那一步。

“无产阶级文化大革命”，毛主席发动领导，所以大气磅礴，高屋建瓴，天马行空，神龙出世。从政治哲理政治艺术的角度上，应以惊世骇俗出神入化名之。但运动又是江青在那里操作，于是大气磅礴的运动中不时出现一种小家子气：狗肚鸡肠，酸溜溜怄气儿，噘起嘴不忿儿，神经兮兮，疑神疑鬼，装腔作势，驴唇不对马嘴，张嘴不知所云，最适合黑记丑女一流人物上场。天可怜见，给这样的人一点机会吧……能没有一个机会露露脸，闹闹事吗？

"总为世间鸣不平"，我记得陈毅元帅有这样一句诗，是他参加日内瓦会议时凭吊卢梭墓时写的。人世充满不平，没有几个人认定自己的境遇自己的命运已经足够良好，足够公正。就是说没有几个人完全不向往多多少少革他一命。用严格的语义学意义上的"反革命"态度对待历史，很可能是不可取的。

连同前面的三部"季节"，我已经屡次写到了革命的理想，革命的浪漫，革命的毕其功于一役的允诺，革命的大气磅礴，革命的只讲大道理而往往忽视小道理，和某些人的以革命的名义所作的无理行动。而实际上在那里革命的活生生的人，却可能甚至必然是大体与你我一样的人，有他或她的个人处境、动机、私心、俗念。赢得了人众才有革命。人众的参与又必然改变着革命理论的初衷与轨道。人的革命既改变着自己也改变着革命。参与的人越多，革命就愈是易于胜利，而同时，就越难以革命的初衷与要旨来控制革命。鲁迅早就明白革命的这个特点，他热烈地批判旧中国，同情革命但并不头脑发热，也许他有时候是冷静地言说革命的。

但是那会儿的左翼文学青年不懂。王蒙从前也一窍不通：为什么鲁迅从来不用浪漫的煽情的弥赛亚式语言讲说革命。在我追求革命的初中生年代，我直觉鲁迅的革命热情还不如受着无政府主义的影响的初期巴金。

早在二十世纪八十年代的言论中，我强调我的文学的题材是革命，是革命的悲情，革命的雄壮，革命的神圣……也是革命的代价，革命的曲折，革命的粗糙，如果我没有用"粗暴"这个词的话。

尤其在革命胜利之后，问题在于能不能继承革命，避免再走上旧政权的覆辙，同时，跨越革命，缔造新的生活，缔造和谐、小康、更全面的小康和科学发展。

"文革"不是革命而是反革命。你不妨这样说。

这个反革命披的却不是反对、非议革命的旗帜，用的不是反对革命、主张渐进（如胡适等先生的）理论，而是不断革命、极端革命、生硬革命、奉旨革命、超级革命即革革命的命的旗号，然后装腔作势地大革其命，露骨地与千倍地、急功近利地借革命之名以营私……总之它把革命的一切弱点都发展到极致，发展到极端败坏革命的声誉的程度，却无真正革命的历史庄重性，亦无革命的一切正义性，它达到了的是最最最革命的反面——伪革命与反革命。

　　我长时间考虑这最后一部"季节"应该怎么样命名，最早我想的是"养猫"的季节，这部书中对于养猫的描写是我最重视、最动情的篇什。我写道：

　　于是我们要说到那个晚上了，那是边疆的三月，那天起了风。三月的风天在边疆，也许比内地的冬季还要肃杀。然而，春天是绝对的和不可抗拒的，春天的火焰说烧就要燃烧起来，哪怕把一切烧成灰烬。是的，这里说的是你心中的春天，你身体里的春天的火焰。那天晚上你的眼睛睁得有碗大，那天晚上你不肯与你的恩主钱文同眠，那天你从鼻腔后部发出了奇怪的鸣声，你像火烧火燎一样地在房里乱转。你听见了，也许你没有听见而只是想着听见了一声声雄健的虎啸，那是上天的声音，那是春天的声音，那是宇宙的召唤。而你的恩主钱文由于不了解或者是由于自私，他仍然试图挽留你，不让你出门撒欢儿野跑，不让你告别你的童贞……你怒了，你发出了凶恶的令人胆寒的吼声。你开始从一个驯顺的、可人意的小狸猫，变成了一个冒烟的炸弹。你用爪子磨抓房门，发出刺耳的噪声。忽然，你发出一记压抑的哭声，像人，像女人，像孩子，这声音使钱文魂飞天外，这个猫是怎么了？

　　……钱文从床上一跃而起，他一句话没说就打开了房门。

　　……你并没有立即像获释的囚徒一样一溜烟儿跑出房门。你的娴雅的风格不允许你那样做。你与钱文的情感使你做任何事情都有所顾忌，你做不到义无反顾的决绝。你仍然恋恋不舍地看着钱文，你最后——最后？也许正确一点说是你的少女时代的最后吧，你用你的小脸小鼻子蹭了蹭钱文的裤脚鞋面，你是在致歉还是在请求理解？你出了一点声音，好像是在唱"哎呀妈妈"，当然你应该换成"哎呀爸爸"。你走到了院子里，青色的月光照在你身上，寒风吹动了你的皮毛，你的皮毛像波浪一样地颤动。你在院子的土地上趴了一趴……然后，一伸一跃一蹿，你从漆黑的杏树上一溜烟儿地跑到了房顶，你嗅到了那雄健腥臊的狼猫气息，你整个生命随之伸展舒张和活跃起来了……

　　那一夜钱文觉得自己已经无法睡觉。他相信他面临着一个久违了的失眠之夜。他觉得自己已经魂不附体……他也走失，走失在零下十几摄氏度的严寒里，走失在如狼似虎地嗥叫着的西北风里，走失在融化着一切又遮蔽着一切的青白的月光中，走失在生命的欲望和为这种天赐的天生的天杀的欲望油然而生的愧疚里。他的眼前是一片房顶，厚厚的土泥和麦草抹成的房顶，俄罗斯风格的刷着油漆的洋铁皮屋顶，也有少数排列整齐似乎大有深意的瓦顶。他多么希望能够在那样的屋顶上沉思，来想象每一个屋顶下的生活特别是每一个屋顶下的愚蠢和罪恶呀！

……生命总是燃烧，燃烧则充溢着破坏和毁灭的力量。生命呀，难道你的秘密你的精髓恰恰在于趋向着破坏和毁灭？年方三十有六，你已经亲见亲历了多少大火、多少毁损破灭呀！

……他走到门口，他推开对开的房门，他发现匆忙中忘记了戴眼镜。他重新走回卧室，找到并戴上眼镜，他向对面的一座屋顶望去……他回到自己的床上，他想给东菊写一封信，他想告诉东菊他也许会自杀。他觉得他可以了，活得可以了，死得可以了。

我说过，在此书里，养猫才是纲，其余都是目——这种表达本身就带有毛体风格。毛泽东对中国人的影响无与伦比。毕淑敏对此书有一个说法，（极"左"的）政治歪曲了生活，生活又消解了（极"左"的）政治。铁凝撰写过专文谈在猫的描写中的那一颗柔软的心。回到生命，回到生与死，青春与成长——告别青春、月光与寒风、惦念与茫然。当你的一切都被剥夺了的时候，你也许会回到本初，回到宇宙的起点上。

然而也有这样的评论者、搭车者、投机者，他假装害怕生命像害怕瘟疫，他从生命上想到的是颓废、是淫秽、是为黄赌毒敞开大门、是敌人、是瓦解、是搭错了车，他要的是普里希别耶夫中士（见契诃夫同名小说）的规范，要的是终于搭上车的投对机的幸运，他要的是与生命生活生机与生生不已的生气的势不两立。

但是人们不相信他当真会这样，如果他的选择是生命的对立面，他要那个上车的"搭"的动作做什么？

然而仅仅一个养猫是不够的，这本书的内容太大了也太多了。

……他常想，像中国的"文革"这样的事件，就是马克思复活了，也没有对付的办法。有一次他把他的这个看法告诉一位同志，那个年轻人大声说："如果马克思生活在中国，如果马克思赶上了'无产阶级文化大革命'，说不定，老人家早被打死了！"

这话说得相当刺激，然而这也是规律，一个失控的革命运动，变得无法容忍最初的革命发动者、指挥者、理论建立者，这不但可能，而且于史有据。

所以，这是一个疯狂的季节。然而，一个这样的国家的伟大的革命，怎么会走向疯狂呢？请看我罗列的这批词儿：

……反动本能，蛇蝎心肠，刻骨仇恨，丧心病狂，处心积虑，野心豺狼，猖狂反扑，摩拳擦掌，错打算盘，伺机妄想，砍门石山，欲求一强，颠倒黑白，信口雌黄，混淆是非，丧尽天良，恬不知耻，瞪目说谎，狰狞丑恶，狐狸扮娘，腐烂透顶，妖精跳梁，恶如虎豹，毒如砒霜，痴人说梦，丑态难藏，自我暴露，破绽曝光，白骨成精，恶毒攻党，含沙射影，毒汁溅墙，阴谋诡计，策划急忙，铁证如山，天罗地网，人民铁拳，泰山压顶，无耻吹嘘，欲盖弥彰，铜墙铁壁，口诛笔战，铁打江山，人民汪洋，擦亮眼睛，十手所向，油炸炮轰，粉身碎浆，无处逃遁，义愤填膺，体无完肤，匕首投枪，短兵相接，刺入膏肓，批倒批臭，婊子牌坊，司马昭心，路人皆详，以卵击石，碎壳流黄，右派得逞，工农悬梁，死有余辜，杀杀杀兵，苟延残喘，自取灭亡，胜利胜利，人心当当，金猴奋起，玉宇辉煌……

这里说的是一九六七年。这是谩骂，也是语言的狂欢，这是人性恶的狂欢，这是一个凶恶的游戏。人生中本来就有不平，社会上本来就有不公，背兴的人本来就比幸运的人多，穷困的人比富有的人多，活得窝窝囊囊的人本来就比春风得意的人多，叫作人生常恨水常东，叫作不如意事常八九，叫作人生在世不称意，明朝竖旗"文革"吼！

钱文读了这样的文字兴奋得几乎要跳起来！翻翻几千年的中国

历史，翻翻全世界的上古中古文艺复兴近代现代当代历史，即使是第二次世界大战胜利的时刻，你也看不到这样集中的词语狂欢！尤其是中国，几亿人憋了几千年，少哭少笑，少吃少喝，"存天理，灭人欲"，鳏夫寡妇，忠臣孝子，阳痿阴冷，瓜菜代粮，尊卑有别，长幼有序。除了血流成河的农民战争时期，什么时候这样欢实过？幸亏，我们有文化革命，革命就是狂欢，串联就是旅游，批斗就是最最现代后现代的滚石乐、霹雳舞、即兴剧、意识流、黑幽默，革命就是大震荡大出气大过瘾大联欢！看啊，地无分南北，人无分老幼，全都闹腾起来了，全都欢实起来了，全都用一样的词。哭的哭，笑的笑，打的打，叫的叫，死的死，跑的跑，傻的傻，跳的跳，升天的升天，入地的入地，你趴下，我起跳，他趴下，你起跳，真混了个热火朝天！革命是人民的盛大节日，真是不错！闹吧，让你们闹个够！打吧，让你们打个够！骂吧，让你们骂出花儿来！杀吧，让你们杀个痛快！有冤的报冤，有仇的报仇，宰了人白宰，杀了人不用偿命！真是彻底解放！真是民主自由无序的极致！一切规矩，一切秩序，叫作一切条条框框全部砸个稀巴烂！这当然是亘古未有的创举，无可比拟的胜利，人类社会的奇观，革命加拼命的好戏。欢庆加欢庆，报捷加报捷，累累硕果加硕果累累，上海公社一月革命，东北新曙光，大西南春雷，大西北艳阳高照，毛泽东思想伟大胜利，南京长江大桥建成，红色卫星上天，语录歌狂唱，忠字舞狂舞，讲用稿日记稿修辞竞赛，砸狗头踏一脚气贯长虹。警钟永响，热泪长流，口号乱喊，拳脚劲舞……

很容易判定我是在讽刺，我是在斥骂"文革"，然而，绝对不仅仅是否定与贬损，甚至于，我并没有对"文革"采取妖魔化的策略。对"文革"，我也理解，我也同情，我也悲哀，我也叹息，我甚至于在稍稍解释"文革"的必然性，"文革"的道理所在。还有"反右"的必然性，"反右"的道理所在。不会有第二个人这样讽刺又这样歌唱，这样悲愤又这样嘲笑，这样喜剧又这样正经得泪流满面地写这些事情了……而且不仅是在中国，人性就是这样的，历史就是这样的，文化就是这样的，如果你读过狄更斯与雨果，如果你想想法国大革命和红色高棉……

我写了一个家庭妇女，祝正鸿的母亲，她自己认定——也可能是她的幻觉，她在青年时期掩护过一个革命家，与之做爱怀了孕，有了正鸿。情极则幻，对革命也可能这样钟情，幻想自身是血染红旗的烈士革命人。她是天生的极端革命分子。她至死嘱咐儿子一定要响应号召去掏大粪。"文革"前夕，在我国掀起了宣传掏大粪的高潮，国家主席接见掏粪工时传祥同志。王某愿意借此机会宣布，王某早在一九五九年已经认认真真地掏过大粪了。

《狂欢的季节》一书中的祝正鸿母亲的话石破天惊。例如对于"反右"，她说：

> 不打疼了你，你改得了吗？江山易改，本性难移嘛。可共产党就是要移你的性，叫你脱胎换骨，共产党就是你的重生父母！共产党就是要让中国翻一个个儿！别人办不成的事儿，共产党都要办成！你不相信吗？试吧儿试吧儿（前面两个"吧"字需要儿化，是北方的一个专门口语，带有"较量"之意，王补注）。你说你没反对党，我瞅着你就是反了，我说你反了，你说你没反，这不就是反了吗？反了怎么办？该怎么办就怎么办！天下是怎么来的，你们年轻人不知道，我知道。那是人头换的，一百万一千万一万万人头换来的。你要夺天下，拿人头来！

对于"文革"，对于"文革"一开始揪出了彭罗陆杨，她又发表高论道：

> 毛主席有毛主席的道理，毛主席有毛主席的兵法，你们懂什么？彭罗陆杨要干什么，你们知道个屁！江山能得就能丢，你能从姓蒋的那边儿夺江山，他就能从姓毛的那边儿夺江山。事出于必然，人防于未然，天下未定，斗的是敌人，天下已定，防的是功臣，这是不得不然。有时候江山丢在战场上，有时候江山丢在会议室里，有时候江山丢在一句话里。你们懂吗？你们趁早闭嘴！

这才是国情，这才是文化的积淀，这才是心有灵犀，领袖与百姓心连着心！你觉得不好听吗？你害怕了吗？你这个蓬间雀！你这朵温室里的小黄花！你压根儿不该在这个严酷的时代出生。

我写的这位家庭妇女，实有其人，其时其地，这样彻底的民间极"左"革命理论家，有的是！

还有那些对老一辈人信口开河的纨绔子弟和站着说话不腰疼的生活在另一个世界的自我感觉良好的 ladies and gentlemen，如果你碰到了同样的热潮，同样的奇风怪雨，同样的闻所未闻见所未见呢？

然后是什么都成功了：

> ……几十个人几百个人甚至更多的人集中到一起……你说我说他说她说一起说分别说小组说大会说（这多像进步电影《一江春水向东流》里一个合唱的歌词呀，那个合唱唱道："来来来来来，你来我来他来她来，我们大家一起来，来唱歌……"你再体会一下："说说说说说，你说我说他说她说，我们大家快来说，都得说，不想说也得说，一个人说话多窝脖儿多窝脖儿，一群人说话多快活多快活……"），不清楚的说清楚了，不坚决的说坚决了，想不通的……就拼命地说自己是通的，再说下去，果然……变说通为一举想通了……既然大家都这么说你又何必为了不这样说而黔驴技穷，而四面楚歌，为了不这样说而进退维谷，而言不由衷，而不舒畅呢？通通通通通你通我通他通她通我们大家都来通大家通！畅畅畅畅畅你畅我畅他畅她畅……

这是集体主义、团队生活的颂歌，却也有搞笑。弱者是尤其需要团队的，团队万岁！我从小读革拉特珂夫的《士敏土》，就琢磨此书的结尾：主人公格利融入了集体，在大集会中感受融入与忘掉自我的快乐。虽然一路写来，他有那么多不快、那么多堵心的事，包括老婆让一位坚强的领导人睡过。

对不起，淋漓尽致，入木一两分（还谈不上三分）地写某些旧日旧事，并不总是令人愉快和引为荣耀的。我们庆幸于终已摆脱了昨日的羁绊，我们得意于今天的发展。然而我们无法回避我们是怎么走过来的，我们擦不掉也根本不应该擦去我们在荆棘丛生的险路上留下的带血的脚印。有些脚印使我们痛心，但是并不使我们汗颜。我们经受了太多的屈辱与苦难，我们在黑暗中摸索，我们轻信又不免警惕与多疑，我们拼命又不免莽撞与过激，我们悲情又不免误读与执拗。革命不是绘画绣花，并不从容雅致、温良恭俭让。孰能无过，孰能免祸？当革命变成了千军万马，当革命变成了通俗化、简单化的口诀，当革命的气势使千千万万阿Q君也革起了命来，革命接近于成功胜利，也接近于危险与偏差（而带有民粹倾向的毛泽东从来是同情阿Q的革命而批判赵太爷的不准革命的），当革命排斥了它本不应排斥的理性与学识，我们的经验有多惨痛就有多宝贵！

啊，我们走过了那么长、那么曲折、那么有声有色的路！

路漫漫其修远兮，吾已上下而求索，虽九死而未悔兮，为斯民杀出一条血路！

鲁迅说"革命文学家风起云涌的所在，其实是并没有革命的"。也就是说，当真革起命来了，文学家们只能瞠目结舌，三缄其口。

偏偏某些文学人（某种程度与某个时期也包括我本人）自以为是革命的前锋，是革命的骨干，是革命的行家里手。

痛哉！

我们毕竟跨越过去了！我们进入了新境界、新阶段、新局面。我们不必一味骄矜，更无须回避我们走过的英勇的与代价高昂的道路。我们仍然感激先辈，敬仰先驱。在《狂欢的季节》快要结尾的时候，我写到了毛泽东，我说：

> ……他就是记忆，他就是感情，他就是功勋，他就是噩梦，他就是奋斗……他就是顽强地活下去的中国人的灯光、馒头、辣椒、白干酒、门神、驱蛔灵和气功……他以后的几百年，在中国，凡是打批判的旗帜战斗的旗帜反潮流的旗帜反体制的旗帜社会主义的旗帜……以及人民的……旗帜鲁迅的旗帜……中华的旗帜爱国的旗帜……还有一种打旗帜的旗帜就是自诩旗帜，却根本看不出来他到底要干什么能干什么的，没有哪个人能够脱离开他的思想光辉，没有哪个人能越出他的思想边线，没有哪个人能够望其项背！
>
> ……他老人家的"文革"实在是搞得一团糟……他亲手去摧毁自己建立的党，去摧毁自己建立的国家，去摧毁自己建立的信念和秩序，再摧毁自己发动和领导的"无产阶级文化大革命"……

然而这毕竟是中国革命世界革命的一次人民大狂欢，是一次毛泽东的诗意盎然的狂想曲。毛泽东称自己一辈子就做了两件事，一件事是建立了新中国，一件事是"文化大革命"，这绝非偶然。从中可以看到他老人家是怎样地看重"无产阶级文化大革命"！这是英雄主义与理想主义的狂欢，超前思维的狂欢，这是意志的狂欢，概念和语言的狂欢，创造历史即追求历史的一点新意社会的一点新意的狂欢……人生就是生命的一次狂欢，更正确一点说一次狂欢的实验……毛泽东使青年一时间解放到了极致，去掉了一切绳墨规矩，轰动了全人类，激发了全世界。这有点残酷，一切循规蹈矩一板一眼对于生命对于青年就不残酷了吗？"文革"确实尽兴。所以西柏林的"墙"上写满了联邦德国红卫兵的标语，美国加州伯克利市建立了伯克利人民共和国，法国文化部长、作家马尔罗对毛泽东敬佩备至，后来，许多年后，全世界的拳击爱好者都在电视实况转播中看到：泰森的手臂上刺上了毛主席头像……

我曾经非常看重我的"季节系列"写作，我相信再没有一个人真实地而又是理解地，切近地而又是超拔地，热烈地同时仍然是冷峻地，尖锐地却又多情地书写这一切。我置身事中。我超然物外，我有情有义，我无挂无牵。我上了天、入了地、革了命、当了官、打入了另册、成了宝贝蛋或者眼中钉。写这一切我有血有泪有笑有欢有骄傲也有耻辱，有熟熟的套子更有新见。我是有童子功的共产党员又是多情应笑我早生华发的咏叹者。在大风大浪中我是弱者，在情感、智力与经验上我相当强，我丰富得不得了。在掌握权力上我习惯于贫而且乏，在掌握语词造句上我富可敌众而且得心应手。我不写谁写？我不书谁书？就任凭那些爆料的牛皮、那些涂抹的粉饰、那些非理性的咒骂或者自吹自擂，那些党八股或者反共八股们编造——我说是伪造——生活的脚印吗？

不。有老王在，休想！

我从生命、生活、人的角度来见证这一切。我是一个见证者，见证荣耀与艰难，荒唐与坎坷，步伐与代价。我不是审判者、控诉者、鼠目寸光的苦主、贩卖者，也不是趋奉者、投机者、赶车者与化妆师。我从不躲藏。人最宝贵的是生活，从文学的角度来看，一切历史都是生命的历史人的历史生活的历史。治国理政都要以人为本了，党的政治思想工作都要强调人文关怀与心理疏导了……我们的小说还害怕写出活人写出生命来吗？

从一九九一年到一九九九年，我一直在写"季节系列"，我把它看作我的历史责任。在北戴河创作之家与威海东山宾馆，在德国与美国，香港与内地，在雕窝村的农家房舍，在凄风苦雨、春寒料峭、玫瑰阁楼与山脚海滨，我连续八年不忘从这个季节到那个季节，每天坐在电脑前哭哭笑笑，想想敲敲，摇摇摆摆，呼呼叹叹……仅仅每部"季节"的命名也花了我太多脑筋。每一部书都是写到三分之一到五分之二处才确定了题名，而一旦确定了题名，底下的书写就势如破竹起来。从纯小说的角度看它不无遗憾，然而，它是无可替代的，它还远远没有被挖掘和理解。例如我的最好的朋友之一李子云，她接受"失态"与"踌躇"两个"季节"，盛赞"失态"的命名，却无法接受"恋爱"与"狂欢"的神经分分。我的最热忱的评论者郜元宝，再没有哪个像他那样认真地阅读了文本，他作出的辨析仍然显得单薄与直线。就前面那段讲毛主席的话，谁还能写得出来？谁能真正看懂？满纸荒唐言，孰解其中味？

这是一套小说，这是一套以小说家言面目出现的历史。当然，钱文担负不起代表中华人民共和国历史的重任，就像贾宝玉担当不起代表封建中国的重任一样。宋江也绝对代表不了中国的农民起义。小说就是小说。不会有第二个人了，至少目前没有第二个人，亲历而且积极参与，上了天也入了地，知之深，痛之深，爱之深，解之深，正视而且彻底，建设性而且大局，讽刺入骨而又爱恋有加，冒着傻气，费力而未必讨好，绝对不取巧，倾吐块垒，拨弄辞藻，长太息以掩涕，呼风而又唤雨，写了"建国"又写"反右"，写了"调整"又写"文革"，写了豪情满怀又写哭笑不得，写了事出有因又写了匪夷所思，写了必然也写了偶然巧合，对于健忘者、躲避者、大言者、谎言者、螳臂当车者……它将永远是一个不可抹杀的记述。

28. 笔走烟云

　　我有时候会写一些自己也说不清晰的东西。它是生命的躁动与升腾，它有一点恶作剧的心理，有一种试验一下文字的可能性的意图，有一种开开自己的玩笑，开开小说的玩笑，开开读者的玩笑的不恭，有一种凛然的冒险：言语的冲击会不会形成一种灵魂的冲击呢？言语，能不能制造一个真正的精灵，制造一串惊雷，制造一个梦境，一个花园，一个陌生的宇宙，一道道闪电白光蓝光呢？

　　在《大块文章》中我谈到了《铃的闪》与《致爱丽丝》，特别是我自己也解读不清楚的《白衣服与黑衣服》，我相信这几篇是有意义的，总有一天会有人读它们读出点玩意儿来的。而在二十世纪九十年代，我写了《满涨的靓汤》，它被《中华文学选刊》所选载，并在网上广为流传。如果仅仅从表面形式上看，它确有一点"恶搞体"滥觞的意味。

　　　李先生终于得到了董事长汤公请吃饭的口信……汤公现年四十一岁……身高一米九一，天庭饱满，地角方圆，妩媚的大眼睛带几分女性的魅力，睫毛长得令人沉醉……

　　奇怪，这是一九九八年的作品，我写的对于眼睛的印象却像三年后对一个国际著名人士的眼睛的观感。我指的是……我还是不提他的名字吧。

　　　李生心喜，精神旺盛，朝气蓬勃……当晚成就好事后，搂住李太的脖子，款款软语之："卿卿知否？喜从天落。汤公有邀，当在周末……卧薪尝胆，软泡硬磨……忍辱负重，石出水落。我他妈的，总算入了道了，也就是快要出道了也！"

胡言乱语，梦呓热昏，忽悠着对于人间主仆关系的嘲笑。还表现了李生的奴颜婢膝、蝇营狗苟、攀攀爬爬、摧眉折腰、可羞的永远摸不着底却又身不由己。

> 李太神思，敏捷过人……"我要旗袍，我要小袄，我要项链，我要珍宝儿，我要香水香粉香液香波，我要法国化妆品郎口玛系列长把芳容保……"

加上了对于夫妻或性际关系的恶评了。

李生到老板家赴宴，忽有忽无，忽约忽废，莫知就里，哆哆嗦嗦，这才是老板的厉害，让你永远七上八下，心中无底。大人虎变愚不测。古人认为君王就跟老虎一样，它的皮毛花纹随时变化莫测，所以又说伴君如伴虎。一切（生死存亡，荣辱进退）老板做主，一切你不到最后一分钟都是憋到闷葫芦里。

这可以说是"满"作的第一主题。

最后好不容易吃上了"老板汤"，菜如铜铁，不能咀嚼，不能下咽，不能提问，不能为难。而众宾客吃了个感激涕零，屁滚尿流。尤其是汤公的招牌菜名汤，根本打不开煲盖，所有略图开盖者都倒了霉，不饮不思饮而称赞不已者，乃取得了好感。这是在挖苦什么呢？

> ……赵秘虽然打了招呼，该周末汤公并未赏饭，临时取消，令李生失魂落魄，肾寒鸟蔫。如此约了再废，废了再约，多少回合，多少冷热，多少销魂，多少梦寐，不但苦了李生，更苦了耐不住的李太。终于，一月又三周后，李生如愿以偿，来到汤府……同去者同僚二十名，都与李生同样受宠若惊，同样汗流浃背，同样欢欣雀跃，同样垂涎三尺，同样面有菜色。二十人围着一个特大号圆桌坐定，兴奋之呼吸此起彼伏，录下音来，竟被认为属于"黄"毒焉。

一位编辑说是此作品虽如天书，读来颇感痛快。

汤公笑如春风，先由摇滚乐队奏《必胜曲》《凯旋颂》《我公司天下无敌赞》与《祝君生日快乐》……掌声雷动……奏《我很丑，但是我很温柔》《玫瑰玫瑰我爱你》与《大约在冬季》。一奇瘦的侍应生着燕尾服紫红领结上，行霹雳舞步，上菜……娃娃鱼、果子狸、穿山甲……瞧人家这气派，禁止吃什么偏有什么，你保护什么我就捕猎什么……再看侍应生，身高两米，手如黑鹰爪，瘦骨嶙峋而又拳屈难伸，手指如锥如钳，如刀如钻，睹之惊心动魄……又奏《嚼你没商量》《我把你背影啃个够》《发财在今朝》《你明明是在骗我》……众宾客笑容可掬，频频点首，唯无人敢举箸也。

鸿门宴已是我国宴会的一大奇观，那么，我写的老板请吃饭，又是一次什么样的饭局呢？还有这种中西合璧、今古混同的仪式，又会让读者想起什么呢？

……吃得香甜吃得忘情吃得感激涕零，又吃得谦恭吃得忠顺吃得遵纪守法。乐队改奏《快乐的寡妇圆舞曲》与《尼姑思凡》，汤公下令：“上汤！”……略带愠意……想起了避讳教导，已是不安，再看到汤公神色，便都吓得自椅上跌落下来，匍匐觳觫。汤公……笑曰：“……可以箸无菜，不可口无汤！浩浩汤汤，固若金汤，天不下汤我煲汤，地不涌汤我即汤，万物皆备于汤，众美俱出于汤，延年益寿全靠汤，滋阴壮阳唯凭汤，汤中自有美天堂，汤中自有颜如玉……汤中自有天与道，汤中自有悲与壮……！”

这里有对于煲汤的忽悠，有对于一种文化——动辄想煲一锅一劳永逸、包治百病的靓汤——的警示。更有一次游牡丹江镜泊湖的经验，多年前那次，众文友喝了许多汤，用汤造了许多句子。头上顶着雨，在船上，赏汤、观汤、喝汤、讲汤、自嘲，其乐无穷。

以某汤（或其他）包治百病是不可能的，或者这是“满”作的第二主题。

……鼓声大作，众乐齐鸣，军号声声中，八个穿金线制服壮丁抬着一口巨煲，整齐地踏着正步前来，一二三，预备起，上了一巨煲汤……但见煲身盘龙舞凤，巨耳如轮，煲釉金光闪闪，煲头如虎如豹，煲盖盖得严丝合缝……煲内发出呼呼之声，如火如荼，如雷如风，如潮如汐，如做爱如分娩，如便秘如深翻地……李生不敢造次，用箸头轻轻一触，只觉煲盖重若千钧，同时盖处发出一声闷吼……默念敕勒嘿南无阿弥陀佛……不敢正视。

这里边有什么用意吗，或者只是信口胡诌吗？这里表达了五体投地吗？这里表达了满不在乎吧？

老板的煲盖子不可能随便打开，不可能很容易打开，不可以造次试开。这样讲，没有啥不好懂的吧。

你可以不太费力地将这些文字解释为对于"黑箱作业"的夸张与讽喻，很尖刻也很搞笑，算是第三主题。但是这样的解释会不会如我多次讲过的那篇报纸副刊文章，将白居易的《花非花》解说成是一个以"霜"为谜底的谜语，从而将白诗杀死了呢？

其实分析文学作品的主题本身就是一柄"双刃剑"，它在有助于理解作品的同时，也可能大大减少作品的丰富性、开放性、动感与活性、生长与变动的可能。最伟大的作品《红楼梦》，是在主题上最众说纷纭，也最难以解释透彻的。

王某认为：文本如同大地，阅读如同行走与浏览，主题如同景致、景点、景的命名与导游说明书。当然是移步换景最好，时有新行走新体会新发现最好，固定化局限化简单化标准化了不好。

……董事长家的盛宴令李生获得了大震动大启示大鼓舞大打击……其威仪，其盛情，其服务，其氛围，都称得起刺刀见红，棒喝当头，枪枪十环……餐非餐，食非食，菜非菜，肴非肴……汤公盛宴如梦如雾如烟如露如影如幻……其学问之深奥，教训之丰富，场面之宏伟，态度之郑重，都是本世纪与下一个世纪初没有先例后例的。

夸张它个天花乱坠，语言如吃醉了酒，是调侃吗？是撒癔症？怎么语式这样熟悉？君莫舞，君不见玉环飞燕皆尘土，这可是一位大人物给另一位也挺大的人物写的条幅。我把这条干货写给你啦。荒诞也是一种保护，嬉笑而已，岂有他哉！

汤虽然没有尝出味儿来，喝汤的过程已经振聋发聩，千奇百怪，气势万种，令人心悦诚服。

> ……他十分后悔，当时，他为何不冒险掀开煲盖子一看……即使看完……自己化为汤料汤汁汤渣，也该看完了再死，死而瞑目……好奇心折磨得他不吃不睡不做爱，他见人就想打听……

李生被自己的好奇心折磨得得了类精神病。

折磨与被折磨，在事业中、性爱中、政治斗争中、企业经营中、学术研究中，都是一个永恒的命题。折磨与被折磨，都是人生的必然，人生的必要，也是文学的永恒主题。例如，陀思妥耶夫斯基，巴尔扎克，曹雪芹。

折磨与被折磨，说到底也许还是互补，是互相需要，是谁也离不开谁。

> 于是李生……接受医生的心理测试，医生给了他一张试卷，内容有："你爱喝汤吗？"他答对。问："你怀疑汤料吗？"答不。问："你爱你的公司吗？"答对。问："你失眠吗？"答不。问："你爱你的太太吗？"答对。问："你常常觉得门没有锁好所以要不断地检查锁子吗？"答不……该是的都对，该否的都不……他被认定业已痊愈，乃出院……

李生出院后成了靓汤铺的老板，为造天下第一汤，他又拼命、奋斗、过分、无所不用其极：

> 李生出院后……酸辣汤、甩果汤、鱼头汤、粟米汤、松仁汤、萝卜丝汤，汤店生意日好，遂扩大了铺面，增加了山鸡胡桃洋参枸杞汤、水鱼石蛙珍珠粉汤、大鲍翅汤、银耳燕窝高丽红参汤、猴头黑蚁

金针木耳椰蓉汤、白莲南北杏天麻地黄汤、香狗肉汤，等等。并请外籍厨师做了乌克兰红菜汤、法兰西乡下洋葱浓汤、德意志土豆香肠汤、奶油鸡蓉汤、番茄奶油汤、阿拉伯苦尔达克与肖尔帕汤……

我喜欢在小说中列账单、列表格与准表格，卖弄一些鸡零狗碎的知识贯口。我发现德国人的作品亦喜此道。一九九六年我访德时，德方举办我的作品朗诵会，朗读《冬天的话题》的德语译本，就专门选了我关于沐浴学的贯口，如下：

> ……他费时十五年，写下了七卷《沐浴学发凡》，内容包括"人体与沐浴""沐浴与循环系统""沐浴与消化系统""沐浴与呼吸系统""沐浴与皮肤""沐浴与毛发""沐浴与骨骼""沐浴与心理卫生""沐浴与青春期卫生""沐浴与更年期卫生""沐浴与家庭""沐浴与国家""工矿沐浴""战时沐浴""沐浴与水""沐浴与肥皂""浴盆学""浴衣学""搓背学""按摩学""沐浴方法论""水温学""浴巾学""沐浴的副作用""沐浴与政治""沐浴的历史观""沐浴与反沐浴""沐浴与非沐浴""沐浴的量度""沐浴成果的检验""沐浴学拾遗""沐浴学拾遗续一至续七"等章，堪称洋洋大观，走在了世界前列。

朗诵这一段时念者与听者一起大笑，似乎十分过瘾。
接着说李生：

> ……他的第一步是召开国际汤学大会。会议在瑞士阿尔卑斯山中一五星级饭店举行。会议收到各国汤学专家论文一百余篇。东西方前后现代专家一致认为突破现在的汤模式，创造非中非西、非补非泄、非荤非素、非甜非咸、非浓非淡、非汤非非汤的新型汤……此种新型汤亦即汤的新纪元，应该包括所有的引力场、所有的光电子、所有的毒素与解毒素、所有的营养与废料、所有的语词语法逻辑非逻辑、所有的味道与反味道、所有的哲学光学生物化学史学地理学比较文化学医学体育文学艺术电脑程序的研究成果……各与会者包括记者与宾馆

工作人员昼夜品汤数十种，即兴举行国际汤品大赛，并列第一名者共有汤品四十余种……

信手一击，亦非空穴来风。中国、外国，论坛、研讨会对话会多了去了，有多少是真有内容、真有意义的？

穷则独善其身，达则兼济天下……他发誓要造一种经天纬地功德圆满登峰造极的天一巨靓汤。汤公留下来的两千万美元终于被造汤事业用罄，李生乃卖掉自己的靓汤店，又卖掉几处房屋……为了炼汤，他光是高炉平炉转炉就进口了十几套……巨汤渐成，奇妙无比，唯专家说是仍缺人气人精神。李生决绝，愿以肉身以生命换不朽之伟汤。乃高唱巨汤颂，自割双耳，抉一目，割九指，割大腿一，投入巨煲。还不够，乃割双睾丸。人残汤全，人丑汤美，是谓极品……彩色照片，刊登在各国十余种新闻杂志的封面上。李生当选为当年的世界风云人物，上了最最畅销色情刊物《花花公子》的封面。欧洲共同体首脑决定授予他金骑士勋章。太平洋大西洋联盟授予他双洋伟上奖。而李生……抬在担架上，主持天一巨靓汤开饮典礼。

鸣礼炮，唱亚欧美澳南极洲歌，阅兵，升旗，各饮汤代表团入场分列式，少年儿童献花，男女青年献花，大型团体操，叠罗汉，走钢丝，运动员跳伞，直升机拉烟成标语："天地悠悠，唯汤为大""大道止于汤"。又有诗人赛诗，诗曰："煲如六合汤如海，饮罢巨汤腾宏宇，古有刑天舞干戚，今有李生入汤煮！""吾愿纵身汤煲里，痛饮巨汤三千许，饮罢化作香汤料，更令旁人嚼我体！"……你是疯牛，你是艾滋病毒，你是传染瘟病的鼠！你是鲜花，你是山泉，你是林间的麋鹿！你是李生的汤哟，你是诗的渊薮！你是我的幽灵与肉脯！

王蒙老矣，他受不了任何的自恋、极端、绝对、自我膨胀、自吹自擂、自我作古、哗众取宠、装腔作势、封闭玄虚、吹牛冒泡、自命圣贤、自我造神，他看透了这一切，他干脆替你吹冒个够！瞧你还能闹腾出个啥来！

这是第四——与前边的三并列主要主题。

> ……突然，一人喝道："我的娘哟，太不好喝了呀！"
>
> 李生闻听此言，一跃从担架上飞起……一只手扼住贵宾的脖子，发出一声凄厉怪叫。幸得保安人员将二人拉开。这声叫唤震动山河，天昏地暗。怪叫声中，众客人还是把汤喝了下去。
>
> 未几，五大洲四大洋的人众分成两派，一派说是巨汤好得很，一派说是巨汤好个屁……

好得很与好个屁，来自红卫兵两派斗争的启示。当时某省红卫兵分成了 H 派与 P 派，即这么来的。

> 有把汤公评为阴谋家把李生树为英雄的。有把汤公树为先哲，把李生评为南霸天，将批评巨汤的人树为英雄的。有把汤公说成狐狸，把李生说成虎豹，把批评者说成豺狼的。有说汤公乃智者，李生乃仁者，批评者乃勇者的……各种排列组合应有尽有。天下从此多事……

"天下从此多事"，我喜爱这种表达方法，英明却又无奈。我受这样的句式感动已经相当晚，是二十世纪六十年代，我读田汉的《谢瑶环》，那个剧本里有这样的预言。

> 又，不久前，李生的后妻提供了一李生遗稿，李生称自己壮志凌云反被凌云壮志误，不该将虚做实，将无做有，尤其不该打破汤公不开煲盖的规矩。他预言自己为制造新型巨靓汤而付出的代价愈大，造出来的汤质量愈好，其结果必然就愈悲惨……他建议在他死后焚汤书坑汤儒，灭绝汤学……这部文稿拿到商行拍卖，起价一百五十万美元。但拍卖中途被搅乱了，盖多年无声无息的李生前妻突然出现，白发苍苍，声情并茂。前妻称她有确凿的证据，能证明这份遗稿纯属小老婆伪造。前后两个太太，大打出手，并各自请了律师，打了一场旷日持久的官司。各无聊传媒为此很是热闹了一阵子，许多吃饱了没事干而失落良好的自我感觉的人也跟着闹哄了一阵子，又是站队又是

表态又是声明又是怒斥悲愤又是上书著文签名画押。有的称为前后（妻）之变，有的称为大二（太）之争，红火了半年多，忽然大家又觉得是上了当，多没劲呀！可不是吗？于是人们改斥之为泡沫为狗屎……热衷于建立全新的汤学体系，审父跨父，他们深信现如今的汤学造诣早已超越了汤公李生的形而上的哲学化或形而下的工业化传统，现在的世界是他们的，现在的汤学是后殖民后科学后革命后权威的汤学了，至于旧汤学的出路只能是博物馆要不就是垃圾堆……派别虽多，背后仍难免前妻后妻大太二太的山头迹象。纯粹学者对此种说法虽痛恨万分，愚众却总是忍不住往二女之乱上想。愚众的搅和使汤学之争无法深入进行，汤学学者莫不摇头叹息。新型靓汤到底如何，消费者并未见到喝到，餐馆里的汤质量每况愈下，而汤学内外的哄吵却愈演愈烈，一发而不可收，成为本世纪一大景观矣。

当然，这种恶搞式的描写里，也反映着二十世纪末我们的学界的某些情状。这是第五主题。我称这种情状为学术讨论的狗屎化，任何本来有意义的争执，瞬间即演化成个人间的钩心斗角，妇姑勃豀，明枪暗箭，派别山头，告状造谣，造势海外，真假莫辨，最后变成一潭浑水，变成泥沼酱缸，以致变成你死我活，必欲除之而后快，离真理越来越远，离狗屎越来越近。例如围绕着极高雅的杂志《读书》两届主编易人的诸说法，尤其是二〇〇七年最近一次想悲情挑动而未制造成的风波，就是这样几乎变成大摊准狗屎的。

网上甚至出现了王某、吴彬（现任《读书》杂志执行主编）、查建英如何在二〇〇七年四月重庆书市上聚餐密谋更换《读书》人事的下流编造故事。得知此说得有鼻子有眼儿的谣言后，我在伊妹儿里的评论是"哈哈哈哈哈"，建英的反应是"嘿嘿嘿嘿嘿"，吴彬的反应则是干脆见一面吃点什么吧，要不白让人家做了一回白日噩梦。于是我们这三位一年多没有见面更没有一起吃饭，性别、年龄、背景、特点都相差不近的人（而且我是连杂志易人的事网上沸沸扬扬了却还不知道的）来了兴致，约了几次，好不容易凑到一块儿，吃了一顿美味精致的广东午茶，算是圆了可怜人的噩梦。堂堂学人叫作醒客（thinker 即思想者）的，恋栈起来竟是这样可怜巴巴，何苦呢？少管点杂事，多写点文章岂不更光辉？

如果只看"靓汤"一类作品，你会认为王某是一个漫画家、讽刺家、游戏家，甚至相声家。丁玲老师读了王的《啊，穆罕默德·阿麦德》的题记，已经说王某在"说相声"了。旅居澳大利亚的一位黄惟群先生，就曾经写道：

> 王蒙不能文雅，王蒙一文雅，一看就是装出来的。
>
> 王蒙不能抒情，王蒙一抒情，多半沧海桑田，太沉重。
>
> 王蒙不能写神经病，哪怕一点神经质都不行，他会写得太像，像得让人分不清到底是书中人还是他自己。
>
> 王蒙不能说"亲爱的"，王蒙一说"亲爱的"，十有八九"不怀好意"，随之而来的必是阴阳怪气，拐着弯子的冷讽热嘲……

显然是坐井观天。可以肯定，他没有读过"青春"也没有读过"组织部"，没有读过《冬雨》也没有读过《夜的眼》，没有读过"紫绸"也没有读过"夏天"，没有读过《蝴蝶》也没有读过《海的梦》与"风筝"，更不要说《苏联祭》《十字架上》与我的新诗了。不用说远了，就是在《满涨的靓汤》前一年，一九九七年我写了《春堤六桥》，后两年我写了《歌声好像明媚的春光》。再后几年我写了《夜之雾》。旅居法国的刘西鸿说是看了"春光"后她流下了眼泪。而《春堤六桥》获得了上海文学奖。

我罗列了《满涨的靓汤》的五个主题了，其实还有得说。主题不是设计好了的，而是文本里自然而然地蕴藏着、流露着、丰满着——满涨着的。满涨的汤水里满涨着感觉和思想，就看你会不会读了。

而《春堤六桥》全然别样——你认得出来吗？

> "你来过这里几次了？"
>
> "许多次。这里的秋天很好，残破的荷叶让你对世界依依不舍，秋天的湖水像是一个老朋友在向你告别。而春天，一切的精彩都向你涌来，你受不了。"

如果已经为我的某些夸张和荒诞而笑破肚皮或者顿足号叫，那么一下子也许接受不了任何的纯情与精微。

　　"如果一株梅树，它再也不开花了，它已经开过了所有的花。你看到它的时候，能够想象它花朵盛开的情景吗？你能够因为想为它过往开花的情景而喜欢，多看它两眼吗？"梅泠问。她注视着鹿长思，她期待着那个十分重要的回答，她的神情忽然非常异样。是求爱吗？怎么又像是……长思忽然觉到了一阵寒气，他用力点头，拉起了梅泠的冰凉的小手。

　　梅泠眼睛里充满着泪水，她喘息着说："谢谢你，鹿长思同志。你让我实现了、现在时兴说是圆了少女时期的梦。我在上中学时就作过一首诗，我说：'我梦见和你一起走过春天的桥……'是的，我早就做过这样的梦，就是今天这样的，和一位老朋友，我们走过春天的桥，一回就走过了六座，回忆起几世人生！我已经活了好几世啦……还有从嫁人到给丈夫送终。人生能有几多春？人生能有几多桥？我再没有什么遗憾啦。谢谢你。"

　　她沉吟了一下，又说："对不起，我现在要自己待一会儿了，我要去一个地方，我有一点私事，不陪您了，您请便了，对不起，请您永远原谅我。"她闪电似的搂了鹿长思亲了鹿长思一下，等到鹿长思回过味来，她已经举手"打"到了一个"桑塔纳"……走掉了。

　　鹿长思愕然，茫然，骇然，凄然。他想起了一个戏曲场面：《天仙配》里，七仙女突然被迫回到天庭，而留下了一个傻乎乎的董永。他转身看湖，一片澄明，一派茫茫，了无挂碍。

　　晚上上飞机以后，他们发现他们的座位并不在一起。他们分别由美丽的湖滨城市这边的不同单位送行……他们各自办理了登机、安检手续……他们在风雨通道门前互相招了一个手……上了飞机以后这两位就谁也没有再见谁。下飞机以后，由于郑梅泠托运了行李，鹿长思没有托运……下了飞机他们就谁也没有再见到谁……

　　这里写的是一对老年男女，未成眷属的有情者，经过了几十年，邂逅江南，共同走过春天的一道长堤，有所回忆，有所感动，终于错过了的生命。女方已经身患绝症了。

有生命，有沧桑，有慨叹，有生死，有始终，有永远不能实现的梦和永远的对于春天的礼赞。空间的飘移带来的是时间的流逝与闪回，春天的迷醉伴随的是秋天的清明与安息。遗憾又何必痛惜，失却又何苦追觅，梦想总不可能件件成真，错过带来的是永远的美好的回忆。在《春堤六桥》的结尾，一切都变得简单：

> 再过了两个月，鹿长思收到了一个大白信封，下款写的是："郑梅泠同志治丧小组"……挂了一个电话，说："妈妈病危时提到了鹿叔叔，妈妈让我告诉叔叔，她走得了无遗憾。"女儿呜咽了。
> 鹿长思柔肠寸断，泣不成声。

而《歌声好像》的出现与一度营业于俄罗斯驻华使馆旁边的"贝加尔餐厅"给我的感动有关。有点幼稚与过分也罢，人越是老了越回忆少年和青年唱的歌曲。我常常会不自觉地哼唱起《斯大林颂》：

> 阳光普照美丽的祖国原野，
> 原野成为光明的地方，
> 我们编了一首动情的歌曲，
> 来把挚友和领袖歌唱……

它的曲子和词都极动人，这与斯大林不斯大林已经毫无关系，我无意在这里表示我坚持斯大林主义，我相信那些对于斯大林的暴行的说法都是真实的、可叹的。斯大林使那么美好的理想主义蒙羞……但是这首歌是好听的呀，除了王蒙，不会再有什么人提起它来了。

> 我从来没有接触过这种调式，这是一种切入……一家伙就伸到心里去了；至于它那充满青春魅力的跳动的节奏，更是我从来没有接触过……那歌词也是我从来没有听到过想到过的：梨花开遍了天涯，河上柔曼的轻纱——什么叫柔曼呀，另类得一塌糊涂！走在峻峭的岸上，歌声好像明媚的春光，我的天！而这新奇中的新奇，纯美中的纯美，迷人中的迷人，是她，是喀秋莎！歌声就是春光，春光就是歌

声，歌声就是万物的萌动，歌声就是冰雪消融，草儿返青，花儿渐放，燕归梁上。听惯了"美珠""淑兰""玉凤""秀云"以及桃呀杏呀香呀艳呀花呀月呀的女人名字之后……听到了一个歌声如春光的姑娘叫作喀秋莎，而且她护佑着的是世界上第一个工农社会主义国家的"左"倾红色战士……你怎么能不喜泪盈面，如浴清泉，如沐清风，如饮甘露，如获得了新的生命！

我已经十二岁，我已经沉醉于春光、歌声、梨花、河岸、战士、苏联和共产主义，而所有这些如今被一些轻狂小子笼统地无知地称为嘛行（háng）子意识形态。这是什么样的意识形态呀，这是春光一样的激情和梦想，人群和运动，独立和自由，它集中体现在喀秋莎的名字和音乐形象上……健康而又光明，忠诚而又快乐，多情而又素雅，她在山坡上在河岸上在春光里奔跑着跳动着，她的胳臂和腿迅速地摆动着。她的基本色调是洁白，梨花、轻纱，都是白的，我看见了一个活泼勇敢如白玉之无瑕的俄罗斯姑娘，她就是喀秋莎！

……她就是我的梦，我的爱情……我的伟大的意识形态……从那时开始，我的情人就是苏联，就是俄罗斯，就是喀秋莎，就是贝加尔湖，就是顿河，就是白桦树和草原，就是屠格涅夫的丽莎和叶莲娜，更是《钢铁是怎样炼成的》中的冬妮娅和安东诺夫《第一个职务》中的尼娜……我不是柏拉图，不是修士更不是小和尚，但是我的青春我的春光不是至少主要不是从乳房、屁股、汗和其他分泌物及阳具的膨胀上体现的，它是从革命、从苏维埃社会主义共和国联盟、从文学、从诗，从星空、梨花、河岸、雾与歌声来感知的，我为此感到快乐……

我甚至于天真地、非政治也非外交地在小说中写道：

我看到了她的美丽的眼睛……更看到了她的苍老，她眼角的皱纹显出的是憔悴和孤独，是沉重依然的岁月……

"如果我们一直友好，那有多好。"她喃喃地说。突然，她泪如雨下。我赶紧转过了脸，我怕我不能自持。

忍住了下落的泪水以后我解嘲说："卡佳同志，你应该比我们更熟悉获得奥斯卡金像奖的你们的电影：《莫斯科不相信眼泪》。"

"你也不相信我的眼泪吗？"她睁大了眼睛问我。我一下子也流泪了。

当然这里只有幼稚和天真，幻想中苏永远友好和幻想人们永远是共青团员，女孩永远是十九岁一样。我甚至找一个曾任驻苏大使的全国政协的委员交谈过中苏中俄关系，当我冒傻气地回忆五十年代的时候，前大使说："那年代已经一去不复返啦。"

不复返了就更要写下去。如同哈萨克作家艾克拜尔·米吉提的玩笑话。过去伊宁市的特点是高高的白杨树与街巷两侧潺潺流响着的明渠。现在城市进行了现代化的建设，面貌一新。米吉提说，要想知道伊宁过去的风景，只能去看王某人的小说了。

为了不复返的许多许多，我们当然还要写下去，而远远不止是嘲笑和游戏。正如我在文学讲座里爱说的，文学是对于时间——对于青春和生命的一种挽留。

也有一些作品不带那么多依依不舍的性质，比如《尴尬风流》。这样的小说明显地具有一种平静和微笑，趣味和狡黠。始自一九九八年我在香港大学作通识教育讲座时期。那天有一位著名的台湾作家柏杨太太给我打电话，说明她来到了港大，我们约好第二天早晨早餐时间在宾馆餐厅门口见面，由于过去没有见过，还说好了我拿一本什么什么杂志为标记。我也问了她的房号。第二天我没有能在餐厅门口见到她，而我此后遍寻宾馆的房间，有前面的与后面的号，恰恰没有她说的房号。这样我也就未能与她会面。这本身并不是一个问题，可能我记错了，可能她说错了，可能临时突然离去，可能改了主意，都没有什么。但是如果写出来，却有几分故事。它有很大的可变性与容量，空心的故事容得下任何其他故事。这就是我的第一篇"玄思小说"《笑而不答》。

这与斯时我阅读的佛经故事有关，我觉得这种短故事我也可以写它若干，似有含意，赖你琢磨，表现人生的种种经验，经验便是启示，启示何必明说？启示全靠体悟。我一改那种主题鲜明的故事思路，越不鲜明就越值得写，越有嚼头。

这些作品里都有一个主人公，名叫老王。老王从经验上说与作者一致，是作者的日常生活经验提供了老王的故事。但书中的老王更憨厚，更无奈，更平凡，更窝囊。我觉得对于大多数平民读者来说，老王比王某可爱。

开始，这一组作品命名为《笑而不答》，我追求禅宗的拈花不语的境界。写多了却多了些实景、实事、实历、实例，就是说，本来的计议中的玄思，写多了却现实起来，于是我更名为《尴尬风流》，达二百多则。可以说是微型小说的大系列。而作家出版社的编辑张懿翎却宁愿拿它当成一部长篇小说，这个思路也极有趣，因为至少是人物统一，故事统一，味道统一。它专写日常生活小事，写生活的悖论，你这么说有理，我那么说也有理而且你过去并未发现。例如我写老王与老同学聚会，一个说由于经历坎坷，衰老了。另一个由于家事混乱，病弱了。一个由于老板可恶，气病了。一个由于环境污染，因病坐上了轮椅。而其中一人，诸事如意，一帆风顺，家庭和睦，领导照顾，环境优美，但也同样地无法逆转地老弱病残了。再如我写老王家里安装了电话，苦于常接到错号电话，解决问题后反而觉得寂寞了……

我也喜欢写生活中不相干无横向联系的事件中的似有关联。是伪关联还是别有深意呢？写无趣中的趣味与趣味中的无聊；写自己对自己的欺骗，写自相矛盾，例如购买食品，一定要当天出品的，拿回家去却一放数日；写无中生有的风波、无事生非的烦恼，尤其是并无烦恼的烦恼；写歪打正着与越打越打不着；写谎言的力量与其实没有力量；写逃脱不了的庸俗；写躲不开的套子；写非时尚变成了时尚而时尚仍然是时尚……

我常常惊异于中文成语、俚语、熟语的内涵。声东击西、投桃报李、顾此失彼、指桑骂槐、欲取还予、塞翁失马、东施效颦、一笑了之、无师自通、自作聪明、坐井观天、聪明反被聪明误、杞人忧天、买椟还珠、野人献芹、鱼目混珠……这些都有，在《尴尬风流》中，也在更早的一批作品《成语新编》中。每个成语都包含着许多可能的故事，而对成语的解构、否定，也许会生发更多的故事。

我终于有以故事为主要内容的小说创作了。

感谢一批画家为之画了插图。想不到那么大一批朋友包括高级领导与儿童喜欢读它。而且它的结构是开放性的，现在我也没有停笔，还在继续延伸着发展着。

二十一世纪初期写的《我的人生哲学》竟然拥有那么多读者，超过四十万册了。这是我始料未及的。这是另一类著作，它不是小说也不接受小说学的评论。谁让你的视野半径就那么点长度呢？你接受不了，读者接受，读者喜爱。同样，这样的书盖着鲜明的王某戳记，我不写谁能写呢？

对不起，多数对于王蒙的评论都可能有一些对，但错的部分常常占很大的比例。许多都是，再说一声对不起，许多都是：瞎子摸象——您摸不过来。

29.终于无胆了

一九九九年，先是在春天与芳共同出席了巴塞罗那的论坛，并访问了马德里与格拉纳达。西班牙当然永远迷人，早在一九八八年路经西班牙逗留一个晚上的时候，我已经领教了矗立着塞万提斯像的西班牙广场、佛朗哥墓、安达卢西亚音乐与弗拉明戈舞蹈的魅力。一九九九年去巴塞罗那、马德里与格拉纳达的经验更是终生难忘。作为自治州加泰罗尼亚首府的巴塞罗那特别注意强调自身的先进性与国际性，例如国际奥委会的老主席萨马兰奇，历任北约、欧盟要职的索拉纳等都是这边的人。同时，恕我刻薄，任何一个地方太强调自己的重要与影响的话，也都反映了他们多少有点缺乏自信。

我们参观了气魄宏大的奥运会场馆，一九九二年，第二十五届奥运会在这里举行。虽然人们想尽一切办法利用为奥运会修建的体育与服务设备，事后的参观仍然给人以人去楼空的感叹。

这边的建筑艺术家高迪的"东倒西歪"的门窗设计，堪称达到了建筑艺术，我要说是建筑艺胆的极致。这种天才的接近随意的建筑令人吃惊。它的伟大的建筑师被称为建筑疯子。

在巴塞罗那开会期间，中国发生了"法轮功"人员包围中南海的事件，欧美媒体作了报道。一时外国朋友问我，fa len gang 是怎么回事，他们"轮"的音发不出来，变成了 len，我则是一头雾水。其实回想起来知识分子还是比较明白的，我早就听于光远、冯骥才等人说过，气功、特异功能这样宣扬下去，会出事，会出黑社会。可惜上有好者。唐代的李商隐早就从贾谊的经历中感叹起了"不问苍生问鬼神"的荒谬性。

在马德里，我们住在科学院招待所，奇怪的是欧洲人的宾馆的床却相当窄小。自治大学（在西班牙，许多大学都在校名上强调"自治"一词）有关人员向我们介绍，居里夫人、爱因斯坦都曾在此住宿，使我们只顾得上荣幸，却无心无胆去对它评头论足。

一天夜晚归来，小雨，我看到招待所门口不远处有几位打着伞的衣着暴露而又姿态绰约的女子，我以为是妓女。过后当地朋友告诉我那是男人，是专为同性恋者提供"服务"的。大惊，然后不惊了。

格拉纳达曾被阿拉伯国家统治，那里的阿尔罕布拉宫分为四个部分：阿尔卡萨巴城堡、皇宫、巴达尔花园与轩内洛尼菲山。其中的花园是阿拉伯统治者为纪念爱妃而专门修建的，我曾以此与印度的泰姬陵为例，推断贾元春未得到皇帝的宠幸，她的死无声无息。这一点与刘心武的论断一致，但刘氏的后续猜谜，则属于小说家的创作。

阿拉伯花园有自己的特色。修剪整齐，引导生长，花叶浓密，有较多的攀缘架起的植物，窄出了花朵，树荫、水流与水滴，不论是植物的行距、株距，是搭起的棚架的结构与距离，是日光与阴影，是飞来飞去的鸟儿与蝴蝶，都具有一种完美无缺的造型特别是图案美、几何美，我相信其中表现了穆斯林对于天堂的憧憬与想象。

有鸟声、水声传来，有远处的雪山作为背景。我有一种归宿感极致感停顿感尽头感，至此再无所求感。它令人想到永恒，想到前有古人后有来者，都是匆匆过客。

阿拉伯宫美得令人悲伤，有了这样精美的花园，似乎已经达到了人生的极致、美的极致、艺术与工程的极致，于是你嗒然若失，再无所求所恋所梦所思，你会觉得最好的理想是就此长眠在这个花园里。

它使人想到死。我第一次感觉到，世界上有一种美，致命而且遥远，悲伤而且无望。它使自然完全服从了达到了人的美感，从而俘获了人，美得你泪如泉涌，望尘莫及，自惭形秽，无地自容。当然，从清真古教意义上来说，也许应该改说是清纯感激，崇拜无限。美也是通往永恒、抛弃俗世的一座神庙。

然后是巴黎和德国的特里尔，在后面这个城市参观了马克思出生的纪念馆与罗马帝国的澡堂遗址。罗马帝国把澡堂修得这样规模宏大，堂皇张扬，令人想不明白。

然后是瑞士，只为休息两天，第三天好去参加维也纳那边的一个研讨会。伯尔尼、日内瓦、苏黎世，对于我也不是陌生的了。

也是这次访问中，我深感欧洲人多么喜爱雕塑，有多少好的雕塑，而且欧洲本身就是一个大的雕塑。它的城市和乡村，街道和房屋，树木和绿草，花朵和喷泉，山谷和山峰，瀑布和树林，酒吧和咖啡馆，宫殿和城堡，教堂和坟墓，纪念碑和体育馆，酒店和餐厅，油菜田和燕麦地，海岸和小河，帆船和足球场，都是充分地文化化、美化、人化了的。欧洲是迷人的无与伦比的大雕塑，是历史、基督教、科学技术与大画家大音乐家们，雕塑了这一切。

欧洲，尤其是欧盟，历久而又弥新，富裕而又忧伤，世俗而又迷人。在这里我有时候感到文化的满涨与过食。它的美丽崇高的教堂、纪念性建筑与雕塑，也多得尤其是伟大得令人透不过气来。华美、崇高、虔诚、忏悔与充分，变成了日常普及以后似乎反而失去了许多意义和魅力。美丽怎么能够这样充足？这样繁多？这样敞开供应？这里的布局又像交响乐。怎么老是在管弦齐鸣，铙钹同响？怎么到处都是贝多芬、莫扎特、帕瓦罗蒂与多明戈？这里的花草树木（尤其是攀缘植物与草坪）都像是刺绣。怎么到处都是姹紫嫣红，四季都是争香斗妍，连葬花词都不用吟咏。在这里我懂得了什么是"人化的自然"一说。

然而，人是无法满足的，欧洲的美轮美奂也令人有时厌烦，令人有时憋闷，人们会期待另类，期待更多的野性与异端，期待荒陌与陌生，期待原始，期待风暴与突然，期待换一个活法，换一个环境。

深秋与芳共访了韩国，应韩国外交部主管的韩国基金会之邀。为韩国的青山绿水、争强拼搏、热情友好而十分感动，也为韩餐的美味而满足。顺便见到了曾向我约稿的《现代文学》主编梁淑真女士。她的英语极佳，有特别好的举止。后来她连续发表了对我的专访与我的一批小说：《小说瘤》《枫叶》等。我们印象深刻的还有一次韩国传统文艺演出，其中有激动人心的擂鼓和一位女性的评书，宽音大嗓，我把她看作韩国的刘兰芳。看完演出，基金会特聘的翻译陪同、亭亭玉立的朴小姐带我们在街上吃了一顿人参鸡，火锅里除了一只老母鸡外起码炖了十几支人参，看来人家并不认为吃多了参会上火，人参也罢，萝卜也罢，都可以大口吞咽，当菜肴享用的。

回京不久，我应意大利意中友协的邀请独自一人去访问意大利。向朋友们介绍中国的文学生活现状。时已深秋，我觉得旅馆房间相当冷，但被子极薄，我向服务台要毯子，所谓毛毯又像床单一样的单薄。我想了一个好办法，出旅馆，刷卡，买了一床棉被，蓝底、酱色方格，面积极大，"绗"（háng）得结结实实，可供欧洲人双人使用。自购棉被游意大利，相信鄙人的经验也是个性化、国际化的了。

在罗马讲座之后，应威尼斯大学教授、我的多种作品的译者费龙佐博士的邀请到了水城威尼斯，尝了尝上哪儿去都坐船的滋味，当然觉得世界奇妙。在此校的讲座中，有一个听众问我在中国有没有荤笑话，我答当然有了，但是我不能在这里讲啊，等散会后我们一起去酒吧吧，听众大笑，觉得亲切。又有一个问我你的生活快乐吗？我答，是的，你难道可以选择悲哀或者失望吗？他们鼓起掌来。我在威尼斯买了一双皮鞋，在罗马购置了一身华伦天奴的黑色西装，使馆的同志夸张地说："你回到北京，将能穿出'国威'来。"

意大利的饮食完全征服了我。在威尼斯，我们去过一家据说是源头的比萨店，这没有什么可说的，而中国流行的"必胜客"则多是被美国快餐化了的比萨业在香港的代理商开拓的中国大陆分店。我说的是在罗马与威尼斯吃过的几次正餐。一上来有虾与生牡蛎，茄子干与西红柿干，后者其实很接近中餐。然后上来一盘绿色通心粉，估计是菠菜水和的面。我想，今天吃面条，倒是个好主意，口味好，量不算太大，也好消化。谁知吃完又上来一盘红色面片（或面疙瘩，做成螺蛳形的），我道一声惭愧，只好撩两筷子，略略一尝，不能辜负主人的美意。

我的妈呀，谁知道这两盘面仍然是序曲，两盘面罢，换上锯齿刀子，呼啦啦，每人一大盘牛排上来了。众友人这才拿出了干劲，面显愉悦神色，津津有味地开割开吃。我也是到了这时，才产生了对于欧洲的膳食，对于欧人的饭量的敬意。岂止是敬，是震服、慑服、叹服，我甚至产生了民族自卑心了：堂堂中华，堂堂作家，堂堂人民公社原副大队长与国家原部长，竟然败在了意大利牛排面前！

底下的几顿也差不多。我由于有了准备，每样少吃些，才疲惫不堪地勉强顶了下来。

这一年我是"疯狂出访"，有点像一九九三年。可能是二十世纪快结束了，各种国际活动也在赶任务。回来后说的是十二月率一个对外友协的代表团访问日本。日本东道主日中文化交流协会早就想找我去一趟了，他们也极门儿清、门儿精，想出了请中国对外友好协会作派遣单位的路子。不但邀请我也邀请了芳与秘书崔建飞。

离出发日期还有五天，突然一夜本人小腹奇痛，哇哇呕吐，高烧三十九点六摄氏度，浑身颤抖，略经曲折，最后诊断为急性胆囊炎。乃做急诊手术，摘除胆囊。北京医院外科王主任主刀，时年七十九岁的名誉院长吴蔚然从头到尾盯在那里。本来是半身麻醉，我甚至闻到了手术刀灼烤我的内脏的腥煳味道。手术床太窄，我的两臂被旁边的护士压迫得发麻，我想移动一下手臂，我的乱动被认为是神经紧张，于是给了我一针吗啡，我睡过去了。

人一生病，便觉医生护士都是天使。我实在感谢他们。我也佩服西医的这种工业型科学技术，给人动手术就像修理汽车一样，该"打开"哪儿就打开哪儿，该换什么零件就换什么零件，不能换的干脆锯掉，果然就不闹腾了。从理论上说，它不如中医讲的玄妙魅力，但实在管用。

中医里我最信服的是膏药。有几次由于提重物，腰肌劳损。三贴膏药贴后，完全搞定。

无论如何，是年我没有去成日本，日本甚至有媒体猜测不会那么巧地生病，说不定还有隐情。

吴老院长告诉我，这只是小手术，美国标准只给病假五天。我后来也多次看到切尼呀，布莱尔呀，克林顿呀刚做完手术或只一两天后就在媒体与公众见面的电视镜头。我也服了。

而我一直养了一个半月，到香港中文大学参加迎接新世纪的研讨会时，仍然觉得自己虚虚弱弱。一直到夏天到了北戴河，才庶几好了一点。

回想一场大病，也是一种机缘，一种关于生命的启示。疼痛，居然有那么大的威力。我在犯病期间，只求止痛，谈什么手术，摘胆，哪怕是割掉五官或者头颅，我都可以首肯。手术前插鼻饲管、输尿管，这都是我最怕的事情，但当时毫无惧色，毫无感觉。更不要说在这个时候谈什么其他的长短得失了。

呜呼，生老病死，吉凶祸患，孰能无恙，孰能免灾？回想"文革"后已经三十余年，社会生活应算安定，然而，正是在这种安定之中，更痛感光阴之不我待，生命之须臾而已，亲人友人好人之迅速推移，天地逆旅，百代过客，悲夫痛哉。

如果生罢一场病，住过一次院，开过一回刀，仍然对于人间诸事这样那样地看不开，较劲儿，自寻烦恼，与人烦恼，还东施效颦地宣示"一个也不原谅"，这样的人也就不可救药了。也许我们更应该怜悯这样的种子，祝祷他或她少制作一点自己的与他人的痛苦。

《大块文章》中讲到了父亲的去世。一九九六年，是母亲的离世。她聪明、机敏、活跃，然而正如她自己屡屡不平的，如果她不了解什么新思想什么"五四"，也就罢了，偏偏她了解了这些，却是毫无出路，毫无办法。终其一生，她不平，她不甘心，她冤枉，她痛恨，她的生活是不幸的，她活了八十五岁，最后死于脑血管疾病。

母亲在世的时候常常痛骂旧社会。这与意识形态无关，这是她的血泪伤痛。为什么一个人活了不算短命的一生，体会到的却是那么多痛苦和愤懑。我没有能够减少她的怨恼，我也深感悲伤。她的坟墓在昌平佛山陵园。

几位老同志的离去令人黯然神伤。李一氓与我接触有限，然而他竭尽全力地保护我在特殊的情况下不受恶意的伤害。他对我讲过他的动作的不便，他后来体重是太超标了。他几乎没有发生什么情况就住了医院，然后就一天不如一天，然后静静地离开了人世。他是"创造社"的成员，他担任过新四军的秘书长，他是诗人、书法家、古籍专家。

冯牧在医院中不忘与我讨论一些文学现象与文学主张，他自称是患（白血）病后形销骨立。据他的侄女说，她曾经认为冯过去吃了太多的西药，他有气喘病，常年喷药，多次住医院。他自己的看法则是，如果没有那些药物，也许他早就不在了。他的这种想问题的方法倒是给自己减少了不少烦恼。

陈荒煤临了也是与我讨论电影事业。他们的离去好像是事先约会好了的，说一声走就都走了个干干净净。

而唐达成的去世令人意外和沮丧。他离开作协工作岗位后，我觉得是调整得很不错的，他不但写了评论文字还写了小说，他也常常致力于画国画，完全有理由认为他过上了神仙般的日子，再不像在任时那么多为难，那么多窝心，那么多一筹莫展。而等他说自己在检查身体过程中发现了问题，此外并无感觉的时候，我甚至怀疑起体检的必要性与是否有益来。紧接着却是住院、手术、再手术，直到不起。为什么会是这样的呢？这多么像是话语成真啊。而他的夫人所说的好人活不长，又是多么令人悲伤！

比较想不到的是张光年同志的离世。二〇〇一年秋，人们为光年过米寿，即八十八岁生日，八十八，其形如米字，说法来自日本。而九十八，则称为茶寿。那天几个朋友在广州饭店聚会，他的情绪极好，都认为要为他过茶寿没有疑问。

到了二〇〇二年一月，他突然心脏出了毛病，四天后，说走就走了。这倒是他的性格，是非分明，说干就干，从不拖泥带水。对于自身的生命，他也是这样的。

最后几年，有一点点花絮，我也不知道该说什么好。一个是某城市为冼星海与《黄河大合唱》举行纪念活动。张被邀前往，受到热烈欢迎，但举行纪念演出时，千方百计，把张单独带到剧场的咖啡馆小坐，熄灯以后再带入场内，坐到第一排，以避免他与首长们坐到一起，也避免了演出后依例与众首长上台与演出人员握手合影。然而，报纸传媒按照事先准备好的文稿，报道了他上台会见演出人员的消息。对此，我们都无法作出解释，同时我劝他不必以为意。他也是作为笑谈来说的。光未然毕竟是光未然，他也有缺点，但是他不俗，他有境界。

在他的最后几年，他接受了我的建议，除出版了诗集文集日记等书外，还完成了对于《文心雕龙》的白话骈体韵文的翻译。这是一件大事，他应该感到欣慰。他甚至于告诉我，他的孩子曾说，一个《黄河大合唱》，一个《文心雕龙》的翻译，是他为祖国文学事业留下的唯二作品。说得有点绝对，但事出有因，令人长叹。

人是无法预见自己的寿命的。光年曾经以为自己还有更多的时间，然而，这事他自己做不了主。世界上那么多事你管不了，包括你自身的存殁。我们无法太自信太自以为是。

这些人的去世意味着作协的一个时代的结束，从此，不论是人事是作风是方法是重点是面貌是气氛，作协及其他类似团体都进入了一个崭新的时期了。

我离开新疆不久，一大批好友先后去世了。郝关中，那个"游方大士"，身体好得不得了，我想与劣质烟酒的过度使用有关，他最后得了食道肿瘤，终于不治。我才走，评论家维吾尔族的帕塔尔江与小说家哈萨克族的郝斯力汗就去世了。说是郝斯力汗喝了酒,然后几个朋友在大街上走,郝说我不舒服,说着,就在朋友们的手中,往下一出溜,去了。后来,另一位小说家,据说是有王族血统的马赫坦,也死于类似的情况。并非十分和好的维吾尔族小说家祖尔东·萨比尔与柯尤慕·图尔迪先后因同样的心脏方面的疾病离世。柯去世时适逢我在新疆,我按照民族礼节前往吊唁。至于此前去世的克里木·霍加与铁衣甫江,就更令人难过。我去看望他们的遗属的时候,她们搂着我痛哭失声。

张弦的去世也极可哀。江苏作协确定开一个他的创作的研讨会,他却没有能等到这一天提前走了。病中我委托王干代我送了去了鲜花,聊表寸心。近年陆文夫辞世前,我委托苏州市副市长朱永新先生代为探视。此前,二〇〇五年新年我去苏州看白先勇主导的青春版昆剧《牡丹亭》彩排时曾经登门拜访老陆,已经感觉到了他的极度衰弱。不太久,与老陆颇多相似处的安徽老作家鲁彦周也因同样的病在同样的情况下逝世。

一九九八年,我写了一批叫作"哀文友"的旧体诗:

哀 思

故人如落叶,片片凋秋风。
昔唱花成海,今悲月似弓。
临川恸逝水,望岳闻霜钟。
吟罢愁青鸟,沧桑隔世情。

悼张弦

同庚同寨舛,秀蕾秀非时。
露雨孰相润?晴光亦差池。
羊亡哀路曲,笔滞恨情痴。
大患文章罪,才思未尽驰!

悼茹志鹃

锦绣生花笔,绵绵称志鹃。
"草原"寻"小路","产院"丽芜园;
历历妻儿貌,哀哀家务篇;

《阿舒》吾甚爱，眷眷在人间。

悼祖尔东·萨比尔
当年有巧遇，相会伊犁桥。
歌哭肠欲断，醉笑魂应销？
泼洒边关色，行吟塞上娇。
忽然传噩讯，涕泪满衣袍。
…………

悼张志民
好人多祸患，血泪浸文心！
厚道谦恭紧，诚直咏作勤。
秦城冤狱苦，热土情诗真。
鲫鲋谁相濡？温和忆志民。

悼上海文友
沪上多良友，匆匆归去悲。
坎坷因宿命，仓促是行期。
试炼苦方久，欢愉惜甚迟。
一朝闻作古，心事尽成灰！

又能怎么样呢？心事尽成灰也罢，匆匆归去悲也罢，活着的人还得活下去。知止而后有定，想一想身前身后，祸福通塞，也许人能稍稍踏实一点？

对夏衍、陈荒煤、冯牧、张光年、铁衣甫江、克里木·霍加……我都写了专文追思。

摘胆囊后三年，终于实现了率友好代表团访日的愿望。我准备了在大型招待会上用日语发表演说的稿子。其实我小学期间学过日语，可惜我只学会了片假名，不会像草书的平假名。确实是由于民间的抗日心理，我们那些孩子没有谁愿意认真学习日语，到一九四五年日本一投降，孩子们都把日语书丢到了九霄云外，对日语是忘之犹恐不及。但毕竟有儿时的基础，我在文化部外联局日语专家老赖的指导下，反复练习，终于可以讲出日语来了。在日中文化交流协会的欢迎会上，我讲了话。我说到对日中文交协已故的领导人，中岛健藏、千山是野、东山魁夷、井上靖、团伊久磨等的怀念。我说今天的集会上他们好像仍然活在我们中间。

是电影演员栗原小卷主持的欢迎会，曾任议长的日本社会党领导人土井多贺子出席了欢迎会。

我到日中文化交流协会总部去的经验令人十分感动。一间大房间，就是此会的全部办公室。据说周扬曾经到过这里，开初，他还以为整个楼属于此会。他们的资深工作人员白土吾夫、佐藤淳子、横川健，都是真正的服务者，一切出头露面的事，全部依靠本会的文化界头面人物，一切风光与利益也是先文化人物，很少轮到自身。他们这样的群众团体里没有号称的服务者变成了官员，而号称的被服务者变成了下属的有趣现象。

对于日本作家水上勉的访问令人感动。水上勉刚刚做过手术，身体很弱。他坐着轮椅对我说："真想再去一趟杭州，再游一次西湖啊，哪怕是坐着轮椅转一圈啊……"日本有些友好人士对于中国历史文化名胜古迹的热情，催人泪下。

水上勉把他画的西湖风景给我看，他是天才的写家，也是画家。

他年轻时由于穷困把自己的孩子送给他人。他的儿子最后找到了他。他的儿子也是很好的作家。

他住的山头上有一个纪念馆，是纪念当年的一个艺术学校的学生的。"二战"中，学生们从军，差不多全送了命。纪念馆里有他们的照片和年龄，小的才十几岁。

二〇〇三年我访问了毛里求斯、南非、喀麦隆与突尼斯。缘起于二〇〇一年喀麦隆的第三号人物、文化部部长费迪南·利奥波德·奥约诺访华，他本人写过三部长篇小说，在法国出版。我出面请他午餐，与他交谈文学。当晚是他回请中方东道主，由于是晚孙家正部长要陪中央领导同志去听三大男高音的演唱，便要我代表他去出席"费部长"的宴请。其实我原来也打算去听演唱的，为了工作，只好放弃。两次活动，与费部长相识相谈甚欢，回国以后，费部长立即发来了邀请我偕夫人访问喀麦隆的信件。然后结合了其他国家，加上维吾尔族舞蹈艺术家阿依吐拉，我们以文化人士代表团的名义走访了一趟非洲。

非洲是多么可爱，毛里求斯是印度洋里的一颗明珠，到处都显出质朴与自然，大海与蓝天，白色的珊瑚礁受到国家的保护，现代化的旅馆里用的是茅草屋顶与原木建筑。时值当地的初春，我清晨下海游泳，水相当凉，同游的法语译员王杨游完了不停地吸抽着鼻孔，我连忙给了他一包维C银翘片。他与崔建飞从新加坡转机飞毛里求斯的时候，由于自认不懂英语，使他们失去了原来得到的宽敞的靠近飞机安全门的座位。我教给他，你不懂英语要什么紧，谁来跟你英格力士，你就跟他弗朗西呀，法语绝对不比英语少一点权威与国际化的气概。他学了就用，立竿见影。他背着一件乐器在巴黎转飞机，一个工作人员对他携带的物品表示有疑问，向他讲英语时，他的漂亮的法语竟然收获了肃然的敬意。而后一切顺利。

在南非，我们攀登好望角的灯塔时，注意到身前身后都是同胞游客，而在毛里求斯的维多利亚旅馆，也正碰到世界华商大会在那里召开。头几年，我看到在柏林墙那边留影的说的也都是我国内地味道的普通话。我想起一九八〇年首次访美时，台湾背景的诗人秦松曾经在晚餐会上幻想若干年后世界的各个角落都有中国游客的情景，曾几何时，早已成为事实。而秦诗人不幸于二〇〇七年春去世了。愿这个孩子一样天真的诗人安息。

去好望角的路上看到大洋里的鲸群，巨大，所以从容，平稳。令人惊喜赞叹。

南非的有色人种摆脱种族歧视还不久，与同行的座谈，仍然洋溢着"反帝反殖"的热烈气氛。同时，可以分明地感到他们对于毛泽东的崇敬。他们甚至于事先私下询问我们，如果他们在谈话中表达对于毛的崇敬，我们是否能够接受。看来中国的事件，中国的改革，也并不是一句话能够向世界说清楚的。

一位参加过抵抗种族主义政权的老战士向我们朗诵他的诗作，大意是，你要面包吗/好的，这里有面包/你要喝水吗/好的，我帮你挖一口井/什么？你还要民主和平等/滚开，贱货/你面对的是枪口。这很令人震惊。

然而翻了身的南非社会治安极差。

我早就听海外一位学者说过，说是曼德拉经过多年的囚禁，心灵完全升华了，他出狱后没有仇恨，只有慈爱。他主政后废除了死刑，但是社会秩序有了问题。我驻南非文化参赞车兆和嘱咐我们一行人注意看护好自己的财物，正说着，他忽然发现自己的公文包不见了，内有相机和一些财物。这一切发生在五星级大宾馆的餐厅里。

喀麦隆的黑非洲风貌实在难忘。它的河流如大水漫漫，几乎没有河岸，却有河马在波涛中出没。这里有更多的大自然，更多的纯朴。我吃到了菜蕉（一种作主食用的无甜味香蕉）、木薯等食品。我与一些部落的王室人员会见，他们穿着宽大的长袍，仪态威严。我们知道中国的"一国两制"，却不知道如喀麦隆这样的"一国数制"。它是共和国，但对原来的各部落王室不采取取缔消灭的态度，而是取消其行政权力，承认其作为民俗的特殊身份。一切礼仪，一仍其旧，但已不管社会政治事务，有点像当年辛亥革命后头几年溥仪的处境。

至于白色的突尼斯，本是欧洲人的度假胜地。什么迦太基呀，什么罗马帝国呀，到处都是历史。

最最可爱是非洲，我写过一系列文字。我写过她的野马奔腾的河流，她的蓝灰色的鲸鱼、水中的犀牛与河马、陆上的大象与鸵鸟……美丽强壮的非洲男人与女人。每个人都是一尊雕像。每个角落都是一幅油画。我相信上帝是护佑非洲的。

带着游戏的友好的孩子气的心情到处讲当地语言，也算我的一项乐趣，除在日本讲了日语外，我还在二〇〇四年在莫斯科讲了俄语，在阿拉木图讲了哈萨克语，加上几句维吾尔语，而且是俚语，全场轰动。我曾在一九八八年对土耳其进行官方访问时用土耳其语祝酒。而二〇〇六年在德黑兰伊朗对外文化关系委员会的欢迎会上我讲了七分钟波斯语。讲得最好的还是哈萨克语，我国的哈萨克族作家艾克拜尔·米吉提帮我起草了哈萨克语讲稿，我在伊犁期间也没少与哈萨克族同胞接触，加上维吾尔语与哈萨克语的"亲戚"关系，我讲得得心应手。波斯文里的词汇有许多与维吾尔语相同相通，其小舌音与卷舌音也与维吾尔语相仿，我没有少费劲，最后讲的效果还不错。

后来，李肇星部长也说，出去讲英语、法语不稀奇，能到伊朗讲波斯语，就不容易了。

我有一些小趣味，有对雕虫小技的爱好与沉迷，我认为这是我的可爱之处，是我对于"异化"与"VIP化"的抗御。读者你怎么说呢？

30.为这一生感动

有人说我是成功者。什么是成功呢？名位吗？金钱吗？我不是化外之民，我在乎人间诸事，但是我确有粪土名位与金钱的记录。你有吗？

我寻求的是感动的体验，或云：将这种体验视为人间走过一趟最重要的目标。

我走上了文学，走入了革命，因为文学与革命感动了我。同样的感动常常表现在音乐的征服上，这里，音乐比文学更直接也更少其他因素的干扰。但同时它更具技术性的困难，例如我既没有乐器的装备也没有音乐的训练，所以我没有真正走进音乐。柴可夫斯基与贝多芬，勃拉姆斯与舒曼，刘天华与传统戏曲，苏联歌曲与美国乡村歌曲，直至日本的民歌演歌，都感动过我，像托尔斯泰、像契诃夫、像陀思妥耶夫斯基一样，像《红楼梦》和唐诗宋词一样地感动过我。尤其是在年轻的时候。

尤其是维吾尔人的歌曲。忧郁是歌曲的灵魂。这是大诗人纳瓦依的名句。我永远不会忘记，最最艰难的时代，午夜，受苦的赶车夫喝了几碗酒，高唱着"羊羔一样的黑黑的眼睛，我愿为你献出生命"走过我的窗口，循环往复，越唱越悲，越唱越烈，泪如泉涌，心如火烧，歌如涨潮……哪怕你一辈子只会唱这一首歌，就不算虚度生命。

……而文学作品，就是我的歌，我的交响，我的协奏，我的快板与行板，我的生命的节奏与旋律。

文字不但是有魅力的，而且是有魔力的。通过文字，我寻找生命的密码，爱情的密码，我相信生命是一个寻找密码的过程。同样革命的命运与前途，也会从这样的密码中得到领悟。读到《贵族之家》的结尾，读到普希金的"同干一杯吧/我的不幸的青春时代的好友/让我们用酒来浇愁/酒杯在哪儿？/像这样欢乐就涌上了心头"，读到"休对故人思故国，且将新火试新茶，诗酒趁年华"，读到"无产阶级失却的是锁链，得到的是全世界"，我感到的是喜悦也是涕泪，是升腾也是永远。生命之所以有价值，就因为它能够感动，生命的滋味就是感动的滋味，生命的纪念就是感动的重温。

有许多事情我说不清楚，想不清楚：关于生命，关于生存，关于死亡，关于永恒，关于学问，关于榜样，关于意义，关于牺牲，关于价值，关于快乐。但是我已经生活在世间，我已经生活在祖国，我已经生活在地球上、人类中、太阳下面。我至少应该真正地感动一辈子，我至少一辈子应该有几件、颇有几件事真正让我感动。

感动就是生与死的滋味，就是到太阳系、到大地上、到神州河山中走一趟的真滋真味。

我不是魏晋逸士，我不会归隐山林。我不是疯魔艺术家，我永远不会像凡·高那样割下自己的耳朵。我有时候能够做到冷静和计算，自我保护与（吹嘘一点说）恰到好处。然而我永远不是干练的不粘锅，不是东方不败，不是常操胜算者，不是幸运儿也不是太极冠军，我完全不是一个善打算盘的人；因为与利益和成功相比较，我还在追求，有时候是忘乎所以地去追求：感动。没有感动的成功，对于我不仅味同嚼蜡而且反胃催呕。没有感动的成功就是没有爱的做爱，那更像是灾难。当我绷起政治的弓弦的时候，有时也差不多可以做到滴水不漏。当我追求感动的时候，我突然变得傻气盎然，满不论（lìn）啦，我根本不计后果……您哪。

感动里当然包含着对于反感动、伪感动、蠢感动的冷嘲热讽，冷嘲热讽的背后，埋藏着的是对于真正的感动的执迷，冷嘲热讽而达到了尽兴，也是一种感动和娱乐。

我的感动并不，一点也不艰深，不各色，不自恋和顾影自怜。一曲梅花大鼓《探晴雯》，一首李商隐的无题诗，一座山峰，一片浪花，一座老屋子，一棵大树或者一株小苗，一叶扁舟，一钩残月或者落到海里去的太阳，时而使我感到生命的极致。西班牙格拉纳达的阿拉伯花园与比利时布鲁日的建筑，颐和园里的谐趣园与西湖边的平湖秋月，已经足够我感动得潸然泪下。连续听或者唱几首我所喜爱的歌曲，已经使我觉得此生再无所求。就在写这些文字的时候，在中国作家协会北戴河创作之家的西院，我从网上下载了 MP3 苏联歌曲《灯光》，而且不是原版，只是我国黑鸭子乐队的小合唱，带有夜总会气息的歌唱，然而我仍然感动得泪水涌现：

> ……前线光荣的大家庭
>
> 迎接这青年，
>
> 到处都是同志
>
> 到处是朋友，
>
> 可是他总也忘不掉
>
> 那熟悉的街道，
>
> 那里有可爱的姑娘
>
> 和亲爱的灯光。
>
> ……看着姑娘的来信，
>
> ……打击可恨的侵略者，
>
> 战斗更勇敢！
>
> 为了苏维埃祖国
>
> 和亲爱的灯光……

　　"想起姑娘的话，战斗更勇敢"，这样的歌词使我立即泪水夺眶。一旦把青春、爱情与为了正义的英勇战斗联结在一起，我就无法自持。

　　你可能成功，也可能蹉跎一世，可能伟大也可能渺小如蚁，你可能幸运而且得到公众的宠爱，你也可能总是被误解、被错会了意。高尚有高尚的代价，低下有低下的收益，清高有清高的寂寞，浑水摸鱼有浑水摸鱼的红火，智慧有智慧的痛苦，愚傻有愚傻的福气。然而你活一辈子总该有几次感动的充盈，充盈的感动。你的生存的标志应该是感觉，感觉的最高阶段是感动。没有感动的成功是麻木的成功，而麻木的成功也许还不如痛惜与失败。也许与快乐相比，悲伤与痛苦更容易让人感动。当我为自己的失败、为好人的早逝、为朋友的离开而感动的时候，感动有可能得到一种升华，成为一种骄傲和平静，哪怕是只成为一抹苦笑。

　　感动里有幼稚的伤感，有淡淡的哀愁，有廉价的泪眼婆娑，有远远谈不上百炼成钢的软弱……对此，我作过反省，我还会作反省的。然而我更加珍视更加自信的是一种坦诚，一种胸怀和境界，是那阴暗的、肮脏的、狭窄的、渺小与无能的人儿一辈子也够不上、摸不着、更理解不了的坦诚、明朗与善良。是落泪后的含笑，是伤痛后的释然，是奉陪后的挥手告辞，是忘记别人的伤害，是永远对人抱着期望，是自得其乐、其乐在我的主动。

我明朗，所以我不忌恨什么人，我不忌恨，不记仇，不怨嗟，不嘀嘀咕咕，不"给他小碗他不要、给他大碗他害臊"，不小肚鸡肠，不占便宜没够吃亏难受，不自己折磨自己也折磨旁人。

我明朗，还由于我没有过分的贪欲与野心。every dog has it's period，"每条狗都有自己的时间段"，这是英国谚语。"自然满足人的需要，却不能满足人的贪欲"，这是印度圣雄甘地的名言。需要珍惜的是你已经拥有与可能拥有的，而不是痛心于你渴望得到而最终没有得到的。你得到的太多，你一定会招人厌烦。你得到的稍微少了那么一点点，你反而会得到最珍贵的同情与赞美。其实，你得到的已经大大超过了你被掠夺的了，不知多了凡几了。冥冥中有那么一个填平找齐的机制，冥冥中有大道存焉。

我对善的信仰与对于快乐与幸福、健康与诚信的追求是分割不开的。我坚信阴暗损毁着细胞，而善意是一种营养，是富氧的空气，是润泽的雨露。我坚信阴谋诡计会恶性地耗费脑汁，造成智商的急剧下降而自以为得计。我坚信心胸狭隘会影响功能，制造萎缩，造成各种系统的器质性病变。我坚信多疑不但折磨神经而且影响视觉听觉味觉与房事。

我还坚信，那种僵化、那种死抱着过时的条条框框不放的横眉立目，那种不知今夕何夕的牢骚满腹，格格不入，不仅影响了知觉的敏锐，而且削弱了生命与体征，自吹自擂的结果只能是自取灭亡。

善的结果接近谦虚，接近耳聪目明，接近天籁地籁与人籁，接近宇宙固有的灵动与启示，接近生活与百姓，接近时代的变迁，接近纯朴的乐天与单纯的生趣。而以凶神恶煞拔份儿的结果，即使也能欺骗一时，最后只能是害人害己。

我喜欢与追求的是智慧与文明而不是愚蠢与无知，不是以蛮横为个性，以简单表面为明白，以煽情咋呼为哗众取宠的手段，以谩骂与恶毒代替思想与论证，以与人为恶为做人的法门，以念念有词为能事。更休要提那种以编造与谎言来参与的"斗争"了。他们怎么可能不患……病变？

我相信智慧是清明的与流动的，我不会闭目塞听，自以为正确，自我作古，自我制造木乃伊，自己把自己装到狭小的匣子里，再把匣盖用钢钉钉死。

我相信人应该以大脑来思考而不是靠内分泌来分析判断。我相信智慧是一种美。有了智慧才有了理解，才发现了世界与人间的美好，才镇定了在恶意与灾难面前的自己。坏人的智力止于猜测旁人的坏。市侩的智力止于以市侩之心度君子之腹。卑鄙者的智力止于相信旁人与他一样的卑鄙。虚伪的智力止于不断地编造假话与设想着自己已经陷落到谎言的泥沼里，一辈子甭想爬出来。

智慧在于理解，理解天文和地理，理解人文和宇宙，理解那么多难以理解的事物与道理。

智慧在于沟通，沟通人情人性，沟通邻居与万国，甚至沟通，您这位心怀叵测的老兄。有智慧的人不再愤愤然，不再急赤白脸，不再冤屈窝囊，不再抱怨仇恨。对于世界和人，不抱过分的幻想也不抱过分的悲伤，不感到太多的一厢情愿也不感到太多的失望，不轻易将谁谁视为寇仇，也不视为救星与再生父母。混乱中会有几分清明，激动中会有几分平静，众人丑态百出的时候面带微笑，猖狂咆哮的时候他缓缓转过了身，哪怕只是去寻找一只翠鸟、一条小鲫。嫉妒的切齿声中你会忍俊不禁，胡说八道的污水泼来的时候你会索性去唱一首爱情歌曲。就是到了最后的时刻，你也会坦然面对天道的运转，大道的无终无始。

请问是智慧美丽，还是愚而诈、傻而号叫、不知就里就闹腾、蛮不讲理耍光棍更好看呢？

智慧还是一种宽宏。

"泰山不让土壤，故能成其大；河海不择细流，故能就其深；王者不却众庶，故能明其德。是以地无四方，民无异国，四时充美，鬼神降福。"我坚信李斯的上述论述是对的，是大智慧与大精彩。我至今还极少发现过，绝对的一无可取的人和思想。愚蠢也是一种风格，他提供了喜剧的模型。横蛮也是一种悲哀，是惩罚也是戏弄。欺骗也是一种走失，最终是自己欺骗自己。谬误多半是瞎子摸象时不幸只摸到了象耳朵，甚至摸到了的是象旁边的癞蛤蟆或者四脚蛇。为艺术而艺术，为人生而艺术，所以争得头破血流是因为从前提上就只看到了艺术与人生的分割却没有看到它们的相互生成、相互影响、相互作用、相互吸引。当然分歧与斗争是不可避免的，而等到时过境迁、平心静气下来再想一想，也许你会发现你与你的对手都有片面性、极端性与夸张煽情不够理性的地方。

所以我越来越追求包容与整合，追求大美大善的可沟通性、可结合性、可互补性。我相信仁义、慈悲、博爱、公正、自由、平等、人权、民本、民主、正义、尊严与独立是相通的，和平、和谐、理性、智慧、科学发展以及与人为善是相通的。我相信善良和善良终会坐到一起，而凶恶和乖戾终究会日暮途穷，气息奄奄，直至寿终正寝，至少是慢慢歇息。

面对这样多的纷繁与曲折，误读与偏执，我有两个法宝，一个是包容与整合，一个是超越与原谅。我与你一样是凡人，我只要求自己比你宽一厘米、高一厘米，你斤斤计较的我可以付之一笑。有时候也不是完全不动火气，但是哪怕咬牙也要坚持就是要高你一厘米，坚持着坚持着，却原来一切都很自然了，不必着急，不必用力，不必——一点也不用咬牙了。却原来你在那里争来争去，只是一场空，你在那里急来急去，都是闹笑话。你的轻举妄动，只是枉费心机。你为什么老是想向我下手？就是因为你实际上处于劣势，你太笨，你就剩了干巴巴几根筋，你文思早已枯竭，你语言早已无味，你的理论本来就是零，你的趣味早已蒸发光净。你早已脱离实际脱离生活脱离了百姓脱离了时代脱离了同行，你把自己变成了钉在纸面或者塑料板上的标本，却以为是自树榜样。你的翅膀已经不能扑动，你的头脑已经麻木不灵，你的思想已经变成了小驴转磨，自我循环。您都这样了，我如何能与你认真？陪您练活儿？

唉，天可怜见，我该怎么帮帮你？

超越还意味着宽广。我是那样沉醉于旁人看来截然相反的领域、不能兼得的领域。例如代数几何与小说诗歌，梆子高腔与西洋交响乐，抽象思辨与细节形象，吟风弄月与忧国忧民，嬉笑怒骂与神圣庄严，长啸高歌与燕子呢喃，排忧解难与逍遥物外，洋装、唐装、土布与华达呢中山服，干脆说入世与相对出世，我从小喜欢的王国维的说法，叫作入乎其内与出乎其外。东方不亮西方亮，丢了南方有北方，不写小说写言论，不译英语译维吾尔，不当官了当教授，不住洋房楼房住土房，我们的生活多么辽阔广大，它有无限天地和选择，如风如电如雨如云如秋水明月，如长空沧海，如大漠高风，人莫予毒，你老是白白费劲。不是说我已经做到这样的出神入化，至少为自己树立了目标，而不是只树立一个对手，而且仍然是，必须是有所不为。

而原谅旁人的目的是原谅自己，人最最容易伤害的不是他人仇人而是自己。心胸狭隘，心怀怨恨，伤害的不是旁人而是自身。当你原谅了某些宵小，也就意味着你完全不必去在意一些不愉快的事情，不必要在无聊的针尖麦芒上费时间与精力，不必要以眼还眼以牙还牙，你给他或她留下了足够的转弯的空间，也就是为自己留下了减少一个蚊蝇增加一株花草的可能，原谅了他人就是保护了自己，善待了自己，抚慰了自己，增加了自己的自信。起码你相信自己完全不是那些小动作所能奈何的。即使不怀好意者一时得逞，最后情况仍然会走向另一面。

问题全在选择，你选择了高雅，你必须轻蔑那一切的低俗。你选择了善良，你必须以德报怨，化仇为友。你选择了凭作品，靠格子——用一位大导演的话来说，咱们是卖力气吃饭的，你就不要再盯着任何头衔与权力。你选择了建设性品格，你就干脆放弃格斗的装备与训练，用我爱说的话，叫作不设防。你选择了成为王某人，你就再不可以掂量张三李四赵五钱六的得失赔赚。让他们去做买空卖空的买卖去吧，让他们去做大言欺世的事业去吧，让他们去做装腔作势的神灵去吧，让他们去做一本万利的生意去吧，让他们天天报材料写告状信动辄咬牙切齿去吧，而你是王某，你享受着王某的感动与滋味，你获得了王某的花朵与果实，你达到了王某的坦诚与快乐自由，你也理所当然地付出了而且必将继续付出王某应付的、难以避免的代价。

代价也不是纯然的消耗与委屈。沉默者也有生活，等待者也有头脑，丢失也是风度。你什么时候都可以学习，你什么时候都可以内敛和调理，你什么时候都可以欣赏和研究这个有趣多多的世界。你什么时候都能用审美的态度对待一切好运和噩运、好人和坏人。在审美的胸怀里，好运可能显得滑稽，噩运可能显得崇高，好人可能显得益发沉静，而坏人显得焦躁闹腾。于是，你获得一个接近真实与真理的不同的维度。

和容受与整合、超越与原谅一样重要的，也许更重要的是自省。吾日三省吾身，这是太对太对了。活到老，学到老，自省到老。我是王蒙，我同时是王蒙的审视者、评论者。我是作者，也是读者、编辑与论者。我是镜子里的那个形象，也是在挑剔地照镜子的那个不易蒙混过关的检查者。

我自省我的革命，我无怨无悔于我少年时代的选择，我坚信中国的人民革命是不可避免的与完全必要的，同时我也看到了幼稚，看到了过分的、无所不包的应许，看到了仅仅有革命的激情与献身、热血与斗志，并不就能给祖国和人民谋到福祉，越是革命者越要做到在革命胜利后转向务实的发展与和谐，转向科学和理性、慎重和责任、自省与与时俱进。不能够自省的革命者不是革命者而是以革命之名营私的伪革命害革命败坏革命的人。

我同样反省我的心爱的文学与文学人，我同样爱文学迷文学愿意献给文学，同时我也确实看到了拥有话语权的写作人有时候会是怎样地矫情怎样地虚夸怎样地自我怎么样地——有时候是自觉或者不完全自觉地——蒙骗，还有色厉内荏，还有实际的鄙俗与言语上的清高。越说得清高就越鄙俗，因为他的或她的一切清高文雅都写到文字里去了，最后，他或她给自己的生活剩下的只有鄙俗和无耻了。这样的故事，我至少知道一百个。我也反省那些读了几本书的同道中人，有的读书而不明理，有的空话连篇、装腔作势，有的说归说做归做……我所尊敬和喜爱的知识界、文人、文艺界啊，你们不比别的行业的人坏，你们完全不应该动辄得咎，不应该动辄成为整顿与清洗的对象，但是，我们也未必比别人就天生的强。我们并不比他人天生高明或者神圣。争论中有圈子和霸道，抒情中有胡搅蛮缠，论中有玄虚和烟幕，著述中有强不知以为知。什么时候自省成为风气，而恶毒与乖戾被人们所摒弃呢？

所以我写了《青狐》，这是我写得最用功的书。我无意掺和缅怀二十世纪八十年代，我只是告诉你们真相。在我年逾古稀的时候，说出真相是我的无可逃避的义务。

我也反省知识与知识分子。知识与知识分子都让我感动而且佩服，例如从小我就那样倾心于达·芬奇与屈原。倾心于俄国的、法国的、德国的与我国的作家。但是我也困惑，有的作家、知识分子是那样大言不惭那样横空出世而又那样实际上是无知，是专横，是装腔作势、借以吓人。除了《大块文章》中我提到的那位被誉为中国知识分子良心的先生的大言欺世以外。我还要提到这十年来的一些情况。例如最近由于《读书》主编易人而掀起的网上风波。太不成样子啦……可以相信，这些一度继承了陈翰伯、陈原、冯亦代、沈昌文、董秀玉的资源，却实在比不上他们前任的人终将会跨过当不当主编的失落感与不惜编造幻觉而一闹的冲动，保持知识分子的清洁与奋发，为自身与学派同道的成长成熟作出新的努力。

而另一位由于提倡个人主义与自由主义而扬名的长者，弥留之时却沉醉于美国的先发制人与维护价值的战争，我说的是至今争议不止的伊拉克战争。他老人家甚至痛惜美国——福特还是尼克松——当年没有在中国进行"文革"时用这种方法对付毛泽东。他老人家的话甚至使海外华人学子大惊，以为老人家的神经出了问题。不妨设想一下二十世纪六七十年代如果美军入侵中国，天！我不便再多讲下去了。

关于专业作家制度和人文精神的讨论，使我对自己、对论辩的对手，都极其失望。我太仓促，太多漏洞，太拘泥于防"左"反"左"。

我有时想，会不会是在中国这一个整体之中，敌视某个社会群体的人的水准，与被轻视的那部分人的水准，大体持平呢？请勿生气。

我算不上典型的干部——官员，同样算不上典型的中国知识分子或者小说家。我的事太多，面太宽，侧面太多。可能这是我一生中最大的失策。如果我专心攻一两样东西、一两部作品，可能比现在更美好更高级。然而，我明明有这种可能性存在啊。我能写小说也能作诗，能开会也能说讲，能外也能内，能攻也能守，能政治也能艺术。怎么办？我现在应该满意，我做了我能做的，我九命七羊，为什么非要变成一命半羊呢？

而且这有关我的处境，我的四面开花，八面来风，使吾兄的"一条筋"的明枪暗箭显得太不够使。使信口雌黄的小子们老虎吃天，无从下口。

哦，吾兄，我的兄长，王蒙老矣，吾兄亦老矣，或益老矣，吾兄为何要那样格格不入，那样气不打一处来，那样恶声恶气？历史是伟大的，吾兄也随着历史而伟大过，行了，该知足了，不可能将历史死钉在那里使吾兄的伟大变成永远。昨天已经古老，昨天不应该忘记。今天更应该关注与理解。二〇〇七年九月在俄罗斯喀山市，我们与科学院远东研究所研究员杰·尼娜在步行街共进晚餐。我们听到许多老歌，一会儿尼娜说，这是老歌，是二十世纪六十年代的，一会儿是七十年代的，一会儿是八十年代的、九十年代的乃至二十一世纪初的，她叹息道："都是老歌儿呀，现在青年人已经不唱了。"

我说："我熟悉的则是五十年代的了。"是尼娜这样年龄的人所不熟悉的。我试唱了好几首苏联歌曲，她不知道的比知道的多。

事在人为又不全在人为，天道有常，历史自有历史的道路，人算不如天算，人道不如天道，个人不如历史。历史的感动不仅在于它的可预见、可计划性，更在于它的非预见、非谋略非计划性。王蒙"担心"，也许过上那么几年，王某再想找一个专门盯着他整材料的人也不易了，当然王某早已经不值得费那么大劲了。或者王某"走"到前头，吾兄再找一个令您如坐针毡的人物也不容易了。那是多么失落，多么不可承受之轻，多么寂寥，多么没着没落呀。

这是事实，不仅吾兄，就是王某也已经渐渐淡出，渐渐过时，而且已经被宣布过时多少次了。近几年，我已经意识到了要警惕王某可能引起的审美疲劳感。每条狗都有自己的时间段，让我们为这英国人的幽默而共勉互慰。我们的奋斗会有成果，成果绝对不归属于任何一个人或一代人或一拨人一圈人。成果属于未来，成果不归个人，未来我们未必赶得及。诗兴可以大发，青春可以在小说里万岁，但是切不可以当真企图把时间捆绑在我们的青春门槛上。"从来系日乏长绳"，唐朝已经有这样的诗了。短短几十年已经这样变化沧桑，再几十年呢，几百年呢，您能够那么气鼓鼓地坚持下去、等待着回到昨天或者昨天的昨天那一刻即您的青春的黄金时代吗？

应该相信我们的后人、我们的小朋友，你代替不了后人的奋斗与前进。世界是我们的也是你们的，但归根结底是他们的。

回首往事，我尚非完全虚度光阴。我留下了一些见证，一些记忆，一些说法，一些酸甜苦辣。我说话是太多了，写作也太多了，我本来可以更严谨一点，精密一点，矜持一点，含蓄一点，如果我有这四个一点，我会比现今更深沉、更美轮美奂乃至更身价百倍的。

我感动还因为我重视家庭，珍惜天伦之乐。我平生只爱过一个人，只和一个人在一起，家庭永远是我的避风港，是我的攻不破的堡垒，是我的风浪中的小舟，是我的夺不走的天堂。甜美的家就是天堂，即使周遭一时变成了炼狱，我的天堂永远属于我本人，在新疆时我们多次体会到，只要我们是在一起，一切都是甜蜜的幸福的光明的，谁也剥夺不走我们的快乐。我们常常在一起回忆，在冬天来到的时候，我们在哪里买煤油，在哪里砌炉灶，在哪里挖菜窖，在哪里卸成吨的烟煤。有一间温暖的小屋子，在零下三十摄氏度的气温中，这不就是天堂吗？这是我的信念，我希望为此专门写一本书，我希望我的这句话能留下来能传播开去。二〇〇七年年初，我们度过了金婚。芳是我的存在的证明，我是芳的存在的证明；芳是我存在的条件，我是芳存在的条件。我们有三个孩子，他们都出过国，有的还在国外得到了学位，他们都有正当的稳定的职业，都过着小康的生活。我们早已有了第三代，我的大孙子明年将会从大学毕业。我们家人丁兴旺，和谐团结，我为此感恩上苍。

我也思考我是不是会引起审美的疲劳？在停笔住口告辞以前。当读你的作品的人的孩子已经大学毕业的时候，你是不是应该停止你的喋喋不休了呢？我想起了作协的领导对于一位人人尊敬的老作家的怀念，在正式的会上他几次谈到，这位老作家是何等的好啊，在该领导去作协履新之前，老人见到这位领导，用双手紧握住他的右手掌，两眼直直地盯视着他，表达了无限的信赖与期望。老人家因病已经不能说话了。我完全理解，不说话的老前辈，比下笔千言的老家伙就是可敬与可爱得多着呢。

然而已经来不及了。请看下述故事：一位以强硬严厉著名的老领导干部，一次在讲一些很厉害的话的同时，被发现他的领带上沾满了汤渍。那是在人民大会堂，是下午，估计他老人家午餐时把许多汤从汤匙上滴到了领带上。领带上的一串汤滴残余衰减了他的迹近回到阶级斗争为纲时代的主张的威力。人们谈起这事来，像是说笑话。我说，不要嘲笑这样的事吧，只要我们不夭折，我们也会有这一天，也会有坐轮椅与说话困难的一日，会成为最最可爱的老作家，只能双目紧紧盯视着领导却再也说不出一句话来，也会把领带泡到酸辣汤或者海鲜汤里。

后来我把这个闲话说给我的女儿，她笑道："您还想夭折呀，爸爸，来不及了。"

来不及了。想夭折已经赶不上啦。我说得写得太多，太快，太淋漓，风格太宽，战线太长，自诩又太高。太多了如同杂乱，叫人晕乎，用王安忆的话说，是自己冲了自己。太快了只如匆匆掠影。你没有给读者留下消化与反刍的时间。太淋漓了如同相声，人们会得出如那位澳大利亚朋友的判断。太宽了叫人摸不着门，找不到北，一头雾水。太高了最多是鹰击长空，增加的是距离，减少的是亲切。我的齐头并进会使某些朋友、同行乃至读者感到闹心。请注意此词，叫作——闹心！我的傻气特别表现于我的滔滔不绝，写和说，诗和文尤其是作为一个纯洁的作家应该尽量少染指的评论。如果我真的很聪明，我至少应该删掉我的言论的百分之九十，我的作品的百分之六十，我的头衔的百分之八十。我太傻了。

我的为官冲淡了我的地地道道作家身份。我对于王朔的"躲避崇高"的评论冲淡了我的主流意识形态的最后一个理想主义者（语出香港《大公报》与《文汇报》）的形象感。我的荒诞冲淡了我对于现实的关注。我的不放弃进言冲淡了我的飘逸潇洒。我的飘逸潇洒与灵活冲淡了我的执着与愚勇，还有我的敢为天下先的食蟹胆量。我的政论、学（术）论与杂文冲淡了我的小说。我的小说冲淡了我的诗歌。我自己的活人故事冲淡了我构筑的文学故事。我的头衔冲淡了王蒙的真身。我的幽默与恶搞冲淡了我的感动。我的谈笑风生冲淡了我的眼泪。我的古典文学研究冲淡了我的翻译。我的周游列国冲淡了我的老土情深。

记得许多年前，我在《文学评论》上读到黄子平评林斤澜的一篇文字《沉思的老树的精灵》，我对林说，黄文感动得我几乎流出了眼泪。而林的回答几乎是，对不起，我要说是恶狠狠的（当然，我相信他从来对我没有恶意，但是他对于王某二十世纪八十年代的突然的长势也未必不下意识地感到闹心），他说：

"你还有眼泪？"

对，我早已说了，泪尽则喜。

我帮助的有些人早已经感到了我的碍事。受惠感是一个有雄心的人最最不能忍受的屈辱感与羁绊感。他或她可能急于摆脱你的阴影。得罪人会树立对手，帮助人也会培养对手，比如××与×××……多可爱的人们！越是自信渐渐丧失的人越会显出凶恶与东方不败来。我敬重的人也有人觉得与我渐行渐远。我自己一直干扰着我自己，我自身一直妨碍着我自身。朋友与非朋友都觉察到了我的不同。我制造了、掀动了，至少是歌唱了、记录了、帮助了洪波的涌起，冲走的与淹没的是我王某人。

所以，我是王蒙。

就这么一个。

我寻求感动，我感动过，感动了，而且还在感动着。我笑了。

我的笑容不可摧毁。

最后，没有争议的是：王某太聪明了。

你无法理解一个真正有艺术感的人怎么可能同时当官，却完全不明白文学使人们倾向于不无浪漫的革命，革命使人们倾向于富有挑战色彩的文学。你完全不明白你所理解的"官场"的一套怎么可能不消灭文学的灵感，却不明白真正的政治而不是蝇营狗苟的政治必定会充满理想主义的远见深思。你无法理解在同行是冤家的文坛——祭坛里怎么可能有真诚的批评与意见交流，却不明白对于王某来说有远比个人关系更重要的理念与诚实。你听到理念与诚实这一类的字眼就觉得好笑。你听到胸怀与境界之类的字眼就觉得一头雾水，当然不明白同是一个肉食者、同是一个不拒绝版税的人，他怎么可能比你高尚而且宽阔。你同样不明白一个尖锐嘲笑的作者怎么同时有对于大局的维护与珍惜，按你的理解能力，你只能把这样的人打成反对派或者机会主义者。你无法理解一个人怎么能不清清楚楚地回答是或者否，yes 或者 no，而是搞什么珍惜中的扬弃、批判中的传承。你无法相信一个立体地感受着生活、思考着世界的头脑，你只能理解一个人的头脑有一个点，至多有一条线，有一条从这个点发射出去的直线（叫作矢量），更高明一点你会有一个三角形，顶点或者中心仍然是你自己。你无法明白一个写作者怎么可能帮助同行而不是酸溜溜地嫉妒与落井下石。你无法相信一个文人会帮助他的过去的乃至"现行"的对手，最多你只能承认他做了别人不能做之事是由于他的聪明绝顶。你甚至不能理解一个身体健康的有若干成功的男人怎么可能不到处拈花惹草，于是你只能认为他——另有企图。

包括吾兄也能够勉强接受，无法不接受的只剩下了他的智力，在一个具有长期的反智主义传统的地方，在一个"但愿生儿愚且鲁，无灾无难到公卿"（语出苏轼诗《洗儿》）的地方，在一个更多地信奉"聪明反被聪明误"的地方，你未必全属好意地承认了王某的聪明，回避了你所永远不敢正视更不敢反省，你无从望其项背、你跳起来也够不着看上一眼的胸怀、心术、境界与做人的理念。

太聪明了他还会在政治运动中没顶？他还会在仕途一帆风顺的时候

屡屡放弃？太聪明了他能写"组织部""稀粥""来劲"和不无好意地评
论王朔？太聪明了他还会说自己的好友的某个作品不好，把张洁往死里
得罪？太聪明了他还会屡屡失手失言，陷入无聊至极的混战、谣言、误
解……

在需要冒傻气的时候，王某冒了不知道几十次、几百次的傻气。

满纸高天阔地言，一把如喜如悲泪，
都云作者实在能，谁解其中酸傻味？

又道是：

九命七羊敢自欺？浮槎四海新天地。
风云哀乐万般言，说部诗文八把笔。
偶有童心观箭镞，岂无肝胆书心曲？
杜鹃老矣声声啼，渤海遨游千百里。

对这首诗稍作解释：写诗时在访问俄罗斯、捷克与斯洛伐克，道已
行，方能浮槎四海。很感慨世界之宽阔与自身之渺小。西方俚语称饕餮者
为"七把叉"，我乃戏称自己为"八把笔"。箭镞是说明枪暗箭。游渤海
是二〇〇七年夏天，在作协北戴河创作之家，头几天还未完全适应，后半
个月，恢复到日游一千一百米的水平。

底下还有的是：

慷慨悲欣日，沧桑风雨年。
笃诚肝胆语，微妙句诗篇。

连珠嬉笑未轻松，写到悲时意渐平，
七十三年成数卷，凭君解释凭君听。

我很少"悲欣"连用，这次没有用"悲欢"而用"悲欣"，主要是受
了弘一法师的影响。在泉州，我看到了李叔同弥留时的手书拓印："悲欣

交集"。唐达成同志临走的时候，也说了类似的话。

冯骥才说："你各方面已经达到了极致……"

一位省政协老主席对我说："你是有言必发呀！"

是的，行了，我应该满意。

图书在版编目（CIP）数据

王蒙自传. 第三部，九命七羊/王蒙著.—北京：
北京联合出版公司，2017.11

ISBN 978-7-5596-1139-0

Ⅰ.①王… Ⅱ.①王… Ⅲ.①王蒙－自传 Ⅳ.①K825.6

中国版本图书馆CIP数据核字（2017）第247786号

王蒙自传第三部：九命七羊

作　　者：王　蒙

责任编辑：昝亚会　夏应鹏

北京联合出版公司出版

（北京市西城区德外大街83号楼9层　　　100088）

北京嘉业印刷厂　　新华书店经销

字数：396千字　　710毫米×1000毫米　1/16　　印张：25

2017年12月第1版　　2017年12月第1次印刷

ISBN：978-7-5596-1139-0

定价：56.00元
